U0938007

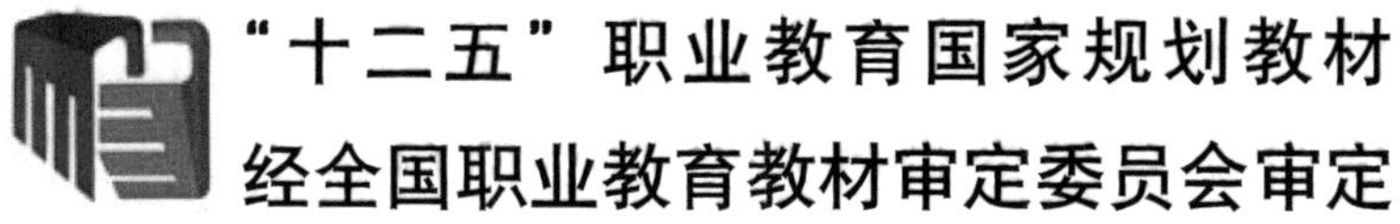

高职高专经济管理类专业基础课精品教材系列

经济法概论

（第三版）

陈新玲　主编

科学出版社
北　京

内 容 简 介

本书是经全国职业教育教材审定委员会审定通过的“十二五”国家规划教材，在二版的基础上优化了经济法的学科体系，根据社会发展对经济、管理与会计类专业人员岗位能力的需要，遵循培养高等应用型人才的教学规律和要求，对全书内容作了一定取舍。全书以“创业”为主线，以“启发式自主学习案例”为引导，以“法律风险防范”为基调，针对经济创业活动中最为常见的经济法（包括民商法）理论与实践问题进行编写，体例更加新颖、科学，充分体现了经济法特有的理论性、时效性、实用性。每章均指明了学习目标，配有学习背景资料，并辅之以典型案例讨论和创业实务操作，强化了应用性、实践性和可操作性。

本书既可作为应用型本科院校和高等职业院校经济管理类专业教材，也可供从事相关工作的人员作为参考资料使用。

图书在版编目(CIP)数据

经济法概论/陈新玲主编. —3版. —北京：科学出版社，2015

（“十二五”职业教育国家规划教材·高职高专经济管理类专业基础课精品教材系列）

ISBN 978-7-03-044426-4

Ⅰ.①经… Ⅱ.①陈… Ⅲ.①经济法-中国-高等职业教育 Ⅳ. ①D922.29

中国版本图书馆CIP数据核字（2015）第111802号

责任编辑：唐寅兴 / 责任校对：刘玉靖

责任印制：吕春珉 / 封面设计：蒋宏工作室

科学出版社 出版

北京东黄城根北街16号

邮政编码：100717

http://www.sciencep.com

北京虎彩文化传播有限公司 印刷

科学出版社发行 各地新华书店经销

*

2007年9月第 一 版 2020年8月第十三次印刷

2011年6月第 二 版 开本：787×1092 1/16

2015年6月第 三 版 印张：22

字数：490 000

定价：55.00元

（如有印装质量问题，我社负责调换＜虎彩＞）

销售部电话 010-62134988 编辑部电话 010-62135120-2019（VF02）

第三版前言

本书《经济法概论（第三版）》，是经全国职业教育教材审定委员会审定通过的“十二五”职业教育国家规划教材。本书是在二版的基础上重新考虑经济法的学科体系，根据社会发展对经济学、管理学与会计类专业人员岗位能力的需要，遵循培养高等应用型人才的教学规律和要求，对全书内容作了一定取舍。修订后，全书更注重创业能力、实际操作能力培养，以学生“创业”为主线，以“启发式自主学习案例”为引导，以“法律风险防范”为基调，围绕经济创业活动中最为常见的经济法（包括民商法）理论和实践问题，分为 4 个学习情境，即经济法基础理论、经济主体法律篇（个人独资企业法、合伙企业法、公司法、外商投资企业法）、市场运行规则篇（合同法、票据法、证券法、知识产权法）、经济纠纷救济篇（仲裁、诉讼），帮助学生“发现问题”、“解决问题”，提高预防风险的能力。

本书编写体例较第二版更加新颖合理，充分体现了经济法特有的理论性、时效性、实用性。每章指明了学习目标（知识目标、能力目标、素质目标）和所需了解的相关法律法规，而且设有创业法律思考，配有学习背景资料，并辅之以典型案例讨论、创业实务操作和综合练习，强化了应用性、实践性和可操作性。全书充分体现了边问、边教、边学、边练的特色，旨在增强学生学习的兴趣，突出培养高等实用型和技能型人才的特点。

本书注重与国家经济类、会计类专业技术资格考试教材的衔接，内容涵盖了相关资格考试大纲要求知识要点，学生通过学习可为取得相关职业资格证书打下了基础。

本书由陈新玲担任主编。具体分工如下：第一章、第三章、第四章、第十章由陈新玲编写；第二章由陈曦编写；第五章由袁忍强编写；第六章由齐晋编写；第七章由高春娟编写；第八章由雷中平编写；第九章由武静编写。

编写本书的过程中，编者参阅了许多国内外学者的著作，借鉴了他们的研究成果，也得到了山西省律师行业朋友的大力协助，在此，深表谢意。

虽然编者尽心尽力，但是由于能力所限，书中可能还有不足之处，敬请广大读者批评指正。

编　者

2015 年 5 月

第二版前言

本书 2007 年首次出版后，即被教育部遴选为普通高等教育“十一五”国家级规划教材。在此基础上，根据四年来的教学使用经验，结合国家最新出台和修改的法律，以及主编所主持的《实用经济法》省级精品课程教学成果经验，重新考虑经济法本身自有科学体系的同时，根据社会发展对经济、管理与会计类专业人员岗位能力的需要，遵循培养应用型人才的教学目标和要求，编者对教材内容作了一定取舍，以经济法基础、市场主体法律制度（《个人独资企业法》、《合伙企业法》、《公司法》、《外商投资企业法》）、市场运行法律制度（《合同法》、《票据法》）、市场调控法律制度（《证券法》、《知识产权法》）为线索编写了九章内容，系统而又突出地介绍了微观层面的法律制度，力求在有限的时间内使学生掌握与企业经营管理相关的法律知识，掌握交易规则，防范交易风险，具备追求交易稳定的知识和技能。

这次再版，编写体例更加新颖，充分体现了经济法所特有的理论性、时效性、实用性特点。每章均指明了学习目标（素质、知识、技能）和所需了解的相关法律法规，而且设有课前思考，配有学习背景资料，并辅之以课堂实训和综合练习，强化了应用性、实践性和可操作性，简洁明了。整本书体现了边问、边教、边学、边练的特色，可有效调动学生学习兴趣，突出高职高专教学培养实用型和技能型人才的特点。

本书编写继续注重与国家经济类、会计类专业技术资格考试教材的衔接，培养学生分析解决实际问题的能力。各章内容涵盖了相关资格考试大纲所要求的内容，为高职高专院校学生取得双证书打下基础。因此本书也是参加国家经济类专业技术资格考试学员极富参考价值的学习资料。

本书由陈新玲担任主编。具体写作分工如下：第一章、第三章、第四章、第六章、第七章由陈新玲编写；第二章由赵军波编写；第五章由齐晋编写；第八章由雷中平编写；第九章由武静编写。

本书编写过程中，参阅了许多国内外学者的著作资料，借鉴和吸收了他们的研究成果，在此深表谢意。虽然各位作者尽力编写，但是由于能力所限，书中可能还有错误和不当之处，敬请读者朋友批评指正。

编　者

2011 年春

第一版前言

经济法是调整国家在干预社会经济活动中所发生的经济关系的法律规范总称。作为从事经济、管理、服务工作的人员都必须认真学习和掌握与本专业工作有关的经济法律知识，以适应我国市场经济建设和进入国际大市场的需要。

本教材针对高职高专院校学生的特点和企业的实际需要，遵循培养应用型高级人才的教学规律和要求，突出法律所具有的实用性、应用性及操作性的特点，深入浅出地介绍了经济法基本理论，系统而又突出地介绍了微观层面的法律制度，力求在有限的时间内使学生掌握与企业经营管理相关的法律知识，掌握交易规则，防范交易风险，具备追求交易稳定的知识和技能。

本教材有以下三方面特色：第一，内容新。本教材根据最新修订的《中华人民共和国公司法》、《合伙企业法》、《破产法》、《证券法》和其他法律法规调整了相应的内容，采用的案例更具有现实性、针对性和新颖性。第二，形式新。通过对学科知识的整合，以高职院校学生的“必需、够用、实用”为度，全书分为四篇内容：经济法基础，市场主体法，市场运行法，市场管理法。每章由“学习目标”、“引导案例”、“知识介绍”、“本章小结”、“思考题”等组成。整本书体现了边问，边教，边学，边练的特色，增强了学生学习的兴趣，突出了高职高专培养实用型和技能型人才的特点。第三，实用性。注重与国家经济类，会计类专业技术资格考试教材的衔接，培养学生分析解决实际问题的能力。该书章节内容涵盖了相关资格考试大纲所要求的内容，为高职高专院校学生取得双证书打下了基础。因此本书也是参加国家经济类专业技术资格考试学员极富参考价值的学习资料。

本教材根据基础知识，主体法，行为法，管理法四部分安排教材内容，其中经济主体法包括个人独资企业法、合伙企业法、公司法、外商投资企业法、破产法；行为法包括合同法；管理法包括票据法、证券法、知识产权法。全书分为十章内容。

本教材主要集中了山西省高职院校从事经济法教学实践多年的教师的力量，认真严谨，数易其稿完成的。由太原大学陈新玲担任主编。具体分工如下：

第一章申世明；第二章、第三章、第七章和第九章陈新玲；第四章郑晓红；第五章和第六章刘春圆；第八章雷中平；第十章武静。

由于受限于学识、时间，书中难免疏漏之处，恳请广大读者批评指正。

目　　录

第一篇　基础理论篇

第一章　民商法律基础知识 …… 1
第一节　法律的一般理论 …… 2
一、法和法律的词义与定义 …… 2
二、法律的特征 …… 3
三、法律渊源与法系 …… 4
四、法律体系 …… 6
五、法律关系 …… 8
第二节　法律行为与代理 …… 11
一、法律行为 …… 11
二、代理 …… 15
第三节　物权制度 …… 19
一、物权一般理论 …… 19
二、所有权 …… 24
三、用益物权制度 …… 30
本章知识体系 …… 36
综合练习 …… 36
第二章　经济法概述 …… 39
第一节　经济法的发展历程 …… 40
一、经济法的产生与发展 …… 40
二、新中国成立后经济法的发展 …… 42
三、经济法与邻近法律部门的关系 …… 44
第二节　经济法的基本原则 …… 45
一、经济法的定义与调整对象 …… 46
二、经济法的特征 …… 46
三、经济法的基本原则 …… 47
本章知识体系 …… 49
综合练习 …… 49

第二篇　主体法律篇

第三章　内资企业法律制度……51
第一节　企业法概述……52
一、企业的定义与特征……52
二、企业的分类……53
三、企业法概述……54
第二节　个人独资企业法……55
一、个人独资企业法概述……55
二、个人独资企业的设立……56
三、个人独资企业投资人的权利与责任……57
四、个人独资企业的事务管理……58
五、个人独资企业的解散与清算……59
第三节　合伙企业法……61
一、合伙企业与合伙企业法……61
二、普通合伙企业……62
三、有限合伙企业……72
四、合伙企业的解散与清算……74
本章知识体系……78
综合练习……78
第四章　公司法律制度……83
第一节　公司法概述……84
一、公司的定义与种类……84
二、公司法的定义……85
三、公司法人财产权与股东权利……86
四、公司的登记管理……89
第二节　有限责任公司……91
一、有限责任公司的设立……91
二、有限责任公司的组织机构……97
三、一人有限责任公司的特别规定……100
四、国有独资公司的特别规定……100
五、有限责任公司的股权转让……101
第三节　股份有限公司……103
一、股份有限公司的设立……104
二、股份有限公司的组织机构……106

三、股份发行和转让 …… 110
第四节　公司董事、监事、高级管理人员的任职资格与义务 …… 113
一、公司董事、监事、高级管理人员的任职资格与义务 …… 113
二、股东诉讼 …… 114
第五节　公司债券发行与转让 …… 116
第六节　公司财务、会计 …… 119
一、公司财务、会计的基本要求 …… 120
二、公司利润分配 …… 120
第七节　公司合并、分立、解散与清算 …… 122
一、公司合并与分立 …… 122
二、公司注册资本的减少和增加 …… 123
三、公司解散和清算 …… 124
本章知识体系 …… 131
综合练习 …… 132
第五章　外商投资企业法律制度 …… 136
第一节　外商投资企业法律制度概述 …… 137
一、外商投资企业的定义与种类 …… 137
二、外商投资企业的权利与义务 …… 137
三、外商投资企业的投资项目 …… 138
四、外国投资者并购境内企业 …… 139
第二节　中外合资经营企业法律制度 …… 142
一、中外合资经营企业法律制度 …… 142
二、合营企业的注册资本与投资总额 …… 143
三、合营企业合营各方的出资方式、出资期限 …… 144
四、合营企业出资额的转让 …… 145
五、合营企业的组织形式与组织机构 …… 146
六、中外合资经营企业的财务会计管理 …… 147
七、合营企业的合营期限、解散与清算 …… 147
第三节　中外合作经营企业法律制度 …… 150
一、中外合作经营企业的设立 …… 150
二、合作企业的注册资本与投资合作条件 …… 151
三、合作企业的组织形式与组织机构 …… 152
四、合作企业的经营管理 …… 153
五、合作企业的合作期限、解散与清算 …… 153
第四节　外商独资企业法律制度 …… 154

一、外资企业的设立 …… 154
二、外资企业的注册资本与外国投资者的出资 …… 155
三、外资企业的组织形式、组织机构与财务会计管理 …… 156
四、外资企业的经营期限、终止与清算 …… 157
本章知识体系 …… 160
综合练习 …… 161

第三篇　市场运行规则篇

第六章　合同法律制度 …… 164
第一节　合同法概述 …… 165
一、合同的定义与分类 …… 166
二、合同法 …… 168
第二节　合同的订立 …… 169
一、合同订立的形式与内容 …… 170
二、合同订立的程序 …… 172
三、合同成立的时间与地点 …… 174
四、格式条款 …… 175
五、缔约过失责任 …… 176
第三节　合同的效力 …… 177
一、合同的生效 …… 178
二、效力待定合同 …… 179
三、可撤销合同 …… 179
四、无效合同 …… 180
第四节　合同的履行 …… 181
一、合同履行的规则 …… 182
二、抗辩权的行使 …… 183
三、合同的保全 …… 184
第五节　合同的担保 …… 186
一、留置 …… 187
二、定金 …… 187
三、保证 …… 188
四、抵押 …… 191
五、质押 …… 194
第六节　合同的变更、转让与终止 …… 197
一、合同的变更 …… 197

二、合同的转让……198
三、合同的终止……199
第七节 合同的违约责任……202
一、承担违约责任的主要形式……202
二、违约责任的免除……203
第八节 主要合同……205
一、买卖合同……205
二、赠与合同……211
三、借款合同……211
四、租赁合同……212
本章知识体系……216
综合练习……217
第七章 票据法律制度……221
第一节 票据法概述……222
一、票据与票据法……222
二、票据行为……225
三、票据权利与抗辩……226
四、票据的伪造与变造……228
第二节 汇票……230
一、汇票的定义与种类……230
二、汇票的出票……231
三、汇票的背书……232
四、汇票的承兑……232
五、汇票的保证……233
六、汇票的付款……234
七、汇票的追索权……235
第三节 本票与支票……236
一、本票……237
二、支票……237
本章知识体系……243
综合练习……243
第八章 证券法律制度……247
第一节 证券法律制度概述……248
一、证券和证券法的定义……248
二、证券活动与证券管理原则……249

第二节　证券发行 …… 251
一、证券发行的一般规定 …… 251
二、股票的发行 …… 251
三、公司债券的发行 …… 253
四、证券的发行程序 …… 253
五、证券投资基金的发行 …… 255
第三节　证券交易 …… 258
一、证券交易的一般规则 …… 258
二、证券上市 …… 259
三、持续信息公开 …… 262
四、限制的交易行为 …… 264
五、禁止的交易行为 …… 265
第四节　上市公司收购 …… 268
一、上市公司收购概述 …… 268
二、上市公司收购的权益披露 …… 269
三、上市公司收购后事项的处理 …… 270
第五节　相关证券机构 …… 271
一、证券交易所 …… 272
二、证券中介机构 …… 273
三、证券业协会 …… 275
四、证券监督管理机构 …… 276
本章知识体系 …… 279
综合练习 …… 280
第九章　知识产权法律制度 …… 282
第一节　知识产权法概述 …… 282
一、知识产权及其特征 …… 283
二、知识产权法 …… 283
第二节　著作权及邻接权 …… 284
一、著作权及邻接权概述 …… 284
二、作品 …… 284
三、著作权的取得及内容 …… 285
四、著作权人与作者 …… 286
五、保护期 …… 287
六、著作权的合理使用与法定许可 …… 287
七、法律责任 …… 289

第三节　商标法 …… 291
一、商标及其种类 …… 291
二、注册商标的特征 …… 292
三、商标注册的申请、审查、核准程序 …… 294
四、注册商标权内容 …… 296
五、商标权的保护 …… 296
第四节　专利法 …… 299
一、专利概述 …… 299
二、授予专利权的条件 …… 299
三、申请、授予专利的程序 …… 301
四、专利权的内容 …… 303
五、专利权的保护 …… 304
本章知识体系 …… 308
综合练习 …… 309

第四篇　经济纠纷救济篇

第十章　仲裁与诉讼 …… 311
第一节　仲裁 …… 312
一、仲裁的定义与基本原则 …… 312
二、《仲裁法》的适用范围 …… 313
三、仲裁协议 …… 314
四、仲裁程序 …… 314
第二节　诉讼 …… 316
一、诉讼的定义与提起诉讼的条件 …… 316
二、诉讼管辖 …… 317
三、诉讼时效 …… 317
四、审判程序 …… 318
五、执行程序 …… 319
本章知识体系 …… 321
综合练习 …… 322

综合练习参考答案 …… 325
参考文献 …… 333

第一篇　基础理论篇

第一章　民商法律基础知识

学习目标

素质目标：全面了解法律的特征，树立正确的法律观。

知识目标：理解民法、商法的相关基本规定。

技能目标：培养分析和解决生活相关实务问题的能力。

相关法规

《中华人民共和国民法通则》

《关于贯彻执行〈中华人民共和国民法通则〉若干问题的意见》

《中华人民共和国物权法》

《关于审理建筑物区分所有权纠纷案件具体应用法律若干问题的解释》

《关于审理物业服务纠纷案件具体应用法律若干问题的解释》

《不动产登记暂行条例》

创业法律思考

1. 如果自己想创业，需要掌握哪些基本法律？

2. 从事经济活动必须自己亲自参与吗？哪些可以由别人代理？日常经济活动中代理应注意哪些问题？

3. 物权变动规则是什么?什么情况下属于善意取得?

引导案例

某公司职工黄某和蒋某于 1963 年结婚，但妻子一直没有生育。1994 年，黄某认识了名叫张某的女子，并且在与张某认识两年后的第二年同居。1996 年年底，黄某和张某租房公开同居，以“夫妻”名义同居生活。2001年2月，黄某到医院检查，确认自己已经是肝癌晚期。在随后的日子里，张某面对嘲讽，以妻子的身份照顾黄某。黄某在2001年立下遗嘱：“我决定，将依法所得的住房补贴金、公积金、抚恤金和卖泸州市江阳区一套住房售价的一半（即 4 万元），以及手机一部遗留给我的朋友张某一人所有。后黄某去世，张某根据遗嘱向蒋某索要财产和骨灰盒，但遭到蒋某的拒绝。张某遂向人民法院起诉，请求依据《中华人民共和国继承法》（以下简称《继承法》）的有关规定，判令被告人蒋某按遗嘱履行，同时对遗产申请诉前保全。后人民法院公开宣判，认为：尽管《继承法》中有明确的法律条文，而且本案中的遗赠也是真实的，但是黄某将遗产赠送给“第三者”的这种民事行为违反了《中华人民共和国民法通则》（以下简称《民法通则》）第七条“民事活动应当尊重社会公德，不得损害社会公共利益，破坏国家经济计划，扰乱社会经济秩序”，因此法院驳回原告张某的诉讼请求。

思考：你认为法院能否依据社会公德否认遗赠行为的法律效力？试运用法理学知识分析法院判决依据。

第一节　法律的一般理论

背景：法律是人类社会发展到一定阶段的产物。由于每一个国家的历史发展背景不同，文化传统、宗教信仰、风俗习惯等存在差异，在不同的历史时期，社会物质条件会不断变化，这就决定了各国的法律体系和具体内容会不尽相同，并在不同的发展时期，也会不断发展变化。

关键词：法律；历史；法律体系

一、法和法律的词义与定义

汉字“法”古体写作“灋”。东汉许慎《说文解字》：“灋，刑也，平之如水，从水，廌，所以触不直者去之，从去。”“法”：公平、公正之意。《说文解字》：“律，均布也。”“律”即一致遵循的格式准则。

在现代汉语中，“法律”一词通常有广义和狭义两种用法。广义的法律，即整体或抽象意义的法律，即法，是指国家制定、认可，并以国家强制力保障实施的行为规范的总称。狭义的法律，即特定或具体意义上的法律，专指全国人民代表大会及其常务委员会制定的法律。在人们日常生活中所使用的“法律”一词，多数是从广义上来说的。

马克思主义关于法是这样定义的：法是指由国家制定或认可并由国家强制力保证其实施的，反映着统治阶级意志的规范系统；这一意志的内容是由统治阶级的物质生活条件决定的，它通过规定人们在相互关系中的权利和义务，确认、保护和发展对统治阶级有利的社会关系和社会秩序。

二、法律的特征

法律是人类社会发展到一定阶段的产物。法律与其他社会规范相比，具有以下特征。

（一）法律是调整人的行为和社会关系的行为规范

规范性是法律的首要特性，指法律为人们的行为提供模式标准、样式和方向。法律是一种社会规范，调整人的行为和社会关系，不同于技术规范。社会规范调整人与人的关系，约束人的行为；而技术规范调整人与自然界、人与劳动工具之间的关系，如度、量、衡等，这些规范不属于法律的范畴。当然，随着管理科学的出现，人类管理社会的规则技术化，又产生了所谓社会技术规范，如环境保护、食品卫生、建筑质量标准等，这些规范已经纳入了法律规范的调整范围。

（二）法律是由国家制定或认可的行为规范

国家制定是指有权的国家机关依照法定程序制定规范性法律文件，并用文字公之于众。这就是通常所说的成文法。国家认可是国家根据实际需要，赋予社会上已经存在的某些习惯以法律效力。由于法律是国家制定或认可的，所以它派生出普遍性的特征。一般来说，法律在一国全部地域范围对一切人和组织发生效力。

（三）法律是规定权利和义务的行为规范

法律以权利和义务为机制，影响人们的行为动机，指引人们的行为，调节社会关系。法律所规定的权利和义务不仅指个人、组织（法人和其他组织）及国家（作为普通法律主体）的权利和义务，而且包括国家机关及其公职人员在依法执行公务时所行使的职权和职责。法律不仅规定义务，而且赋予权力或权利。这是与道德、习惯等社会规范不同的，如道德规范、宗教规范都侧重于对义务的规定或要求，而法律规范以权利和义务为主要内容，既强调义务，也强调权利，而且二者是相互对应的。

（四）法律是由国家强制力保证实施的行为规范

任何一种社会规范，都有保证其实施的社会力量，即具有某种强制性。法律依靠国家强制力保证实施，并非意味着法律的每一个实施过程、每一个法律规范的实施都要借助于国家系统化的暴力机器，也不等于国家强制力是保证法律实施的唯一力量。实际上，法律的实施主要依赖于社会主体的自觉遵守执行，只有相关的社会主体不遵守法律规范，并依照法律规范应当就不遵守法律规范的行为承担相应的法律后果时，才会由国家机器保证实施。这是法律不同于其他社会规范的重要特点。

在调整人的行为和社会关系的社会规范中，除了法律规范外，还有道德规范、宗教规范、风俗习惯等。其中，道德规范是不同于法律，又与法律规范最具密切联系的一种社会规范。道德规范是维系一个社会的最基本的规范体系，没有道德规范，整个社会就会分崩离析。法律与道德是互相交叉与渗透的两种行为规范：法律意识与道德观念具有同一属性而相互联系；法律规范与道德规范的调控范围有所重叠而相互包容。一般来说，凡是法律禁止和制裁的行为，也是道德所禁止和谴责的行为；凡是法律所要求和鼓励的行为，也是道德所培养和倡导的行为。但是，法律与道德也存在区别：法律属于社会制度的范畴，道德则属于社会意识形态的范畴；法律规范的内容主要是权利与义务，并且强调两者之间的平衡，道德则强调对他人、对社会集体履行义务，承担责任；法律规范是由国家的强制力保证实施的，而道德规范则主要凭借社会舆论、人们的内心观念、宣传教育以及公共谴责等手段来实现。

三、法律渊源与法系

（一）法律渊源

法的渊源也称为法的形式。在不同的历史阶段、在不同的国家中，法的形式渊源是非常多样的。我国法律制度在形式上属于成文法，因此判例不作为法律渊源。就现有立法情况来看，经济法的法律渊源主要有以下几种。

1）宪法。宪法是国家的根本大法，由全国人民代表大会制定和修改，在我国法律渊源中处于最高和核心的地位。

2）法律。法律是由全国人民代表大会及其常务委员会制定的规范性文件，在地位和效力上仅次于宪法。以法律形式表现的经济法构成其主体和核心部分，如《中华人民共和国公司法》（以下简称《公司法》）、《中华人民共和国证券法》（以下简称《证券法》）等。

3）行政法规和地方性法规。行政法规也是一种主要的法的渊源，它是指国家最高行政机关（国务院）根据宪法和法律制定的一种规范性文件，其法律地位和法律效力仅次于宪法和法律。省、自治区、直辖市的人大及其常委会，省、自治区人民政府所在地的市的人民代表大会及其常务委员会，经国务院批准的较大的市的人民代表大会及其常务委员会依照法定程序制定的规范性文件为地方性法规。地方性法规的效力低于宪法、法律和行政法规。

4）部门规章和地方政府规章。部门规章是国务院所属各部委在本部门的权限内制定的规范性文件。地方政府规章是省、自治区、直辖市人民政府以及省、自治区人民政府所在地的市和经国务院批准的较大的市的人民政府依照法定程序制定的规范性文件。

5）民族自治地方的自治条例和单行条例。民族自治地方的人民代表大会有权依照当地民族的政治、经济和文化特点，制定自治条例和单行条例。自治条例是民族自治地方根据自治权制定的综合性法律文件。单行条例是根据自治权制定的调整某一方面事项的规范性文件。

6）经济特区的规范性文件。经济特区的规范性文件是指经全国人民代表大会及其常务委员会特别授权的特定国家机关制定的规范性文件。主要包括以下 3 类：经济特区的单行经济法规、经济特区法规和规章。

7）特别行政区的规范性文件。特别行政区的法律同其他法律的一个重要区别在于它只适用于特别行政区内，而不是在全国范围内具有普遍的约束力。它是当代中国法的一种特殊的渊源形式。

8）国际条约和国际惯例。国际条约是两个或两个以上国家关于政治、经济、贸易、法律、文化、军事等方面规定其相互之间的权利和义务的各种协议。作为当代中国法的渊源的国际条约是指我国与外国缔结的或我国加入的国际条约。在当代中国法的渊源中，还有一种适用面虽小，但仍存在着的法的渊源，即国际惯例。

（二）法系

所谓法系，是指对一个国家法律制度或体系的分类标准。由于各国法律的历史渊源、历史传统、存在样式和运行方式的不同，各国所属的法系也有所区别。按照这种分类方法，各国的法律制度主要可以分为大陆法系和普通法系。

大陆法系又称罗马法系、民法法系、成文法系，是承袭古罗马法的传统，仿照《法国民法典》和《德国民法典》的样式而建立起来的法律制度的总称。欧洲大陆上的法国、德国、意大利、荷兰、西班牙、葡萄牙等国和拉丁美洲、亚洲许多国家的法律都属于大陆法系。我国的法律制度在形式上属于大陆法系。

普通法系又称英美法系、海洋法系或判例法系，是承袭英国中世纪的法律传统而发展起来的各国法律制度的总称。英国、美国、澳大利亚、新西兰等英语国家和我国香港特别行政区的法律制度均属于英美法系。

大陆法系与英美法系的主要区别包括以下几个方面。

1）法律渊源不同。大陆法系的法律以成文法（即制定法）的形式存在，其法律渊源包括立法机关制定的各种规范性法律文件、行政机关颁布的各种行政法规以及本国参加的国际条约，但原则上不包括司法判例。英美法系的法律渊源既包括各种制定法，也包括判例，而且判例所构成的判例法在整个法律体系中占有非常重要的地位。

2）法官权限不同。大陆法系强调法官只能援用成文法中的规定来审判案件，法官对成文法的解释也需受成文法本身的严格限制，故法官只能适用法律而不能创造法律。英美法系的法官既可以援用成文法也可以援用已有的判例来审判案件，而且也可以在一定的条件下运用法律解释和法律推理的技术创造新的判例，从而法官不仅适用法律，也在一定的范围内创造法律。

3）诉讼程序不同。大陆法系的诉讼程序以法官为重心，突出法官的职能，具有纠问程序的特点。英美法系的诉讼程序以原告、被告及其辩护人和代理人为重心，法官只是双方争论的“仲裁人”而不能参与争论，与这种对抗式（也称诉辩式）程序同时存在的是陪审团制度，陪审团代表公民参加案件审理，但主要负责作出事实上的结论和法律上的基本结论（如有罪或无罪），法官负责作出法律上的具体结论，即判决。

但是，由于不同法系国家之间的经济、政治和文化联系与交流不断加强，国际化趋势日益明显，两大法系之间的互相借鉴也随之受到重视，因而二者之间的差别也逐渐缩小。最典型的就是，很多大陆法系国家开始承认判例为法律渊源。

四、法律体系

法律体系也称“法的体系”或者“法体系”，是指由一国现行的全部法律规范按照不同的法律部门分类组合而形成的一个呈体系化的有机联系的统一整体。我国的法律体系是以宪法为核心，以法律为主干而形成的法律体系，即宪法及宪法相关法、刑法、行政法、民商法、经济法、社会法、诉讼与非诉讼程序法等 7 个法律部门。

（一）宪法及宪法相关法

宪法是国家的根本大法，规定国家的根本制度和根本任务、公民的基本权利和义务等内容。宪法相关法是与宪法相配套、直接保障宪法实施和国家政权运作等方面的法律规范总和，主要包括 4 个方面：①有关国家机构的产生、组织、职权和基本工作制度的法律；②有关民族区域自治制度、特别行政区制度、基层群众自治制度的法律；③有关维护国家主权、领土完整和国家安全的法律；④有关保障公民基本政治权利的法律。

（二）刑法

刑法是规范犯罪、刑事责任和刑事处罚的法律规范的总称。刑法是一个传统的法律门类，与其他法律门类相比，具有两个显著特点：一是所调整的社会关系极其广泛，不论哪一方面的社会关系，只要发生了构成犯罪的行为，都受刑法调整；二是强制性最突出，所有法律都有强制性，但刑法的强制性最为突出。刑法是保证其他法律有效实施的后盾。

（三）行政法

行政法是有关国家行政管理活动的法律规范的总称，包括有关行政主体、行政行为、行政程序、行政监督以及国家公务员制度等方面的法律规范。行政法调整的是行政机关与行政管理相对人（公民、法人和其他组织）之间因行政管理活动而发生的法律关系，是一种纵向的法律关系，行政机关与行政管理相对人的关系具有从属性、服从性的特点，二者的地位是不平等的。行政行为由行政机关单方面依法作出，不需要与行政管理相对人平等协商。

（四）民商法

民商法是调整作为平等主体的公民之间、法人之间、公民与法人之间的财产关系和人身关系的法律规范的总和。在市场经济条件下，民商法是非常重要的法律部门。我国目前尚无一部较完整的民商法典作为民商法部门的标志性法典。现阶段民商法主要由《中华人民共和国民法通则》（以下简称《民法通则》）和大量单行的民事法律组成。民法和商法是分立还是合一，各国做法不尽相同，从我国的立法模式来看，采取的是民商合一制度。民法作为一个传统的法律门类，主要包括物权、债权、知识产权、婚姻、家庭、收养、继承等方面的法律规范。商法是在适应现代商事活动需要的基础上，从民法中分离而逐渐发展起来的法律部门，主要包括公司、破产、证券、期货、保险、票据、海商等方面的法律规范。

（五）经济法

经济法是调整政府对市场经济活动实行干预、管理、调控所产生的法律关系的法律规范的总称。经济法是在政府干预市场活动过程中逐渐发展起来的一个法律门类，一方面与行政法的联系很密切；另一方面又与民法、商法的联系很密切。经济法既有调整纵向关系的法律规范，又有调整横向关系的法律规范。经济法是公法，侧重于调整政府平衡协调经济生活中发生的政府与商事主体间的关系，强调政府与商事主体间责、权、利、效的一致性。

（六）社会法

社会法是规范劳动关系、社会保障、社会福利和特殊群体权益保障方面法律关系的法律规范的总称。社会法是在政府干预社会生活过程中逐渐发展起来的一个法律门类，调整的是政府与社会之间、社会不同部分之间的法律关系。社会法包括两个方面：一是有关劳动关系、劳动保障和社会保障方面的法律，如《中华人民共和国劳动法》、《中华人民共和国工会法》等。二是有关特殊社会群体权益保障方面的法律，如《中华人民共和国未成年人保护法》、《中华人民共和国妇女权益保障法》等。

（七）诉讼与非诉讼程序法

诉讼与非诉讼程序法是规范解决社会纠纷的诉讼活动与非诉讼活动的法律规范的总称。我国已经制定了《中华人民共和国刑事诉讼法》（以下简称《刑事诉讼法》）、《中华人民共和国民事诉讼法》（以下简称《民事诉讼法》）和《中华人民共和国行政诉讼法》（以下简称《行政诉讼法》），分别对 3 种诉讼活动进行规范。此外，针对海事诉讼的特殊性，制定了《中华人民共和国海事诉讼特别程序法》（以下简称《海事诉讼特别程序法》），作为对《民事诉讼法》的补充。为了处理国与国之间的犯罪引渡问题，制定了《引渡法》，作为对《刑事诉讼法》的补充。此外，我国还制定了《中华人民共和国仲裁法》（以下简称《仲裁法》）、《中华人民共和国劳动争议调解仲裁法》（以下简称《劳动争议调解仲裁法》）等非诉讼程序法。

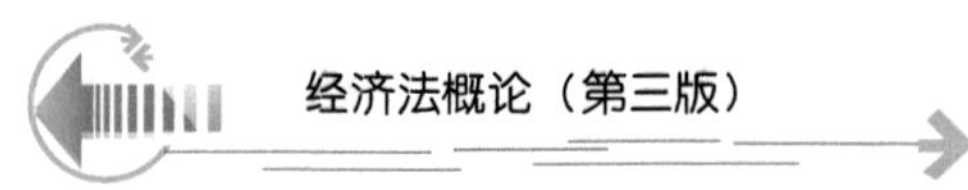

五、法律关系

（一）法律关系概述

人类社会存在着各种各样的社会关系，诸如经济、政治、法律、思想、道德、宗教以及家庭、婚姻、友谊等关系。法律关系是根据法律规范产生的，以主体间法律上的权利与义务关系为内容表现的社会关系。与其他社会关系相比，法律关系具有以下特征。

1）法律关系是一种意志关系，属上层建筑范畴。这里的意志是指国家的意志（即统治者的意志）和行为人的意志。法律关系是反映统治者意志和行为人意志形成的关系，因而不属于经济基础范畴。

2）法律关系是根据法律规范建立并得到法律保护的社会关系。法律关系是社会关系的一种，但是并非所有的社会关系均属于法律关系，有些社会关系不属于法律关系，如友谊关系、爱情关系等。在法律规范中，关于一个人可以做什么、不得做什么和必须做什么的规定，是国家意志的体现。人们之间一旦依法结成了法律关系，这种关系对各方参加者都有约束力。例如，合同一经订立即具有法律效力，任何一方也无权擅自变更、废止。凡是超越法律关系中权利的界限或者规避义务造成危害后果的，就会受到国家强制力的制裁。

3）法律关系是以权利义务为内容的具体的社会关系。法律关系是具体的权利义务关系，它使得法律规范规定的权利义务具体化。法律规范规定的主体权利义务只是一种可能性，是主体能做和应该做的行为，并不是现实的行为；而在法律关系中，主体的权利与义务是一种现实的权利义务。这些权利与义务关系的形成，要以法律所确定的某种现象和事实的产生为前提。例如，如果发生了保险法规所列举的自然灾害，那么肯定引起投保人和保险人之间的保险赔偿权利与义务关系的形成。在法律关系中，参加者所享受的权利与承担的义务，都是法律规定的，都具有法律效力，任何人都不得违反和侵犯。

根据法律关系反映的物质社会关系不同，形成的法律关系性质也不相同：以调整平等主体之间的财产关系和人身关系而形成的法律关系，称为民事法律关系；以调整婚姻家庭关系而形成的法律关系，称为婚姻家庭法律关系；以调整行政管理关系而形成的法律关系，称为行政法律关系；以调整刑事犯罪与惩罚关系而形成的法律关系，称为刑事法律关系；以调整经济管理与协调关系而形成的法律关系，称为经济法律关系等等。

（二）法律关系的主体

法律关系主体又称权利主体，即法律关系的参加者，是法律关系中权利的享受者和义务的承担者。享有权利的一方称为权利人，承担义务的一方称为义务人。

1. 法律关系主体的内容

法律关系的主体主要包括公民（自然人）、法人和其他组织、国家。

1）公民（自然人）。这里的公民（自然人）既包括本国公民，也包括居住在一国境内或在境内活动的外国公民和无国籍人。

2）法人和其他组织。法人包括机关法人（立法机关、行政机关和司法机关等）、事业单位法人、社会团体法人和企业法人。其他组织则是指不具有法人地位，但是可以自己名义从事法律活动的主体，如分公司。

3）国家。在特殊情况下，国家可以作为一个整体成为法律关系的主体。例如，国家作为主权者是国际公法关系的主体，可以成为外贸关系中的债权人和债务人。在国内法上，国家可以直接以自己的名义参与国内法律关系（如发行国库券）。当然，大多数情况下，由国家机关或者授权的组织作为代表参加法律关系。

2. 法律关系主体构成的资格与条件

公民和法人要成为法律关系的主体，享有权利和承担义务，必须具备权利能力和行为能力，即具有法律关系主体构成的资格。

1）权利能力。权利能力是权利主体享有权利和承担义务的资格，反映了权利主体享有权利和承担义务的可能性。各种具体权利的产生必须以主体的权利能力为前提。在不同的法律关系中对其参加者的要求不同，所需要的权利能力也不同。权利能力既包括一般的权利能力，即民事权利能力，也包括特殊的权利能力，即政治权利能力、劳动权利能力等。

2）行为能力。行为能力是指权利主体能够通过自己的行为取得权利和承担义务的能力。行为能力必须以权利能力为前提，无权利能力就谈不上行为能力。对自然人来讲，有权利能力不一定有行为能力。根据《民法通则》的规定，自然人分为完全行为能力人、限制行为能力人和无行为能力人 3 种。

① 完全行为能力人。18 周岁以上的公民是成年人，具有完全民事行为能力，可以独立进行民事活动，是完全行为能力人。16 周岁以上不满 18 周岁的公民，以自己的劳动收入为主要生活来源的，视为完全民事行为能力人。

② 限制行为能力人。10 周岁以上的未成年人是限制民事行为能力人，可以进行与他的年龄、智力相适应的民事活动；其他民事活动由他的法定代理人代理，或者征得他的法定代理人的同意。不能完全辨认自己行为的精神病人是限制行为能力人，可以进行与他的精神健康状况相适应的民事活动；其他民事活动由他的法定代理人代理，或者征得法定代理人的同意。

③ 无行为能力人。不满 10 周岁的未成年人是无民事行为能力人，以及不能辨认自己行为的精神病人是无行为能力人，由他的法定代理人代理民事活动。

社会组织作为法律关系的主体也应当具有权利能力和行为能力，但是，其权利能力和行为能力不同于自然人。以法人为例，法人的权利能力、行为能力在法人成立时同时产生，到法人终止时同时消灭。自然人的行为能力一般通过自身实现，而法人的行为能力则通过法定代表人或者其他代理人实现。

(三) 法律关系的内容

权利与义务是法律关系的内容。权利是法律允许权利人为了满足自己的利益可以作为或不作为，或者要求他人为一定行为或不为一定行为，并有他人的法律义务作保证的资格。义务则是法律规定的义务人应该按照权利人要求为一定行为或不为一定行为，以满足权利人的利益。权利与义务具有密切的关系：没有无义务的权利，也没有无权利的义务；权利人行使权利依赖于义务人承担义务；权利的行使有一定的界限，不能滥用权利而损害义务人的利益。

(四) 法律关系的客体

法律关系客体，是指法律关系主体间权利义务所指向的对象。法律关系的客体可以分为以下几大类。

1）物。法律意义上的物是指法律关系主体支配的、在生产上和生活上所需要的客观实体。它可以是自然物，如森林、土地，也可以是人的劳动创造物，如建筑物、机器、各种产品。

2）行为。一定的行为结果可以满足权利人的利益和需要，可以成为法律关系的客体。如旅客运输合同的客体是运送旅客的行为。

3）智力成果。例如，文学艺术作品、科学著作、科学发明等。

4）人身利益，包括人格利益和身份利益，是人格权和身份权的客体。例如，公民和组织的姓名或名称，公民的肖像、名誉、尊严、公民的人身、人格和身份等。

(五) 法律关系的变动原因——法律事实

所谓法律事实，是指法律规范所规定的，能够引起法律后果即法律关系产生、变更和消灭的客观现象。根据不同的标准，法律事实可以分为两类：事件和行为。

1）事件，指与当事人意志无关，但能够引起法律关系发生、变更和消灭的客观情况。能够导致一定法律关系的产生、变更和消灭的事件有：①人的出生与死亡，能够引起民事主体资格的产生和消灭，也可能导致人格权的产生和继承的开始等；②自然灾害与意外事件；③时间的经过，可以引起一些请求权的发生或消灭。

2）行为，指人的有意识的活动，包括自然人和法人的活动。因为人们的意志有善意与恶意、合法与违法之分，故其行为也可以分为善意行为、合法行为与恶意行为、违法行为。善意行为、合法行为能引起法律关系的形成、变更和消灭。例如，依法登记结婚的行为，导致婚姻关系的成立。恶意行为、违法行为也能够引起法律关系的形成、变更和消灭，如犯罪行为产生刑事法律关系，也可能引起某些民事法律关系（损害赔偿、继承）的产生或变更。

第二节　法律行为与代理

背景：经德国法典主义学者精心创制法律行为概念后，民法理论完成了“从身份到契约，从契约到制度”的历史发展过程。法律行为制度被视为民法学中最辉煌的成就之一，在民法理论中具有举足轻重的地位，然而对此概念的认识学界仍不无分歧。

关键词：法律行为；德国

一、法律行为

（一）法律行为的定义与特征

法律行为是指民事法律行为，即指以意思表示为要素，设立、变更或终止权利义务的合法行为。其具有以下特征。

1）以意思表示为要素。意思表示是指行为人将进行法律行为，达到某种预期法律后果的内在意思表现于外的行为。如果行为人仅有内在意思而不表现于外，则不构成意思表示，法律行为当然不能成立；行为人表现于外的意思不是其内在意思的真实反映，则表明该意思表示有瑕疵，法律行为原则上亦不能生效。意思表示是法律行为的核心，也是法律行为与非表意行为，如事实行为等相区别的重要标志。

2）以设立、变更或终止权利义务为目的。这一特征表明法律行为是行为人的自觉自愿行为，而非受胁迫、受欺诈的行为。否则，就达不到行为人的目的。这也是衡量法律行为法律效果的基本依据，如侵权行为往往会导致一定的法律后果，但却是与行为人的预期目的相背的。

3）是一种合法行为。这表明法律行为只有在内容和形式上符合法律的要求或者不违背法律的规定，才能得到法律的承认和保护，也才能产生行为人预期的法律后果。否则，该行为不仅不会产生行为人预期的法律后果，而且还会受到法律的制裁。因此，非法行为不是法律行为。我国法律确认法律行为的合法性的意义在于，通过建立法律行为的行为模式，以指导人们何可为何不可为，何为法律认同何不为法律认同，从而达到维护社会正常秩序的目的。

（二）法律行为的分类

法律行为从不同的角度可作不同的分类。不同的法律行为在法律上具有不同的法律意义。

1）单方的法律行为和多方的法律行为。单方的法律行为是根据一方当事人的意思表示而成立的法律行为。该法律行为仅有一方当事人的意思表示而无需他方的同意即可发生法律效力，如委托代理的撤销、债务的免除、无权代理的追认等。多方的法律行为是两个以上的当事人意思表示一致而成立的法律行为。该法律行为的当事人有两个以上，不仅各自需要进行意思表示，而且意思表示还需一致，如合同行为等。

2）有偿的法律行为和无偿的法律行为。有偿的法律行为是指当事人互为给付一定代价（包括金钱、财产、劳务）的法律行为，如买方为获得对方的货物而支付价款、承揽人为获得对方的报酬而提供劳务等。无偿的法律行为是指一方当事人承担给付一定代价的义务，而他方当事人不承担相应给付义务的法律行为，如赠与行为、无偿委托、无偿消费借贷等。

3）要式的法律行为和不要式的法律行为。要式的法律行为是指法律规定必须采取一定的形式或者履行一定的程序才能成立的法律行为，如《中华人民共和国合同法》（以下简称《合同法》）第二百七十条规定："建设工程合同应当采用书面形式。"不要式的法律行为是指法律不要求采取一定形式，当事人自由选择一种形式即可成立的法律行为，该类法律行为的形式可由当事人协商确定。

4）主法律行为和从法律行为。主法律行为是指不需要有其他法律行为的存在就可以独立成立的法律行为。从法律行为是指从属于其他法律行为而存在的法律行为。例如，当事人之间订立一项借贷合同，为保证该合同的履行，又订立一项担保合同，其中，借贷合同是主合同，担保合同为从合同。从法律行为的效力依附于主法律行为，主法律行为不成立，从法律行为则不能成立；主法律行为无效，则从法律行为亦当然不能生效。但是，主法律行为履行完毕，并不必然导致从法律行为的效力的丧失。

（三）法律行为的有效要件

法律行为的有效是指法律行为足以引起权利义务的设立、变更、终止的法律效力。法律行为的成立是法律行为有效的前提，但是，已成立的法律行为不一定必然发生法律效力，只有具备一定有效要件的法律行为，才能产生预期的法律效果。法律行为的有效要件分为实质有效要件和形式有效要件。

1. 法律行为的实质有效要件

《民法通则》第五十五条规定："民事法律行为应当具备下列条件：（一）行为人具有相应的民事行为能力；（二）意思表示真实；（三）不违反法律或者社会公共利益。"这是指的法律行为的实质有效要件。

1）行为人具有相应的民事行为能力。只有具有相应的民事行为能力的人才能进行民事法律行为。对于自然人而言，无行为能力人进行的行为不具有法律效力；限制行为能力人只能进行与其能力相当的法律行为；完全行为能力人也只有在其权利能力范围内，才具有相应的行为能力。对于法人来说，只有具有与其权利能力范围相适应的行为能力，其进行的法律行为方为有效。法人的权利能力范围一般以核准登记的生产经营和业务范围为准。

2）意思表示真实。这是指当事人在自愿的基础上作出的意思表示与其内心的真实意愿是一致的。如果行为人的意思表示是基于胁迫、欺诈的原因而作出的，则不能反映行为人的真实意志，这就不能产生法律上的效力。如果行为人故意作出不真实的意思表示，则该行为人无权主张行为无效，而善意的相对人或第三人，则可根据情况主张行为无效。如果行为人基于某种错误认识而导致意思表示与内在意志不一致，则只有在存在重大错误的情况下，才有权请求人民法院或者仲裁机关予以变更或撤销。

3）不违反法律或者社会公共利益。这是由法律行为的合法性决定的。不违反法律是指意思表示的内容不得与法律的强制性或禁止性规定相抵触，也不得滥用法律的授权性或任意性规定达到规避法律强制规范的目的。不违反社会公共利益是指法律行为在目的上和效果上不得有损社会经济秩序、社会公共秩序和社会公德，不得损害国家及各类社会组织和个人的利益。

2. 法律行为的形式有效要件

这是指行为人的意思表示的形式必须符合法律的规定。《民法通则》第五十六条规定："民事法律行为可以采用书面形式、口头形式或者其他形式。法律规定用特定形式的，应当依照法律规定。"如果行为人进行某项特定的法律行为时，未能采用法律规定的特定形式的，则不能产生法律效力。书面形式有一般书面形式和特殊书面形式。特殊书面形式主要指公证形式、审核批准形式、登记、公告形式等。一般而言，书面形式优于口头形式，特殊书面形式优于一般书面形式。在实践中，还有一种不通过文字或语言，而以沉默的方式进行意思表示的形式，该形式只有在法律有规定或当事人有约定的情况下才能产生法律效力。

（四）附条件和附期限的法律行为

1. 附条件的法律行为

附条件的法律行为是指在法律行为中指定一定的条件，把该条件的成就（或发生）或不成就（或不发生）作为法律行为效力的发生或终止的根据。法律行为中所附的条件可以是事件，也可以是行为，但是能够作为法律行为所附条件的事实必须具备以下条件。

1）将来发生的事实，已发生的事实不能作为条件。

2）不确定的事实，即条件是否必然发生，当事人不能肯定。

3）当事人任意选择的事实，而非法定的事实。

4）合法的事实，不得以违法或违背道德的事实作为所附条件。

5）所限制的是法律行为效力的发生或消灭，而不涉及法律行为的内容，即不与行为的内容相矛盾。

2. 附期限的法律行为

附期限的法律行为是指在法律行为中指明一定的期限，把期限的到来作为法律行为生效或终止的依据。期限是必然到来的事实，这与附条件的法律行为所附的条件不同。法律行为所附期限可以是明确的期限，如某年某月某日，也可以是不确定的期限，如“某人死亡之日”、“果实成熟之时”等。

（五）无效的民事行为

1. 无效民事行为的定义与种类

无效民事行为是指欠缺法律行为的有效要件，行为人设立、变更和终止权利义务的内容不发生法律效力的行为。

《民法通则》第五十八条对无效民事行为作了列举性规定，该类民事行为包括以下几种：①无行为能力人实施的民事行为；②限制民事行为能力人依法不能独立实施的民事行为；③一方以欺诈、胁迫的手段或者乘人之危，使对方在违背真实意思的情况下所为的民事行为；④恶意串通，损害国家、集体或者第三人利益的民事行为；⑤违反法律或者公共利益的民事行为；⑥违反国家指令性计划的民事行为；⑦以合法形式掩盖非法目的的民事行为。

2. 部分无效的民事行为

部分无效的民事行为是指部分无效且不影响其他部分效力的民事行为。部分无效的民事行为的无效部分从行为开始即无法律约束力，而其余部分仍对当事人有约束力。

3. 无效民事行为的法律后果

无效民事行为从行为开始起就没有法律约束力。其在法律上产生以下法律后果。

1）恢复原状，即恢复到无效民事行为发生之前的状态，当事人因该行为取得的财产应当返还给受损失的一方。

2）赔偿损失，即有过错的一方应当赔偿对方因此所受的损失，但如果双方都有过错的，应当各自承担相应的责任。

3）收归国家或集体所有或返还第三人，即指双方恶意串通，实施的民事行为损害国家、集体或者第三人利益的，应当追缴双方取得的财产，收归国家、集体所有或者返还第三人。

4）其他制裁。如果行为人因实施无效民事行为而损害国家利益或社会利益的，还可以给予行政处分、罚款，构成犯罪的，还要依法追究刑事责任。

(六)可撤销的民事行为

1. 可撤销民事行为的定义与特征

可撤销民事行为是指依照法律的规定，可以因行为人自愿的撤销行为而自始归于无效的民事行为。该行为与无效民事行为相比，有以下特征。

1)在该行为撤销前，其效力已经发生，未经撤销，其效力不消灭。

2)该行为的效力消灭，以撤销为条件。

3)该行为的撤销，应由撤销权人提出并实施，其他人不能主张其效力的消灭。

4)具有撤销该行为权利的人，可以选择撤销该行为，也可以不选择撤销该行为。如果自行为成立时起超过一年，当事人才请求变更或者撤销的，人民法院不予保护，该行为对当事人具有约束力。

5)该行为一经撤销，其效力溯及于行为开始时无效。

2. 可撤销民事行为的种类

可撤销民事行为主要包括以下几种类型。

1)行为人对行为内容有重大误解的民事行为。这是指民事行为的当事人在作出意思表示时，对涉及行为法律效果的重要事项存在认识上的显著缺陷。该误解包括对行为的性质、标的物、当事人、价格、数量、包装、运输方式、履行地点、履行期限等存在误解，并且该误解是重大的。

2)显失公平的民事行为。这是指对一方当事人明显有利而对另一方当事人有重大不利的民事行为。该行为使得当事人一方明显处于权利义务不对等、经济利益严重失衡的境地，并且违反了公平和等价有偿的原则。但是，当事人不得借口无经验、无技能或不了解市场行情等原因而随意撤销其实施的民事行为。

《合同法》将一方以欺诈、胁迫的手段或者乘人之危，使对方在违背真实意思的情况下订立的合同列入可撤销合同。

3. 可撤销民事行为的后果

如果享有撤销权的当事人未在法定的期间内行使撤销权，则可撤销民事行为视同为法律行为，对当事人具有约束力。如果可撤销的民事行为被依法撤销，则具有与无效民事行为相同的法律后果。

二、代理

(一)代理的定义与特征

代理是指代理人在代理权限内，以被代理人的名义与第三人实施法律行为，由此产生的法律后果直接由被代理人承担的一种法律制度。代理关系的主体包括代理人、被代理人（亦称本人）和第三人（亦称相对人）。代理关系包括 3 种关系：一是被代理人与代理人之间的代理权关系；二是代理人与第三人之间的实施法律行为的关系；三是被代理人与第三人之间的承受代理行为法律后果的关系。

代理人具有以下特征。

1）代理人以被代理人的名义实施法律行为。根据《民法通则》的规定，代理人必须以被代理人的名义实施法律行为。非以被代理人的名义而以自己的名义代替他人实施法律行为，不属代理行为，如行纪、寄售等受托处分财产的行为。

2）代理人直接向第三人进行意思表示。代理行为的目的在于与第三人设立、变更或终止权利义务关系。因此，只有代理人直接向第三人为意思表示，才能实现代理之目的。这使代理行为与其他委托行为，如代人保管物品等行为区别开来。

3）代理人在代理权限内独立地为意思表示。代理人在代理权限内，有权根据情况，独立地进行判断，并进行意思表示。非独立进行意思表示的行为。不属代理行为，如传递信息、居间行为等均不属代理行为。

4）代理行为的法律效果直接归属于被代理人。尽管代理行为是在代理人与第三人之间进行的，但却在被代理人与第三人之间设立、变更或终止了某种权利义务关系，因此，其法律后果当然也应由被代理人承担。该法律后果既包括对被代理人有利的法律后果，也包括不利的法律后果。这使代理行为与无效代理行为、冒名欺诈等行为区别开来。

（二）代理的适用范围

代理适用于民事主体之间设立、变更或终止权利义务的法律行为，同时也适用于法律行为之外的其他行为，如申请行为、申报行为、诉讼行为等。

但是，依照国家法律规定或行为性质必须由本人亲自进行的行为，则不能代理，如遗嘱、婚姻登记、收养子女等。又如，约稿、预约绘画、演出等具有严格人身性质的行为，也不适用代理。被代理人无权进行的行为不能代理。此外，根据法律规定，只有某些民事主体才能代理的行为，他人不得代理，如代理发行证券只能由有证券承销资格的机构进行。违法行为也不得适用代理。

（三）代理的种类

根据我国《民法通则》的规定，代理可分为以下几种。

1）委托代理。这是基于被代理人的委托而发生的代理。被代理人的委托可以基于授权行为发生，也可依据合伙关系、职务关系等发生。委托代理中的授权行为一般以代理证书（亦称授权委托书）的形式表现。根据《民法通则》第六十五条的规定，代理证书应当载明代理人的姓名或名称、代理事项、代理的权限范围和代理权的有效期限，并且由委托人签名或者盖章。授权委托书授权不明的，被代理人应当对第三人承担民事责任，代理人负连带责任。

2）法定代理。这是基于法律的直接规定而发生的代理。法定代理通常适用于被代理人是无行为能力人、限制行为能力人的情况。

3）指定代理。这是基于人民法院或者有关单位的指定行为而发生的代理。指定代理适用于被代理人既无委托代理人，又无法定代理人而又有特定事项需要代理人代理的情况。

（四）代理权的行使

1. 代理权行使的一般要求

代理人行使代理权必须符合被代理人的利益，不得利用代理权为自己牟取私利，必须做到勤勉尽责、审慎周到，以实现和保护被代理人的利益。

2. 代理权滥用的禁止

代理人不得滥用代理权。常见的代理权滥用的情况有：一是自己代理即代理他人与自己进行民事活动；二是双方代理即代理双方当事人进行同一民事行为；三是恶意串通代理即代理人与第三人恶意串通，损害被代理人的利益。

3. 法律禁止代理权的滥用

滥用代理权的行为，视为无效代理，代理人滥用代理权给被代理人及他人造成损害的，必须承担相应的赔偿责任。

（五）无权代理

1. 无权代理的定义

无权代理是指没有代理权而以他人名义进行的民事行为。无权代理包括 3 种情况：一是没有代理权的代理；二是超越代理权的代理；三是代理权终止后而为的代理。

2. 无权代理的法律后果

在无权代理的情况下，如果经过本人追认或者本人知道他人以本人名义实施民事行为而不作否认表示的，无权代理人所为代理行为的法律效果归属于被代理人，视为有权代理。此外，无权代理人所为的代理行为，善意相对人有理由相信其有代理权，在此情形下，被代理人应当承担代理的法律后果。这主要是为了保护善意的无过失当事人的利益。学理界称此种情况为“表见代理”。

表见代理的情形有以下几种：①被代理人对第三人表示已将代理权授予他人，而实际并未授权；②被代理人将某种有代理权的证明文件（如盖有公章的空白介绍信、空白合同文本、合同专用章等）交给他人，他人以该种文件使第三人相信其有代理权并与之进行法律行为；③代理授权不明；④代理人违反被代理人的意思或者超越代理权，第三人无过失地相信其有代理权而与之进行法律行为；⑤代理关系终止后未采取必要的措施而使第三人仍然相信行为人有代理权，并与之进行法律行为。

除上述几种情况之外，无权代理均不对被代理人产生任何法律效力。无权代理行为视同为无效民事行为，并产生与之相同的法律后果。

典型案例讨论

【案情介绍】

2012年9月12日，华泰商业连锁有限公司（以下简称“华泰公司”）工作员赵君身着该公司工作服，佩戴该公司胸牌号，称自己是该公司小吃城负责人，与原告张兵等六人口头达成买卖鲜猪肉、鸡、鸭、兔、等食品的口头合同。六原告按约定从2012年9月12日～12月6日，每天将上述商品送到华泰公司，同样身着华泰公司工作服，佩戴该公司胸牌号的人在入库单（不是华泰公司的正式入库单）经手人栏签名，供货即告完成。2012年12月10日，六原告又到华泰送货时要求给付货款，却被告知赵君携款潜逃。六原告追索货款未果遂诉至法院。

【问题】

1）原告应如何维护自己的合法权益?

2）赵君的行为是否构成表见代理？

【争议】

第一种意见：赵君的行为不构成表见代理。赵君向六原告购货并不是受华泰公司委托，也没有经华泰公司同意，华泰公司从未委托赵君购货，华泰公司与赵君只是柜台租赁关系，事后“入库单”也未盖华泰公司印章，也不是华泰公司的正规入库单，所以华泰公司对赵君向六原告订购货物一事并不知情，故华泰公司不承担责任，所欠的货款应由赵君自行承担。

第二种意见：赵君的行为构成表见代理。赵君与六原告的交易是职务行为，赵君身着华泰公司工作服，佩戴华泰胸牌，称自己是华泰小吃城负责人而向六原告订货，六原告把货送到华泰公司，只要称是向赵君送货便顺利通过，不会受保安阻挠，以及原告把货送到华泰公司后，又有同样身着华泰公司制服、佩戴华泰公司胸牌的人在入库单上签名这个事实双方无争议。所以，六原告对赵君的行为足以相信是华泰公司的行为，该案构成表见代理。

【案例分析】

表见代理的举证责任在于相对人。相对人要围绕无权代理人与被代理人之间是否具有一定联系，从而使自己相信无权代理人具有代理权的事实证据。本案自称被告负责人去向原告订货，原告把货送到华泰公司，只要称是向赵君送货便顺利通过，不会受保安阻挠，以及原告把货送到华泰公司后，又有同样身着华泰公司制服、佩戴华泰公司胸牌的人在入库单上签名。如果六原告知道赵君不是代表华泰公司购货或是不相信赵君是代表华泰公司购货，肯定要叫其付现款。综观全案，华泰公司应当知道赵君以华泰公司的名义与六原告订立购买鸡、鸭等的合同，而没作否认的表示，所以，六原告对赵君的行为足以相信是华泰公司的行为，赵君的行为构成表见代理，华泰公司对六原告应承担民事责任。

第三节　物权制度

背景：《中华人民共和国物权法》（以下简称《物权法》）于 2007 年 10 月 1 日正式实施。之前，我国对于物权法律关系的调整主要是通过《民法通则》《中华人民共和国土地管理法》（以下简称《土地管理法》）《中华人民共和国城市房地产管理法》（以下简称《城市房地产管理法》）《中华人民共和国草原法》（以下简称《草原法》）《中华人民共和国森林法》（以下简称《森林法》）《中华人民共和国矿产资源法》（以下简称《矿产资源法》）《中华人民共和国农村土地承包法》（以下简称《农村土地承包法》）等法律来实现。《物权法》作为民法的重要组成部分，就是通过确立物权归属和利用的基本规则，规范市场主体因物的归属和利用而产生的财产关系，保障市场主体的权利，维护市场经济秩序，为我国社会主义市场经济服务。因此，维护社会主义市场秩序是物权法的立法目的之一。制定《物权法》最直接的目的是明确物的归属，发挥物的效用。《物权法》的作用主要体现在两个方面：一是定分止争；二是物尽其用。

关键词：定分止争；物尽其用

一、物权一般理论

（一）物与物权

1. 物的定义与种类

物是物权的客体。民法上的物是指人们能够支配的物质实体和自然力。民法上的物具有客观物质性。物必须是客观存在的物质实体或自然力。自身不具质性的财产或财产权利，虽能给权利人带来物质利益，但不是民法上的物，如智力成果。人的活体虽然也是物质实体，但现代立法不允许将人作为客体，但尸体或从活体上分离的物体，如血液、肾脏等，可以作为物。能够被支配的自然力，如电、热、气、磁力等，虽然外表无形，但实际上都有一定质结构或形态，亦是物。民法上的物具有可支配性。例如，宇宙中的恒星虽然也具有客观物质性，但因不具备可支配性而不是民法上的物。

按照不同分类标准，对物可以作以下分类。

1）动产与不动产。动产是够移动并且不因移动而损害其价值的物，如桌子、电视机等。不动产是指性质上不能移动或虽可移动但移动会损害价值的物，如土地、房屋。区分两者的意义在于：第一，两者的流通性和范围有区别。不动产中除土地、公路、铁路等为禁止流通物外，其他多为限制流通物，流通物种类很少；动产中大多数都是流通物或限制流通物，禁止流通物的比例比较小。第二，物权变动的法定要件不同。不动产物权的变动，一般以向国家行政主管机关登记为要件；而动产物权的变动，一般以物的交付为要件。第三，诉讼管辖不同。因不动产发生的纠纷适用专属管辖，即由不动产所在地的人民法院管辖；而因动产发生的纠纷，诉讼管辖的确定较为灵活。

2）特定物与种类物。特定物是指具有独立特征或被权利人指定而不能以物替代的物。包括独一无二的物和从一类物中指定而特定化的物。前者如一件古董、名人的一幅字迹等；后者如从一批机器设备中挑选出来的某一台等。种类是指以品种、质量、规格或度量衡确定，不需具体指定的物，如级别、价格相等的大米等。区分两者的意义在于：第一，有些法律关系只能以特定物为客体，如所有权法律关系等；而有些法律关系的对象既可以是特定物也可以是种类物，如买卖法律关系等。第二，意外灭失时的法律后果不同。特定物在交付前意外灭失的，可免除义务人的交付义务，权利人只能请求赔偿损失。种类物在交付前意外灭失由于其有可替代性，故不能免除义务人的交付义务，义务人仍应交付同种类物。

3）主物与从物。主物是指独立存在，与其他独立物结合使用，并在其中起主要效用的物。在两个独立物结合使用中处于附属地位、起辅助和配合作用的为从物。例如杯子和杯盖，杯子是主物，杯盖是从物。在法律或合同没有相反规定，主物所有权转移时，从物所有权也随之移转。需注意的是，从物一定是独立的物，否则就不是从物。房屋的门、窗，不能脱离房屋而存在，因而不是从物而是物的组成部分。

4）原物与孳息。原物是指依其自然属性或法律规定产生新物的物，如产子的母畜、带来利息的存款等。孳息是指物或者权益而产生的收益，包括自然孳息和法定孳息。自然孳息是原物根据自然规律产生的物，如幼畜。法定孳息是原物根据法律规定由一定法律关系产生的物，如存款利息、股利、租金等。孳息一定是独立于原物的物，树上的果实、母牛身体里的小牛由于属于物的组成部分，因此不属原物的孳息。根据《物权法》第一百一十六条的规定，自然孳息，由所有权人取得。原物之上既有所有权人，又有用益物权人的，因该物产生的自然孳息由用益物权人取得。当事人另有约定的，按照约定。

法定孳息，当事人有约定的，按照约定取得；没有约定或者约定不明确的，按照交易习惯取得。另外，孳息所有权的转移时间，根据《合同法》第一百六十三条的规定，标的物在交付之前产生的孳息归出卖人所有；交付之后产生的孳息归买受人所有。

2. 物权的概念与分类

物权是指权利人依法对特定的物享有直接支配和排他的权利，包括所有权、用益物权和担保物权。物权是和债权对应的一种民事权利，它们共同组成民法最基本的财产权形式。与债权相比，物权是一种绝对权和“对世权”。权利人以外的任何其他人都负有不得非法干涉和侵害的义务。而债权只是发生在债权人和债务人之间，权利主体和义务主体都是特定的。债权人的请求权只对特定的债务人发生效力，因此被称为对人权。物权具有不容他人侵犯的性质。物权内容是直接支配一定的物并排除他人干涉。所谓直接支配，是权利人无须借助他人的行为就能够行使自己的权利。权利人可以依据自己的意志直接依法占有、使用其物，或采取其他支配方式。

物权可做以下分类。

1）所有权与他物权。所有权是指所有人依法可以对物进行占有、使用、收益和处分的权利。所有权是物权中最完整、最充分的权利。他物权是指所有权以外的物权，亦称限制物权、定限物权。他物权是所有权的部分权能与所有者发生分离，由所有权人以外的主体对物享有一定程度的直接支配权。他物权与所有权一样，具有直接支配物并排斥他人干涉的性质。

2）用益物权和担保物权。根据设立物权的目的不同，传统民法将他物权分为用益物权和担保物权。用益物权是指以物的使用收益为目的的物权，包括建设用地使用权、土地承包经营权、地役权等。担保物权是指以担保债权为目的即以确保债务的履行为目的的物权，包括抵押权、质权、留置权等。两者的区别表现在：第一，用益物权注重物的使用价值，担保物权注重物的交换价值。第二，用益物权一般是在不动产上成立的物权。虽然《物权法》第一百一十七条为动产用益物权留下了发展的空间，但《物权法》规定的具体的用益物权只是在不动产上设立；担保物权既可以在不动产，也可以在动产上设立。第三，用益物权除地役权外，均为主物权；担保物权是从物权，需以主债权的存在为前提。关于担保物权在《合同法》的相关知识中具体阐述，本节不再赘述。

3）动产物权和不产物权。这是按物权客体的不同所作的分类。

（二）物权法的基本原则

1. 平等保护原则

平等保护原则是指物权主体在法律地位上是平等的，其享有的所有权和其他物权在受到侵害以后，应当受到法律的平等保护。平等保护原则是民法平等原则在《物权法》

中的具体化。

2. 物权法定原则

物权法定原则包括以下内容。

1）物权种类法定，即当事人不得自由创设法律未规定的新种类物权。例如，我国的担保物权只能是抵押权、质押权和留置权3种。

2）物权内容法定，即物权的方式、效力等内容都由法律明文规定，当事人不得在物权中自由创设新的内容。例如，法律规定动产质押必须移转占有，当事人创设不移转占有的动产质押就不能产生物权效力。

物权的种类和内容虽然法定，但是当事人之间建立物权法律关系可以意定，即当事人可以自己决定是否建立物权法律关系以及建立何种物权法律关系。

3. 一物一权原则

一物一权原则是指一个所有权的客体仅为一个独立物；一个独立物上只能存在一个所有权；一物的某一部分不能成立单个的所有权，物只能在整体上成立一个所有权。但一物之上的所有权人可以为多人；一物之上只能设定一个所有权，并非一物之上不能设置多个物权，如在一物之上可以有多个抵押权的存在。

4. 公示、公信原则

公示、公信原则可分为以下两个方面。

1）公示原则。所谓公示，是指物权的权利状态必须通过一定的公示方法向社会公开，使得第三人在物权变动时能够知道权利的实际状态，以维护交易安全。《物权法》规定，不动产物权的设立、变更、转让和消灭，应当依照法律规定登记。动产物权的设立和转让，应当依照法律规定交付。可见不动产的权利状态通过登记制度表示，而动产权利状态的变化则通过交付表示（静态的权利状态通过占有表示）。

2）公信原则。所谓公信，是指当物权依据法律规定进行了公示，即使该公示方法表现出来的物权实际存在瑕疵，为保护交易安全，对信赖该公示的物权从事了物权交易的人，法律仍承认物权变动的法律效果，《物权法》关于善意取得制度的规定就是公信原则的体现。

（三）物权变动规则

1. 不动产的物权变动

1）登记生效。不动产物权的设立、变更、转让和消灭，经依法登记，发生效力；未经登记，不发生效力，但法律另有规定的除外。房屋买卖、建设用地使用权和不动产的抵押必须登记，登记生效。

2）物权变动不以登记为生效要件，而是以登记为对抗要件：

① 土地承包经营权自土地承包经营权合同生效时设立。未经登记，不得对抗善意第三人。

② 地役权自地役权合同生效时设立。未经登记，不得对抗善意第三人。

③ 已经登记的宅基地使用权转让或者消灭的，应当及时办理变更登记或者注销登记，宅基地使用权的变动不以登记为生效要件。

3）物权变动不以登记为生效要件，但事后处分时仍要登记：

① 因人民法院、仲裁委员会的法律文书，人民政府的征收决定，导致物权设立、变更、转让或者消灭的，自法律文书生效或者人民政府的征收决定生效时发生效力。

② 因继承或者受遗赠取得物权的，自继承或者受遗赠开始时发生效力。

③ 因合法建造、拆除房屋等事实行为设立和消灭物权的，自事实行为成就时发生效力。

4）依法属于国家所有的自然资源，所有权可以不登记。但如果在自然资源上设定用益物权和担保物权，仍以办理登记为必要。

2. 动产的物权变动

《物权法》第二十三条规定，动产物权的设立和转让，自交付时发生效力，法律另有规定的除外。动产物权的类型主要有动产所有权、动产质押、动产抵押、留置权等。根据这条规定，动产物权的变动以交付为标准，故当事人虽然就动产所有权移转达成协议，但在未交付标的物以前，所有权并不发生移转。该条已定的“法律另有规定的除外”情形，主要是指动产抵押权的设立等情形。《物权法》第二十八条、第二十九条、第三十条的规定同样适用于动产。

另外，《物权法》第二十四条规定，船舶、航空器和机动车等贵重动产的物权变动采取登记对抗主义。也就是说，船舶、航空器和机动车等贵重动产以交付为物权变动的要件，但登记具有对抗效力。因此，当事人交付后没有办理登记，虽取得该贵重动产的物权，但该物权不能对抗善意第三人。

交付是指将物或提取标的物的凭证移转给他人占有的行为。交付通常指现实交付，即直接占有的移转。但以下几种交付方式，发生与现实交付同样的法律效果。

1）简易交付，指动产物权设立和转让前，权利人已经先行占有该动产无须现实交付，物权在法律行为生效时发生变动效力。如受让人已经通过租赁、借用等方式实际占有了动产，双方当事人达成的动产物权变动合意生效，标的物同时完成了交付，受让人取得直接占有。

2）指示交付，又称返还请求权的让与，是指让与动产物权的时候，如果让动产由第三人占有，让与人可以将其享有的对第三人的返还请求权让与受让人，以代替现实交付。

3）占有改定，指动产物权的让与人与受让人之间特别约定，标的物由让与人继续占有，受让人取得对标的物的间接占有以代替标的物的现实交付，并双方达成物权让与合意时，视为已经交付。例如，甲将其所有的某本图书卖给乙，按照一般原则，必须当将其所有的书现实交付与乙，才能发生所有权移转的效果。但甲因尚未阅读完该图书，遂与乙协商要求借用，乙表示同意。这样，乙仅仅取得一个间接占有，交付在法律上已经完成。占有改定中标的物没有发生任何实际移转，物权变动没有任何可以从外部认知的表征，因此，占有改定在几种观念交付中公示效果弱。

二、所有权

（一）所有权概述

1. 所有权的定义与特征

所有权是指所有人依法对自己的财产享有的占有、使用、收益和处分的权利。

所有权的法律特征包括以下两个方面。

1）所有权是完整的物权。所有人对财产享有占有、使用、收益和处分的完整权利，而其他物权只是具有所有权的部分权能。但是所有权人享有上述 4 个方面的权利，并不意味着所有人必须实际行使各项权能，他可以将 4 项权能中的一项或数项权能分离出去由他人享有并行使，从而更好地实现其意志和利益。

2）所有权是一种绝对权，具有排他性、永久性。所有权因标的物的存在而永久存在，不预定其存续期间。

2. 所有权的分类

在我国，所有权的种类主要有国家所有权、集体组织所有权和私人所有权等。

1）国家所有权。国家所有权是国家对国有财产的占有、使用、收益和处分的权利。《物权法》规定，法律规定属于国家所有的财产，属于国家所有即全民所有。国有财产的行使，除法律另有规定的以外，均由国务院代表国家行使所有权。根据《物权法》第四十六条至第五十二条的规定，国家所有权有最广泛的客体，具体包括：①城市土地、矿产、水流、海域；②无线电频谱资源；③国防资产；④法律规定属于国家所有的野生动植物资源；⑤森林、山岭、草原、荒地、滩涂等自然资源，属于国家所有，但法律规定属于集体所有的除外；⑥法律规定属于国家所有的农村和城市郊区的土地及铁路、公路、电力设施、电信设施和油气管道等基础设施，属于国家所有；⑦法律规定属于国家所有的文物，属于国家所有。这些财产有的只能作为国家所有权的客体，如①～③项中的财产。根据《物权法》的规定，法律规定专属于国家所有的不动产和动产，任何单位和个人不能取得所有权。

2）劳动群众集体所有权。劳动群众集体所有权是指劳动群众集体组织占有、使用、收益和处分其财产的权利。劳动群众集体组织所有权的客体可以是除法律规定只能属于国家所有权客体以外的其他任何财产。例如，集体组织可以享有土地、森林、山岭、草原、荒地、滩涂等的所有权，但不包括地下的矿产资源。劳动群众集体组织所有权的各项权能可以由集体组织自己行使，也可以将其所有权的权能转移给个人行使。《物权法》将集体所有区分为农民集体所有和城镇集体所有，其中农民集体所有的不动产和动产，属于本集体成员集体所有。对集体财产的很多处分，需要有集体成员共同决定。根据《物权法》的规定，集体经济组织、村民委员会或者其负责人作出的决定侵害集体成员合法权益的，受侵害的集体成员可以请求人民法院予以撤销。

3）私人所有权。私人所有权是私人依法享有的占有、使用、收益和处分其生产资料和生活资料的权利。根据《物权法》规定，私人对其合法的收入、房屋、生活用品、生产工具、原材料等不动产和动产享有所有权。合法的储蓄、投资及其收益也受到法律保护。另外，企业、社会团体依法所有的不动产和动产，受法律保护。

（二）业主的建筑物区分所有权

1. 定义

根据《物权法》的规定，建筑物区分所有权由专有部分所有权、共有部分的权利以及因共同关系产生的成员权 3 种权利构成。专有所有权、共有权及成员权 3 种权利共同作为一个整体出现，不得分离。权利人不得保留专有部分所有权而抵押其共有部分，也不得保留成员权而转让专有部分所有权与共有权。

2. 建筑物区分所有权的客体

区分所有权的客体包括专有部分和共有部分。

专有部分是指通过物理方法分割，兼具构造上和使用上独立性的特定空间。根据《物权法》规定，业主对建筑物内的住宅、经营性用房等专有部分享有所有权，有权对专有部分占有、使用、收益和处分。业主行使专有部分所有权时，不得危及建筑物的安全，不得损害其他业主的合法权益。例如，业主在对专有部分装修时，不得拆除房屋内的承重墙等。业主不得违反法律、法规以及管理规约，将住宅改变为经营性用房。业主将住宅改变为经营性用房的，除遵守法律、法规以及管理规约外，应当经有利害关系的业主同意。

共有部分包括共用部分及附属物、共用设施等，它们都是建筑物区分所有权的客体。业主对专有部分以外的共有部分，如建筑物的基础、承重结构、外墙、屋顶等基本结构部分，通道、楼梯、大堂等公共通行部分，消防、公共照明等附属设施、设备，避难层、设备层或者设备间等结构部分享有共有的权利。不属于业主专有部分，也不属于市政公用部分或者其他权利人所有的场所及设施等也属于业主共有。业主的共有，有部分共有与全体共有的区别：如两层之间的楼板，属于这两层的业主共有；单元内的电梯，属于单元内的业主共有；小区的公共绿地，属于小区全体业主共有。根据《物权法》的规定，属于全体业主共有的部分一般包括：①建筑区划内的土地，依法由业主共同享有建设用地使用权，但属于业主专有的整栋建筑物的规划占地或者城镇公共道路、绿地占地除外；②建筑区划内的道路，属于业主共有，但属于城镇公共道路的除外；③建筑区划内的绿地，属于业主共有，但属于城镇公共绿地或者明示属于个人的除外；④建筑区划内的其他公共场所、公用设施和物业服务用房，属于业主共有；⑤占用业主共有的道路或者其他场地用于停放汽车的车位，属于业主共有。为了解决车位紧张问题，即使是属于开发商所有的车位，法律也对开发商的处分权进行了限制，要求在建筑区划内规划用于停放汽车的车位、车库首先满足业主需要。

根据《物权法》的规定，业主对专有部分以外的共有部分既享有权利，又承担义务，此项义务不得放弃。在转让专有部分所有权时，共有部分的共有权及共同管理权必须随之转移。除违反法律、法规、管理规约，损害他人合法权益外，业主基于对住宅、经营性用房等专有部分特定使用功能的合理需要，无偿利用屋顶以及与其专有部分相对应的外墙面等共有部分的，不应认定为侵权。

3. 成员权

根据《物权法》的规定，业主对专有部分以外的共有部分享有共同管理的权利。业主可以自行管理建筑物及其附属设施，也可以委托物业服务企业或者其他管理人管理。《物权法》规定的业主共同行使权利的大部分事项，如制定和修改业主会议议事规则、制定和修改建筑物及其附属设施的管理规约、选举业主委员会或者更换业主委员会成员、选聘和解聘物业服务机构或者其他管理人等事项经专有部分占建筑物总面积过半数的业主且占总人数过半数的业主同意即可。但是对于筹集和使用建筑物及其附属设施的维修资金和改建、重建建筑物及其附属设施的行为则应当经专有部分占建筑物总面积2/3以上的业主且占总人数2/3以上的业主同意。“业主人数”按照专有部分的数量计算，一个专有部分按一人计算。但建设单位尚未出售和虽已出售但尚未交付的部分，以及同一买受人拥有一个以上专有部分的，按一人计算。“专有部分面积”根据不同情况处理：一是按照不动产登记簿记载的面积计算；尚未进行物权登记的，暂按测绘机构的实测面积计算；尚未进行实测的，暂按房屋买卖合同记载的面积计算。“建筑物总面积”则按照前项的统计总和计算。

（三）共有

1. 共有的定义与特征

所谓共有，是指某项财产由两个或两个以上的权利主体共同享有所有权。《物权法》

确定的共有方式分为按份共有和共同共有。共有的法律特征包括以下几个方面。

1）共有的主体是两个或两个以上的公民或法人。但是多数人共有一物，并非有多个所有权，只是一个所有权由多人共同享有。

2）共有物在共有关系存续期间不能分割，不能由各个共有人分别对某一部分共有物享有所有权。每个共有人的权利属于整个共有财产，因此，共有不是分别所有。

3）在内容方面，共有人对共有物按照各自的份额享有权利并承担义务，或者平等地享有权利、承担义务。在处分共有财产时，必须由全体共有人协商，按照法律规定的方式决定。

4）共有法律关系的权利内容原则上只能是所有权，用益物权及担保物权的共有，称为准共有，可以参照共有制度的相关规定。

2. 按份共有

按份共有又称分别共有，是指两个或两个以上的共有人按照各自的份额分别对共有财产享有权利和承担义务。按份共有人的权利义务如下。

1）按份共有人按照预先确定的份额分别对共有财产享有占有、使用和收益的权利。但对共有财产的使用，应由全体共有人协商决定。按份共有人死亡以后，其份额可以作为遗产由继承人继承或受遗赠人获得。

2）按份共有人有权自由处分自己的共有份额，无须取得其他共有人的同意，但是共有人将份额出让给共有人以外的第三人时，其他共有人在同等条件下，有优先购买的权利。

3. 共同共有

共同共有是指两个或两个以上的公民或法人，根据某种共同关系而对某项财产不分份额地共同享有权利并承担义务。共同共有基于共同关系产生，以共同关系的存在为前提。共同关系可以表现为夫妻关系、家庭关系等。

共同共有中，共有人对共有财产不分份额地享有权利，对共有财产享有平等的占有和使用的权利。对共有财产的收益，不是按比例分配，而是共同享用。对共有财产的处分，必须征得全体共有人的同意。共同共有关系终止，才能确定各个共有人的份额，分割共有财产。因此，较之于按份共有，共同共有人之间具有更密切的利害关系。

根据《物权法》的规定，共有人对共有的不动产或者动产没有约定为按份共有或者共同共有，或者约定不明确的，除共有人具有家庭关系等外，视为按份共有。

4. 共有物的处分

根据《物权法》规定，处分共有的不动产或者动产以及对共有的不动产或者动产作重大修缮的，应当经占份额 2/3 以上的按份共有人或者全体共同共有人同意，但共有人之间另有约定的除外。一个或几个共有人未经占份额 2/3 以上的按份共有人同意或者其他共同共有人同意，擅自处分共有财产的，其处分行为应当作为效力待定的民事行为处理。如果第三人善意、有偿取得该财产，符合善意取得制度规定的，第三人可以取得该物的所有权。其他共有人的损失，由擅自处分共有财产的人赔偿。可以依据共有人之间的协议，由某个共有人代表或代理全体共有人处分共有财产。

对共有物的管理费用以及其他负担，有约定的，按照约定；没有约定或者约定不明确的，按份共有人按照其份额负担，共同共有人共同负担。

根据《物权法》的规定，共有人可以协商确定分割方式。达不成协议，共有的不动产或者动产可以分割并且不会因分割减损价值的，应当对实物予以分割；难以分割或者因分割会减损价值的，应当对折价或者拍卖、变卖取得的价款予以分割。共有人分割所得的不动产或者动产有瑕疵的，其他共有人应当分担损失。根据这一规定，对共有财产的分割可以采取 3 种方式：协议分割、实物分割、变价分割或作价补偿。共有财产分割以后，共有关系消灭。不管是就原物进行分割还是变价分割，各共有人就分得财产取得单独的所有权。但要注意一点，共同共有财产分割后，一个或者数个原共有人出卖自己分得的财产时，如果出卖的财产与其他原共有人分得的财产属于一个整体或者配套使用，其他原共有人可以主张优先购买权。

5. 共有的对外关系

根据《物权法》的规定，因共有的不动产或者动产产生的债权债务，在对外关系上，共有人享有连带债权、承担连带债务，但法律另有规定或者第三人知道共有人不具有连带债权债务关系的除外。偿还债务超过自己应当承担份额的按份共有人，有权向其他共有人追偿。

（四）所有权取得的特别规定

《物权法》第一百零六条至第一百一十六条就所有权取得的特别规则作了规定，主要涉及所有权的原始取得制度。原始取得是指根据法律规定，最初取得财产的所有权或不依赖于原所有人的意志而取得财产的所有权。原始取得的方式有劳动生产、先占、孳息、添附、善意取得、拾得遗失物、发现埋藏物等。《物权法》规定的原始取得方式中，重要的有以下几种。

1. 善意取得

善点取得指动产占有人或者不动产的名义登记人将动产或者不动产不法转让给受让人以后，如果受让人善意取得财产，即可依法取得该财产所有权或其他物权的法律制度。法律规定善意取得制度的目的在于保护占有及登记公信力，保护交易当事人的信赖利益和交易安全，维护交易秩序。

（1）善意取得的构成要件

1）受让人受让财产时主观上为善意。

2）以合理的价格有偿受偿。

3）转让财产依照法律规定应当登记的已经登记，不需要登记的已经交付给受让人。

（2）善意取得的法律效果

1）在原权利人与受让人之间，原权利人丧失标的物的所有权，而受让人则基于善意取得制度而获得标的物的所有权。

2）在让与人与受让人之间，让与人与受让人基于有偿法律行为而发生债的法律关系，受让人应承担向让与人支付价款的义务，而不能基于让与人无权处分而拒绝支付价款。

3）在原权利人与让与人之间，原权利人可以要求让与人承担赔偿责任，也可以要求让与人返还不当得利，但无权要求让与人返还原物。

（3）善意取得的适用范围

1）动产、不动产均可适用善意取得制度，但不动产的善意取得以登记为要件。

2）对于遗失物、漂流物、隐藏物、埋藏物，由于所有权人可以要求返还标的物，原则上不适用善意取得制度。但是，所有权人超过 2 年仍没有主张原物返还请求权的，有善意取得制度的适用。

3）赃物不适用善意取得制度。

4）善意取得制度不仅仅适用于所有权，建设用地使用权、抵押权、质权、留置权等他物权也可以善意取得。

2. 拾得遗失物

遗失物是指他人不慎丧失占有的动产。拾得遗失物，是指发现他人遗失物而予以占有的法律事实。根据《物权法》的规定，拾得遗失物，应当返还权利人。拾得人与权利人之间法律关系的处理规则如下。

1）拾得遗失物，应当返还权利人。拾得人应当及时通知权利人领取，或者送交公安等有关部门。

2）拾得人在返还遗失物时，可以要求支付必要费用，但不得要求支付报酬。但遗失人发布悬赏广告，愿意支付一定报酬的，不得反悔。

3）有关部门收到遗失物，知道权利人的，应当及时通知其领取；不知道的，应当及时发布招领公告。自发出招领公告之日起 6 个月内无人认领的，遗失物归国家所有。

4）拾得人在遗失物送交有关部门前，有关部门在遗失物被领取前，应当妥善保管遗失物。因故意或者重大过失致使遗失物毁损、灭失的，应当承担民事责任。

5）拾得人拒不返还遗失物，按侵权行为处理。拾得人不得要求支付必要费用，也无权请求权利人按照承诺履行义务。

如果遗失物通过转让为拾得人以外的第三人占有时，权利人可以主张以下权利。

1）权利人有权向无处分权人请求损害赔偿，或者自知道或者应当知道受让人之日起2年内向受让人请求返还原物。

2）如果受让人通过拍卖或者向具有经营资格的经营者购得该遗失物的，权利人请求返还原物时应当支付受让人所付的费用。权利人向受让人支付所付费用后，有权向无处分权人追偿。

拾得漂流物、发现埋藏物或者隐藏物的，同样适用拾得遗失物的处理规则。

三、用益物权制度

（一）用益物权的定义与特征

根据《物权法》的规定，用益物权是对他人所有的不动产或者动产，依法享有占有、使用和收益的权利。我国用益物权包括：①土地承包经营权；②建设用地使用权；③宅基地使用权；④地役权；⑤准物权。准物权具体包括海域使用权、探矿权、采矿权、取水权和使用水域、滩涂从事养殖、捕捞的权利。

在现代社会，人们日趋注重对物的利用，物权观念开始从“所有”向“利用”转变，因此，用益物权的地位也日渐彰显。与所有权、担保物权相比，用益物权有以下特征。

1）用益物权以对标的物的使用、收益为主要内容，即注重物的使用价值，并以对物的占有为前提。

2）用益物权除地役权外。均为主物权；担保物权为从物权。

3）用益物权虽然也可以在动产上设立，但是从用益物权的具体类型来看，用益物权主要以不动产为客体，这主要是便于通过登记公示。

4）用益物权是直接支配他人的物的权利。用益物权人可以直接支配标的物，不需要他人行为的介入。

（二）主要用益物权

1. 土地承包经营权

土地承包经营权是指由公民或集体组织，对国家所有或集体所有的土地、山岭、草原、荒地、滩涂、水面等，依照承包合同的规定而享有的占有、使用和收益的权利。土地承包经营权的承包人原则上是土地所属的集体经济组织的成员，其权利客体是农业用地。

承包经营权通过订立承包合同方式确立。根据《物权法》的规定，土地承包经营权自土地承包权合同生效时设立。承包经营权的期限因为内容的不同而有不同：耕地的承包期为30年；草地的承包期为30～50年；林地的承包期为30～70年，特殊林木的林地承包期，经国务院林业行政主管部门批准可以延长。

在承包经营期限范围内，承包权人有权根据法律规定，采取转包、互换、转让等方式流转土地承包经营权，流转期限不得超过承包期的剩余期限。如果采取互换、转让方式流转没有办理登记手续的，不得对抗善意第三人。通过招标、拍卖、让等方式流转土地承包经营权，流转期限不得超过承包期的剩余期限。通过招标、拍卖、公开协商等方式承包荒地等农村土地，依照农村土地承包法等法律和国务院的有关规定，其土地承包经营权可以转让，入股、抵押或者以其他方式流转。在承包期内，承包地被征收的，土地承包经营权人有权依照法律规定获得相应补偿。

2. 建设用地使用权

建设用地使用权是指民事主体对国家所有的土地，依法享有占有、使用和收益的权利，有权利用该土地建造建筑物、构筑物及其附属设施。

建设用地使用权的取得方式有出让、划拨等方式。其中划拨是无偿取得使用权的方式，因此法律严格限制以划拨方式设置建设用地使用权。《物权法》规定，凡是工业、商业、旅游、娱乐和商品住宅等经营性用地，都应当采取招标、拍卖等公开竞价的方式出让。

建设用地使用权的设立必须向登记机构办理登记，登记是设立、变更、转让，消灭建设用地使用权的生效条件。

权利人取得建设用地的使用权后，除法律另有规定的以外，有权将建设用地使用权转让、互换、出资、赠与或者抵押。在转让、互换、出资或者赠与时，附着于该土地上的建筑物、构筑物及其附属设施一并处分。当建筑物、构筑物及其附属设施转让、互换、出资或者赠与的，该建筑物、构筑物及其附属设施占用范围内的建设用地使用权一并处分。因此，实际上建设用地使用权与附着在上面的建筑物所有权采取“房随地走、地随房走、房地一体”的流转规则。根据《物权法》的规定，住宅建设用地使用权期间届满的，自动续期。

3. 地役权

（1）定义与特征

地役权是指不动产权利人（包括土地所有人、地上权人以及土地的承租人），为了自己利用不动产的方便或者不动产利用价值的提高，通过约定得以利用他人不动产的权利。其中为他人不动产利用提供便利的不动产称为供役地，而享有地役权的不动产称为需役地。可以设立地役权的不动产不局限于土地，还包括建筑物和其他工作物。

与其他用益物权不同，地役权具有从属性和不可分性。地役权的从属性，是就地役权与需役地的关系而言。地役权不得与需役地相分离单独转让；地役权不得与需役地的所有权或使用权相分离，作为其他权利的标的，如不得单独设定抵押。地役权的不可分性，是指地役权存在于需役地和供役地的全部，不能分割为各个部分或仅仅以一部分而单独存在。即需役地以及需役地上的土地承包经营权、建设用地使用权、宅基地使用权部分转让时，转让部分涉及地役权的，受让人同时享有地役权；供役地以及供役地上的土地承包经营权、建设用地使用权、宅基地使用权部分转让时，转让部分涉及地役权的，地役权对受让人具有约束力。

（2）地役权的设立

根据《物权法》的规定，地役权自地役权合同生效时设立。当事人要求登记的，可以向登记机构申请地役权登记；未经登记，不得对抗善意第三人。可见，我国对地役权的设定采用的是登记对抗主义。

（3）地役权的期限

地役权的期限由当事人约定，但不得超过土地承包经营权、建设用地使用权等用益物权的剩余期限。

（4）地役权的消灭

如果地役权人滥用地役权或者约定的付款期间届满后在合理期限内经2次催告未支付费用的，供役地权利人有权解除合同使得地役权消灭。

（5）地役权与其他用益物权的关系

1）土地所有权人享有地役权或者负担地役权的，设立土地承包经营权、宅基地使用权时，该土地承包经营权人、宅基地使用权人继续享有或者负担已设立的地役权。

2）土地上已设立土地承包经营权、建设用地使用权、宅基地使用权的，未经上述用益物权人同意，土地所有权人不得设立地役权。

典型案例讨论

【案情介绍】

陈某（男方）与刘某（女方）为夫妻关系，近年来夫妻关系恶化勉强共同生活。刘某名下有一套两居室位于太原市迎泽区某小区，此房屋是陈某与刘某结婚以后购得，属于夫妻共有财产。2010年4月，刘某在没有征得男方同意的情形下，私自与李某签订了太原市存量房买卖合同，房屋没有过户也没有交付使用。在房屋尚未过户的情况下，陈某发现刘某将房屋售予他人事实，遂与李某协商解除合同，遭到李某的拒绝。后陈某委托律师将其爱人刘某与买主刘某一同诉至太原市迎泽区人民法院，要求确认合同无效。

【问题】

1）刘某与李某签订的合同是否有效？为什么？

2）刘某的行为是否构成表见代理？为什么？

3）李某可以通过善意取得制度取得房屋所有权吗？为什么？

4）买方在二手房买卖中如何防范风险？

【案例分析】

1）本案所涉房产，是夫妻共有财产。

虽然被告刘某是以其自己名义购买所涉房产，但是其购买行为发生在夫妻关系存续期间，按照《中华人民共和国婚姻法》（以下简称《婚姻法》）第十七条的规定，本案所涉房产为夫妻共有财产。

2）在夫妻共有财产存续期间，刘某未经过本人同意，对涉及夫妻双方重大权益房产事项之处分，构成无权处分行为。

① 根据《最高人民法院关于适用〈中华入民共和国婚姻法〉若于问题解释（一）》（以下简称《婚姻法司法解释（一）》）第十七条第（二）项之规定："夫或妻非因日常生活需要对夫妻共同财产作重要处理决定，夫妻双方应平等协商，取得一致意见。他人有理由相信其为夫妻双方共同意思表示的，另一方不得以不同意或不知道为由对抗善意第三人。"最高人民法院《关于贯彻执行〈中华人民共和国民法通则〉若干问题的意见》第八十九条也规定："在共同共有关系存续期间，部分共有人擅自处分共有财产的，一般认定为无效。"

② 被告刘某处分房屋不属于家事代理。

我国《婚姻法司法解释（一）》第十七条第（一）项规定："因日常生活需要而处理夫妻共同财产的，任何一方均有权决定"。这里的处理夫妻共同财产的事项主要是指夫妻双方及其共同的未成年子女日常共同生活所必需的事项。其主要限制在维持家庭共同生活的费用、抚育子女的费用以及家庭成员所需的医疗费用等方面。此家事代理权限必须在日常家事的范围之内实施方为有效。不动产的处分因价值重大，一方擅自处分会严重损害他方权益，故不属于日常家事的情形。针对处分夫妻共有财产重大事务的权利，如变卖夫妻共同房产，均得由配偶共同决定处理，任何一方不得独断专行。在本案当中，被告刘某对于涉及夫妻共有财产权益的重大事项之共有房产，在夫妻关系存续期间未经对方同意作出处分的行为，严重侵犯了原告的合法权益，其处分行为构成无权处分行为。

3）被告李某对所涉房屋不构成善意取得。根据我国《物权法》的第一百零六条的规定，善意取得必须符合3个条件：受让人受让该不动产或者动产时是善意的；以合理的价格转让；转让的不动产或者动产依照法律规定应当登记的已经登记，不需要登记的已经交付给受让人。在本案当中，房屋并没有变更登记也没有交付给被告李某，所以不应该构成善意取得，因此房屋转让买卖协议应为无效。

综上所述，根据《婚姻法》第十七条、《合同法》第五十一条、《物权法》第一百零六条的规定，刘某与被告李某签订的房屋买卖合同应属无效。

4）购房人购买二手房防范风险的措施如下：①应该审查房屋共有权状况，可通过委托律师去房管部门查询等方式进行；②对房主已婚的，一定要配偶签署同意出售房屋的书面材料；③对房本尚未办理的二手房，可以与"房主"签订定金合同，定金性质约定为立约定金，定金最好是总房款的20%，后一旦合同被确认无效，房主仍可以依据定金罚则要求房主支付双倍定金。

课后思考

1. 法律渊源有哪些？
2. 大陆法系与英美法系有何不同？
3. 法律关系的三要素是什么？引起法律关系变动原因是什么？
4. 法律行为的实质有效要件有哪些？如果不具备其中一个条件，行为效力如何？
5. 无权代理与表见代理有何不同？
6. 物权有哪些分类？担保物权有哪些？
7. 不动产、动产的物权变动规则是什么？
8. 什么是善意取得？其构成要件有哪些？

创业实务操作

个人授权委托书

委托人：姓名__________性别___年龄___身份证编号_________________

受托人：姓名__________性别___年龄___身份证编号_________________

兹委托受托人__________为我的代理人，全权代表我办理下列事项：

（写明办理的事项）

代理人在其权限范围内签署的一切有关文件，我均予承认，由此在法律上产生的权利、义务均由委托人享有和承担。

代理人有(或无)转委托权。

委托人：（签名或盖章）

年　月　日

法人授权委托书

××公司：

兹委托×××同志（身份证号码：××××××××××××）负责我公司与贵公司签订合同，由此产生的一切经济责任和法律后果由我公司承担。若有变动，我公司将以书面形式通知贵公司。

特此申明！

授权有限期：201×年××月××日～201×年××月××日

公司名称：

法人代表签字：（亲笔签/私章）

201×年××月

引导案例分析

1）本案主要反映的是法律规则与法律原则、特别法与一般法之间的关系。本案中，办案法官在考虑了司法判决的社会后果的前提下，越过了《继承法》的相关规定，直接适用《民法通则》中的“公序良俗”原则，这里所涉及的问题是：法官是否正确运用了司法自由裁量权。从法理上说，在法律的司法适用上，特别法优先于一般法，而且，有明确规则时应当适用规则，而不是运用自由裁量权越过规则适用原则。《继承法》相对于《民法通则》是特别法，《继承法》第五条和第十六条作为“规则”已经对遗赠行为已经作出了明确的法律规定，所以，按照法理，本案法官应当适用《继承法》中的规则认定黄某赠与行为的合法效力。

2）本案的特殊性（考虑个案的正义性问题）。本案的特殊性在于，如果僵硬地按照特别法优于一般法的精神办案，就有可能造成不正义，而对于适用特别法中的明确规则会产生明显不正义的后果时，法官是否应当适用一般法中的原则判案的问题，这在我国法律理论中和司法实务上都还存在着分歧。

3）本案中需要平衡的主要是两种利益和权利，即个人的遗嘱自由和合法婚姻家庭的保护。黄某与张某从1996年到2001年租房以“夫妻”名义生活，已经构成了事实婚姻和重婚行为，这种行为已经触犯了《中华人民共和国刑法》（以下简称《刑法》），如果让张某因这种违反《刑法》的行为而顺理成章地得到遗产，就会在保护公民的财产处分自由权和遗产继承权的同时，势必出现了与《中华人民共和国宪法》（以下简称《宪法》）和《刑法》，以及《婚姻法》所保护的合法的婚姻家庭关系相冲突的情形。对于重婚行为，即使检察院没有提起公诉，被害人也没有提起自诉，而如果民事判决出现了因为这种违法行为而获利的判决，那么，这种判决的精神就会和《宪法》和《刑法》，以及《婚姻法》对婚姻家庭的保护精神相冲突。

4）对本案中法官自由裁量权运用之评价。本案中，法官的利益衡量尺度掌握是适宜的。法官在平衡利益时应该将其个人的好恶置之度外，而必须以社会大多数人的福利为标准。法律的目的在此就是维护社会实质的公平和公正。在本案中，人们坚信公正在合法妻子一边，这并不是对她个人有什么偏爱，而是每个人都将之视为同他们的婚姻家庭一样的一种秩序，一种关系。法官的判决可能决定着他们每一个人今后对法律的评价和对自己生活方式的选择。近年来的社会现实无情地表明，由于“包二奶”现象愈演愈烈，合法婚姻家庭已经变得如此脆弱，道德舆论的支持已经不足以抵御金钱和利益的力量，如果法官此时再拒不对合法配偶援之以手，其社会良知安在？毋庸置疑，通过这样一个判决并不能杜绝类似的法律规避行为，但法官至少表明了他们的立场，对于公众而言，这就是法律的态度。通过这样的信息，或许可以预见到破坏合法婚姻家庭应付出的成本和代价，促使当事人三思而后行。本案判决是法官在法律出现明显的漏洞时，运用其自由裁量权，适用《民法通则》

原则，依据公序良俗和法律的整体精神，解释法律、适用法律的结果。通过这一判决，合理地协调了社会公德、法律原则与具体法律规则的关系。判决并未超越法官的权限，符合法律推理和解释的基本原则和逻辑；在解决纠纷的同时维护了法律的统一性和合理性，并取得了良好的社会效果。尽管对于本案的处理可能存在其他合理选择，然而，本案判决不失为一种通过法官的论理解释填补法律漏洞的积极努力，也是适用法律原则衡平利益的一种努力。

本章知识体系

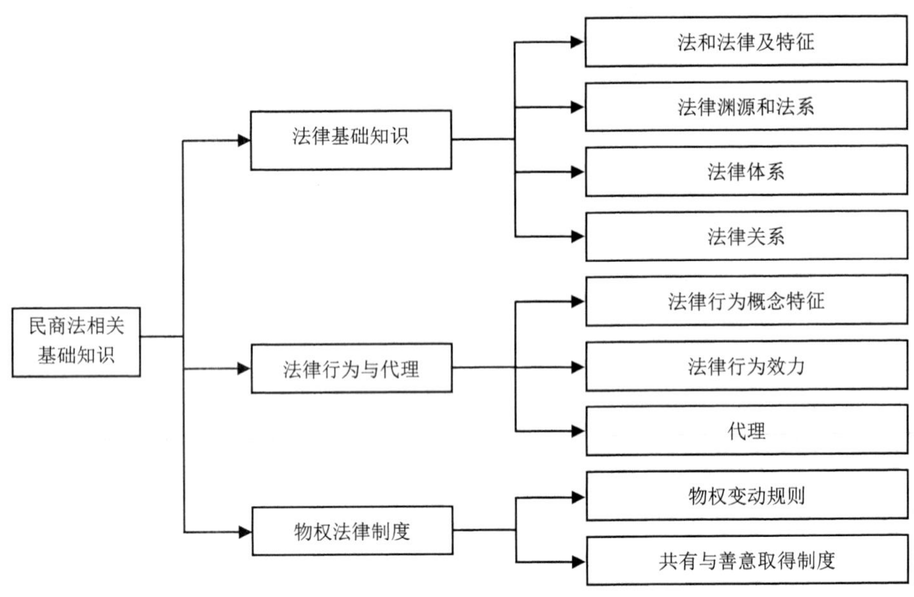

综　合　练　习

一、单项选择题

1. 下列规范性文件属于行政法规的是（　　）。

A. 深圳市人民代表大会制定的《深圳经济特区注册会计师条例》

B. 国务院制定的《中华人民共和国外汇管理条例》

C. 全国人民代表大会常务委员会制定的《中华人民共和国公司法》

D. 中国人民银行制定的《人民币银行结算账户管理办法》

2. 属于法律事实中的相对事件的是（　　）。

A. 发行公司债券　　B. 承揽加工劳务

C. 发生战争　　D. 发生地震

3. 根据《物权法》的有关规定，下列关于住宅建设用地使用权期间届满后续期问题的表述中，正确的是（　　）。

A. 自动续期

B. 建设用地使用权收归国有，不得续期

C. 经县级以上人民政府批准，可以续期

D. 经不动产登记机构批准，可以续期

4. 甲委托乙到某地购良马，乙到某地后，因未遇甲所需要的良马，便以自己的名义购置良骡一口。乙到家后，甲赶到。乙对甲说，如你觉得骡子好，就将骡子牵走。甲当即付款，并将骡子牵走。甲牵走骡子的受领行为是基于（　　）。

A. 委托代理　　B. 越权代理的追认　　C. 表见代理　　D. 买卖合同

5. 甲、乙外出游玩，向丙借相机一部，用毕甲将相机带回家。丁到甲家见此相机，执意要以 3000 元买下，甲见此价高于市价，便隐瞒实情表示同意并将相机交付与丁。不久，丁因手头拮据又向乙以 2000 元兜售该相机。乙见此相机眼熟，便向丁询问，丁如实相告，乙遂将之买下。根据物权法律制度的规定，此时，相机应当归（　　）所有。

A. 甲　　B. 乙　　C. 丙　　D. 丁

二、多项选择题

1. 下列各项可以成为经济法主体的是（　　）。

A. 某市财政局　　B. 某研究院

C. 某公司的子公司　　D. 公民杨某

2. 根据《物权法》的规定，下列情形中，甲的返还原物请求权能够得到法院支持的有（　　）。

A. 乙将从甲处借来的手表卖给丙，丙以为是乙的手表而买之，甲要求丙返还

B. 丁偷了甲的金项链送给女友戊，戊在不知情的情况下收下金项链，甲要求戊返还

C. 甲借给庚笔记本电脑一台，庚谎称丢失，甲要求庚返还

D. 辛向甲购牛一头，并在得到牛后将其转卖，但没有向甲付款，甲要求辛返还

3. 以下对可撤销的民事行为的表述，正确的是（　　）。

A. 该行为撤销前，其效力已经发生，未经撤销，其效力不消灭

B. 如果具有撤销权的当事人未在法定期限内行使撤销权，则该行为视同有效的法律行为，对当事人具有约束力

C. 该行为一经撤销，其效力自被撤销之日起无效

D. 如果自行为成立时起超过 1 年，当事人才请求变更或者撤销的，人民法院不予保护

4. 以下属于代理权滥用的情形的是（　　）。

A. 代理他人与自己进行民事活动

B. 超越代理权的代理

C. 代理双方当事人进行同一民事行为

D. 代理人与第三人恶意串通，损害被代理人的利益

5. 甲继承了一套房屋，甲在办理产权登记前将房屋出卖并交付给乙，甲办理产权登记后又将该房屋出卖给丙并办理了所有权移转登记。根据《物权法》的规定，关于甲、乙、丙三方的关系，下列表述正确的有（　　）。

A. 甲与乙之间的房屋买卖合同因未办理登记而无效

B. 乙对房屋的占有是合法占有

C. 乙可以请求人民法院宣告甲与丙之间的房屋买卖合同无效

D. 丙已取得该房屋的所有权

三、案例分析

2014 年 4 月，某广告公司的业务员王某携本单位合同专用章与某技术公司签订广告制作合同一份，双方约定：广告公司为技术公司摄制企业专题片和广告片，制作费 1.6 万元，技术公司需先行预付 8000 元，制作完毕后再付清全款。当日，王某将技术公司的 8000 元支票交付某家电视台请求协助摄制，电视台也将收据经王某交给技术公司。尔后，当王某将制作完毕的录像带交给技术公司时，技术公司因摄制质量提出异议。由于协商不成且王某此后下落不明，技术公司将广告公司推上被告席，要求其返还制作费 8000 元；而广告公司则以未对王某授权签约且未收到 8000 元为由，拒绝技术公司的诉求。

思考：王某是个人行为还是代理单位行为？试说明理由。

第二章　经济法概述

学习目标

素质目标：充分认识经济法在培育、完善市场经济中的巨大作用。
知识目标：理解经济法的概念及调整对象；掌握经济与民商法的不同。
技能目标：运用经济法的思维思考看待市场经济发展中遇到的问题。

相关法规

《中华人民共和国宪法》
《中华人民共和国反垄断法》
《中华人民共和国反不正当竞争法》
《中华人民共和国消费者权益保护法》
《中华人民共和国企业国有资产法》
《中华人民共和国产品质量法》
《中华人民共和国土地管理法》

创业法律思考

1. 中国经济法的产生与发展对市场经济有何影响？
2. 经济法的调整对象是什么？其与民商法、行政法有何区别？

引导案例

2013 年 12 月，太原某家居店联合多家装饰公司举办迎新春促销活动。消费者王先生通过现场广告宣传，与其中一家装饰公司签订了设计合同，并交纳了 2000 元设计费。经该家装公司多次到装修工地实地考察后，2014 年 1 月王先生正式与其签订装修合同，并交纳了装修预算总价 50%的预付款，即 3 万元。付款后直到 3 月该家装公司也没有按合同约定开工，后经王先生四处了解得知该公司因债务问题已经倒闭。王先生便找到当时的举办方某家居店，要求承担违约责任，并按欺诈行为要求加倍赔偿，该公司不同意消费者的请求，多次协商无果，消费者于 4 月投诉到消费者协会，请求帮助，要求举办方按总价款 1 倍赔偿其损失。

思考：某家居店是否应该承担责任？如何承担？

第一节　经济法的发展历程

背景：经济法起源于德国。1910 年德国出台了扶持卡特尔的钾矿业法，被认为是最初的经济法。其后出现了托斯拉的垄断形式，受托企业借助托斯拉管理参与合并其他企业，形成垄断经营。美国于 1887 年制定了《谢尔曼法》，该法案具有重要的历史意义。经济法经历了 3 个阶段，即战时经济法、危机对策经济法、自觉维护经济发展的经济法。经济法的实质就是维护社会经济的整体平衡。

关键词：民法；行政法；经济法

一、经济法的产生与发展

（一）经济法的产生

经济法作为一个概念，最早见于法国空想社会主义者摩莱里 1755 年出版的《自然法典》一书。但是，摩莱里在这里所指出的经济法调整的对象，只限于分配领域。法国另一个空想社会主义者德萨米在 1842 年出版的《公有法典》一书中也曾使用“经济法”一词。他在“分配法和经济法”一章专章论述了经济法。在这里，德萨米不仅继承了摩莱里的经济法律思想，而且在许多方面还提出了自己的见解。这个经济法是立足于私有制基础之上的。可见，经济法的名词的出现和生产资料所有制密切联系的，但他们当时使用“经济法”的含义与现在所用“经济法”的含义相去甚远。

1865 年，法国著名的经济学家和政治家蒲鲁东在其所著的《论工人阶级的政治能力》一书中提出，法律应当通过普遍和解来解决社会生活矛盾，为此需要改组社会，由“经济法”来构成新社会组织的基础。因为公法会造成政府过多地限制经济自由，私法则无法影响经济活动的整个结构，必须将社会组织建立在“作为政治法和民法之补充和必然结果的经济法”之上。这是历史上最早提出的经济法理念和学说，而且也更接近现代经济法。

经济法原始于德国，德国作为新兴资本主义国家，在 19 世纪 70 年代出现了生产和资本的迅速集中，卡特尔在 1873 年的经济危机之后广泛发展，一些经济部门被一两个垄断组织所控制，如钢业联盟和铁业联盟在第一次世界大战前夕垄断了全国钢铁产量的 98%。更重要的是，政府在社会经济发展中扮演重要角色，以国家扶持卡特尔之法就成了德国经济法的标志之一。1910 年，德国出台了扶持卡特尔的钾矿业法，抑制企业进入钾矿业，被认为是最初的经济法，以法的手段对不经意间扰乱自由资本主义秩序的垄断加以限制，这就是经济法的产生。围绕着垄断引起社会经济和思潮的迅速变迁，国家主义至上的德国也并非不重视维护市场机制的作用。它在 1896 年就制定了世界上最早的《反不正当竞争法》，在当时的民法和知识产权法的框架之外，以专门立法的方式，对商业竞争中违反诚实信用原则的行为，采取民事、行政和刑事的手段一并予以调整。其后出现了托斯拉的垄断形式，生产同类商品或在生产上有密切联系企业从生产到销售全面实行股权式联合，受托企业借助托斯拉管理参与合并其他企业，形成垄断经营。非托斯拉成员企业在市场和价格方面无力与之开展竞争，中小企业纷纷倒闭。仅美国钢铁公司一个托斯拉，被它吞并和支配的企业就有 700 多家，这就引发了严重的社会矛盾，令学者和政治家感到，作为美国立国之本的私人自由企业理念受到威胁，自由市场体系岌岌可危，应当迅速改变这种状况。有鉴于此，美国于 1887 年制定了《州际商务法》，并于 1890 年通过了参议员谢尔曼提出的《保护贸易和商业不受非法限制和垄断侵害法案》，即《谢尔曼法》。《谢尔曼法》被认为是现代反垄断法之母，这表明美国政府已不惜采取行政干预来纠正自由放任之弊端。该法案认为，任何以契约，托斯拉或其他形式的联合、垄断而限制贸易的行为是违法或犯罪行为，应受行政处罚或刑事制裁。

（二）经济法的发展

经济法问世之后，在 20 世纪 30 年代经济大萧条时期和第二次世界大战结束至今，曾出现多次发展高潮。我们可以把经济法的发展过程概括由低到高的 3 个阶段。

1. 战时经济法阶段

这是初级的经济法，仅是表层和以野蛮的方式回应着不期而至的社会要求，实质上与客观经济规律格格不入。除德国战时经济法外，日本作为后进帝国主义国家，其战前经济具有强烈的国家主义和军国主义色彩，更在战时颁布种种经济法令，较之德国有过之无不及。战争经济法是对社会客观要求的一种扭曲反映。

2. 危机对策经济法阶段

这是为应付经济不景气或其他意想不到的危机而被动制定的经济法。鉴于资本主义意识形态强调国家公共权力与市民社会应严格分开，所以西方国家的经济法长期以来多是迫于经济危机或社会矛盾激化而不得不制定的，如美国的《谢尔曼法》反垄断法。危机对策经济法的典型事例是 20 世纪 20 年代末到 1937 年经济大危机大萧条时期美国制定的一系列贯彻凯恩斯主义的经济法，以及 70 年代末西方国家针对在政治上危机而出台的各种应急性法律。20 世纪 30 年代期间，罗斯福推行“新政”，大规模兴建公共工程，调整农业，对银行证券业进行彻底检查和管制，颁布了《国家产业复兴法》、《1934 年证券交易法》等，并通过专门结构予以贯彻。20 世纪 70 年代的经济危机及其后在美国引起价格上涨和竞争加剧，政府被迫立法实行物价和工资管制。消极被动地应付危机，则必然有相当的盲目性，从而损及经济活力及其民主要求。

3. 自觉维护经济发展的经济法阶段

第二次世界大战结束以后，推行民主化，以维护自由竞争的市场秩序，推进社会经济协调发展的较为成熟的经济法在发达国家日益形成，其主要标志是经济法以解决社会经济矛盾的宗旨和方式，已由干预、管制市场主体的自由意志转向尽可能创造充分、适度、和平的竞争环境以维护这种自由。第二次世界大战以前反垄断法的影响虽已涉及主要发达国家，但受历史条件的限制，它并未真正确立。第二次世界大战后，以美国为代表的西方资本主义国家，才真正地建立起反垄断制度，使反垄断法在学术上逐步摈弃强调国家干预财富分配的“收入再分配说”，片面压抑大企业的“中小企业保护说”和“政治权力分散说”，最终确立了反垄断法的目的是维护正常、适当的市场竞争，使社会资源尽力能达到最佳配置的“帕累托最佳状态”，发挥最大的社会效益。

二、新中国成立后经济法的发展

（一）新中国成立后经济法发展的历史

经济法是经济社会发展到一定阶段的产物。我国改革开放前实行的是高度集权的计划经济体制，计划是国家用来配置资源的唯一方式。新中国成立初期，计划这种方式有利于集中有限的资源去办急需的事业，使我国迅速从经济废墟里恢复过来，是符合当时社会要求的。但在计划经济完成其历史使命后，我国没有把计划经济向市场经济转换，反而更加高度集权，又加上政治体制缺乏民主，诱发了“文化大革命”，使我国经济处于崩溃的边缘。1978 年以来，随着国家工作重心转移到经济建设上来，就需要改变传统用行政手段管理经济活动的模式，代之的是转变政府职能和加强法制建设，重视以法律手段调控经济，发挥价值规律和市场机制对经济的作用，以“国家之手”和“市场之手”的结合来配置资源，于是中国的经济法也就产生了。纵观中国经济法的历史，从萌芽到基本建构起自己的体系，具体地说，经历了两个阶段。

第一个阶段（1978～1992 年），是我国经济体制改革的初始阶段。这一时期中国经历了从计划经济体制向市场经济体制的转变过程，是经济法产生和初步发展的时期。这时的经济法主要在于移植和借鉴国外的经济立法，当时颁布了大量的经济方面的规范，为应对经济改革提供了重要的法律依据。

第二阶段（1992 年至今），这是中国经济法勃兴和走向成熟的时期。中共十四大正式提出要建立社会主义市场经济体制，并以此作为国家经济体制改革的目标，由于我国多年的计划传统过浓，所以要通过经济法律的形式逐渐削弱经济中的计划成分，提升市场因素在经济发展中的地位，而不是向西方发达国家那样，经济法的产生是源于市场失灵，更多的目的是为了克服市场调节的弊端。20 多年来为了适应市场经济健康发展和国家干预经济活动的需要，国家颁布了大量法律法规，使我国经济法进入了一个前所未有的快速发展时期，也为经济法体系的初步形成提供了立法实践基础。

（二）新中国成立后经济法体系

经济法范畴的法律或法规在我国的法律体系中已经是极其重要的组成部分，尽管今日的经济法还不像传统民法那样有较为定型的体系或像刑法那样有法典，但是已经有大致的范围和体系。

1. 宏观调控方面

宏观调控法是经济法的重要部分，是保障社会主义市场经济平稳发展的后盾，也是国家运用计划、税收、货币、产业、价格等手段行使经济调控职能的法律保证。这方面的法律已经有《中华人民共和国预算法》《中华人民共和国政府采购法》《中华人民共和国税收征收管理法》《中华人民共和国个人所得税法》《中华人民共和国企业所得税法》《中华人民共和国中国人民银行法》《中华人民共和国银行业监督管理法》《中华人民共和国审计法》《中华人民共和国统计法》《中华人民共和国会计法》《中华人民共和国城乡规划法》《中华人民共和国价格法》等。以法律形式赋予政府经济调控权，综合运用各种手段鼓励、促进经济健康稳定发展，从而影响资源配置和产业结构，使经济与社会发展的目标和整体经济效益得以实现。

2. 市场规制方面

市场规制是社会主义市场经济条件下政府行使管理职能维护市场秩序井然的行为，主要致力于创造良好的市场环境，也是经济法的一项基本功能。这方面的法律有《中华人民共和国反垄断法》（以下简称《反垄断法》）《中华人民共和国反不正当竞争法》《中华人民共和国消费者权益保护法》（以下简称《消费者权益保护法》）《中华人民共和国产品质量法》《中华人民共和国广告法》《中华人民共和国计量法》《中华人民共和国标准化法》《城市房地产管理法》《中华人民共和国农产品质量安全法》《中华人民共和国反洗钱法》等。这些法律主要从限制企业行为、规制行政垄断和保护消费者权益的角度体现防止“市场失灵”的目的性，反映出国家“有形之手”的干预作用。

3. 企业组织方面

为了建立良好的市场经济秩序，需要严格规范各市场主体的地位。企业作为经济活动的核心主体，国家要通过法律制度的设计建立进入和退出的机制，同时也通过一系列的制度保障企业的自主权和经营权，规定企业作为社会组织体应承担的责任。这方面的法律有《中华人民共和国中外合资经营企业法》（以下简称《中外合资经营企业法》）《中华人民共和国外资企业法》（以下简称《外资企业法》）《中华人民共和国中外合作经营企业法》（以下简称《中外合作经营企业法》）《中华人民共和国全民所有制工业企业法》

（以下简称《全民所有制工业企业法》）《公司法》、《中华人民共和国乡镇企业法》《中华人民共和国合伙企业法》（以下简称《合伙企业法》）《中华人民共和国个人独资企业法》（以下简称《个人独资企业法》）《中华人民共和国中小企业促进法》、《中华人民共和国农民专业合作社法》、《中华人民共和国企业破产法》等。但有一些法律规范，如《中华人民共和国商业银行法》、《中华人民共和国票据法》和《证券法》，主要规定企业的主体资格、票据流通和证券交易的基本规则，这些规范应纳入民商法的范畴。

4. 资源能源方面

随着经济的发展，特别是改革开放初期，由于过于追求经济的增长，而忽视对环境的保护，过度从自然界索取，滥用资源、能源，目前已经影响到经济的可持续发展建设和人民的正常生活。为此，通过经济立法合理利用和保护自然资源尤为重要。这些法律包括《中华人民共和国可再生能源法》《中华人民共和国节约能源法》《土地管理法》《中华人民共和国水法》《森林法》《草原法》《矿产资源法》《中华人民共和国煤炭法》《中华人民共和国电力法》《中华人民共和国清洁生产促进法》等。《中华人民共和国环境保护法》《中华人民共和国劳动法》《中华人民共和国社会保险法》虽然也体现了国家对经济的干预性，但其干预的性质主要属于社会公共事务职能而非经济职能方面，因此这些法律部门应纳入社会法的范畴。

三、经济法与邻近法律部门的关系

（一）经济法与民法的关系

由于经济法是调整经济关系的，而民法也调整经济关系，所以它们的关系比较密切。有些概念是经济法和民法共同使用的，如法人、自然人、代理、时效、权利能力、行为能力等。有时，还表现在调整经济关系方面的联系和交叉。但关系密切的经济法和民法是可严格区别的。

1）调整的对象不同。经济法调整社会主义宏观调控下一定的市场经济关系，而民法则是调整平等主体之间的财产关系。从经济法的宏观调控来看，它具有管理的因素，即国家领导和组织经济的因素，而民法所调整的经济关系则不具有上述因素，如对于计划、商标和专利中的管理关系、企业内部承包关系等。

2）主体不同。经济法主体比民法主体范围要广泛，并不限于法人和自然人。经济主体有国家机关、企业（包括外资企业）、各种形式的经济联合体、进行经济活动的非经济组织（事业单位、社会团体）、经济组织的内部机构（分厂、车间、门市部、班组等生产经营单位）和依法从事经济活动的农村承包户、城乡个体工商户和公民。民法主体一般只限于法人和自然人。

3）调整的方法不同。经济法调整方法是综合性的，而民法是采用平等协商的方法进行的；经济法不仅有惩罚，还有奖励，而民法很少采用奖励的方法，就惩罚来看，经济法采取追究经济责任、行政责任和刑事责任的方法给予相应的制裁，而民法是采取追究民事责任的方法给予相应的制裁。

4）处理程序不同。经济主体之间的经济纠纷，一般要经过主管部门调解或仲裁机构解决，也可以依法向人民法院起诉，而民事中人身纠纷就没有仲裁程序。

（二）经济法与行政法的关系

经济法与行政法的关系也是比较密切的。随着经济体制改革的进行，社会主义市场经济体制的建立与完善，政府职能的转变，两者的区别将逐渐明确起来。

1）调整对象不同。经济法调整宏观调控下一定的市场经济关系。宏观调控是指政府及其所属部门在履行自己管理经济的职能过程中所发生的关系。它与行政法调整由于行政机关的设立、地位、编制、职权以及对公务人员的任免、培养、考核和奖惩而发生的关系不相同。至于调整市场经济关系，与行政法就更不相同了。

2）主体不同。一般来说，经济法主体比行政法主体更为广泛。随着社会主义市场经济体制的建立和完善，政企分开，企业就会成为真正的经济主体。当前，行政法还有一定的影响，有的企业的领导人还是通过行政任命的，体现了某些交叉。

3）调整的方法不同。从法的实施过程和实施保证来看是不同的，经济法采用多种调整方法以及追究经济责任、行政责任和刑事责任相结合的制裁形式，与行政法使用行政命令的方法与单一的行政制裁形式是有所不同的。

4）处理纠纷的程序不同。经济法解决经济纠纷的程序可以根据不同情况，分别运用行政诉讼程序或民事诉讼程序进行。而行政纠纷只能按行政诉讼程序解决。

（三）经济法与刑法的关系

经济法与刑法是有区别又有联系的两个独立的法律部门。刑法是规定有关犯罪和刑罚的法律规范，经济领域内的犯罪和刑罚在刑法中作了较为详尽的规定。例如，我国《刑法》对以赢利或谋取非法利益为目的，违反经济管理法规，破坏经济管理活动，扰乱经济管理秩序，致使社会主义经济遭受严重损失的行为，以及对贪污和渎职行为等作出了定罪和量刑的规定。在有关经济法规中，也有追究刑事责任的规定。

第二节　经济法的基本原则

背景：经济法原始于德国，1910 年出台了扶持卡特尔的钾矿业法，被认为是最初的经济法。其后出现了托斯拉的垄断形式，受托企业借助托斯拉管理参与合并其他企业，形成垄断经营经济法发展，美国联邦于1887年制定了《谢尔曼法》，后者具有重要的历史意义。经济法经历了三个阶段，即战时经济法、危机对策经济法、自觉维护经济发展的经济法。经济法的实质就是维护社会经济的整体平衡

关键词：民法；行政法；经济法

一、经济法的定义与调整对象

（一）经济法的定义

经济法是指调整宏观经济调控关系和市场规制关系的法律规范的总和。经济法以社会整体利益为本位，以追求国民经济均衡协调持续发展为宗旨。经济法既规范企业等生产经营者的经济行为，同时亦规范各级政府机关等经济管理者的经济管理行为和经济行为。因此，经济法是我国社会主义法律体系中的基本法律部门。

（二）经济法的调整对象

我国经济法的调整对象主要是在社会生产和再生产领域中发生的宏观经济调控关系和市场规制关系。这两种社会关系在本质上都是具有经济性、社会本位性和规制性特征的经济关系。

1. 宏观经济调控关系

宏观经济调控关系或称宏观调控关系，是国家对国民经济和社会发展运行进行规划、调节和控制过程中发生的经济关系，涉及现实社会中的国民经济整体利益、社会公共利益和国家根本与长远利益。

2. 市场规制关系

为了保障市场机制调节的健康运行，需要确认作为市场主体的生产经营者的法律地位，规制他们的生产经营行为，维护公平竞争秩序，确认和保护消费者权益。因此，市场规制就是国家通过制定行为规范引导、调节、控制、监督市场主体的经济行为，与此同时也要规范、约束政府监管机关的市场监管行为，从而保护消费主体利益的一系列行为。市场规制关系就是国家在规制市场主体的市场行为和市场监管主体的监管行为过程中发生的经济关系与经济管理关系。

二、经济法的特征

（一）经济性

经济法的对象直接发生在物质生产领域，并具有经济目的性。经济法的经济性的重

要表现是经济法往往把经济制度、经济活动的内容和要求直接规定为法律。

（二）社会本位性

所谓社会本位性，是指经济法在对经济关系的调整中立足于社会整体利益，在任何情况下都以大多数人的意志和利益为优先和首要考量。经济法以维护社会整体利益为最高行为准则和应尽的责任。

（三）规制性

所谓规制性，是指在调整的目标和手段方面，经济法所具有的把积极的鼓励、促进、保护与消极的限制、约束和禁止相结合的特性。规制性在经济法体系中的市场规制法和宏观调控法中都有明显的表现。

（四）综合性

经济法基于公法、私法的兼顾融合的客观需要，在很多方面具有综合性的特点。

三、经济法的基本原则

（一）经济法的社会本位原则

经济法是社会整体利益本位法。从维护社会整体利益或公共利益出发，这是经济法独立和存在的根本依据之一。因此，经济法在调整经济关系的过程中，应注意发挥其利益协调的功能。在社会整体利益与个人利益发生冲突的时候，国家权力的介入应使个人利益服从于社会整体利益。

（二）经济法的平衡协调原则

经济法是协调经济运行的法律。平衡理念是经济法的理念，在这一理念指导下，实现市场、社会、国家三者之间的互补、互动和平衡协调发展，最终实现社会整体经济利益。

（三）经济法的权责利效相统一原则

权责利效相统一原则，是指在经济法律关系中各管理主体和经营主体所承受的权利（力）、利益、义务和职责必须相一致，不应当有脱节、错位、不平衡等现象存在。权责利效相统一原则是在社会主义市场经济或以公有制为主导的市场经济条件下，作为经济法灵魂的一项根本性原则。

典型案例讨论

【案情介绍】

2008 年 9 月 3 日，可口可乐首次以 24 亿美元的报价提出收购汇源全部股份，至 2008 年 12 月 5 日，商务部首次表态已根据我国相关收购程序立案受理该并购案，并表示收购案最晚将于 2009 年 3 月 23 日揭晓。2009 年 3 月 18 日，商务部正式对外宣布因可口可乐公司收购汇源公司案将对竞争产生不利影响(给中国果汁饮料市场竞争格局造成不良影响)，商务部根据中国反垄断法作出禁止此项收购的决定。可口可乐收购汇源案未通过中国审查。这是《反垄断法》自 2008 年 8 月 1 日实施以来首个未获通过的案例。

此决定一经宣布，立即在国内外引起巨大震动。

【问题】

1）商务部是否有权进行合并审查?

2）商务部否决收购的原因是什么?

【案例分析】

1）商务部有权进行审查。

2）商务部否决可口可乐收购汇源的原因包括：第一，如果收购成功，可口可乐有能力把其在碳酸饮料行业的支配地位传导到果汁行业。第二，如果收购成功，可口可乐对果汁市场的控制力会明显增强，使其他企业没有能力再进入这个市场。第三，如果收购成功，会挤压国内中小企业的生存空间，抑制国内其他企业参与果汁市场的竞争。

课后思考

1. 简述新中国经济法发展历程。
2. 经济法体系如何构成?
3. 经济法与民法有何区别?
4. 经济法的原则有哪些?

引导案例分析

《消费者权益保护法》第三十八条规定：“消费者在展销会、租赁柜台购买商品或者接受服务，其合法权益受到损害的，可以向销售者或者服务者要求赔偿。展销会结束或者柜台租赁期满后，也可以向展销会的举办者、柜台的出租者要求赔偿。展销会的举办者、柜台的出租者赔偿后，有权向销售者或者服务者追偿。”根据此规定，在迎新春促销活动结束后，因参展装饰公司无法查找，举办者（某家居店）应当承担违约赔偿责任。

《消费者权益保护法》第四十七条规定："经营者以预收款方式提供商品或者服务的，应当按照约定提供。未按照约定提供的，应当按照消费者的要求履行约定或者退回付款；并应当承担预付款的利息、消费者必须支付的合理费用。"根据此规定，举办者（某家居店）应当按合同约定退回预付款及承担违约赔偿责任。

《消费者权益保护法》第十九条规定："经营者应当向消费者提供有关商品或者服务的真实信息，不得作引人误解的虚假宣传。"如果举办者在前期促销宣传活动中，该家装公司确有相关资质，并且运营正常，后期才发生变故，不能履行合同时，举办者没有推卸应承担的违约赔偿责任，不存在欺诈行为，故不应依据《消费者权益保护法》第四十九条规定："经营者提供商品或者服务有欺诈行为的，应当按照消费者的要求增加赔偿其受到的损失，增加赔偿的金额为消费者购买商品的价款或者接受服务的费用的一倍"予以赔偿。

本章知识体系

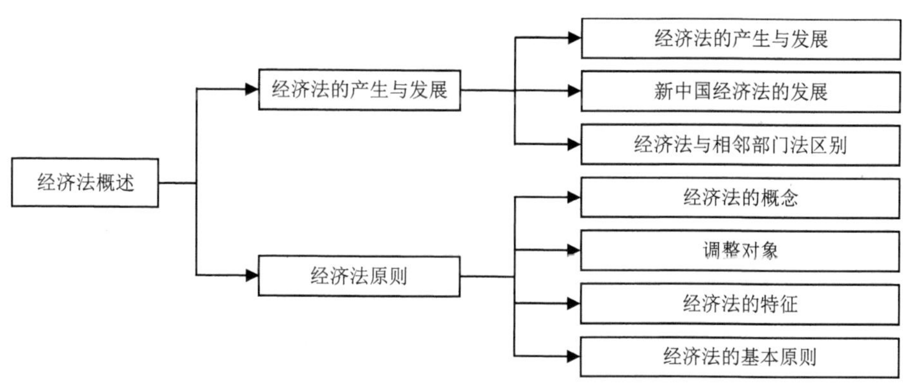

综 合 练 习

一、单项选择题

1. 最先在其著作中提出经济法概念的学者是（　　）。

A. 蒲鲁东　　B. 德萨米　　C. 摩莱里　　D. 鲁姆夫

2. 世界上首次将经济法作为法律名称加以使用的国家是（　　）。

A. 英国　　B. 德国　　C. 法国　　D. 美国

3. 现代经济法的发源地是（　　）。

A. 德国　　B. 美国　　C. 中国　　D. 英国

4. 颁布世界上第一部经济法典的国家是（　　）。

A. 苏联　　B. 捷克斯洛伐克　　C. 美国　　D. 法国

5. 经济法与民法的联系主要表现在（　　）。

A. 二者都要调整经济关系

B. 二者都要调整管理关系

C. 二者都要遵循自愿、平等、对价变换的原则

D. 二者都要采取惩罚与奖励的调整手段

二、多项选择题

1. 经济法的调整对象包括（　　）。

A. 社会保障关系　　B. 人身财产关系

C. 宏观调控关系　　D. 市场规制关系

2. 经济法的特征包括（　　）。

A. 社会性　　B. 经济性　　C. 规制性　　D. 综合性

3. 我国经济法遵循的基本原则包括（　　）。

A. 保护国家利益至上的原则　　B. 社会整体利益的原则

C. 协调平衡的原则　　D. 权责利相统一的原则

4. 经济法律关系的主体包括（　　）

A. 国家机关　　B. 个体工商户　　C. 企业单位　　D. 社会团体

三、案例分析

某县为发展经济，在全县范围内进行国企改制，将本县原国营啤酒厂改制成有限责任公司，由于管理科学，该公司的运营良好，啤酒的市场销路很好，为本县财政收入作出了贡献。但是好景不长，几个月后，上海某啤酒公司所产啤酒进入本地市场，严重冲击了本县所产的啤酒。该县经济主管部门见状十分忧虑，遂发出通知要求：各单位凡需啤酒应从本县啤酒公司购买。另外，暗中要求税务机关提高外地啤酒的税率。

思考：

1）分析本案涉及的经济法律关系的要素。

2）对于某县经济主管部门的行为应当如何处理？

第二篇　主体法律篇

第三章　内资企业法律制度

学习目标

素质目标：全面了解内资企业的原理与实务，树立正确的法律观。
知识目标：理解个人独资企业、合伙企业的相关规定。
技能目标：培养分析问题和解决内资企业设立经营实务问题的能力。

相关法规

《中华人民共和国个人独资企业法》
《中华人民共和国个人独资企业管理办法》
《中华人民共和国合伙企业法》
《中华人民共和国合伙企业登记管理办法》
《企业名称登记管理规定》
《企业名称登记管理实施办法》
《〈关于个人独资企业和合伙企业投资者征收个人所得税的规定〉的通知》

创业法律思考

1. 如果自己想创办企业，应该设立哪类型企业？
2. 设立个人独资企业有哪些风险？
3. 和别人合伙需注意哪些问题？
4. 不想承担无限责任可以和别人合伙吗？为什么？

引导案例

2014 年 3 月，甲、乙、丙、丁按照《合伙企业法》的规定，共同投资设立一从事商品流通的有限合伙企业。合伙协议约定了以下事项。

1）甲以现金5万元出资，乙以房屋作价8万元出资，丙以劳务作价4万元出资，另外以商标权作价5万元出资，丁以现金10万元出资。

2）丁为普通合伙人，甲、乙、丙均为有限合伙人。

3）各合伙人按相同比例分配赢利、分担亏损。

4）合伙企业的事务由丙和丁执行，甲和乙不执行合伙企业事务，也不对外代表合伙企业。

5）普通合伙人向合伙人以外的人转让财产份额的，不需要经过其他合伙人同意。

6）合伙企业名称为“特美好物流合伙企业”。

思考：

1）合伙人丙以劳务作价出资的做法是否符合规定？为什么？

2）合伙企业事务执行方式是否符合规定？为什么？

3）关于合伙人转让出资的约定是否符合法律规定？为什么？

4）合伙企业名称是否符合规定？为什么？

5）各合伙人按照相同比例分配赢利、分担亏损的约定是否符合规定？为什么？

第一节　企业法概述

背景：经过几十年的发展，中国企业在量与质的方面取得了长足的发展，逐步适应市场经济体制要求，成为市场中最活跃的主体。国有企业是国民经济的支柱，民营企业是国民经济的主要组成部分，是未来经济发展的主要增长源，在吸纳劳动力、增强国家经济实力、扩大出口创汇、方便人民生活等方面贡献突出，已成为中国国民经济中充满活力的经济成分之一。

关键词：国有企业；民营企业

一、企业的定义与特征

“企业”一词，是从日文翻译来的，而日文中的该词语又源于英文中的“enterprise”，原意是指企图冒险从事某项事业，且具有持续经营的意思，后来引申为经营组织或经营体。我国学者一般认为企业是指依法设立的，以赢利为目的，从事经营活动，独立核算、自负盈亏的经济组织。企业具有以下特征。

1）企业是社会经济组织。这一特征表现了企业的经济性和组织性。经济性是指企业属于社会组织中的经济组织；组织性是指企业是依照法定程序组成的组织体。

2）企业是以赢利为目的，从事商品生产经营或服务活动的社会经济组织。这一特征使它与不从事经营性活动的其他社会组织，如各级机关、事业单位、社会团体等区分开来。

3）企业是实行独立核算的社会经济组织。实行独立核算即单独计算成本费用，以收抵支，计算盈亏。不实行独立核算的社会经济组织不能称为企业。例如，总厂下属的分厂、总公司下属的分公司就被排除在企业的范围之外。

4）企业是依法设立的社会经济组织。即企业依照法定的设立条件和程序成立，是合法的社会经济组织。

5）企业具有独立或相对独立的法律人格。这是对企业法律地位的概括。不同类型的企业，其法律地位各不相同。公司企业具有独立的法律人格，表现在公司的财产、债务责任与股东的财产、债务责任完全分开。个人独资企业、合伙企业属自然人企业，不具有法人资格，企业的财产与企业主、合伙人的财产不完全分离，企业主对企业债务承担无限责任，合伙人对企业债务承担连带无限责任或有限责任。然而，非法人企业，法律仍赋予其一定的主体资格，企业可以自己的名义签订合同，对外进行经济活动，也可以自己的名义起诉、应诉，在财产和责任上也表现为相对的独立性。

二、企业的分类

根据不同的标准，企业有不同的分类。

（一）企业的经济学分类

企业从经济学角度可做以下分类。

1）根据经营内容，企业可分为工业企业、农业企业、商业企业、交通运输企业、金融企业等。

2）根据规模大小，企业可分为大型企业、中型企业和小型企业。

3）根据使用的技术装备及生产力要素所占比重，企业可分为技术密集型企业、劳动密集型企业。

4）根据组织结构形式及其联结程度，企业可分为单一企业、联合企业。联合企业可进一步分为紧密型联合企业、半紧密型联合企业、松散型联合企业。

5）根据投资主体是否有涉外因素，企业可分为内资企业、外商投资企业和港、澳、台商投资企业。

（二）企业的法学分类

企业从法学角度可做以下分类。

1）根据生产资料所有制形式，企业可分为全民所有制企业、集体所有制企业、私营企业、混合所有制企业。全民所有制企业即国有企业，是指企业的资产属国家所有，并且为国家直接或者间接控制的企业。集体所有制企业是指由一定范围内的劳动群众出资举办的企业，类似于合作社。私营企业是指资产属于私人所有，雇工超过8个以上的营利性经济组织。混合所有制企业即外商投资企业，包括中外合资经营企业、中外合作经营企业和外资企业，事实上前两者属于混合所有制企业，外资企业实为私营企业。

2）根据出资方式和所承担的法律责任，企业可分为独资企业、合伙企业、公司企业。

3）根据法律地位，企业可分为法人企业和非法人企业。我国的企业不一定都具有法人资格。公司、全民所有制企业、中外合资经营企业都是法人企业。合伙企业、个人独资企业都是非法人企业。中外合作经营企业可以是法人企业，也可以是非法人企业。

企业的分类在西方国家主要是独资企业、合伙企业和公司。从我国的立法实践来看，我国基本上按所有制形式划分企业类型。随着社会主义市场经济体制的逐步建立和企业改革的进一步深化，我国也将把独资企业、合伙企业和公司作为我国企业的基本分类。

（三）我国工商机关登记的企业

与我国目前多种经济成分并存相对应，按经济类型在我国工商机关登记的企业种类有以下几种。

1）国有企业，包括中央和地方各级国家机关、事业单位和社会团体使用国有资产投资所举办的企业，也包括实行企业化经营、国家不再核拨经费或核发部分经费的事业单位及从事生产经营性活动的社会团体，还包括上述企业、事业单位、社会团体使用国有资产投资所举办的企业。

2）集体所有制企业，包括城镇集体所有制企业和乡村集体所有制企业。

3）私营企业，包括个人独资企业、个人合伙企业、私营公司企业。

4）股份制企业，包括股份有限公司和有限责任公司（包括国有独资公司）。

5）外商投资企业，包括中外合资经营企业、中外合作经营企业、外资企业。

三、企业法概述

（一）企业法的定义

企业法是规定企业法律地位、调整企业组织关系、规范企业组织行为的法律规范的总称。企业法的概念有广义和狭义之分。狭义的企业法，仅指法律名称中以相应企业为调整对象的专门企业法。广义的企业法，除包括专门的企业法外，还包括其他所有散见于各法之中的调整企业组织关系、规范企业组织行为的法律规范。

（二）我国的企业法体系

我国目前的企业法是在经济体制改革的不同时期制定的，立法时受经济体制改革背景影响甚大。改革初期，我国的企业立法主要根据所有制性质的不同对企业分别立法。这种立法，在计划经济体制下，对于国家分类管理企业是有利的，但在市场经济体制下，这与各企业主体平等竞争的基本要求相违背，应该建立适应市场经济要求的新的企业形式。西方市场经济国家，主要是以企业的出资方式和承担责任的不同而分别立法。这种立法模式使当事人对不同企业的权利、义务责任一目了然，便于市场交易活动的顺利进行。所以，我国应借鉴西方市场经济国家的企业立法经验。我国《公司法》的颁布，意味着我国企业立法掀开了按照市场经济特点进行立法的新篇章。

目前，我国的企业法律制度主要包括《全民所有制工业企业法》《全民所有制工业企业转换经营机制条例》《城镇集体所有制企业条例》《乡村集体所有制企业条例》《私营企业暂行条例》《中外合资经营企业法》《中外合作经营企业法》《外资企业法》《中外合资经营企业法实施条例》《外资企业法实施细则》《公司法》《合伙企业法》《个人独资企业法》等法律、法规。本章主要介绍《个人独资企业法》《合伙企业法》的主要内容。

课后思考

1. 如何理解法人企业与非法人企业？
2. 简述我国的企业法体系。

第二节　个人独资企业法

背景：个人独资企业又称业主制企业，是由一个自然人投资经营，投资人以其个人财产对企业债务承担无限责任的经营实体，具有规模小、内部结构简单、经营灵活等特点，是引导个人投资参与经济建设较理想的企业形式。但是在市场经济条件下，个人独资企业受利益驱动，也具有抗拒任何阻碍实现其利己目标的自发倾向。一旦利己目标失度膨胀，就有可能使自己走上破坏经济秩序甚至牺牲其他经济组织利益的道路。因此，有效地规范个人独资企业的行为，切实保护个人独资企业投资人和债权人的合法权益，不仅有利于提高个人独资企业素质，引导个人独资企业健康发展，同时对维护社会经济秩序、促进社会主义市场经济的发展也将产生积极的影响。

关键词：业主制企业；无限责任

一、个人独资企业法概述

（一）个人独资企业的定义与特征

个人独资企业是指依法在中国境内设立，由一个自然人投资，财产为投资人个人所有，投资人以其个人财产对企业债务承担无限责任的经营实体。个人独资企业具有以下特征。

1）个人独资企业是由一个自然人投资的企业，并且自然人仅限于中国的自然人。

2）个人独资企业是营利性的经济组织。个人独资企业尽管是由一个自然人投资，但它是一个经济实体。

3）投资人对企业的债务承担无限责任。即当企业的资产不足以清偿到期债务时，投资人应以自己个人的全部财产用于清偿企业的债务。

4）个人独资企业不具有法人资格，是非法人企业，无独立承担民事责任的能力；但却是独立的民事主体，可以自己的名义从事民事活动。

（二）个人独资企业法的定义

个人独资企业法是调整个人独资企业在组织和活动过程中发生的经济关系的法律规范的总称。个人独资企业法有广义和狭义之分。狭义的个人独资企业法仅指以个人独资企业法命名的单行法律，在我国特指第九届全国人民代表大会常务委员会第十一次会议于 1999 年 8 月 30 日通过、2000 年 1 月 1 日实施的《个人独资企业法》。广义的个人独资企业法，除《个人独资企业法》外，还包括其他所有调整个人独资企业组织和行为的法律规范。

二、个人独资企业的设立

（一）个人独资企业的设立条件

根据《个人独资企业法》第八条的规定，设立个人独资企业应当具备下列条件。

1）投资人为一个自然人，且只能是中国公民。个人独资企业的投资人只能是具有中国国籍的自然人，但法律、行政法规禁止从事营业性活动的人，不得作为投资人，即国家公务员、党的机关干部、警察、检察官、法官、军职人员、商业银行的工作人员不得作为个人独资企业的投资人。

2）有投资人申报的出资。由于出资者和企业在法律人格上并不区分，投资者承担无限责任，因此《个人独资企业法》对设立个人独资企业的出资数额未作限制。投资者设立个人独资企业可以用货币出资，也可以用实物、土地使用权、知识产权或者其他财产权利出资。以家庭共有财产作为出资的，投资人应当在设立（变更）登记申请书上予以注明。

3）有合法的企业名称。个人独资企业的名称中不得使用“有限”、“有限责任”或者“公司”字样，个人独资企业的名称可以叫厂、店、部、中心、工作室等。

4）有固定的生产经营场所和必要的生产经营条件。生产经营场所是个人独资企业作为经营实体从事生产经营活动的所在地，也是据以确定其住所的主要因素，个人独资企业以其主要办事机构所在地为住所，因此，其生产经营场所在一定期限内应固定不变；

生产经营条件既是设立个人独资企业的物质基础，又是个人独资企业生产经营活动顺利进行所必不可少的条件。

5）有必要的从业人员。《个人独资企业法》对设立个人独资企业的从业人数未作任何规定，由投资人根据生产经营的需要自主确定。

（二）个人独资企业的设立程序

1. 提出申请

《个人独资企业法》规定，申请设立个人独资企业，应当由投资人或者其委托的代理人向个人独资企业所在地的登记机关提出申请。提交设立申请书、投资人身份证明、生产经营场所使用证明等文件。委托代理人申请设立登记时，应当出具投资人的委托书和代理人的合法证明。此外，从事法律、法规规定须报经有关部门审批业务的，应当在申请设立登记时提交有关部门的批准文件。

2. 工商登记

工商登记机关应当在收到文件之日起 15 日内，作出核准登记或不予登记的决定，不予核准登记的，发给驳回通知书；予以核准登记的，颁发营业执照。个人独资企业的营业执照是非法人资格的营业执照。

个人独资企业的营业执照签发日期，就是个人独资企业成立日期。在营业执照领到之前，投资人不得以个人独资企业名义从事经营活动。个人独资企业设立分支机构，应当由投资人或者其委托的代理人向分支机构所在地的登记机关提出申请登记，领取营业执照。核准登记后，应将登记情况报该分支机构隶属的个人独资企业的登记机关备案，分支机构的民事责任由设立该分支机构的个人独资企业承担。

三、个人独资企业投资人的权利与责任

（一）个人独资企业投资人的权利

个人独资企业投资人对本企业的财产依法享有所有权，对个人独资企业可以依法进行转让和继承。个人独资企业投资人的权利与个人独资企业的权利是不同的。个人独资企业可以依法申请贷款、取得土地使用权，并享有法律、行政法规规定的其他权利。任何单位和个人不得违反法律、行政法规的规定，以任何方式强制个人独资企业提供财力、物力、人力；对于违法强制提供财力、物力、人力的行为，个人独资企业有权拒绝。

（二）个人独资企业投资人的责任

个人独资企业以其财产清偿债务，当个人独资企业财产不足清偿债务的，投资人应

以其个人的其他财产予以清偿。如果个人独资企业投资人在申请企业设立登记时明确以其家庭共有财产作为出资的，应依法以家庭共有财产对企业债务承担无限责任。

四、个人独资企业的事务管理

（一）个人独资企业事务管理的方式

个人独资企业的投资人可以自行管理企业，也可以委托或聘用其他具有民事行为能力的人管理企业。

投资人委托或聘用他人管理个人独资企业的，应与受托人或被聘用的人签订书面合同，明确委托的具体内容和授予的权利范围。投资人对受托人或者被聘用的人员职权的限制，不得对抗善意第三人，即个人独资企业投资人与受托人或者被聘用人员之间有关权利义务的限制只对受托人或者被聘用人员有效，对第三人并无约束力，受托人或者被聘用的人员超出投资人的限制与善意第三人的有关业务交往应当有效。

（二）受托人或被聘用的人的义务

个人独资企业受托人或被聘用的人应承担以下义务。

1）受托人或者被聘用人员应当履行诚信、勤勉义务，按照与投资人签订的合同负责个人独资企业的事务管理。

2）受托人或者被聘用人员的违禁义务。我国《个人独资企业法》规定，投资人委托或者聘用的管理个人独资企业事务的人员不得从事下列行为：①利用职务上的便利，索取或者收受贿赂；②利用职务或者工作上的便利侵占企业财产；③挪用企业的资金归个人使用或者借贷给他人；④擅自将企业资金以个人名义或者以他人名义开立账户储存；⑤擅自以企业财产提供担保；⑥未经投资人同意，从事与本企业相竞争的业务；⑦未经投资人同意，同本企业订立合同或者进行交易；⑧未经投资人同意，擅自将企业商标或者其他知识产权转让给他人使用；⑨泄露本企业的商业秘密；⑩法律、行政法规禁止的其他行为。

（三）个人独资企业事务管理的内容

根据《个人独资企业法》的规定，个人独资企业事务管理的主要内容有以下几个方面。

1）财务会计事务。个人独资企业应当依法设置会计账簿，进行会计核算。

2）用工事务。个人独资企业招用职工的，应当依法与职工签订劳动合同，保障职工的劳动安全，按时、足额发放职工工资，禁止雇用童工。

3）社会保险事务。个人独资企业应当按照国家规定参加社会保险，为职工缴纳 5 种社会保险费，即养老保险、医疗保险、失业保险、工伤保险、企业职工生育保险。

五、个人独资企业的解散与清算

（一）个人独资企业的解散

个人独资企业的解散，即个人独资企业作为商事组织的经营实体资格的消灭。根据《个人独资企业法》第二十六条的规定，个人独资企业出现下列情形之一时，应当解散。

1）投资人决定解散。

2）投资人死亡或者被宣告死亡，无继承人或者继承人决定放弃继承。

3）被依法吊销营业执照。

4）法律、行政法规规定的其他情形。

（二）个人独资企业的清算

个人独资企业的清算，是终结解散个人独资企业的法律关系，消灭个人独资企业作为商事组织的经营实体资格的程序。

1）确定清算人。个人独资企业解散以后，由投资人自行清算或债权人申请人民法院指定清算人。

2）通知和公告债权人。如果是由投资人自行清算的，应当在清算前 15 日内通知债权人，无法通知的，应当公告。债权人应当在接到通知之日起 30 日内，未接到通知的应当公告之日起 60 日内，向投资人申报其债权。

3）财产清偿顺序。《个人独资企业法》第二十九条规定，个人独资企业解散的，财产应当按照下列顺序清偿：①所欠职工工资和社会保险费用；②所欠税款；③其他债务。个人独资企业的财产不足以清偿债务的，投资人应当以其个人的其他财产予以清偿。

4）清算期间对投资人的要求。清算期间，个人独资企业不得开展与清算目的无关的经营活动。在按前述财产清偿顺序清偿债务前，投资人不得转移、隐匿财产。

5）投资人的持续偿债责任。个人独资企业解散后，原投资人对个人独资企业存续期间的债务仍应承担偿还责任，但债权人在 5 年内未向债务人提出偿债请求的，该责任消灭。个人独资企业清算结束后，投资人或债权人申请人民法院指定的清算人，编制清算报告，于 15 天内办理注销登记。

典型案例讨论

【案情介绍】

自然人陈某（系中国公民）于 2013 年 10 月 10 日以家庭共有财产申报设立一家个人独资企业 A，主要经营冷饮店，随着业务的扩大，A 企业又设立了 3 家分店，并招聘了 3 名店长负责分店的经营。因分店是以总店名义开展经营活动的，故分店未再行办理任何登记手续，企业也未与店长就聘用事项签订书面合同。半年后，陈某出国，A企业交由其妻李某管理。由于李某管理经验不足，企业经营每况愈下。甲分店店长路某还经营另外一家从事贸易的个人独资企业，路某在陈某和李某不知情的情况下，以自己的名义与分店签订了一年的冷饮供应合同，乙分店店长擅自与亲戚合开了一家冷饮店，并任经理，主要工作精力转移。丙分店拖欠承租房屋业主的租金，被起诉至法院，李某应诉时以丙分店店长是承包经营，其债务与A企业无关为由抗辩。2015年3月，李某未经清算便决定解散A企业，意欲逃避企业债务。

【问题】

1）个人独资企业是否可以家庭共有财产申报出资？试说明理由。

2）个人独资企业设立分支机构是否应办理登记手续？试说明理由。

3）个人独资企业投资人委托或聘用他人管理其企业事务，是否不用与受托人签订书面合同？试说明理由。

4）甲分店店长路某的行为是否违反法律规定？试说明理由。

5）乙分店店长的行为是否违反法律规定？试说明理由。

6）承租房屋业主请求支付租金的诉讼时效期间为多长时间？李某的抗辩理由能否成立？试说明理由。

7）李某解散A企业的行为是否合法？A企业解散后，李某能否逃避企业债务？试说明理由。

【案例分析】

1）个人独资企业可以家庭共有财产申报出资。根据《个人独资企业法》的规定：投资人可以个人资产出资，也可以家庭共有财产作为个人出资。

2）应当办理设立登记。个人独资企业设立分支机构，应当由投资人或者其委托的代理人向分支机构所在地的登记机关申请设立登记。

3）投资人委托或者聘用他人管理个人独资企业事务，应当与受托人或者被聘用人签订书面合同。

4）甲分店店长路某的行为违反了法律规定。根据《个人独资企业法》的规定，投资人委托或者聘用的管理个人独资企业事务的人员未经投资人同意，不得同本企业订立合同或者进行交易。因此，路某与个人独资企业订立买卖冷饮的合同的行为是不符合规定的。

5）乙分店店长的行为违反了法律规定。根据《个人独资企业法》的规定投资人委托或者聘用的管理个人独资企业事务的人员未经投资人同意，不得从事与本企业相竞争的业务，因此乙分店店长擅自开立另外一家冷饮店的行为是不合法的。

6）请求支付租金的诉讼时效期间为一年。李某的抗辩理由不能成立，根据规定，个人独资企业设立的分支机构的民事责任由个人独资企业承担。分店是以总店名义开展经营活动的，分店的民事责任由设立该分店的个人独资企业承担，同时投资人对受托人的职权限制不能对抗善意第三人。

7）李某解散 A 企业的行为不合法。根据规定，个人独资企业解散时，应当进行清算，未经清算解散企业不符合法律规定。个人独资企业解散后，原投资人对个人独资企业存续期间的债务仍应承担偿还责任。

课后思考

1. 个人独资企业投资人可以用家庭共有财产出资吗？为什么？
2. 个人独资企业事务管理模式有哪几种？
3. 个人独资企业解散的原因有哪些？
4. 个人独资企业如何承担债务？

第三节 合伙企业法

背景：合伙企业是一种设立简便、出资灵活、组织结构相对简单、经营管理较为方便的企业组织形式，在发展经济、扩大就业、方便人民生活、满足社会需要等方面具有其他企业组织形式不可替代的作用。在鼓励创新、注重市场配置资源的现代市场经济活动中，有限合伙又成为资本和技术相结合的重要方式。2006 年修订《合伙企业法》，进一步体现了我国市场经济发展现阶段的实际需要，旨在通过规范合伙企业的组织和行为，保护合伙企业及其有关利害关系人的合法权益，使合伙企业的活动纳入法制轨道，形成良好的社会经济秩序，进一步促进社会主义市场经济的发展。

关键词：业主制企业；无限责任

一、合伙企业与合伙企业法

（一）合伙企业的定义

在我国，合伙企业是指自然人、法人和其他组织依照《合伙企业法》在中国境内设立的普通合伙企业和有限合伙企业。所谓普通合伙企业，是指由普通合伙人组成的，合伙人对合伙企业债务承担无限连带责任的合伙组织；所谓有限合伙企业，通常是指由有限合伙人和普通合伙人共同组成的，普通合伙人对合伙企业债务承担无限连带责任，有限合伙人以其认缴的出资额为限对合伙企业债务承担责任的合伙组织。

（二）合伙企业法的定义与适用范围

合伙企业法，是指调整在合伙企业的设立、组织、活动和解散的过程中发生的经济关系的法律规范的总称。一方面，合伙企业法是国家实现其组织和管理经济职能的法律手段之一；另一方面，合伙企业法是合伙企业的组织法和活动法，是合伙企业的设立、合伙企业事务的执行及合伙企业开展经营活动的法律依据。

合伙企业法有广义和狭义之分。狭义的合伙企业法是指1997年2月23日第八届全国人民代表大会常务委员会第二十四次会议通过的、2006年8月27日第十届全国人民代表大会常务委员会第二十三次会议修订的《合伙企业法》，该法共6章109条。广义的合伙企业法还包括其他有关合伙企业的法律法规，如《民法通则》中就有有关个人合伙及法人联营的规定。《合伙企业法》的颁布与实施，对于规范合伙企业的行为，保护合伙企业及其合伙人、债权人的合法权益，维护社会经济秩序，完善企业法制建设，促进社会主义市场经济的发展具有十分重要的意义。

二、普通合伙企业

（一）普通合伙企业设立的条件

根据《合伙企业法》第十四条的规定，设立普通合伙企业应当具备下列条件。

1. 有两个以上的合伙人

至少有两个合伙人是合伙企业得以成立必须具备的人的要素。关于合伙人的资格，《合伙企业法》做了以下限定：①合伙人可以是自然人，也可以是法人或者其他组织，合伙人为自然人的，应当为具有完全民事行为能力的人；②国有独资公司、国有企业、上市公司及公益性的事业单位、社会团体不得成为普通合伙人。

2. 有合伙人认缴或者实际缴付的出资

合伙人的出资是合伙企业得以成立的物的要素。合伙企业有各合伙人认缴或者实际缴付的出资，合伙人可以实际一次性缴付出资，也可以“认缴”的形式分期出资。《合伙企业法》还规定，合伙人可以用货币、实物、知识产权、土地使用权或者其他财产权利出资，也可以用劳务出资。合伙人以实物、知识产权、土地使用权或者其他财产权利出资，需要评估作价的，可以由全体合伙人协商确定，也可以由全体合伙人委托法定评估机构评估。合伙人以劳务出资的，其评估办法由全体合伙人协商确定，并在合伙协议中载明。上述规定的特殊性与灵活多样的出资方式及非货币出资无须法定评估机构评估，表现了合伙企业与公司企业的不同，其原因在于合伙企业属于人合性的企业、合伙人对合伙企业的债务承担无限连带清偿责任。正是基于同样的理由，《合伙企业法》并没有规定合伙的最低资本数额限制。

3. 有合伙企业的名称

作为企业的文字符号，企业的名称应当真实地表现企业的组织形式特征。就合伙企业而言，其名称不仅应当与其他合伙企业区别开来，而且应当与公司企业和独资企业区别开来。因此，合伙企业的名称应当与其责任形式及所从事的营业相符合。合伙企业在其名称中应标明“普通合伙”或者“特殊普通合伙”字样。

4. 有生产经营场所

合伙企业要进行生产经营活动，就必须有自己的经营场所，经营场所是保证正常生产经营活动的进行，维系合伙组织的重要条件。同时，也便于其他市场主体同其进行正常的业务往来，更便于执法机关依法对其进行监督管理。

5. 有书面的合伙协议

无论对于合伙人还是对于合伙企业，合伙协议都是非常重要的法律文件。合伙协议依法由全体合伙人协商一致，以书面形式订立。合伙协议经全体合伙人签名、盖章后生效。合伙人依照合伙协议享有权利，履行义务。订立合伙协议，设立合伙企业，应当遵循自愿、平等、公平、诚实信用原则。合伙协议应当载明下列事项：①合伙企业的名称和主要经营场所的地点；②合伙目的和合伙企业的经营范围；③合伙人的姓名或者名称、住所；④合伙人出资的方式、数额和缴付期限；⑤利润分配、亏损分担办法；⑥合伙企业事务的执行；⑦入伙与退伙；⑧争议解决办法；⑨合伙企业的解散与清算；⑩违约责任。经全体合伙人一致同意，可以修改或补充合伙协议。合伙人违反合伙协议的，应当依法承担违约责任。

（二）合伙企业的设立程序

合伙企业设立的登记，应按以下程序进行。

1. 向企业登记机关提交相关文件

申请设立合伙企业，应当向企业登记机关提交登记申请书、合伙协议书、合伙人身份证明等文件。合伙企业的经营范围中有属于法律、行政法规规定在登记前须经批准的项目的，该项经营业务依法经过批准，并在登记时提交批准文件。

2. 企业登记机关作出决定

申请人提交的登记申请材料齐全、符合法定形式，企业登记机关能够当场登记的，应予以当场登记，发给营业执照；除以上情形外，企业登记机关应当自受理申请之日起

20日内，作出是否登记的决定。予以登记的，发给营业执照；不予登记的，应当给予书面答复，并说明理由。

合伙企业的营业执照签发日期，为合伙企业的成立日期。合伙企业领取营业执照前，合伙人不得以合伙企业的名义从事合伙业务。合伙企业设立分支机构，应当向分支机构所在地的企业登记机关申请登记，领取营业执照。违反规定，未领取营业执照，而以合伙企业或者合伙企业分支机构名义从事合伙业务的，由企业登记机关责令停止，处以5000元以上5万元以下的罚款。提交虚假文件或者采取其他欺骗手段，取得企业登记的，由企业登记机关责令改正，处以5000元以上5万元以下的罚款；情节严重的，撤销企业登记，并处以5万元以上20万元以下的罚款。

合伙企业登记事项发生变更的，执行合伙事务的合伙人应当自作出变更决定或者发生变更事由之日起15日内，向企业登记机关申请办理变更登记。合伙企业登记事项发生变更时，未按照本法规定办理变更登记的，由企业登记机关责令限期登记；逾期不登记的，处以2000元以上2万元以下的罚款。合伙企业登记事项发生变更，执行合伙事务的合伙人未按期申请办理变更登记的，应当赔偿由此给合伙企业、其他合伙人或者善意第三人造成的损失。

（三）合伙企业财产

1. 合伙企业财产的构成

根据《合伙企业法》第二十条的规定，合伙人的出资、以合伙企业名义取得的收益和依法取得的其他财产，均为合伙企业的财产。由此可见，合伙企业财产由两部分构成：一部分是合伙人的出资，即合伙人按照合伙协议实际缴付的出资；另一部分则是以合伙企业名义取得的收益和依法取得的其他财产，即合伙人以合伙企业的名义从事经营活动的营业性收入和根据法律、行政法规等的规定合法取得的其他财产。

2. 合伙企业财产的分割、转让及出质

（1）合伙企业财产的分割

除法律另有规定外，合伙人在合伙企业清算前，不得请求分割合伙企业的财产。合伙人在合伙企业清算前私自转移或者处分合伙企业财产的，合伙企业不得以此对抗善意第三人。

合伙企业的财产由合伙人依约定或者依规定管理和使用，任何合伙人都无权在合伙企业清算前私自转移和处分合伙企业的财产。当合伙人违背约定或者规定，擅自出让其无权处分的合伙企业财产时，《合伙企业法》的规定在于保护第三人。

（2）合伙企业财产的转让

合伙企业财产的转让是指合伙人将自己在合伙企业中的财产份额部分或者全部转

让给他人的法律行为。《合伙企业法》对普通合伙企业财产的转让作了以下限制性规定：

合伙人之间转让在合伙企业中的全部或者部分财产份额时，应当通知其他合伙人；

除合伙协议另有约定外，合伙人向合伙以外的人转让其在合伙企业中的全部或者部分财产份额时，须经其他合伙人一致同意；

合伙人向合伙人以外的人转让其在合伙企业中的财产份额的，在同等条件下，其他合伙人有优先购买权；但是，合伙协议另有约定的除外。

合伙人以外的人依法受让合伙人在合伙企业中的财产份额的，经修改合伙协议即成为合伙企业的合伙人，依照《合伙企业法》和修改后的合伙协议享有权利，履行义务。

（3）合伙企业财产的出质

合伙人财产份额的出质，是指合伙人将其在合伙企业中的财产份额作为其质押物，用以进行债务担保的行为。《合伙企业法》规定合伙人以其在合伙企业中的财产份额出质的，须经其他合伙人一致同意；未经其他合伙人一致同意，其行为无效，由此给善意第三人造成损失的，由行为人依法承担赔偿责任。

（四）合伙事务执行

1. 合伙事务的执行方式

普通合伙企业是由普通合伙人共同出资设立的，合伙人共享合伙企业的收益，共担合伙企业的风险，并对合伙企业的债务承担无限连带责任。因此《合伙企业法》规定，合伙人对执行合伙事务享有同等的权利。《合伙企业法》没有强行规定合伙企业必须建立内部组织机构，这也是合伙企业与公司、《合伙企业法》与《公司法》的显著区别之一。

根据《合伙企业法》的规定，可供选择的合伙企业事务执行的具体方式有：①合伙人共同执行合伙事务；②合伙人分别执行合伙事务；③委托一个或数个合伙人执行合伙事务。

2. 合伙事务的执行及监督

（1）合伙人共同执行合伙事务

根据《合伙企业法》的规定和合伙协议的约定，合伙人共同执行合伙事务的，合伙企业的事务由全体合伙人共同决定，相互监督。

（2）合伙人分别执行合伙事务

合伙协议约定或者经全体合伙人决定，合伙人分别执行合伙企业事务时，合伙人只对自己负责的事务进行处理，并对外代表合伙企业，但合伙人可以对其他合伙人执行的事务提出异议。提出异议时，应暂停该项事务的执行，如果发生争议，按照合伙协议约定的表决办法办理。合伙协议未约定或者约定不明确的，采用合伙人一人一票并经全体合伙人过半数通过的表决办法作出决议。

（3）委托一个或数个合伙人执行合伙事务

按照合伙协议的约定或者全体合伙人决定，可以委托一个或者数个合伙人执行合伙事务，作为合伙人的法人、其他组织执行合伙事务的，由其委派的代表执行。委托一个或者数个合伙人执行合伙事务的，其他合伙人不再执行合伙企业事务，被委托的合伙人对外代表合伙企业。

不执行合伙事务的合伙人有权监督执行事务的合伙人执行合伙事务的情况。被委托执行合伙事务的合伙人不按照合伙协议或者全体合伙人的决定执行事务的，其他合伙人可以决定撤销该委托。由一个或者数个合伙人执行合伙事务的，执行合伙事务的合伙人应当定期向其他合伙人报告事务执行情况及合伙企业的经营状况和财务状况。其执行合伙事务所产生的收益归合伙企业，所产生的费用和亏损由合伙企业承担。不具有事务执行权的合伙人，擅自执行合伙企业的事务，给合伙企业或者其他合伙人造成损失的，依法承担赔偿责任。合伙人为了解合伙企业的经营状况和财务状况，有权查阅合伙企业会计账簿等财务资料。

3. 应当经全体合伙人一致同意的事项

需要注意的是，为了维护合伙企业的整体利益和交易安全，同时也是为了保障每一位合伙人的利益，《合伙企业法》规定，除合伙协议另有约定外，合伙企业的下列事项应当经全体合伙人一致同意：①改变合伙企业名称；②改变合伙企业的经营范围、主要经营场所的地点；③处分合伙企业的不动产；④转让或者处分合伙企业的知识产权和其他财产权利；⑤以合伙企业名义为他人提供担保；⑥聘任合伙人以外的人担任合伙企业的经营管理人员。

合伙人对本法规定或者合伙协议约定应当经全体合伙人一致同意始得执行的事务擅自处理，给合伙企业或者其他合伙人造成损失的，依法承担赔偿责任。

4. 合伙企业的决议表决

合伙人对合伙企业有关事项作出决议，按照合伙协议约定的表决办法办理。合伙协议未约定或者约定不明确的，合伙人可以采用一人一票并经全体合伙人过半数通过的表决办法。

5. 合伙企业的损益分配

合伙损益分配包括合伙企业的利润分配与亏损分担两个方面。对合伙损益分配的原则，《合伙企业法》作了原则性规定，主要内容如下。

1）合伙企业的利润分配、亏损分担，按照合伙协议的约定办理。

2）合伙协议未约定或者约定不明确的，由合伙人协商决定；协商不成的，由合伙人按照实缴出资比例分配、分担；无法确定出资比例的，由合伙人平均分配、分担。

3）合伙协议不得约定将全部利润分配给部分合伙人或者由部分合伙人承担全部亏损。

6. 合伙人及其他经营管理人员的义务

合伙人不得自营或者同他人合作经营与本合伙企业相竞争的业务；除合伙协议另有约定或者经全体合伙人一致同意外，合伙人不得同本合伙企业进行交易；合伙人不得从事损害本合伙企业利益的活动。合伙人违反本法规定或者合伙协议的约定，从事与本合伙企业相竞争的业务或者与本合伙企业进行交易，该收益归合伙企业所有；给合伙企业或者其他合伙人造成损失的，依法承担赔偿责任。合伙人执行合伙事务，将应当归合伙企业的利益据为己有的，或者采取其他手段侵占合伙企业财产的，应当将该利益和财产退还合伙企业；给合伙企业或者其他合伙人造成损失的，依法承担赔偿责任。

根据《合伙企业法》的规定，经全体合伙人同意，可以聘任合伙人以外的人担任合伙企业的经营管理人员。被聘任的合伙企业的经营管理人员应当在合伙企业授权范围内履行职务；被聘任的合伙企业的经营管理人员，超越合伙企业授权范围履行职务，或者在履行职务过程中因故意或者重大过失给合伙企业造成损失的，依法承担赔偿责任。合伙企业从业人员利用职务上的便利，将应当归合伙企业的利益据为己有的，或者采取其他手段侵占合伙企业财产的，应当将该利益和财产退还合伙企业；给合伙企业或者其他合伙人造成损失的，依法承担赔偿责任。

（五）合伙企业的入伙与退伙

1. 入伙

入伙是指在合伙企业存续期间，非合伙人申请加入合伙企业并被合伙企业接纳，从而取得合伙人身份的法律行为。根据《合伙企业法》的规定，新合伙人入伙，除合伙协议另有约定外，应当经全体合伙人一致同意，并依法订立书面入伙协议。订立入伙协议时，原合伙人应当向新合伙人如实告知原合伙企业的经营状况和财务状况。合伙企业登记事项因入伙、合伙协议修改等发生变更或者需要重新登记的，应当于作出变更决定或者发生变更事由之日起15日内，向企业登记机关办理变更登记。

新合伙人入伙后，即取得合伙人身份。《合伙企业法》规定，入伙的新合伙人与原合伙人享有同等权利，承担同等责任。新入伙的普通合伙人对入伙前合伙企业的债务承担无限连带责任。入伙协议另有约定的，内部从其约定。

2. 退伙

（1）退伙的定义和形式

退伙是指在合伙企业存续期间，合伙人退出合伙企业，从而使合伙人身份归于消灭的法律事实。根据《合伙企业法》的规定，基于退伙的原因不同，退伙可以分为自愿退伙和法定退伙两种情形。

1）自愿退伙，又称声明退伙，是指合伙人基于自愿而退伙。根据《合伙企业法》的规定，自愿退伙可以分为协议退伙和通知退伙两种类型。

① 协议退伙。《合伙企业法》第四十五条规定，合伙协议约定合伙期限的，在合伙企业存续期间，有下列情形之一时，合伙人可以退伙：合伙协议约定的退伙事由出现；经全体合伙人一致同意；发生合伙人难于继续参加合伙的事由；其他合伙人严重违反合伙协议约定的义务。

② 通知退伙。《合伙企业法》第四十六条规定，合伙协议未约定合伙期限的，合伙人在不给合伙企业事务执行造成不利影响的情况下，可以退伙，但应当提前 30 日通知其他合伙人。

合伙人不符合以上两种自愿退伙的法定条件退伙的，应当赔偿由此给合伙企业造成的损失。

2）法定退伙，可以分为当然退伙和除名退伙两种类型。①当然退伙根据《合伙企业法》第四十八条的规定，合伙人有下列情形之一的，当然退伙：作为合伙人的自然人死亡或者被依法宣告死亡；个人丧失偿债能力；作为合伙人的法人或者其他组织依法被吊销营业执照、责令关闭、撤销，或者被宣告破产；法律规定或者合伙协议约定合伙人必须具有相关资格而丧失该资格；合伙人在合伙企业中的全部财产份额被人民法院强制执行。合伙人被依法认定为无民事行为能力人或者限制民事行为能力人的，经其他合伙人一致同意，可以依法转为有限合伙人，普通合伙企业依法转为有限合伙企业。其他合伙人未能一致同意的，该无民事行为能力或者限制民事行为能力的合伙人退伙。当发生上述情形时，法定退伙以退伙事由实际发生之日为退伙生效日。②除名退伙，其又称开除退伙，是指经其他合伙人一致同意，将符合法律规定的除名条件的合伙人强制清除出合伙企业而发生的退伙。根据《合伙企业法》第四十九条的规定，合伙人有下列情形之一的，经其他合伙人一致同意，可以决议将其除名：未履行出资义务；因故意或者重大过失给合伙企业造成损失；执行合伙企业事务时有不正当行为；发生合伙协议约定的其他事由。对合伙人的除名决议应当书面通知被除名人。被除名人接到除名通知之日，除名生效，被除名人退伙。被除名人对除名决议有异议的，可以自接到除名通知之日起 30 日内，向人民法院起诉。

（2）退伙的法律后果

退伙的法律后果是指退伙时退伙人在合伙企业中的财产份额和民事责任的归属变动。退伙的法律后果分为两类情况：一是财产继承；二是退伙结算。

1）财产继承。《合伙企业法》规定，合伙人死亡或者被依法宣告死亡的，对该合伙人在合伙企业中的财产份额享有合法继承权的继承人，按照合伙协议的约定或者经全体合伙人一致同意，从继承开始之日起，取得该合伙企业的合伙人资格。有下列情形之一的，合伙企业应当向合伙人的继承人退还被继承合伙人的财产份额：①继承人不愿意成为合伙人；②法律规定或者合伙协议约定合伙人必须具有相关资格，该继承人未取得该资格；③合伙协议约定不能成为合伙人的其他情形。合伙人的继承人为无民事行为能力人或者限制民事行为能力人的，经全体合伙人一致同意，可以依法成为有限合伙人，普通合伙企业依法转为有限合伙企业。全体合伙人未能一致同意的，合伙企业应当将被继承合伙人的财产份额退还该继承人。

2）退伙结算。除合伙人死亡或者被依法宣告死亡的情形外，《合伙企业法》对退伙结算作了以下规定：①合伙人退伙，其他合伙人应当与该退伙人按照退伙时的合伙企业的财产状况进行结算，退还退伙人的财产份额。退伙人对合伙企业造成的损失负有赔偿责任的，相应扣减其应当赔偿的数额。退伙时有未了结的合伙企业事务的，待了结后进行结算。②退伙人在合伙企业中财产份额的退还办法，由合伙协议约定或者由全体合伙人决定，可以退还货币，也可以退还实物。③退伙人对基于其退伙前的原因发生的合伙企业债务，承担无限连带责任。合伙人退伙时，合伙企业财产少于合伙企业债务的，如果合伙协议约定亏损分担办法的，退伙人应当按照合伙协议的约定分担亏损，如果合伙协议未约定或者约定不明确的，由合伙人协商确定；协商不成的，由合伙人按照实缴出资比例分担；无法确定出资比例的，退伙人应当与其他合伙人平均分担亏损。

合伙企业登记事项因退伙、合伙协议修改等发生变更或者需要重新登记的，应当于作出变更决定或者发生变更事由之日起 15 日内，向企业登记机关办理变更登记。

（六）合伙企业与第三人的关系

1. 合伙企业与善意第三人的关系

在处理合伙企业与善意第三人的关系时，应当遵循自愿、公平和诚实信用的原则。合伙企业对合伙人执行合伙事务及对外代表合伙企业权利的限制，不得对抗善意第三人。

2. 合伙企业与其债权人的关系

合伙企业对其债务，应先以其全部财产进行清偿。合伙企业不能清偿到期债务的，各普通合伙人承担无限连带清偿责任。以合伙企业财产清偿合伙企业债务时，其不足的部分，由各普通合伙人按照合伙协议的约定，用其在合伙企业出资以外的自有财产承担清偿责任。合伙协议未约定或者约定不明确的，由普通合伙人协商决定；协商不成的，按其实缴出资比例分担；无法确定出资比例的，由普通合伙人平均分担清偿责任。普通合伙人由于承担无限连带责任，所清偿数额超过其应当承担的数额时，有权向其他普通合伙人追偿。

3. 合伙企业与合伙人个人的债权人之间的关系

合伙人发生与合伙企业无关的债务，相关债权人不得以其债权抵消其对合伙企业的

债务，也不得代位行使合伙人在合伙企业中的权利。

合伙人的自有财产不足清偿其与合伙企业无关的债务的，该合伙人可以其从合伙企业中分取的收益用于清偿；债权人也可以依法请求人民法院强制执行该合伙人在合伙企业中的财产份额用于清偿。人民法院强制执行合伙人的财产份额时，应当通知全体合伙人，对该合伙人的财产份额，其他合伙人有优先购买权；其他合伙人未购买，又不同意将该财产份额转让给他人的，应依法为该合伙人办理退伙结算，退还其财产份额；该合伙人对给合伙企业造成的损失负有赔偿责任的，相应扣减其应当赔偿的数额；有未了结的合伙企业事务的，待该事务了结后进行结算。

（七）特殊的普通合伙企业的有关规定

特殊的普通合伙企业，是指依照本法在中国境内设立的，以专业知识和专门技能为客户提供有偿服务的专业机构性质的合伙公司。《合伙企业法》第五十五条规定，以专业知识和专门技能为客户提供有偿服务的专业服务机构，可以设立为特殊的普通合伙企业。特殊的普通合伙企业名称中应当标明“特殊普通合伙”字样。

特殊的普通合伙企业对其债务的承担方式为：一个合伙人或者数个合伙人在执业活动中因故意或者重大过失造成的合伙企业债务的，应当承担无限责任或者无限连带责任，其他合伙人以其在合伙企业中的财产份额为限承担责任；合伙人在执业活动中非因故意或者重大过失造成的合伙企业债务及合伙企业的其他债务，由全体合伙人承担无限连带责任；合伙人执业活动中因故意或者重大过失造成的合伙企业债务，以合伙企业财产对外承担责任后，该合伙人应当按照合伙协议的约定对合伙企业造成的损失承担赔偿责任。

特殊的普通合伙企业应当建立执业风险基金、办理执业保险。执业风险基金用于偿付合伙人执业活动造成的债务。执业保险基金应当单独立户管理，具体管理办法由国务院规定。

典型案例讨论

【案情介绍】

2013年6月，甲、乙、丙、丁拟设立一普通合伙企业，并订立了一份合伙协议，部分内容如下：①甲的出资为现金1万元；②乙的出资为现金5万元，于合伙企业成立后半年内缴付；③丙的出资为作价8万元的房屋一栋，不办理财产权转移手续，且丙保留对该房屋的处分权；④丁以劳务作价5万元出资；⑤合伙企业的经营期限，于合伙企业成立满1年时再协商确定。

2013年9月，合伙企业成立。2013年12月，因丙外出采购无法联系，乙经甲、丁同意，以自己在合伙企业的财产份额为其弟弟的公司提供质押担保。2014年2月，甲违反合伙企业的内部规定，越权代表合伙企业与某纺织公司签订了一份标的额为2万元的供销合同，但纺织公司并不知道甲的越权行为。2014年4月，乙私自将拥有的合伙企业的财产份额转让给丙，乙将此事通知甲和丁后，甲不同意。2014 年 5 月，合伙企业为某关系户提供一般保证，结果债权人在债务人逾期未付款时，直接要求合伙企业承担保证责任，合伙企业拒绝承担保证责任。

【问题】

1）逐项分析该合伙协议的内容是否合法?试说明理由。

2）乙的出质行为是否有效？试说明理由。

3）合伙企业与纺织公司之间签订的合同是否有效？试说明理由。

4）乙将拥有的合伙企业财产份额转让给丙的行为是否合法？试说明理由。

5）合伙企业拒绝债权人的要求是否合法？试说明理由。

【案例分析】

1）对该合伙协议分析如下：①甲和丁以现金和劳务出资合法。根据规定，合伙人可以用货币、实物、知识产权、土地使用权或者其他财产权利出资，也可以用劳务出资；合伙人以实物、知识产权、土地使用权或者其他财产权利出资，需要评估作价的，可以由全体合伙人协商确定，也可以由全体合伙人委托法定评估机构评估。合伙人以劳务出资的，其评估办法由全体合伙人协商确定，并在合伙协议中载明。②乙的出资于合伙企业成立后半年内缴付合法。根据规定，设立合伙企业，应当有各合伙人认缴或者实际缴付的出资。即合伙人可以实际一次性缴付出资，也可以"认缴"的形式分期出资。③丙的出资不合法。根据规定，合伙人应当按照合伙协议约定的出资方式、数额和缴付期限，履行出资义务；以非货币财产出资的，依照法律、行政法规的规定，需要办理财产权转移手续的，应当依法办理。丙以房屋出资，但不办理财产权转移手续，且保留对该房屋的处分权，则该房屋并未成为合伙企业的财产。④合伙企业未约定经营期限合法。根据规定，合伙协议应当载明的事项中并不包括合伙企业的经营期限，合伙企业经营期限并不一定要在合伙企业成立时确定。

2）乙的出质行为无效。《合伙企业法》规定，合伙人以其在合伙企业中的财产份额出质的，须经其他合伙人一致同意。未经其他合伙人一致同意，合伙人以其在合伙企业中的财产份额出质的，其行为无效，由此给善意第三人造成损失的，依法承担赔偿责任。

3）合伙企业与纺织公司之间签订的合同为有效合同。因为纺织公司为外部善意的第三人，合伙企业内部对甲的权利限制不得对抗外部善意的第三人，所以合同有效。

4）乙的转让行为合法。根据《合伙企业法》规定，合伙人之间转让在合伙企业中的全部或者部分财产份额时，应当通知其他合伙人，即合伙人之间转让持有的合伙企业财产份额时，无须其他合伙人同意。

5）合伙企业拒绝债权人的要求合法。因为合伙企业提供的担保属于一般保证，

根据《中华人民共和国担保法》(以下简称《担保法》)的规定，一般保证的保证人享有先诉抗辩权，在主合同纠纷未经审判或仲裁，并就债务人财产依法强制执行仍不能履行债务前，对债权人可以拒绝承担保证责任。

三、有限合伙企业

（一）有限合伙企业设立的条件

根据《合伙企业法》第六十一条的规定，设立有限合伙企业应当具备下列条件。

1）有 2 个以上 50 个以下的合伙人，而且其中至少应当有一个普通合伙人

2）有合伙人认缴或者实际缴付的出资。《合伙企业法》规定，有限合伙人可以用货币、实物、知识产权、土地使用权或者其他财产权利作价出资，其评估作价办法与普通合伙企业相同。有限合伙人不得以劳务出资。有限合伙人应当按照合伙协议的约定按期足额缴纳出资；未按期足额缴纳的，应当承担补缴义务，并对其他合伙人承担责任。有限合伙企业登记事项中应当载明有限合伙人的姓名或者名称及认缴的出资数额。

3）有合伙企业的名称和生产经营条件。《合伙企业法》规定，有限合伙企业名称中应当标明“有限合伙”字样。

4）有书面的合伙协议。

5）法律、行政法规规定的其他条件。

（二）有限合伙企业的财产

有限合伙人可以将其在有限合伙企业中的财产份额出质；但是，合伙协议另有约定的除外。有限合伙人可以按照合伙协议的约定向合伙人以外的人转让其在有限合伙企业中的财产份额，但应当提前 30 日通知其他合伙人。有限合伙企业中普通合伙人财产份额的转让办法与普通合伙企业相同。

有限合伙人的自有财产不足清偿其与合伙企业无关的债务的，该合伙人可以其从有限合伙企业中分取的收益用于清偿；债权人也可以依法请求人民法院强制执行该合伙人在有限合伙企业中的财产份额用于清偿。人民法院强制执行有限合伙人的财产份额时，应当通知全体合伙人。在同等条件下，其他合伙人有优先购买权。

（三）有限合伙企业对有限合伙人事务执行的限制

有限合伙企业由普通合伙人执行合伙事务，对外代表合伙企业。执行事务合伙人可以要求在合伙协议中确定执行事务的报酬及报酬提取方式。不执行合伙事务的合伙人不得对外代表有限合伙企业。有限合伙人的下列行为，不视为执行合伙事务。

1）参与决定普通合伙人入伙、退伙。

2）对企业的经营管理提出建议。

3）参与选择承办有限合伙企业审计业务的会计师事务所。

4）获取经审计的有限合伙企业财务会计报告。

5）对涉及自身利益的情况，查阅有限合伙企业财务会计账簿等财务资料。

6）在有限合伙企业中的利益受到侵害时，向有责任的合伙人主张权利或者提起诉讼。

7）执行事务合伙人怠于行使权利时，督促其行使权利或者为了本企业的利益以个人的名义提起诉讼。

8）依法为本企业提供担保。

第三人有理由相信有限合伙人为普通合伙人并与其交易的，该有限合伙人对该笔交易承担与普通合伙人同样的责任；有限合伙人未经授权以有限合伙企业名义与他人进行交易的，给有限合伙企业或者其他合伙人造成损失的，该有限合伙人应当承担赔偿责任。

（四）有限合伙人权利的特殊规定

有限合伙人可以同本有限合伙企业进行交易，可以自营或者同他人合作经营与本合伙企业相竞争的业务；但是，合伙协议另有约定的除外。

有限合伙企业不得将全部利润分配给部分合伙人；但是，合伙协议另有约定的除外。

（五）有限合伙人的入伙与退伙

新入伙的有限合伙人对入伙前有限合伙企业的债务，以其认缴的出资额为限承担责任。

有限合伙人有下列情形之一的，当然退伙：①作为合伙人的自然人死亡或者依法被宣告死亡；②作为合伙人的法人或者其他组织依法被吊销营业执照、责令关闭、撤销，或者被宣告破产；③法律规定或者合伙协议约定合伙人必须具有相关资格而丧失该资格；④合伙人在合伙企业中的全部财产份额被人民法院强制执行。

作为有限合伙人的自然人在有限合伙企业存续期间丧失民事行为能力的，其他合伙人不得因此要求其退伙。

作为有限合伙人的自然人死亡、被依法宣告死亡或者作为有限合伙人的法人及其他组织终止时，其继承人或者权利承受人可以依法取得该有限合伙人在有限合伙企业中的资格。

有限合伙人退伙后，对基于其退伙前的原因发生的有限合伙企业债务，以其退伙时从有限合伙企业中取回的财产承担责任。

（六）有限合伙人与普通合伙人之间的相互转变

有限合伙企业仅剩有限合伙人的，应当解散；有限合伙企业仅剩普通合伙人的，转为普通合伙企业。

除合伙协议另有约定外，普通合伙人转变为有限合伙人，或者有限合伙人转变为普通合伙人，应当经全体合伙人一致同意。有限合伙人转变为普通合伙人的，对其作为有限合伙人期间有限合伙企业发生的债务承担无限连带责任；普通合伙人转变为有限合伙人的，对其作为普通合伙人期间合伙企业发生的债务承担无限连带责任。

四、合伙企业的解散与清算

（一）合伙企业的解散

合伙企业的解散，是指已经依法设立的合伙企业，因合伙协议事由或者法定事由的出现而停止企业的对外积极活动，开始企业的清算，处理未了结事务并使企业消灭（注销）的法律行为。合伙企业有下列情形之一时，应当解散：①合伙期限届满，合伙人决定不再经营；②合伙协议约定的解散事由出现；③全体合伙人决定解散；④合伙人已不具备法定人数满 30 天；⑤合伙协议约定的合伙目的已经实现或者无法实现；⑥被依法吊销营业执照、责令关闭或者被撤销；⑦法律、行政法规规定的其他原因。

（二）合伙企业的清算

合伙企业的清算，是指合伙企业解散宣告后，为了终结合伙企业现存的各种法律关系，依法清理合伙企业债权债务的法律行为。合伙企业宣告解散后的清算程序如下所述。

1. 确定清算人

合伙企业解散，应当由清算人进行清算。所以，应当依法确定清算人。清算人由全体合伙人担任；经全体合伙人过半数同意，可以自合伙企业解散事由出现之日起 15 日内指定一个或者数个合伙人，或者委托第三人担任清算人。自合伙企业解散事由出现之日起 15 日内未确定清算人的，合伙人或者其他利害关系人可以申请人民法院指定清算人。

2. 通知和公告债权人

合伙企业解散，应当通知和公告债权人。清算程序事关债权人的切身利益，通知和公告债权人使其应有的权利能够得到维护。《合伙企业法》第八十八条规定，清算人自被确定之日起 10 日内将合伙企业解散事项通知债权人，并于 60 日内在报纸上公告。债权人应当自接到通知书之日起 30 日内，未接到通知书的自公告之日起 45 日内，向清算人申报债权。债权人申报债权，应当说明债权的有关事项，并提供证明材料。清算人应当对债权进行登记。

3. 执行清算事务

根据《合伙企业法》第八十七条的规定，清算人在清算期间执行下列事务：①清理合伙企业财产，分别编制资产负债表和财产清单；②处理与清算有关的合伙企业未了结事务；③清缴所欠税款；④清理债权、债务；⑤处理合伙企业清偿债务后的剩余财产；⑥代表合伙企业参加诉讼或者仲裁活动。

清算人执行清算事务，牟取非法收入或者侵占合伙企业财产的，应当将该收入和侵占的财产退还合伙企业；给合伙企业或者其他合伙人造成损失的，依法承担赔偿责任。清算人隐匿、转移合伙企业财产，对资产负债表或者财产清单进行虚伪记载，或者在未清偿债务前分配财产，损害债权人利益的，依法承担赔偿责任。

清算期间，合伙企业存续，但不得开展与清算无关的经营活动。

4. 财产的分配

合伙企业财产在支付清算费用后，应按下列顺序清偿：支付职工工资、社会保险费用、法定补偿金；缴纳所欠税款；清偿债务。

合伙企业的财产按上述顺序清偿后仍有剩余的，由各合伙人按照合伙协议的约定分配剩余财产；合伙协议未约定或者约定不明确的，由合伙人协商决定；协商不成的，由合伙人按照实缴出资比例分配；无法确定出资比例的，由合伙人平均分配。合伙企业清算时，其全部财产不足清偿其债务的，对不足的部分，由普通合伙人按照合伙协议的约定，用其在合伙企业出资以外的自有财产承担清偿责任；合伙协议未约定或者约定不明确的，由普通合伙人协商决定；协商不成的，由普通合伙人按照实缴出资比例分担；无法确定出资比例的，由普通合伙人平均分担。普通合伙人由于承担无限连带责任，所清偿数额超过其应当承担的数额时，有权向其他普通合伙人追偿。

5. 办理注销登记

合伙企业注销登记是合伙企业解散、消灭其主体资格的法定程序。清算结束，清算人应当编制清算报告，经全体合伙人签名、盖章后，在 15 日内向企业登记机关报送清算报告，申请办理合伙企业注销登记。清算人未按照《合伙企业法》规定向企业登记机关报送清算报告，或者报送清算报告隐瞒重要事实，或者有重大遗漏的，由企业登记机关责令改正。由此产生的费用和损失，由清算人承担和赔偿。

合伙企业注销后，原普通合伙人对合伙企业存续期间的债务仍应承担无限连带责任。需要特别注意的是，合伙企业不能清偿到期债务的，债权人可以依法向人民法院提出破产清算申请，也可以要求普通合伙人清偿。合伙企业依法被宣告破产的，普通合伙人对合伙企业债务仍应承担无限连带责任。

课后思考

1. 普通合伙企业与有限合伙企业有何不同？
2. 普通合伙企业债务如何承担？
3. 普通合伙企业如何管理企业事务？

创业实务操作

合伙协议（范本）

合伙人_______，姓名_______，性别_______，年龄_______，住址_______。（其他合伙人按上列项目顺序填写）

第一条　合伙宗旨

第二条　合伙经营项目和范围

第三条　合伙期限

合伙期限为_______年，自_______年_______月_______日起，至_______年_______日止。

第四条　出资额、方式、期限

1. 合伙人_______（姓名）以_______方式出资，计人民币_______元。　（其他合伙人同上顺序列出）

2. 各合伙人的出资，于_______年_______月_______日以前交齐，逾期不交或未交齐的，应对应交未交金额数计付银行利息并赔偿由此造成的损失。

3. 本合伙出资共计人民币_______元。合伙期间各合伙人的出资为共有财产，不得随意请求分割，合伙终止后，各合伙人的出资仍为个人所有，至时予以返还。

第五条　盈余分配与债务承担

1. 盈余分配，以_______为依据，按比例分配。

2. 债务承担：合伙债务先由合伙财产偿还，合伙财产不足清偿时，以各合伙人的_______为据，按比例承担。

第六条　入伙、退伙，出资的转让

1. 入伙：①需承认本合同；②需经全体合伙人同意；③执行合同规定的权利义务。

2. 退伙：①需有正当理由方可退伙；②不得在合伙不利时退伙；③退伙需提前_______月告知其他合伙人并经全体合伙人同意；④退伙后以退伙时的财产状况进行结算，不论何种方式出资，均以金钱结算；⑤未经合同人同意而自行退伙给合伙造成损失的，应进行赔偿。

3. 出资的转让：允许合伙人转让自己的出资。转让时合伙人有优先受让权，如转让合伙人以外的第三人，第三人按入伙对待，否则以退伙对待转让人。

第七条　合伙负责人及其他合伙人的权利

1. _______为合伙负责人。其权限是：①对外开展业务，订立合同；②对合伙事业进行日常管理；③出售合伙的产品（货物），购进常用货物；④支付合伙债务；⑤_______。

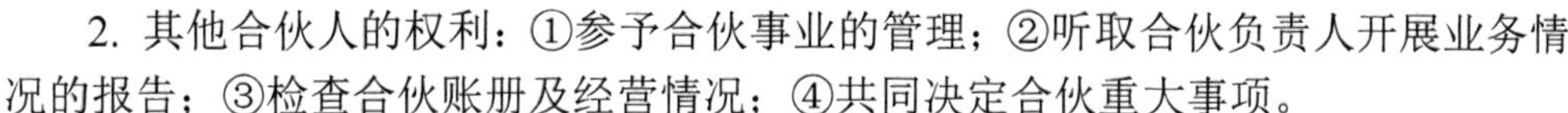

2. 其他合伙人的权利：①参予合伙事业的管理；②听取合伙负责人开展业务情况的报告；③检查合伙账册及经营情况；④共同决定合伙重大事项。

第八条　禁止行为

1. 未经全体合伙人同意，禁止任何合伙人私自以合伙名义进行业务活动；如其业务获得利益归合伙，造成损失按实际损失赔偿。

2. 禁止合伙人经营与合伙竞争的业务。

3. 禁止合伙人再加入其他合伙。

4. 禁止合伙人与本合伙签订合同。

5. 如合伙人违反上述各条，应按合伙实际损失赔偿。劝阻不听者可由全体合伙人决定除名。

第九条　合伙的终止及终止后的事项

1. 合伙因以下事由之一得终止：①合伙期届满；②全体合伙人同意终止合伙关系；③合伙事业完成或不能完成；④合伙事业违反法律被撤销；⑤法院根据有关当事人请求判决解散。

2. 合伙终止后的事项：①即行推举清算人，并邀请_______中间人（或公证员）参与清算；②清算后如有盈余，则按收取债权、清偿债务、返还出资、按比例分配剩余财产的顺序进行，固定资产和不可分物，可作价卖给合伙人或第三人，其价款参与分配；③清算后如有亏损，不论合伙人出资多少，先以合伙共同财产偿还，合伙财产不足清偿的部分，由合伙人按出资比例承担。

第十条　纠纷的解决

合伙人之间如发生纠纷，应共同协商，本着有利于合伙事业发展的原则予以解决。如协商不成，可以诉诸法院。

第十一条　本合同自订立并报经工商行政管理机关批准之日起生效并开始营业。

第十二条　本合同如有未尽事宜，应由合伙人集体讨论补充或修改。补充和修改的内容与本合同具有同等效力。

第十三条　其他

第十四条　本合同正本一式_______份，合伙人各执一份，送_______各存一份。

合伙人：_______合伙人：_______年____月____日

引导案例分析

1）丙以劳务作价出资的做法不符合规定。根据《合伙企业法》，有限合伙人不得以劳务出资。丙为该合伙企业的有限合伙人，因此不得以劳务作为出资。

2）合伙企业的事务由丙执行的做法不符合规定。根据规定，有限合伙人不执行合伙企业事务，不得对外代表合伙企业，由于丙为该合伙企业的有限合伙人，因

此其执行合伙企业事务，对外代表合伙企业的做法是不符合规定的。

3）合伙人转让出资的约定符合法律规定。根据规定，除合伙协议另有约定外，普通合伙人向合伙人以外的人转让其在合伙企业中的全部或者部分财产份额时，须经其他合伙人一致同意。按照该规定，只要合伙协议中约定了转让的方式，那么就可以按照合伙协议的约定来处理。

4）合伙企业名称不符合规定。根据规定，有限合伙企业名称中应当标明“有限合伙”字样，该企业名称中并没有标明“有限合伙”，因此是不符合规定的。其名称应该为“特美好物流有限合伙企业”。

5）各合伙人按照相同比例分配盈利、分担亏损的约定符合规定。根据规定，合伙企业的利润分配、亏损分担，按照合伙协议的约定办理。因此，有限合伙企业合伙协议有约定的，可以按照约定来处理。

本章知识体系

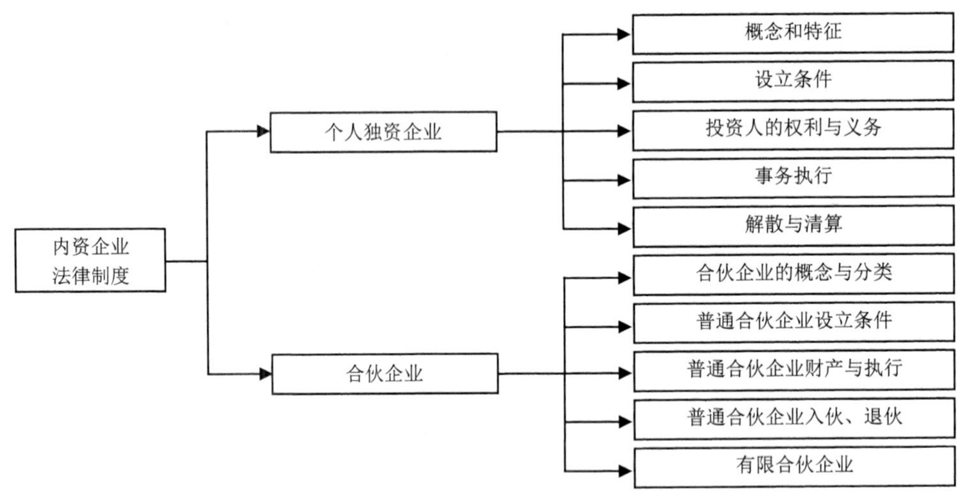

综 合 练 习

一、单项选择题

1. 下列关于个人独资企业设立条件的表述，符合《个人独资企业法》规定的是

(　　)。

A. 投资人可以是中国公民，也可以是外国公民

B. 投资人只能以个人财产出资

C. 有合法的企业名称

D. 企业可以不设固定的生产经营场所

2. 张先生在谈论《个人独资企业法》的有关规定时讲到以下内容，其中不正确的是(　　)。

A. 设立个人独资企业时，投资人可以个人财产出资，也可以家庭其他成员的财产作为个人出资

B. 个人独资企业可以设立分支机构

C. 个人独资企业解散时，可由投资人自行清算，也可由债权人申请人民法院指定清算人进行清算

D. 个人独资企业解散清偿债务时，所欠职工工资和社会保险费用应作为第一顺序清偿，优先于清算费用的支付

3. 根据个人独资企业法律制度的相关规定，下列各项不能作为个人独资企业出资的是(　　)

A. 劳务　　B. 投资人的货币

C. 投资人的知识产权　　D. 家庭共有的财产

4. 下列事项中，按照《合伙企业法》规定，不必经普通合伙企业全体合伙人一致同意的是(　　)。

A. 处分合伙企业的不动产

B. 改变合伙企业名称

C. 合伙人之间转让在合伙企业中的财产份额

D. 合伙人以其在合伙企业中的财产份额出质

5. 根据《合伙企业法》的规定，下列人员可以不对普通合伙企业债务承担连带责任的是(　　)。

A. 执行合伙企业事务的合伙人

B. 不执行合伙企业事务的合伙人

C. 合伙企业债务发生后办理退伙的退伙人

D. 被聘为合伙企业的经营管理人员

6. 注册会计师甲、乙、丙投资设立 A 会计师事务所，该会计师事务所的形式为特殊普通合伙企业。后甲在对 B 上市公司的年度会计报告进行审计过程中，因接受 B 上市公司的贿赂出具了虚假的审计报告，经人民法院判决承担赔偿责任。根据《合伙企业法》的规定，下列对该债务责任的承担表述，正确的是(　　)。

A. 甲承担无限责任或者无限连带责任，其他合伙人以其在合伙企业中的财产份

额为限承担责任

B. 甲以其在合伙企业中的财产份额为限承担责任，其他合伙人承担无限连带责任

C. 全体合伙人以其在合伙企业中的财产份额为限承担责任

D. 全体合伙人承担无限连带责任

7. 某有限合伙企业吸收甲为该企业的有限合伙人。对甲入伙前该企业既有的债务，下列表述符合《合伙企业法》规定的是（　　）。

A. 甲不承担责任　　B. 甲以其认缴的出资额承担责任

C. 甲以其实缴的出资额承担责任　　D. 甲承担无限责任

二、多项选择题

1. 下列有关个人独资企业的性质说法，正确的有（　　）。

A. 个人独资企业不具有法人资格，无独立承担民事责任的能力

B. 个人独资企业不是独立的民事主体

C. 个人独资企业的投资人对企业债务承担无限责任

D. 个人独资企业的投资人对企业债务承担无限连带责任

2. 根据《合伙企业法》的规定，普通合伙企业合伙人发生下列情形，当然退伙的有（　　）。

A. 合伙人未履行出资义务

B. 合伙人个人丧失偿债能力

C. 作为合伙人的法人或者其他组织依法被吊销营业执照

D. 自然人合伙人依法被宣告死亡

3. 下列有关合伙企业的解散和清算说法，正确的有（　　）。

A. 合伙企业解散，清算人一般由全体合伙人担任

B. 清算人自被确定之日起 10 日内将合伙企业解散事项通知债权人，并于 60 日内在报纸上公告

C. 合伙人已不具备法定人数满 30 天的，合伙企业应当解散

D. 自合伙企业解散事由出现之日起 15 日内未确定清算人的，合伙人或者其他利害关系人可以申请人民法院指定清算人

4. 下列有关有限合伙人的表述中，符合《合伙企业法》规定的有（　　）。

A. 有限合伙人经全体合伙人协商一致可以劳务出资

B. 有限合伙人可以根据合伙协议的约定执行合伙事务

C. 有限合伙人可以将其在有限合伙企业中的财产份额出质

D. 有限合伙人可以按照合伙协议的约定向合伙人以外的人转让其在有限合伙企业中的财产份额，但应当提前 30 日通知其他合伙人

5. 下列关于有限合伙企业和普通合伙企业的区别，说法正确的有（　　）。

A. 普通合伙企业中有 2 个以上的合伙人；有限合伙企业中有 2 个以上 50 个以下的合伙人

B. 普通合伙企业可以用劳务出资，而有限合伙企业不得用劳务出资

C. 普通合伙人执行企业事务；有限合伙人不执行合伙企业事务

D. 普通合伙人对合伙企业债务承担无限连带责任，有限合伙人以其认缴的出资额为限对合伙企业债务承担责任

三、案例分析

1. 2014 年 9 月，A、B、C、D 协商设立普通合伙企业。其中，A、B、D 系辞职职工，C 系一非公司制的集体所有制企业。共同拟定的合伙协议约定：A 以劳务出资，B、D 以实物出资，对企业债务承担无限责任，并由 A、B 负责公司的经营管理事务；C 以货币出资，对企业债务以其出资额承担有限责任，但不参与企业的经营管理。经过纠正有关问题后，合伙企业得以成立。开业不久，D 发现 A、B 的经营不符合自己的要求，随提出退伙。在该年 11 月下旬 D 撤资退伙的同时，合伙企业又接纳 E 入伙。该年 11 月底，合伙企业的债权人甲就 11 月前发生的债务要求现在的合伙人及退伙人共同承担连带清偿责任。对此，D 认为其已退伙，对合伙企业的债务不再承担责任；入伙人 E 则认为，自己对入伙前发生的债务也不承担任何责任。

2014 年 12 月，E 向丙公司借款时，在仅征得 A 的同意后，将其在合伙企业中的财产份额出质给丙公司。

思考：

1）C 是否可以成为普通合伙企业的合伙人？试说明理由。

2）在合伙企业的设立中，试指出不合规定之处？

3）对债权人甲的请求，合伙人应当如何承担责任？

4）假设合伙协议约定只有 A 和 D 和有权执行合伙事务、B 和 C 无权执行合伙事务，而 B 与乙公司签订一份合同，乙公司并不知道合伙协议对 B 的职权限制，A、D 知悉后认为该合同不符合企业的利益，并明确向乙公司表示对该合同不予承认。那么，该合同的效力如何确认？

5）E 的出质行为是否有效？

2. 注册会计师甲、乙、丙投资设立 A 会计师事务所，该会计师事务所的形式为特殊的普通合伙企业，提供审计鉴证业务和验资业务。在 2014 年的审计业务中，发生了下列事项。

1）甲在对 B 上市公司的年度会计报告进行审计过程中，因重大过失遗漏了一笔销售收入，经人民法院判决由该事务所向 B 上市公司的相关股东承担赔偿责任，甲认为并非自己故意造成的损失，该赔偿责任应该由全体合伙人共同承担连带责任。

2）乙在对 C 公司设立过程的验资服务中，因疏忽大意而出具了证明不实的验资报

告，该报告直接给 C 公司的债权人造成了一定的经济损失，经人民法院认定，乙的疏忽大意并不属于重大过失。

思考：

1）甲的说法是否正确？试说明理由。

2）对于乙造成的损失，合伙企业的合伙人应该按照何种方式来承担责任？试说明理由。

第四章　公司法律制度

学习目标

素质目标：培养能够应用所学知识进行创业活动的意识。

知识目标：掌握公司的设立、组织机构与股权股份转让；掌握董事、监事、高级管理人员的资格和义务；掌握公司财务、会计；合并、分立、解散与清算规定。

技能目标：能够掌握公司设立及运营管理的规范操作。

相关法规

《中华人民共和国公司法》

《最高人民法院关于适用〈中华人民共和国公司法〉若干问题的规定（一）》

《最高人民法院关于适用〈中华人民共和国公司法〉若干问题的规定（二）》

《最高人民法院关于适用〈中华人民共和国公司法〉若干问题的规定（三）》

《最高人民法院关于适用〈中华人民共和国公司法〉若干问题的规定（四）》

《中华人民共和国企业法人登记管理条例》

《中华人民共和国企业法人登记管理条例施行细则》

《中华人民共和国公司登记管理规定》

《公司注册资本登记管理规定》

创业法律思考

1. 公司与个人独资企业、合伙企业的区别是什么？
2. 股东如何规范出资？有瑕疵的股东是否享有股东权利？
3. 上市公司治理结构应如何规范？
4. 公司陷入僵局，股东应如何退出公司？

引导案例

甲、乙是A有限责任公司（以下简称“A公司”）的股东，甲是A公司的董事长，兼任A公司法定代表人。2014年8月，甲、乙将其持有的A公司的股权全部转让给丙。

2014 年 6 月，C 向 B 借款 200 万元，甲未经乙同意，擅自以 A 公司的名义为 C 提供保证担保。借款到期后，C 未及时还款，B 向法院起诉，要求 C 公司还款，并要求 A 公司承担连带责任。A 公司抗辩，甲擅自以公司名义对外提供保证担保，违反公司章程及法律规定，担保无效，不应承担担保责任。

思考：

1）A 公司应否承担连带担保责任？试说明理由。

2）如何防范股权转让过程中存在“或有债务”风险？

第一节　公司法概述

背景：1993 年制定《公司法》时，中国市场中行政主导的因素大约占 70%，10 多年来的市场化进程使情况发生了根本变化，市场的力量开始占有主导位置。其间，《公司法》的不合时宜之处渐次显现，2005 年新《公司法》对原法进行了大幅度修改，对一些基本制度有了创新，公司设立制度有了重大改革。2013 年 12 月 28 日，第十二届全国人民代表大会常务委员会第六次会议通过对《公司法》所作的修改，自 2014 年 3 月 1 日起施行。本次修改将注册资本由实缴登记制改为认缴登记制，放宽注册资本登记条件，降低了公司设立门槛，为我国推行注册资本登记制度改革提供了法律保障。

关键词：创新；注册资本；登记制

一、公司的定义与种类

（一）公司的定义

公司是指依法设立的，以营利为目的的，由股东投资形成的企业法人。我国的公司包括有限责任公司和股份有限公司。公司具有以下特征。

1. 依法设立

公司必须依法定条件、法定程序设立，即一方面要求公司设立条件、组织机构、活动原则等合法；另一方面要求公司设立要经过法定程序，进行工商登记。

2. 以营利为目的

任何投资者投资设立公司的目的都是为了获取利润。营利目的不仅要求公司本身为取得盈利而活动，而且要求公司有盈利时应当分配给股东。

3. 具有法人资格

法人是指依法成立的，具有民事权利能力和民事行为能力，能够依法独立承担民事责任的组织。公司是企业法人，能够独立承担责任，即股东以其出资额或所持股份为限对公司债务承担有限责任，公司以其全部财产为限对其债务承担责任。

（二）公司的种类

从不同的角度，对公司可以有不同的分类方法。例如，以公司的信用基础划分，可将公司分为人合公司、资合公司、资合兼人合公司；以公司组织关系划分，可将公司分为母公司和子公司、总公司和分公司；以股东对公司债务承担责任的方式划分，可将公司分为无限公司、两合公司、有限责任公司和股份有限公司。我国现行《公司法》所称的公司是指在中国境内设立的有限责任公司和股份有限公司。

1. 有限责任公司

有限责任公司是指由 50 个以下股东出资设立的，股东以其认缴的出资额为限对公司承担责任，公司以其全部财产对公司的债务承担责任的公司。

2. 股份有限公司

股份有限公司是指公司全部资本划分为等额股份，股东以具认购的股份为限对公司承担责任，公司以其全部财产对公司债务承担责任的公司。

二、公司法的定义

公司法是规定公司法律地位、调整公司组织关系、规范公司在设立、变更与终止过程中组织行为的法律规范的总称。公司法有狭义与广义之分。狭义的公司法仅指专门调整公司问题的法律，如《公司法》；广义的公司法是指国家关于公司的设立、组织与活动的各种法律、法规和规章的总称。本章重点介绍狭义的公司法。

1993 年 12 月 29 日，第八届全国人民代表大会常务委员会第五次会议通过了《公司法》，并分别于 1999 年、2004 年、2005 年、2013 年进行了 4 次次修订。新修定的《公司法》自 2014 年 3 月 1 日起施行。

三、公司法人财产权与股东权利

（一）公司法人财产权

公司作为企业法人享有法人财产权，即公司拥有依法对股东投资形成的财产行使占有、使用、受益、处分的权利。公司的财产虽然源于股东，但股东一旦将财产投入公司，便丧失了对该财产的直接支配的权利，只享有公司的股权，由公司享有对该财产的支配权利。

为保护公司财产及股东的权益，《公司法》对公司法人财产权的行使做了以下限制性规定。

1. 对外担保

公司向他人提供担保，按照公司章程的规定由董事会或者股东会、股东大会决议；公司章程对投资或者担保的总额及单项投资或者担保的数额有限额规定的，不得超过规定的限额。

公司为公司股东或者实际控制人提供担保的，必须经股东会或者股东大会决议。接受担保的股东或者受实际控制人支配的股东，不得参加上述规定事项的表决。该项表决由出席会议的其他股东所持表决权过半数通过。

2. 对外投资

公司可以向其他企业投资，除法律另有规定外，公司不得成为对所投资企业的债务承担连带责任的出资人。公司向其他企业投资，按照公司章程的规定由董事会或者股东会、股东大会决议。

（二）公司股东权利

公司股东依法享有资产受益、参与重大决策和选择管理者等权利。

1. 表决权

公司股东的表决权包括以下内容。

1）有限责任公司股东会会议由股东按照出资比例行使表决权，但公司章程另有规定的除外。

2）公司持有的本公司股份没有表决权。

3）公司为股东或者实际控制人提供担保的，必须经股东（大）会决议，“接受担保的股东或者受实际控制人支配的股东”不得参加表决。

2. 股利分配请求权

有限责任公司的股东按照实缴的出资比例分取红利；但是，全体股东可以事先约定不按照出资比例分取红利。股份有限公司按照股东持有的股份比例分配，但股份有限公司章程规定不按持股比例分配的除外。

原告股东请求分配公司利润纠纷案件，应当列公司为被告。他人以相同理由请求参加诉讼的，应当列为共同原告；公司其他股东不同意分配利润的，可以第三人身份参加诉讼。股东请求分配利润的，应提交载明具体分配方案的股东会或者股东大会决议。股东会或者股东大会决议合法有效的，人民法院应判令公司在一定期限内根据股东会或者股东大会决议确定的数额向公司股东支付红利。

有限责任公司虽未召开股东会，但公司章程明确规定了具体分配方案，且公司符合法律和公司章程规定的分配利润条件，股东起诉请求公司依照公司章程向股东分配红利的，人民法院应予以支持。有限责任公司小股东请求分配利润并提供证据证明公司有盈利但长期不分配，且大股东利用其控制地位，滥用多数表决权，压榨小股东利益的，人民法院应判决公司依照《公司法》或者公司章程的规定分配利润。

3. 新股优先认购权

有限责任公司新增资本时，股东有权优先按照实缴的出资比例认缴出资；但是，全体股东可以事先约定不按照出资比例优先认缴出资。股东或者公司以外的他人起诉请求认购公司新增资本、确认其为公司股东的，人民法院应当受理。请求认购公司新增资本纠纷案件，应当列公司为被告。

《最高人民法院关于适用〈中华人民共和国公司法〉若干问题的规定（四）》（以下简称《公司法司法解释（四）》）第十七条规定：原告起诉认购公司新增资本符合下列条件的，人民法院应判令公司向公司登记机关办理相应的变更登记，确认原告享有公司股权。

1）公司股东会或者股东大会关于增加公司注册资本的决议合法有效。

2）公司股东会、股东大会决议新增资本总额已经全部安排认缴。

3）新增资本已经向公司缴纳并经依法设立的验资机构验资。

4）有限责任公司原告股东主张认缴的份额符合《公司法》第三十五条的规定。

5）公司为原告颁发的认股书、缴款凭证或者与原告签订的认购合同真实、合法、有效。

6）股份有限公司增加注册资本依法需要报经国务院证券监督管理机构核准的，已经核准。

4. 知情权

（1）有限责任公司股东的知情权

有限责任公司的股东有权查阅、复制公司章程、股东会会议记录、董事会会议决议、监事会会议决议和财务会计报告。股东“可以要求”查阅公司会计账簿。股东要求查阅公司会计账簿的，应当向公司提出书面请求，说明目的。公司有合理根据认为股东查阅会计账簿有不正当目的，可能损害公司合法利益的，可以拒绝提供查阅，并应当自股东提出书面请求之日起 15 日内书面答复股东并说明理由。公司拒绝提供查阅的，股东可以请求人民法院要求公司提供查阅。

（2）股份有限公司股东的知情权

股份有限公司的股东有权查阅公司章程、股东名册、公司债券存根、股东大会会议记录、董事会会议决议、监事会会议决议、财务会计报告。

人民法院审理股东知情权纠纷案件，股东请求委托他人查阅公司有关档案材料的，应说明理由并征得公司同意。公司不同意股东委托的他人查阅时，人民法院可以根据公司或者股东的申请指定专业人员查阅，专业人员查阅后向股东出具查阅报告。股东拒绝人民法院指定的，人民法院应通知驳回股东委托他人查阅的申请。人民法院指定他人查阅产生的委托费用，由股东负担，股东应在指定人开始工作之前与其协商确定具体数额及支付方法。

5. 异议股东股份收买请求权

（1）有限责任公司的导议股东股份收买请求权

有限责任公司出现下列 3 种情形之一的，对股东会决议投反对票的股东，可以请求公司按照合理价格收购其股权。

1）公司连续 5 年不向股东分配利润，而公司该 5 年连续盈利，并且符合法律规定的分配利润条件的。

2）公司合并、分立、转让主要财产的。

3）公司章程规定的营业期限届满或者章程规定的其他解散事由出现，股东会会议通过决议修改章程使公司存续的。

（2）股份有限公司的导议股东股份收买请求权

股份有限公司异议股东股份收买请求权仅限于股东大会作出的公司合并、分立决议持有异议。

自股东会会议决议通过之日起 60 日内，股东与公司不能达成股权收购协议的，股东可以自股东会会议决议通过之日起 90 日内向人民法院提起诉讼，要求公司回购股权。

6. 决议撤销权

为保护股东权益，《公司法》规定，公司股东会或者股东大会、董事会的决议内容违反法律、行政法规的无效。股东会或者股东大会、董事会的会议召集程序、表决方式违反法律、行政法规或者公司章程，或者决议内容违反公司章程的，股东可以自决议作出之日起60日内，请求人民法院撤销。

提起股东会或者股东大会、董事会决议撤销之诉的原告，应在会议决议形成并至起诉时持续具有公司股东身份。原告起诉时应提交公司股东名册、公司登记机关登记、公司发行的记名股票及无记名股票，或者在证券交易场所开立的证券账户，证明其股东身份。原告提交其他书面文件证明其股东身份且公司予以认可的，人民法院应允许其以股东身份起诉。公司有证据证明原告已经不具有公司股东身份的，人民法院应裁定驳回起诉。

（三）公司法人人格否认制度

公司股东应当遵守法律、行政法规和公司章程，依法行使股东权利，不得滥用股东权利损害公司或者其他股东的利益；不得滥用公司法人独立地位和股东有限责任损害公司债权人的利益。

公司股东滥用公司法人独立地位和股东有限责任，逃避债务，严重损害公司债权人利益的，应当对公司债务承担连带责任。

四、公司的登记管理

公司登记是国家赋予公司法人资格与企业经营资格，并对公司的设立、变更、终止加以规范、公示的一种行政行为。设立公司，应当依法向登记机关申请设立登记。法律、行政法规规定必须报经审核批准的，应当在公司登记前依法办理批准手续。公司经公司登记机关依法登记，领取企业法人营业执照，方取得企业法人资格。未经公司登记机关登记的，不得以公司名义从事经营活动。公司登记分为设立登记、变更登记、注销登记。

（一）设立登记

设立登记应当申请名称预先核准，预先核准的公司名称保留期为6个月。预先核准公司名称在保留期内，不得用于从事经营活动，不得转让。设立公司应当向公司登记申请设立登记，并提交相关文件。公司登记机关依法核准登记后，发给“企业法人营业执照”。公司营业执照签发日期为公司成立日期。

（二）变更登记

公司变更登记事项，应当向原公司登记机关申请变更登记。未经变更登记的，公司不得擅自改变登记事项。公司的经营范围由公司章程规定，并依法登记。公司可以修改公司章程，改变经营范围，但是应当办埋变更登记。公司的经营范围中属于法律、行政法规规定须经批准的项目，应当依法经过批准。

（三）注销登记

公司解散有两种情况：一是不需要清算的，如合并、分立而解散的公司，其债权、债务由继续存续的公司承继；二是应当清算的，如依法宣告破产、股东会议决定解散等。公司解散应当申请注销登记，经公司登记机关注销登记，公司终止。

（四）分公司登记

分公司是指公司在其住所以外设立的从事经营活动的机构。设立分公司，应当向公司登记机关申请登记，领取营业执照。分公司不具有法人资格，其民事责任由公司承担。

典型案例讨论

【案情介绍】

中国证监会 2010 年 4 月在对甲上市公司（以下简称“甲公司”）进行例行检查中，发现 2009 年 7 月，甲公司拟为控股股东 A 企业 2000 万元的银行贷款提供担保。甲公司股东大会对该项担保进行表决时，出席股东大会的股东所持的表决权总数为 15 000 万股，其中包括 A 企业所持的 6000 万股。A 企业未参与表决，其他股东的赞成票为 5000 万股，反对票为 4000 万股。

【问题】

甲公司股东大会能否通过为 A 企业的担保事项？为什么？

【案例分析】

甲公司股东大会可以通过该担保事项。根据规定，公司为股东提供担保的，必须经股东大会决议。接受担保的股东不得参加表决，该项表决由出席会议的其他股东所持表决权的过半数通过。在本题中，接受担保的 A 企业未参与该项表决，出席股东大会的其他股东所持表决权为 9000 万股，赞成票（5000 万股）超过了半数。

课后思考

1. 分公司、总公司与母公司、子公司的法律地位有何不同？
2. 如何理解公司法人治理结构？
3. 为什么要制定法人人格否认制度？

第二节　有限责任公司

背景：随着市场经济的不断发展，公司这样一种经济实体已日益成为社会经济发展的最基本的市场主体。有限责任公司是一种晚于股份有限公司出现的公司形态。通说认为，与股份有限公司相比，有限责任公司具有闭锁性、章程的自由与灵活、股东参与公司管理、设立及运作成本低等特征，是一种适合广大中小企业采用的公司组织形式。

关键词：闭锁性；章程；灵活

一、有限责任公司的设立

（一）设立条件

设立有限责任公司，应当具备下列条件。

1. 股东符合法定人数

有限责任公司由 50 个以下股东出资设立。股东可以是自然人，也可以是法人或者其他经济组织。有限责任公司股东人数没有下限规定，允许设立一人有限责任公司和国有独资公司。

2. 有符合公司章程规定的全体股东认缴的出资额

有限责任公司的注册资本为在公司登记机关登记的全体股东认缴的出资额。法律、行政法规以及国务院决定对有限责任公司注册资本实缴、注册资本最低限额另有规定的，从其规定，即新《公司法》将注册资本实缴登记制改为认缴登记制。

有限责任公司的股东可以用货币出资，也可以用实物、知识产权、土地使用权等可以用货币估价并可依法转让的非货币财产权利作价出资，但是，股东不得以劳务、信用、自然人姓名、商誉、特许经营权或者设定担保的财产权利等作价出资。

3. 股东共同制定公司章程

有限责任公司的章程由股东共同制定，股东应当在公司章程上签名、盖章。公司章程对公司、股东、董事、监事、高级管理人员具有约束力。高级管理人员是指公司的经理、副经理、财务负责人、上市公司董事会秘书和公司章程规定的其他人员。

有限责任公司章程应当载明下列事项：①公司名称和住所；②公司经营范围；③公司注册资本；④股东的姓名或者名称；⑤股东的出资方式、出资额和出资时间；⑥公司的机构及其产生办法、职权、议事规则；⑦公司法定代表人；⑧股东会会议认为需要规定的其他事项。

4. 有公司名称，建立符合有限责任公司要求的组织机构

公司只能使用一个名称。有限责任公司必须在公司的名称中标明“有限责任公司”或者“有限公司”的字样。公司应当设立符合有限责任公司要求的的组织机构，即股东会、董事会或执行董事、监事会或监事。

5. 有公司住所

任何公司都必须有其固定的住所，不允许设立无住所的公司。公司以其主要办事机构所在地为住所。公司的住所只能有一个。

（二）公司的设立程序

1. 订立公司章程

股东设立有限责任公司，必须先制订公司章程，将要设立的公司基本情况及各方面的权利义务加以明确规定。

2. 股东缴纳出资

股东应当按期缴纳公司章程中规定的各自所认缴的出资额。股东以货币出资的，应当将货币出资足额存入有限责任公司在银行开设的账户。以非货币出资的，应当依法办理财产权的转移手续。股东不按照规定缴纳出资的，除应当足额缴纳外，还应当向已按期足额缴纳出资的股东承担违约责任。

3. 申请设立登记

股东按照章程规定缴纳出资后，由全体股东指定的代表或者共同委托的代理人向公司登记机关报送公司登记处申请书、公司章程等文件，申请设立登记。公司经核准登记后，领取公司营业执照。

有限责任公司在登记注册后，应向股东签发出资证明书。出资证明书由公司盖章，并且在上面必须载明下列事项：①公司名称；②公司成立日期；③公司注册资本；④股东的姓名或者名称、缴纳的出资额和出资日期；⑤出资证明书的编号和核发日期。

公司成立后，股东不得抽逃出资。

（三）关于出资形式的司法解释

1. 出资人以划拨的土地使用权或者设定权利负担（如设定了抵押担保）的土地使用权出资

“公司、其他股东或者公司债权人”主张认定该出资人未履行出资义务的，人民法院应当责令当事人在指定的合理期间内办理土地变更手续或者解除权利负担；逾期未办理或者未解除的，人民法院应当认定出资人未依法全面履行出资义务。

2. 出资人以房屋、土地使用权或者需要办理权属登记的知识产权等财产出资

（1）已经交付公司使用但未办理权属变更手续

“公司、其他股东或者公司债权人”主张认定出资人未履行出资义务的，人民法院应当责令当事人在指定的合理期间内办理权属变更手续；在指定的期间内办理了权属变更手续的，人民法院应当认定其已经履行了出资义务；出资人主张自其实际交付财产给公司使用时享有相应股东权利的，人民法院应予支持。

（2）已经办理权属变更手续但未交付给公司使用

“公司或者其他股东”主张其向公司交付、并在实际交付之前不享有相应股东权利的，人民法院应予支持。

3. 以贪污、受贿、侵占、挪用等违法犯罪所得的货币出资

以贪污、受贿、侵占、挪用等违法犯罪所得的货币出资后取得股权的，对违法犯罪行为予以追究、处罚时，应当采取拍卖或者变卖的方式处置其股权。这一规定防止将出资的财产直接从公司抽出的做法，采取将出资财产所形成的股权折价补偿受害人损失的方式，以保障公司资本之维持、维护公司债权人利益。

出资人以不享有处分权的财产出资，当事人之间对于出资行为效力产生争议的，人民法院可以参照《物权法》第一百零六条（善意取得制度）的规定予以认定。这就是说，出资人用自己并不享有处分权的财产进行出资时，该出资行为的效力不宜一概予以否认，只要公司取得该财产符合《物权法》第一百零六条规定的善意取得条件，该财产可以最终为公司所有。这有利于维持公司资本，从而保障交易相对人的利益。

（四）名义股东与实际出资人

实践中，由于各种原因，公司相关文件记名的股东（名义股东）与真正投资人（实际出资人）不是同一个人，二者经常就股权及投资收益的归属发生争议。《最高人民法院关于适用〈中华人民共和国公司法〉若干问题的决定（三）》（以下简称《公司法司法解释（三）》）就名义股东与实际出资人的问题作出了明确规定。

1. 名义股东与实际出资人之间的内部约定效力问题

有限责任公司的实际出资人与名义出资人订立合同，约定由实际出资人出资并享有投资权益，以名义出资人为名义股东，实际出资人与名义股东对该合同效力发生争议的，如无《合同法》第五十二条（合同无效的界定）规定的情形，人民法院应当认定该合同有效。即在实际出资人与名义股东就出资约定合法的情况下，二者因投资权益的归属发生争议，实际出资人以其实际履行了出资义务为由向名义股东主张权利的，人民法院应予支持。名义股东以公司股东名册记载、公司登记机关登记为由否认实际出资人权利的，人民法院不予支持。

2. 实际出资人请求公司变更股东

实际出资人请求公司变更股东、签发出资证明书、记载于股东名册、记载于公司章程并办理公司登记机关登记的，即实际出资人将从公司外部进入公司内部、成为公司的成员。此种情况下，应当参照《公司法》第七十二条（股东向股东以外的人转让股权）的规定。根据《公司法司法解释（三）》的规定，如果实际出资人未经公司其他股东半数以上同意，请求公司变更股东、签发出资证明书、记载于股东名册、记载于公司章程并办理公司登记机关登记的，人民法院不予支持。

3. 名义股东擅自处分股权

名义股东将登记于其名下的股权转让、质押或者以其他方式处分，实际出资人以其对于股权享有实际权利为由，请求认定处分股权行为无效的，人民法院可以参照《物权法》第一百零六条（善意取得制度）的规定处理。这就是说，只要受让方构成善意取得，交易的股权可以最终为其所有。但是，名义股东处分股权造成实际出资人损失，实际出资人请求名义股东承担赔偿责任的，人民法院应予支持。

《公司法司法解释（四）》规定：无处分权人将股权转让且受让人在公司登记机关办理了股权变更登记，原股东起诉主张返还股权的，人民法院应予以支持。但受让人取得股权符合下列条件的，人民法院应驳回原告的诉讼请求：①原股东未能提供证据证明受让人知道或者应当知道转让人无权处分的事实；②受让人受让股权时依据公司法和公司章程的规定尽到了充分的注意义务；③受让人已经支付了合理的对价。原股东因他人善意取得其股权而受到的财产损失，可以另行提起诉讼，请求无处分权人或者公司及公司相关责任人员予以赔偿。

4. 名义股东对公司的债权人责任

公司债权人以登记于公司登记机关的股东未履行出资义务为由，请求其对公司债务不能清偿的部分在未出资本息范围内承担补充赔偿责任，股东以其仅为名义股东而非实际出资人为由进行抗辩的，人民法院不予支持。但是，名义股东在承担相应的赔偿责任后，向实际出资人追偿的，人民法院应予支持。

5. 冒用他人名义出资

冒用他人名义出资并将该他人作为股东在公司登记机关登记的，冒名登记行为人应当承担相应责任；公司、其他股东或者公司债权人以未履行出资义务为由，请求被冒名登记为股东的承担补足出资责任或者对公司债务不能清偿部分的赔偿责任的，人民法院不予支持。

（五）未尽出资义务的法律后果

1. 在公司内部

（1）全面履行

股东未履行或者未全面履行出资义务，“公司或者其他股东”请求其向公司依法全面履行出资义务的，人民法院应予支持。

（2）违约责任

股东未履行或者未全面履行出资义务，除应当向公司足额缴纳外，还应当向“已按期足额缴纳出资”的股东承担违约责任；该违约责任除出资部分外，还包括未出资的利息。

（3）股东权利

股东未履行或者未全面履行出资义务，公司根据公司章程或者股东会决议对其利润分配请求权、新股优先认购权、剩余财产分配请求权等股东权利作出相应的合理限制，该股东请求认定该限制无效的，人民法院不予支持。

（4）股东资格

股东未履行出资义务（不包括未全面履行），经公司催告，在合理期间内仍未缴纳，公司以股东会决议解除该股东的股东资格，该股东请求确认该解除行为无效的，人民法院不予支持。

2. 对债权人

（1）未尽出资义务的股东

公司债权人请求未履行或者未全面履行出资义务的股东在未出资本息范围内对公司债务不能清偿的部分承担补充赔偿责任的，人民法院应予支持。未履行或者未全面履行出资义务的股东已经承担上述责任，其他债权人提出相同请求的，人民法院不予支持。

（2）发起人

股东在公司设立时未履行或者未全面履行出资义务，发起人与被告股东承担连带责任。但是，公司的发起人承担责任后，可以向被告股东追偿。

（3）董事、高级管理人员

股东在公司增资时未履行或者未全面履行出资义务，原告请求未尽《公司法》第一百四十八条第一款规定的义务而使出资未缴足的董事、高级管理人员承担相应责任的，人民法院应予支持。董事、高级管理人员承担责任后，可以向被告股东追偿。

3. 未尽出资义务股东诉讼时效抗辩

1）股东未履行或者未全面履行出资义务，“公司或者其他股东”请求其向公司全面履行出资义务，被告股东以诉讼时效为由进行抗辩的，人民法院不予支持。

2）“公司债权人”的债权未过诉讼时效期间，其依照规定请求未履行或者未全面履行出资义务的股东承担赔偿责任，被告股东以出资义务超过诉讼时效期间为由进行抗辩的，人民法院不予支持。

（六）公司设立阶段的合同责任

在公司设立过程中，发起人承担公司筹办事务，需要对外订立合同，那么，该合同责任是由公司承担，还是由发起人承担？《公司法司法解释（三）》对此专门做了明确规定。

1）发起人为设立公司以“自己”名义对外签订合同，对相对人而言，合同中载明的主体是发起人，所以原则上应当由发起人承担合同责任。但是，公司成立后，对以发起人名义订立的合同予以确认，或者已经实际享有合同权利或者履行合同义务，合同相对人请求公司承担合同责任的，人民法院应予支持。

2）发起人以设立中的“公司”名义对外签订合同，公司成立后合同相对人请求公司承担合同责任的，人民法院应予支持。但是，公司成立后有证据证明发起人是为自己利益而签订该合同，且合同相对人对此是明知的，该合同责任不应当由成立后的公司承担，而应由发起人承担。如果合同相对人不知道发起人是为自己利益而订立合同，即为善意，则仍由公司承担合同责任。

（七）设立公司失败的责任承担

1）公司不能成立时，发起人对设立行为所产生的债务和费用负连带责任。如果部分发起人（对外）承担（连带）责任后，请求其他发起人分担的，人民法院应当判令其他发起人按照约定的责任承担比例分担责任；没有约定责任承担比例的，按照约定的出资比例分担责任；没有约定出资比例的，按照均等份额分担责任。

因部分发起人的过错导致公司未成立，其他发起人主张其承担设立行为所产生的费用和债务的，人民法院应当根据过错情况，确定过错一方的责任范围。

2）在公司设立过程中，由于发起人的过失致使公司利益受到损害的，应当对公司承担赔偿责任。

3）发起人因履行公司设立职责造成他人损害，公司成立后受害人请求公司承担侵权赔偿责任的，人民法院应予支持；公司未成立，受害人请求全体发起人承担连带赔偿责任的，人民法院应予支持。公司或者无过错的发起人承担赔偿责任后，可以向有过错的发起人追偿。

二、有限责任公司的组织机构

（一）股东会

1. 股东会的性质和职权

有限责任公司股东会由全体股东组成。股东会是公司的权力机构。但一人有限责任公司和国有独资公司不设股东会。

有限责任公司的股东会行使下列职权：①决定公司的经营方针和投资计划；②选举和更换非由职工代表担任的董事、监事，决定有关董事、监事的报酬事项；③审议批准董事会的报告；④审议批准监事会或者监事的报告；⑤审议批准公司的年度财务预算方案、决算方案；⑥审议批准公司的利润分配方案和弥补亏损方案；⑦对公司增加或者减少注册资本作出决议；⑧对发行公司债券作出决议；⑨对公司合并、分立、解散、清算或者变更公司形式作出决议；⑩修改公司章程；⑪公司章程规定的其他职权。

对上列事项股东以书面形式一致表示同意的，可以不召开股东会会议，直接作出决定，并由全体股东在决定文件上签名、盖章。

2. 股东会的形式

股东会会议分为定期会议和临时会议。定期会议依照公司章程的规定按时召开。临时会议是在公司章程规定的会议时间以外召开的会议。有权提议召开临时会议的人员有：代表 1/10 以上表决权的股东；1/3 以上的董事；监事会或者不设监事会的公司的监事。

3. 股东会的召开

首次股东会会议由出资最多的股东召集和主持，依照法律规定行使职权。以后的股东会会议，设立董事会的，由董事会召集，董事长主持；公司不设董事会的，股东会会议由执行董事召集和主持。董事长不能或者不履行职务的，由副董事长主持；副董事长不能或者不履行职务的，由半数以上董事共同推举 1 名董事主持。董事会或执行董事不能履行或者不履行召集职责的，由监事会或不设监事会的公司的监事负责召集和主持；监事会或者监事不召集和主持的，代表 1/10 以上表决权的股东可以自行召集和主持。

召开股东会会议，应当于会议召开 15 日前通知全体股东；但公司章程另有规定或者全体股东另有约定的除外。股东会应当对所议事项的决定作做成会议记录，并且出席会议的股东应当在会议记录上签名。

4. 股东会的决议

股东会会议由股东按照出资比例行使表决权，但公司章程另有规定的除外。股东会的议事方式和表决权，除《公司法》有规定的以外，由公司章程来规定。

股东会会议作出修改公司章程、增加或者减少注册资本的决议，以及公司合并、分立、解散或者变更公司形式的决议，心须经代表 2/3 以上表决权的股东通过。

（二）董事会（执行董事）和总经理

1. 董事会的组成

董事会是公司股东会的执行机构，对股东会负责。有限责任公司设董事会，其成员为 3～13 人，两个以上的国有企业或者两个以上的其他国有投资主体投资设立的有限责任公司，其董事会成员中应当有公司职工代表；其他有限责任公司董事会成员中可以有公司职工代表。董事会中的职工代表由公司职工通过职工代表大会、职工大会或者其他形式民主选举产生。董事会设董事长 1 人，可以设副董事长。董事长、副董事长的产生办法由公司章程规定。股东人数较少或者规模较小的有限责任公司，可以不设董事会，而设 1 名执行董事。

董事任期由公司章程规定，但董事每届任期不得超过 3 年。董事任期届满，连选可以连任。董事任期届满未及时改选，或者董事在任期内辞职导致董事会成员低于法定人数的情况下，在改选出的董事就任前，原董事仍应当依照法律、行政法规和公司章程的规定，履行董事职务。

2. 董事会的职权

董事会行使下列职权：①召集股东会会议，并向股东会报告工作；②执行股东会的决议；③决定公司的经营计划和投资方案；④制订公司的年度财务预算方案、决算方案；⑤制订公司的利润分配方案和弥补亏损方案；⑥制订公司增加或者减少注册资本以及发行公司债券的方案；⑦制订公司合并、分立、解散或者变更公司形式的方案；⑧决定公司内部管理机构的设置；⑨决定聘任或者解聘公司经理及其报酬事项，并根据经理的提名决定聘任或者解聘公司副经理、财务负责人及其报酬事项；⑩制定公司的基本管理制度；⑪公司章程规定的其他职权。

3. 董事会的决议

董事会会议由董事长召集和主持；董事长不能履行职务或者不履行职务的，由副董事长召集和主持；副董事长不能履行职务或者不履行职务的，由半数以上董事共同推举一名董事召集和主持。董事会的议事方式和表决程序，除《公司法》有规定的外，由公司章程规定。董事会决议的表决，实行一人一票。董事会应对所议事项的决定做成会议记录，出席会议的董事应当在会议记录上签名。

4. 经理

有限责任公司可以设经理，由董事会决定聘任或解聘。

经理对董事会负责，行使下列职权：①主持公司的生产经营管理工作，组织实施董事会决议；②组织实施公司的年度经营计划和投资方案；③拟定公司内部管理机构设置方案；④拟定公司的基本管理制度；⑤制定公司的具体规章；⑥提请聘任或者解聘公司的副经理、财务负责人；⑦决定聘任或者解聘除应由董事会决定聘任或者解聘以外的负责管理人员；⑧董事会授予的其他职权。公司章程对经理职权另有规定的，按照其规定。

(三) 监事会

1. 监事会的组成

有限责任公司设监事会，其成员不得少于 3 人。股东人数较少或者规模较小的有限责任公司，可以设 1～2 名监事，不设监事会。监事会应当包括股东代表和适当比例的公司职工代表，其中职工代表的比例不得低于 1/3，具体比例由公司章程规定。监事会中的职工代表由公司通过职工代表大会、职工大会或者其他形式的民主选举产生。董事、高级管理人员不得兼任监事。

监事会设主席 1 人，由全体监事过半数选举产生。监事会主席召集和主持监事会会议；监事会主席不能履行职务或者不履行职务的，由半数以上监事共同推举 1 名监事召集和主持监事会会议。

监事的任期每届为 3 年。监事任期届满，连选可以连任。监事任期届满未及时改选，或者监事在任期内辞职导致监事会成员低于法定人数的情形之下，在改选出的监事就任前，原监事仍应当依照法律、行政法规和公司章程的规定，履行监事职务。

2. 监事会的职权

监事会、不设监事会的公司的监事行使下列职权：①检查公司财务；②对董事、高级管理人员执行公司职务的行为进行监督，对违反法律、行政法规、公司章程或者股东会决议的董事、高级管理人员提出罢免的建议；③当董事、高级管理人员的行为损害公司的利益时，要求董事、高级管理人员予以纠正；④提议召开临时股东会会议，在董事会不履行本法规定的召集和主持股东会会议职责时召集和主持股东会会议；⑤向股东会会议提出提案；⑥依照《公司法》规定，对董事、高级管理人员提起诉讼；⑦公司章程规定的其他职权。

3. 监事会的决议

监事会每年度至少召开 1 次会议，监事可以提议召开临时监事会会议。监事会的议事方式和表决程序，除《公司法》有规定的外，由公司章程规定。监事会决议应当经半数以上监事通过。监事会应当对所议事项的决定做成会议记录，出席会议的监事应当在会议记录上签名。

三、一人有限责任公司的特别规定

一人有限责任公司是指只有一个自然人股东或者一个法人股东的有限责任公司。它是有限责任公司的一种特殊表现形式。

一个自然人只能投资设立一个一人有限责任公司。该一人有限责任公司不能投资设立新的一人有限责任公司。

一人有限责任公司应当在公司登记中注明自然人独资或者法人独资，并在公司营业执照中载明。一人有限责任公司不设股东会。股东作出决定公司的经营方针和投资计划时，应当采取书面形式，并由股东签名后置备于公司。

一人有限责任公司的股东不能证明公司财产独立于股东自己的财产的，应当对公司债务承担连带责任。

四、国有独资公司的特别规定

国有独资公司是指单独出资、由国务院或者地方人民政府授权本级人民政府国有资产监督管理机构履行出资人职责的有限责任公司。国有独资公司章程由国有资产监督管理机构制定，或者由董事会制定报国有资产监督管理机构批准。

国有独资公司不设股东会，由国有资产管理机构行使股东会职权。国有资产监督管理机构可以授权公司董事会行使股东会的部分职权，决定公司的重大事项，但公司的合并、分立、解散、增加或者减少注册资本和发行公司债券，都必须由国有资产监督管理机构决定；其中，重要的国有独资公司合并、分立、解散、申请破产的，应当由国有资产监督管理机构审核后报本级人民政府批准。

国有独资公司设董事会，董事每届任期不得超过 3 年。董事会成员中应当有公司职工代表。董事会成员由国有资产监督管理机构委派；但是，董事会成员中的职工代表由公司职工代表大会选举产生。董事会设董事长 1 人，可以设副董事长。董事长、副董事长由国有资产监督管理机构从董事会成员中指定。

国有独资公司设经理，由董事会聘任或者解聘。经国有资产监督管理机构同意，董事会成员可以兼任经理。

国有独资公司的董事长、副董事长、董事、高级管理人员，未经国有资产监督管理机构同意，不得在其他有限责任公司、股份有限公司或者其他经济组织兼职。

国有独资公司监事会成员不得少于 5 人，其中职工代表的比例不得低于 1/3，具体比例由公司章程规定。监事会成员由国有资产监督管理机构委派；但是，监事会成员中的职工代表由公司职工代表大会选举产生。监事会主席由国有资产监督管理机构从监事会成员中指定。

五、有限责任公司的股权转让

（一）股权的自愿转让

有限责任公司的股东之间可以相互转让其全部或者部分股权。

股东向股东以外的人转让股权时，应当经其他股东过半数同意。股东应就其股权转让事项书面通知其他股东征求同意，其他股东自接到书面通知之日起满 30 日未答复的，视为同意转让。其他股东半数以上不同意转让的，不同意的股东应当购买该转让的股权；不购买的，视为同意转让。经股东同意转让的股权，在同等条件下，其他股东有优先购买权。两个以上的股东都要行使优先认购权的，协商解决，协商不成，按照转让时的股份比例行使优先认购权。

（二）股权的强制转让

股权的强制转让，是指人民法院依照《民事诉讼法》等法律规定的执行程序，强制执行生效的法律文书时，以拍卖、变卖或者其他方式转让有限责任公司股东的股权。

人民法院依照法律规定的强制执行程序转让股东的股权时，应当通知公司及全体股东，其他股东在同等条件下有优先购买权。其他股东自人民法院通知之日起满 20 日不行使优先购买权的，视为放弃优先购买权。

（三）出资证明书的更替

有限责任公司股东转让股权后，公司应当注销原股东的出资证明书，向新股东签发出资证明书，并相应修改公司章程和股东名册中有关股东及其出资额的记载。对公司章程的该项修改不需再由股东会表决。

典型案例讨论

【案情介绍】

甲有限责任公司（以下简称“甲公司”）的有关情况如下。

1）甲公司于 2013 年 5 月 1 日由 A 企业、B 企业、C 企业共同投资成立，注册资本为 1000 万元，其中 A 企业认缴的出资为 600 万元，B 企业认缴的出资为 300 万元，C 企业认缴的出资为 100 万元。根据公司章程的规定，A 企业、B 企业、C 企业的首次出资额为各自认缴出资额的 10%，第二期出资为各自认缴出资额的 15%，在公司成立之日起3个月内缴纳，其余75%的出资在2015年7月1日前缴足。

2）2014年2月，甲公司为A企业100万元的银行贷款提供担保，该担保事项提交股东会表决时，A企业未参加表决，B企业赞成，C企业反对，股东会通过了该项决议。

3）2014年4月，甲公司采取欺诈手段，与乙公司签订了1000万元的买卖合同，乙公司依约发货后，甲公司股东蓄意转移公司财产，以甲公司财产不足为由拒绝支付乙公司的货款。债权人乙公司要求股东A企业清偿1000万元的债务。

4）2014年5月，丙公司侵犯了甲公司的商标专用权，给甲公司造成了200万元的经济损失。股东B企业书面要求董事会、监事会对丙公司提起诉讼，但遭到拒绝。于是B企业以自己的名义向人民法院提起诉讼，要求丙公司赔偿损失。

5）2014年6月，股东C企业拟将自己的全部出资对外转让给D企业，C企业就其股权转让事项书面通知A企业、B企业征求同意，但A企业、B企业自接到书面通知之日起满30日未予以答复。

6）2014年7月1日，甲公司股东会通过了公司分立决议，在股东会表决时投反对票的B企业请求甲公司以合理的价格收购其股权，但B企业与甲公司在60日内未能达成股权收购协议。

【问题】

1）甲公司章程规定的股东出资是否符合法律规定？并说明理由。

2）甲公司股东会对担保事项的决议是否符合法律规定？并说明理由。

3）债权人乙公司要求股东A企业清偿债务的主张是否符合法律规定？并说明理由。

4）股东B企业能否向人民法院提起诉讼？并说明理由。

5）C企业能否转让自己的出资？并说明理由。

6）B企业还可以采取什么行动？并说明理由。

【案例分析】

1）出资符合规定。根据2014年修订的《公司法》，除法律、行政法规以及国务院决定对公司注册资本实缴另有规定的以外，取消了关于公司股东（发起人）应自公司成立之日起两年内缴足出资，投资公司在5年内缴足出资的规定；取消了一人有限责任公司股东应一次足额缴纳出资的规定。转而采取公司股东（发起人）自主约定认缴出资额、出资方式、出资期限等，并记载于公司章程的方式。

2）股东会对担保事项的决议符合规定。根据规定，公司为股东提供担保的，必须经股东会决议，接受担保的股东不得参加表决，该项表决由出席会议的其他股东所持表决权的过半数通过。在本题中，接受担保的A企业未参加表决，该决议经出席会议的其他股东所持表决权的过半数通过。

3）乙公司的主张符合规定。根据规定，公司股东滥用公司法人独立地位和股东有限责任，逃避债务，严重损害公司债权人利益的，股东应当对公司债务承担连带责任。

4）B 企业可以向人民法院提起诉讼。根据规定，公司董事、监事、高级管理人员以外的他人侵犯公司合法权益，给公司造成损失的，有限责任公司的股东可以书面请求董事会或者监事会向人民法院提起诉讼，董事会或者监事会拒绝提起诉讼的，股东有权以自己的名义直接向人民法院提起诉讼。

5）C 企业可以转让自己的出资。根据规定，股东向股东以外的人转让股权，应当经其他股东过半数同意。股东应就其股权转让事项书面通知其他股东征求同意，其他股东自接到书面通知之日起满 30 日未答复的，视为同意转让。在本题中，由于股东 A 企业、B 企业自接到书面通知之日起满 30 日未答复，视为同意转让。因此，C 企业可以转让自己的出资。

6）B 企业可以自股东会会议决议通过之日起 90 日内向人民法院提起诉讼。根据规定，有限责任公司合并、分立、转让主要财产的，对股东会该项决议投反对票的股东可以请求公司按照合理的价格收购其股权，自股东会决议通过之日起 60 日内，股东与公司不能达成股权收购协议的，股东可以自股东会决议通过之日起 90 日内向人民法院提起诉讼。

课后思考

1. 有限责任公司的设立条件有哪些？
2. 简述有限责任公司的组织机构。
3. 有限责任公司转让股权应该符合哪些规定？

第三节　股份有限公司

背景：股份有限公司在世界近现代经济中具有极其重要的地位。马克思指出，股份公司制度是“发展现代社会生产力的强大杠杆”，“在工业上运用股份公司的形式，标志着现代各国经济生活中的新时代”。在近代中国，股份有限公司制度的引进和发展，是一项重要的制度创新，是中国经济近代化的重要内容。股份有限公司是中国近代企业中最重要的组织形式，代表着中国近代企业的发展方向。当今中国正致力于建立现代企业制度，股份有限公司制日益成为现代企业制度的基本形式。

关键词：现代企业制度；组织形式

一、股份有限公司的设立

（一）设立方式

股份有限公司的设立方式有两种，既可以采取发起设立的方式，也可以采取募集设立的方式。

1）发起设立是指由发起人认购公司应发行的全部股份而设立股份有限公司。

2）募集设立是指由发起人认购公司应发行股份的一部分，其余股份向社会公开募集或者向特定对象募集而设立股份有限公司。

（二）股份有限公司设立的条件

1. 发起人符合法定人数

设立股份有限公司，应当有 2 人以上 200 人以下的发起人，其中须有半数以上的发起人在中国境内有住所。股份有限公司的发起人承担公司筹办事务。发起人应当签订发起人协议，明确各自在公司设立过程中的权利和义务。

股份有限公司的股东与发起人是两个不同的概念。发起人是指依法筹办公司设立事务的人。在公司设立阶段，由于公司尚未成立，股份尚未发行，无所谓股份有限公司的股东。在股份有限公司设立登记后，公司发起人因缴纳股款并经公司登记，自然成为股份有限公司的股东。股东与发起人是股份有限公司设立两个阶段上的不同概念，二者的责任也不同。股东负有限责任，而发起人在公司设立失败时，则承担连带责任。

股份有限公司的发起人应当承担下列责任：①公司不能成立时，对设立行为所产生的债务和费用负连带责任；②公司不能成立时，对认股人已缴纳的股款，负返还股款并加算银行同期存款利息的连带责任；③在公司设立过程中，由于发起人的过失致使公司利益受到损害的，应当对公司承担赔偿责任。

2. 有符合公司章程规定的全体发起人认购的股本总额或募集的实收的股本总额

股份有限公司采取发起设立方式设立的，注册资本为在公司登记机关登记的全体发起人认购的股本总额。在发起人认购的股份缴足前，不得向他人募集股份。

股份有限公司采取募集方式设立的，注册资本为在公司登记机关登记的实收股本总额。法律、行政法规以及国务院决定对股份有限公司注册资本实缴、注册资本最低限额另有规定的，从其规定。

以发起设立方式设立股份有限公司的，发起人应当书面认足公司章程规定其认购的股份，并按照公司章程规定缴纳出资。以非货币财产出资的，应当依法办理其财产权的转移手续。

发起人不依照前述规定缴纳出资的，应当按照发起人协议承担违约责任。

发起人认足公司章程规定的出资后，应当选举董事会和监事会，由董事会向公司登记机关报送公司章程以及法律、行政法规规定的其他文件，申请设立登记。

3. 股份发行、筹办事项符合法律规定

发起人为设立股份有限公司而发行股份时，以及在进行其他的筹办事项时，必须符合法律规定的条件和程序。如向社会公开募集股份，应当报国务院证券监督管理机构核准，并公告招股说明书、认股书等。

4. 发起人制定公司章程，采用募集方式设立的经创立大会通过

对于以发起方式设立的股份有限公司，由全体发起人制定公司章程；对于募集方式设立的股份有限公司，发起人制订章程，还应当经创立大会通过。股份有限公司章程应当载明下列事项：①公司名称和住所；②公司经营范围；③公司设立方式；④公司股份总数、每股金额和注册资本；⑤发起人的姓名或者名称、认购的股份数、出资方式和出资时间；⑥董事会的组成、职权和议事规则；⑦公司法定代表人；⑧监事会的组成、职权和议事规则；⑨公司利润分配办法；⑩公司的解散事由与清算办法；⑪公司的通知和公告办法；⑫股东大会会议认为需要规定的其他事项。

5. 有公司名称，建立符合股份有限公司要求的组织机构

公司的名称是公司的标志。公司设立自己的名称时，必须符合法律、法规的规定，并应当经过公司登记管理机关进行预先核准登记。公司应当设立符合有限责任公司要求的组织机构，即股东会、董事会或者执行董事、监事会或者监事等。

6. 有公司住所

设立公司必须有住所。没有住所的公司，不得设立。公司以其主要办事机构所在地为住所。

（三）设立程序

1. 发起设立方式的程序

发起设立股份有限公司的程序如下。

1）发起人书面认购公司章程规定的股份。

2）缴纳出资。按照公司章程规定缴纳出资。

3）选举董事会和监事会。

4）申请设立登记。由董事会向公司登记机关申请设立登记。

2. 募集设立方式的程序

（1）发起人认购股份

发起人认购的股份不得少于公司股份总数的35%；法律另有规定的除外。

（2）向社会公开募集股份

公告招股说明书，并制作认股书。应当由依法设立的证券公司承销。

（3）召开创立大会

发行股份的股款缴足后，必须经依法设立的验资机构出具证明。发起人应当自股款缴足后30日内主持召开公司创立大会。创立大会由发起人、认股人组成。发起人应当在创立大会召开前15日将会议日期通知各认股人或者予以公告。创立大会应有代表股份总数过半数的发起人、认股人出席，方可举行。

发行的股份超过招股说明书规定的截止期限尚未募足的，或者发行股份的股款缴足后，发起人在30日内未召开创立大会的，认股人可以按照所缴纳股款并加算银行同期利息，要求发起人返还。

创立大会行使下列职权：①审议发起人关于公司筹办情况的报告；②通过公司章程；③选举董事会成员；④选举监事会成员；⑤对公司的设立费用进行审核；⑥对发起人用于抵作股款的财产的作价进行审该；⑦发生不可抗拒力或者经营条件发生重大变化直接影响公司设立的，可以作出不设立公司的决议，作出此项决议时，必须经出席会议的认股人所持表决权过半数通过。

（4）申请设立登记

董事会应于创立大会结束之日起30日内，向公司登记机关申请设立。

股份有限公司成立后，发起人未按照公司章程的规定缴足出资的，应当补缴；其他发起人承担连带责任。股份有限公司成立后，发现作为设立公司出资的非货币财产的实际价额显著低于公司章程所定价额的，应当由交付该出资的发起人补足其差额；其他发起人承担连带责任。

发起人、认股人缴纳股款或者交付抵作股款的出资后，除未按期募足股份、发起人未按期召开创立大会或者创立大会决议不设立公司的情形外，不得抽回其股本。

有限责任公司变更为股份有限公司时，折合的实收股本总额不得高于公司净资产额。有限责任公司变更为股份有限公司，为增加资本公开发行股份时，应当依法办理。

二、股份有限公司的组织机构

股份有限公司的组织机构由三部分组成：股东大会、董事会及经理、监事会。上市公司还可增设独立董事和董事会秘书。

（一）股东大会

股份有限公司股东大会由全体股东组成。股东大会是公司的权力机构。

1. 股东大会的职权

股份有限公司股东会的职权，适用有限责任公司股东会的职权规定，此处不再赘述。

2. 股东大会的形式

股份有限公司的股东大会分为股东年会和临时股东大会两种。股东大会应当每年召开一次年会。发生下列情形之一，应当在 2 个月内召开临时股东大会：①董事会人数不足《公司法》规定人数或者公司章程所定人数的 2/3 时；②公司未弥补的亏损达实收股本总额 1/3 时；③单独或者合计持有公司 10%以上股份的股东请求时；④董事会认为必要时；监事会提议召开时；⑤公司章程规定的其他情形。

3. 股东大会的召开

股东大会会议由董事会召集，董事长主持；董事长不能履行职务或者不履行职务的，由副董事长主持；副董事长不能履行职务或者不履行职务的，由半数以上董事共同推举一名主持。董事会不能履行或者不履行召集股东大会会议职责的，监事会应当及时召集和主持；监事会不召集和主持的，连续 90 日以上单独或者合计持有公司 10%以上股份的股东可以自行召集和主持。

召开股东大会会议，应当将会议召开的时间、地点和审议的事项于会议召开 20 日前通知各股东；临时股东大会应当于会议召开 15 日前通知各股东；发行无记名股票的，应当于会议召开 30 日前公告会议召开的时间、地点和审议事项。

单独或者合计持有公司 3%以上的股份的股东，可以在股东大会召开 10 日前提出临时提案并书面提交董事会；董事会应当在收到提案后 2 日内通知其他股东，并将该临时提案提交股东大会审议。临时提案的内容应当属于股东大会职权范围，并有明确议题和具体决议事项。

股东大会不得对上述两项通知中未列明的事项作出决议。无记名股票持有人出席股东大会会议的，应当于会议召开 5 日前至股东大会闭会时将股票交存于公司。

4. 股东大会的决议

股东出席股东大会会议，所持每一股份有一表决权。但是，公司持有的本公司股份没有表决权。股东大会作出决议，必须经出席会议的股东所持表决权过半数通过。但是，股东大会作出修改公司章程、增加或者减少注册资本的决议，以及公司合并、分立、解散或者变更公司形式的决议，必须经出席会议的股东所持表决权的 2/3 以上通过。

股东大会选举董事、监事，可以依照公司章程的规定或者股东大会的决议，实行累积投票制。累积投票制是指股东大会选举董事或者监事时，每一股份拥有与应选董事或者监事人数相同的表决权，股东拥有的表决权可以集中使用。例如，股东 A 持有 1000

股，每股一票，公司选举 7 位董事，则 A 有 7000 票，他可以将 7000 票投给某一个候选人，也可以分别投给 7 个候选人，每人投 1000 票；或者根据自己的意愿分投给自己选中的候选人。

股东可以委托代理人出席股东大会会议，代理人应当向公司提交股东授权委托书，并在授权范围内行使表决权。股东大会应当对所议事项的决定做成会议记录，主持人、出席会议的董事应当在会议记录上签名。会议记录应当与出席股东的签名册及代理出席的委托书一并保存。

（二）董事会和经理

1. 董事会

（1）董事会的组成

董事会是股东大会的执行机构，对股东大会负责。董事会由 5～19 人组成。董事会成员中可以有公司职工代表。董事会中的职工代表由公司职工通过职工代表大会、职工大会或者其他形式民主选举产生。董事任期由公司章程规定，但每届任期不得超过 3 年。董事任期届满，连选可以连任。董事任期届满未及时改选，或者董事在任期内辞职导致董事会成员低于法定人数的，在改选出的董事就任前，原董事仍应当依照法律、行政法规和公司章程的规定，履行董事职务。

股份有限公司董事会的职权，适用有限责任公司董事会职权的规定。

股份有限公司董事会设董事长 1 人，可以设副董事长。董事长和副董事长由董事会以全体董事的过半数选举产生。董事长召集和主持董事会会议，检查董事会决议的实施情况。副董事长协助董事长工作，董事长不能履行职务或者不履行职务的，由副董事长履行职务；副董事长能不履行职务或者不履行职务的，由半数以上董事会共同推举一名董事履行职务。

（2）董事会的召开

董事会每年度至少召开 2 次会议，每次会议应当于会议召开前 10 日通知全体董事和监事。代表 1/10 以上表决权的股东、1/3 以上董事或者监事会，可以提议召开董事会临时会议。董事长应当自接到提议之日起 10 日内，召集和主持董事会会议。董事会召开临时会议，可以另定召集董事会的通知方式和通知时限。

（3）董事会的决议

董事会会议，应当由董事本人出席；董事本人因故不能出席，可以书面委托其他董事代为出席，委托书中应载明授权范围。董事会应当对会议所议事项的决定做成会议记录，出席会议的董事应当在会议记录上签名。董事应当对董事会的决议承担责任。董事会的决议违反法律、行政法规或者公司章程、股东大会决议，致使公司遭受严重损失的，参与决议的董事对公司负责任。但经证明在表决时曾表明异议并记载于会议记录的，该董事可以免除责任。

董事会会议应有半数的董事出席方可举行。董事会作出决议，必须经全体董事的过半数通过。董事会决议的表决，实行一人一票。

2. 经理

股份有限公司设经理，由董事会决定聘任或者解聘。公司董事会可以决定由董事会成员兼任经理。股份有限公司的经理职权适用有限责任公司经理职权的规定。

公司不得直接或者通过子公司向董事、监事、高级管理人员提供借款。公司应当定期向股东披露董事、监事、高级管理人员从公司获得报酬的情况。

（三）监事会

股份有限公司设监事会，其成员不得少于 3 人。董事、高级管理人员不得兼任监事。

监事会应当包括股东代表和适当比例的公司职工代表，其中职工代表的比例不得低于 1/3，具体比例由公司章程规定。监事会设主席 1 人，可以设副主席。监事会主席和副主席由全体监事过半数选举产生。监事会主席召集和主持监事会会议；监事会主席不能履行职务或者不履行职务的，由监事会副主席召集和主持监事会会议；监事会副主席不能履行职务或者不履行职务的，由半数以上监事共同推举 1 名监事召集和主持监事会会议。

监事的任期每届为 3 年。监事任期届满，连选可以连任。股份有限公司监事会的职权适用于有限责任公司监事会职权的规定。

监事会每 6 个月至少召开一次会议。监事可以提议召开临时监事会会议。

监事会的议事方式和表决程序，除《公司法》有规定的外，由公司章程规定。监事会决议应当经半数以上监事通过。监事会应当对所议事项的决定做成会议记录，出席会议的监事应当在会议记录上签名。

（四）上市公司组织机构的特别规定

上市公司是指其股票在证券交易所上市交易的股份有限公司。

上市公司设立独立董事，具体办法由国务院规定。独立董事是指不在公司担任除董事外的其他职务，并与其受聘的上市公司及其主要股东不存在可能妨碍其进行独立客观判断的关系的董事。其主要职责是对上市公司董事、高级管理人员及其与公司进行的关联交易等进行监督。

上市公司设董事会秘书，负责公司股东大会和董事会会议的筹备、文件保管及公司股东资料的管理，办理信息披露事务等事宜。

上市公司在 1 年内购买、出售重大资产或者担保金额超过公司资产总额 30%的，应当由股东大会作出决议，并经出席会议的股东所持表决权的 2/3 以上通过。

上市公司董事与董事会会议决议事项所涉及的企业有关联关系的，不得对该项决议行使表决权，也不得代理其他董事行使表决权。该董事会会议由过半数的无关联关系董事出席即可举行，董事会会议所作决议须经无关联关系董事的过半数通过。出席董事会的无关联关系董事人数不足 3 人的，应将该事项提交上市公司股东大会审议。

三、股份发行和转让

股份是指按相等金额或相同比例，平均划分公司资本的基本计量单位，是公司资本的最小划分单位。股份的表现形式是股票。股票是公司签发的证明股东所持股份的凭证。

（一）股份发行

1. 股份发行的原则

我国股份有限公司股份的发行实行公开、公平、公正的原则；同股同权，同股同利。即同次发行同种股票，每股的发行条件和价格应当相同；任何单位或者个人所认购的股份，每股应当支付相同价款。

2. 股票发行价格

股票发行价格可以按票面金额，也可以超过票面金额，但不得低于票面金额。即股票可以平价和溢价发行，但不能折价发行。

公司发行的股票，可以为记名股票，也可以为无记名股票。公司向发起人、法人发行的股票，应当为记名股票，并应当记载该发起人、法人的名称或者姓名，不得另立户名或者以代表人姓名记名。

在股份有限公司成立后，即向股东正式交付股票。公司成立之前不能向任何股东交付股票。

（二）股份转让

股份的转让是指股份有限公司股份所有人依法将其持有的股份让与他人的行为。

一般而言，股份有限公司的股份可以自由转让，但是股份的自由转让不是绝对的。股份转让的限制主要有以下几个方面。

1）股东持有的股份可以依法转让即应当在依法设立的证券交易场所进行或者按照国务院规定的其他方式进行。

2）发起人持有的本公司股份，自公司成立之日起 1 年内不得转让。公司公开发行股份前已发行的股份，自公司股票在证券交易所上市交易之日起 1 年内不得转让。

3）公司董事、监事、高级管理人员应当向公司申报所持有的本公司的股份及其变动情况，在任职期间每年转让的股份不得超过其所持有本公司股份总数的 25%；所持本公司股份自公司股票上市交易之日起 1 年内不得转让。上述人员离职后半年内，不得转让其所持有的本公司股份。

4）记名股票的转让以背书转让方式或者法律、行政法规规定的其他方式转让；转让后由公司将受让人的姓名或者名称及住所记载于股东名册。但是，股东大会召开前 20 日内或者公司决定分配股利的基准日前 5 日内，不得进行股东名册的变更登记。

无记名股票的转让实行交付生效的方式，由股东将该股票交付给受让人后即发生转让的效力。

5）公司不得收购本公司股份。但是，有下列情形之一的除外：①减少公司注册资本；②与持有本公司股份的其他公司合并；③将股份奖励给本公司职工；④股东因对股东大会作出的公司合并、分立决议持异议，要求公司收购其股份的。公司因上述第①项至第③项的原因收购本公司股份的，应当经股东大会决议。公司依照上述规定收购本公司股份后，属于第①项情形的，应当自收购之日起 10 日内注销；属于第②项、第④项情形的，应当在 6 个月内转让或者注销。公司依照前述第③项规定收购的本公司股份，不得超过本公司已发行股份总额的 5%；用于收购的资金应当从公司的税后利润中支出；所收购的股份应当在 1 年内转让给职工。

另外，公司不得接受本公司的股票作为质押权的标的。

典型案例讨论

【案情介绍】

甲股份有限公司（以下简称“甲公司”）于 2007 年 8 月 10 日在上海证券交易所上市。2008 年以来公司发生了下列事项。

1）2008 年 7 月，监事张某将所持公司股份 10 万股中的 1 万股卖出。

2）2009 年 5 月，总经理刘某将所持公司股份 20 万股中的 10 万股卖出。

3）2009 年 8 月，董事陈某辞去董事职务，并于 2010 年 5 月将其持有的公司股份 3 万股全部卖出。

4）2009 年 10 月，公司拟为 B 公司 300 万元的银行贷款提供担保，其中，公司的董事王某是 B 公司的董事长。根据公司章程的规定，公司董事会对该担保事项进行表决，有关表决情况如下：公司董事会由 9 名董事组成，王某予以回避未参加表决，其余 8 位董事均出席了该次董事会会议，除 2 位董事不同意投票反对外，其他董事一致投票通过了为 B 公司提供担保的决议。

5）2010 年 1 月，公司股东大会通过决议，由公司收购本公司股票 1000 万股，即公司已发行股份总额的 5%，用于奖励本公司职工。2010 年 2 月，公司从税后利润中出资收购上述股票，并于同年 5 月将 1000 万股股票全部转让给本公司职工。

6）2010 年 8 月，经董事会同意，董事长李某同公司进行了一笔交易，获利 100

万元。经查，公司章程对此无相关规定。

【问题】

1）张某卖出其所持股票的行为是否符合法律规定？试说明理由。

2）刘某卖出其所持股票的行为是否符合法律规定？试说明理由。

3）陈某卖出其所持股票的行为是否符合法律规定？试说明理由。

4）公司董事会能否通过为B公司提供担保的决议？试说明理由。

5）甲公司收购本公司股份用于奖励职工，其数额是否符合法律规定？试说明理由。甲公司从税后利润中出资收购本公司股份的行为是否符合法律规定？试说明理由。同年5月甲公司将1000万股股票全部转让给本公司职工是否符合法律规定？试说明理由。

6）李某同公司进行交易的行为是否符合法律规定？所得收入应如何处理？试说明理由。

【案例分析】

1）张某卖出其所持股票的行为不符合法律规定。根据规定，董事、监事、高级管理人员所持本公司股份，自公司股票上市交易之日起1年内不得转让。张某转让股份的行为在公司股票上市交易之日起1年内，所以不符合规定。

2）刘某卖出其所持股票的行为不符合法律规定。根据规定，董事、监事、高级管理人员在任职期间每年转让的股份不得超过其所持有本公司股份总数的25%。刘某转让股份的行为虽然符合自公司股票上市交易之日起1年内不得转让的规定，但是转让的股票数额超过了其所持有本公司股份的25%。

3）陈某卖出其所持股票的行为符合法律规定。根据规定，董事、监事、高级管理人员离职后6个月内，不得转让其所持有的本公司股份。董事陈某转让股份的行为发生在其离职后6个月之后。

4）公司董事会能通过为B公司提供担保的决议。根据《公司法》的规定，上市公司董事与董事会会议决议事项所涉及的企业有关联关系的，不得对该项决议行使表决权，也不得代理其他董事行使表决权。该董事会会议由过半数的无关联关系董事出席即可举行，董事会会议所作决议须经无关联关系董事过半数通过。董事王某属于有关联关系的董事，其回避后，无关联关系的董事为8人，赞成票为6票，符合过半数通过的要求，董事会可以通过该项决议。

5）首先，甲公司收购本公司股份用于奖励职工，其数额符合法律规定。根据规定，为奖励本公司职工而收购的本公司股份，不得“超过”本公司已发行股份总额的5%。在本题中，收购的股份数额没有超过本公司已发行股份总额的5%。其次，甲公司从税后利润中出资收购本公司股份的行为符合法律规定。根据规定，为奖励本公司职工而收购本公司股份的资金，应当从公司的税后利润中支出。最后，同年

5月甲公司将1000万股股票全部转让给本公司职工符合法律规定。根据规定，将股份奖励给职工，所收购的股份应当在1年内转让给职工。

6）李某同公司进行交易的行为不符合法律规定，其所得收入应当归公司所有。根据规定，董事、高级管理人员违反公司章程的规定或者未经股东大会（而非董事会）同意，不得与本公司订立合同或者进行交易。违反该规定所得的收入应当归公司所有。

课后思考

1. 股份有限公司设立方式有哪些？
2. 简述股份有限公司的组织机构。
3. 简述股票转让的限制性规定。
4. 股份有限公司股份发行的原则是什么？

第四节　公司董事、监事、高级管理人员的任职资格与义务

背景：董事、监事、高级管理人员不仅熟悉、掌管公司的内部事务和业务秘密，而且在法律和公司章程的范围内被授予了广泛的决策权、管理权、监督权和业务执行权。在现实生活中,一些公司董事、监事和高级管理人员利用职务之便,侵占公司和股东利益,甚至将个人的经营风险转嫁至公司承担,职务犯罪呈现出大幅上升趋势。为了保护公司、股东及债权人的合法权益,有效约束董事、监事和高级管理人员的行为,《公司法》及相关法律规定了公司董事、监事和高级管理人员任职资格、义务及应承担的法律责任。

关键词：任职资格；义务；法律责任

一、公司董事、监事、高级管理人员的任职资格与义务

（一）公司董事、监事、高级管理人员的任职资格

公司董事、监事、高级管理人员处于公司的重要地位并且具有法定职权，为保障其正确履行职责，《公司法》对其任职资格做了必要的限制。有下列情形之一的，不得担任公司的董事、监事、高级管理人员。

1）无民事行为能力或者限制民事行为能力。

2）因贪污、贿赂、侵占财产、挪用财产或者破坏社会主义市场经济秩序，被判处刑罚，执行期满未逾 5 年，或者因犯罪被剥夺政治权利，执行期满未逾 5 年。

3）担任破产清算的公司、企业的董事或者厂长、经理，对该公司、企业的破产负有个人责任的，自该公司、企业破产清算完结之日起未逾 3 年。

4）担任因违法被吊销营业执照、责令关闭的公司、企业的法定代表人，并负有个人责任的，自该公司、企业被吊销营业执照之日起未逾 3 年。

5）个人所负数额较大的债务到期未清偿。

如公司违反前述规定选举、委派董事、监事或者聘任高级管理人员的，该选举、委派或者聘任无效。董事、监事、高级管理人员在任职期间出现上述情形的，公司应当解除其职务。

（二）公司董事、监事、高级管理人员的义务

公司董事、监事、高级管理人员应当遵守法律、行政法规和公司章程，对公司负有忠实义务和勤勉义务。不得利用职权收受贿赂或者其他非法收入，不得侵占公司的财产。公司董事、监事、高级管理人员执行公司职务时违反法律、行政法规或者公司章程的规定，给公司造成损失的，应当承担赔偿责任。

《公司法》规定，公司董事、高级管理人员不得有下列行为。

1）挪用公司资金。

2）将公司资金以其个人名义或者以其他个人名义开立账户存储。

3）违反公司章程的规定，未经股东会、股东大会或者董事会同意，将公司资金借贷给他人或者以公司财产为他人提供担保。

4）违反公司章程的规定或者未经股东会、股东大会同意，与本公司订立合同或者进行交易。

5）未经股东会或者股东大会同意，利用职务便利为自己或者他人谋取属于公司的商业机会，自营或者为他人经营与所任职公司同类的业务。

6）接受他人与公司交易的佣金为己有。

7）擅自披露公司秘密。

8）违反对公司忠实义务的其他行为。

公司董事、高级管理人员违反上述规定所得的收入应当归公司所有。

二、股东诉讼

（一）股东代表诉讼

股东代表诉讼也称股东间接诉讼，是指当董事、监事、高级管理人员或者他人的违反法律、行政法规或者公司章程的行为给公司造成损失，公司拒绝或者怠于向该违法行

为人请求损害赔偿时，具备法定资格的股东有权代表其他股东，代替公司提起诉讼，请求违法行为人赔偿公司损失的行为。股东代表诉讼的目的，是为了保护公司利益和股东整体利益，而不仅仅是为了个别股东的利益。为保护个别股东利益而进行的诉讼是股东直接诉讼。

根据侵权人身份的不同与具体情况的不同，提起股东代表诉讼有以下几种程序。

1. 公司董事、监事、高级管理人员的行为给公司造成损失时股东代表公司提起诉讼的程序

根据《公司法》的规定，公司董事、监事、高级管理人员执行公司职务时违反法律、行政法规或者公司章程的规定，给公司造成损失的，应当承担赔偿责任。为了确保责任者真正承担相应的赔偿责任，《公司法》对股东代表诉讼做了以下规定。

1）公司董事、高级管理人员执行公司职务时违反法律、行政法规或者公司章程的规定的，股东通过监事会或者监事提起诉讼。公司董事、高级管理人员执行公司职务时违反法律、行政法规或者公司章程的规定，给公司造成损失的，有限责任公司的股东、股份有限公司连续 180 日以上单独或者合计持有公司 1%以上股份的股东，可以书面请求监事会或者不设监事会的有限责任公司的监事向人民法院提起诉讼。180 日以上连续持股期间，应为股东向人民法院提起诉讼时，已期满的持股时间；规定的合计持有公司 1%以上股份，是指两个以上股东持股份额的合计。

2）监事执行公司职务时违反法律、行政法规或者公司章程的规定的，股东通过董事会或者董事提起诉讼。监事执行公司职务时违反法律、行政法规或者公司章程的规定，给公司造成损失的，有限责任公司的股东、股份有限公司连续 180 日以上单独或者合计持有公司 1%以上股份的股东，可以书面请求董事会或者不设董事会的有限责任公司的执行董事向人民法院提起诉讼。

3）股东直接提起诉讼。监事会、不设监事会的有限责任公司的监事，或者董事会、执行董事，收到有限责任公司的股东、股份有限公司连续 180 日以上单独或者合计持有公司 1%以上股份的股东的书面请求后，拒绝提起诉讼，或者自收到请求之日起 30 日内未提起诉讼，或者情况紧急、不立即提起诉讼将会使公司利益受到难以弥补的损害的，有限责任公司的股东、股份有限公司连续 180 日以上单独或者合计持有公司 1%以上股份的股东，有权为了公司的利益，以个人的名义直接向人民法院提起诉讼。

2. 其他人的行为给公司造成损失时股东提起诉讼的程序

公司董事、监事、高级管理人员以外的其他人侵犯公司合法权益，给公司造成损失的，有限责任公司的股东、股份有限公司连续 180 日以上单独或者合计持有公司 1%以上股份的股东，可以通过监事会或者监事、董事会或者董事向人民法院提起诉讼，或者直接向人民法院提起诉讼。提起诉讼的具体程序，依照上述股东对公司董事、监事、高

级管理人员给公司造成损失的行为提起诉讼的程序进行。

股东代表诉讼案件，由公司住所地人民法院管辖。股东依据《公司法》第一百五十二条之规定提起的股东代表诉讼案件，主张公司董事、高级管理人员给公司造成损失应承担赔偿责任的，应列公司董事、高级管理人员为被告；主张他人侵犯公司合法权益的，应列他人为被告；主张公司董事、高级管理人员与他人共同侵犯公司合法权益的，应列公司董事、高级管理人员与他人为共同被告。

（二）股东直接诉讼

股东直接诉讼是指股东对董事、高级管理人员违反规定损害股东利益的行为提起的诉讼。《公司法》规定，公司董事、高级管理人员违反法律、行政法规或者公司章程的规定，损害股东利益的，股东可以依法直接向人民法院提起诉讼。

有限责任公司的股东、股份有限公司连续180日以上单独或者合计持有公司1%以上股份的股东，才有权为了公司的利益，以个人的名义直接向人民法院提起诉讼。

课后思考

1. 股东可以通过哪些途径维护自己的权益？
2. 哪些人不得担任公司董事、监事、经理？
3. 公司董事、高级管理人员哪些行为是被禁止的？

第五节　公司债券发行与转让

背景：资本市场的根本作用在于为资金尽量寻求最高效的用途。高效率的资本市场两个最重要的组成部分——股票与债券市场之重要性如何强调都不过分。债券在本质上也是借钱与还钱，但其与贷款的根本区别在于债券可以公开交易。公司债对公司的盈利形成很大的压力，假如公司付不出利息，则必然面临破产重组，公司债市场的规范化将对完备资本市场起到至关重要的作用。

关键词：债券市场；股票；资本市场

（一）公司债券的定义

公司债券是指公司依照法定程序发行、约定在一定期限还本付息的有价证券。

公司债券按照是否记名，可以分为记名公司债券和无记名公司债券。记名公司债券是指在公司债券上记载债权人姓名或名称的债券。无记名公司债券是指在公司债券上不记载债权人姓名或名称的债券。记名公司债券转让时，转让人须在债券上背书；无记名公司债券转让时，交付债券即发生转让的法律效力。

公司债券按是否可转换为股票，可以分为可转换公司债券与不可转换公司债券。可转换公司债券是指可以转换成公司股票的公司债券。可转换公司债券在发行时规定了转换为公司股票的条件与办法，当条件具备时，债券持有人拥有将公司债券转换为公司股票的选择权。不可转换公司债券是指不能转换为公司股票的公司债券。凡在发行时未作转换约定的，均为不可转换公司债券。

（二）债券与股票的区别

债券和股票都是有价证券，但二者具有不同的法律特征。二者的主要区别如下。

1）权利性质不同。公司债券持有人是公司的债权人，依法享有债权人的权利；而股票的持有人则是公司的股东，享有股东的权利。

2）收益不同。公司债券持有人，无论公司是否盈利，均可要求公司依照事先约定的利率计取固定的利息；而股票持有人，则必须在公司有盈利时，才能依法获得股利。

3）风险不同。公司债券的利率一般是固定的，企业清算时，公司债券持有人享有优先于股票持有人获得清偿，风险较小；而股票股利分配与公司经营好坏密切相关，风险较大。

4）偿还性不同。公司债券到了约定期限，公司必须偿还债券本金；而股票持有人只有在公司解散时才可以请求公司分配剩余财产。

（三）公司债券的发行

1. 公司债券发行的条件

公开发行公司债券，应当符合下列条件。

1）股份有限公司的净资产不低于人民币 3000 万元，有限责任公司的净资产不低于人民币 6000 万元。

2）累计债券余额不超过公司净资产的 40%。

3）最近 3 年平均可分配利润足以支付公司债券 1 年的利息。

4）筹集的资金投向符合国家产业政策。

5）债券的利率不超过国务院限定的利率水平。

6）国务院规定的其他条件。

公开发行公司债券筹集的资金，必须用于核准的用途，不得用于弥补亏损和非生产性支出。上市公司发行可转换为股票的公司债券，除应当符合上述条件外，还应当符合关于公开发行股票的条件，并报国务院证券监督管理机构核准。

有下列情形之一的，不得再次公开发行公司债券：①前一次公开发行的债券尚未募足；②对已行的公司债券或者其他债务有违约或者延迟支付本息的事实，仍处于继续状态；③违反规定，改变公开发行公司债券所募资金的用途。

有限责任公司、股份有限公司发行公司债券，应由股东会、股东大会作出决议，并报国务院授权的部门或者国务院证券监督管理机构核准。审批机关自受理公司债券发行申请文件之日起3个月内，依法作出核准或者不予核准的决定。经核准后，公司应当公告公司债券募集办法。

2. 公司债券的转让

公司债券可以转让，转让价格由转让人与受让人约定。公司债券在证券交易所上市交易的，按照证券交易所的交易规则转让。

公司债券种类不同，转让方式不同。记名公司债券的转让，由债券持有人以背书方式或者法律、行政法规规定的其他方式转让；转让后由公司将受让人的姓名或者名称及住所记载于公司债券存根簿；无记名公司债券的转让，由债券持有人将该债券交付给受让人后即发生转让的效力。

典型案例讨论

【案情介绍】

2006年4月18日，王某、张某等10位发起人以发起方式设立甲股份有限公司（以下简称“甲公司”）。

甲公司董事会共有王某、张某、李某、赵某、刘某、孙某6位董事。2006年5月12日，甲公司召开董事会会议选聘经理，董事王某、李某因故不能出席会议，王某书面委托监事陈某代为出席。出席董事会的董事一致通过决议聘任周某为公司经理。

2008年5月，甲公司成功发行3年期公司债券1000万元，1年期公司债券500万元。2010年9月1日，甲公司的净资产为人民币6000万元。2010年9月2日，甲公司召开股东大会讨论再次发行公司债券事宜，出席会议的股东一致同意本年度再次发行1年期公司债券1000万元。

2010年10月20日，甲公司召开股东大会审议资产出售事宜，除股东钱某投了反对票外，其他出席股东大会的股东均投了赞成票。会议结束后，钱某要求公司收购其所持有的全部股份，被公司拒绝。

【问题】

1）王某书面委托监事陈某代为出席董事会会议是否符合法律规定？试说明理由。

2）董事会聘任周某为公司经理的决议是否符合法律规定？试说明理由。

3）甲公司是否符合发行公司债券的条件？试说明理由。

4）甲公司拒绝收购钱某持有的股份的行为是否符合法律规定？试说明理由。

【案例分析】

1）王某书面委托监事陈某代为出席董事会会议不符合法律规定。根据《公司法》的规定，董事会会议，应由董事本人出席；董事因故不能出席，可以书面委托其他“董事”代为出席，委托书中应载明授权范围。本案例中，王某不能委托监事陈某代为出席董事会会议。

2）董事会聘任周某为公司经理的决议符合法律规定。根据《公司法》的规定，股份有限公司设经理，由董事会决定聘任或者解聘。股份有限公司董事会会议应有过半数的董事出席方可举行。董事会作出决议必须经全体董事的过半数通过。本案例中，王某委托不合法，实际有 4 名董事出席了会议，并一致同意，达到了全体董事的过半数。

3）甲公司符合发行公司债券的条件。首先，甲公司的净资产符合公开发行公司债券的条件。根据规定，公开发行公司债券，股份有限公司的净资产不低于人民币 3000 万元，有限责任公司的净资产不低于人民币 6000 万元。本案例中，甲公司是一家股份有限公司，其净资产为人民币 6000 万元，符合公开发行公司债券的条件。其次，甲公司累计债券余额符合公开发行公司债券的条件。根据规定，累计债券余额不得超过公司净资产的 40%。在本案例中，该公司累计债券余额将为 2000 万元（1000+1000），没有超过公司净资产的 40%。

4）甲公司拒绝收购钱某持有的股份的行为符合法律规定。根据《公司法》的规定，股份有限公司的股东因对股东大会作出的合并、分立决议持有异议，可以要求公司收购其股份。在本案例中，股东钱某是对资产出售事宜决议投的反对票，公司拒绝收购其持有的股份符合法律规定。

课后思考

1. 公司发行债券的条件有哪些？
2. 公司债券与股票有什么区别？

第六节　公司财务、会计

背景：财务、会计制度是企业利用价值形式组织生产和进行分配和交换的必要手段，公司都必须依法建立健全其公司内部各项财务制度，有利于保护投资者和债权人的利益，有利于保护公司债权人的利益，有利于政府有关部门的监督。法律要求公司内部建立规范的财务、会计制度，这也体现了经济活动社会化所带来的不同主体的利益公司中的交汇和碰撞。

关键词：债券市场；股票；资本市场

一、公司财务、会计的基本要求

公司应依照法律、行政法规和国务院财政部门的规定，建立本公司的财务、会计制度。

公司应在每一会计年度终了时编制公司财务会计报告，并依法经会计师事务所审计。

股份有限公司的财务会计报告应在召开股东大会的 20 日以前置备于本公司，供股东查阅。有限责任公司应按公司章程规定的期限，将公司财务会计报告及时送交公司的各个股东。

公司聘用、解聘承办公司审计业务的会计师事务所，依照公司章程的规定，由股东会、股东大会或者董事会决定。

公司除法定的会计账簿外，不得另立会计账簿；对公司资产，不得以任何个人名义开立账户存储。

二、公司利润分配

（一）公司利润

利润是指公司在一定会计期间从事生产经营活动的财务成果。公司应按照下列顺序进行利润分配：①弥补以前年度的亏损，但不得超过税法规定的弥补期（5 年）；②按税法规定缴纳企业所得税；③法定公积金不足弥补以前年度亏损，弥补亏损；④提取法定公积金；⑤提取任意公积金；⑥向股东分配利润。

公司弥补亏损和提取公积金后所余税后利润，有限责任公司按照股东实缴的出资比例分取红利，但全体股东约定不按照出资比例分取红利的情况除外。股份有限公司按照股东持有的股份比例分配，但股份有限公司章程规定不按持股比例分配的除外。

股东会、股东大会或者董事会违反上述规定，在公司弥补亏损和提取法定公积金之前向股东分配利润的，股东必须将违反规定分配的利润退还公司。公司持有的本公司股份不得分配利润。

（二）公积金的提取与使用

公积金分为盈余公积金和资本公积金两类。

盈余公积金是从公司税后利润中提取的，又分为法定盈余公积金和任意盈余公积金。法定盈余公积金按照税后利润的10%提取，当公司法定公积金累计额已达注册资本的50%以上时，可以不再提取。任意盈余公积金是根据公司章程规定或者股东会的决议提取。

股份有限公司以超过股票票面金额的发行价格发行股份所得的溢价款及国务院财政部门规定列入资本公积金的其他收入，应当列为公司资本公积金。

公司的公积金用于弥补公司的亏损、扩大公司生产经营或者转为增加公司资本。但是，法定公积金转为资本时，所留存的该项公积金不得少于转增前公司注册资本的25%。资本公积金不得用于弥补公司的亏损。

典型案例讨论

【案情介绍】

甲股份有限公司（以下简称“甲公司”）注册资金为6000万元人民币，2004年以募集方式设立。在设立过程中，经国务院证券管理部门批准，以超过股票票面金额1.5倍的价格发行，因此，实际募集到9000万元人民币，超过票面金额发行股票所得溢价款为3000万元，该溢价款在当年董事会决定被作为股利分配。因为经营管理不善，到2006年甲公司亏损1000万元人民币。甲公司着力进行整顿，调整经营策略，经过一年的经营，2008年盈利800万元人民币，公司考虑股东这几年来因为公司亏损一直没有分配股利，于是决定将该利润拿出200万元作为经营资本，其余600万元人民币分配给股东。此后，甲公司年年盈利，不仅弥补了多年的亏损，而且逐年提取了法定公积金，累计提取的法定公积金占注册资本的48%，公司决定不再提取法定公积金。2010年，公司经股东大会决定把全部公积金转为公司资本，按股东原持有的股份比例派送给股东。

【问题】

本案例中有哪些不合法之处?

【案例分析】

本案例涉及公司的公积金、法定公积金和税后利润分配顺序的相关规定。

1）根据《公司法》，股份有限公司溢价发行股票所得溢价款应该列入法定的资本公积金，所以该公司不应将发行股票的溢价款作为股利分配给股东。

2）根据《公司法》，税后利润应该先弥补亏损。该公司未弥补亏损就分配股东股利，属于违法行为，应将所分配的利润退还给公司。

3）根据《公司法》，公司的法定公积金累计额为公司注册资本的50%，可以不再提取。而该股份有限公司在法定公积金只有公司注册资本的48%时就不再提取，不符合规定。

4）根据《公司法》，股份有限公司经股东大会决议，将法定公积金转为资本时，所留存的该项公积金不得少于注册资本的25%。因此，该股份有限公司经股东大会决议将全部法定公积金转为公司资本，也是不符合法律规定的。

课后思考

1. 公积金有哪些分类？用途是什么？
2. 简述公司利润分配的顺序。

第七节　公司合并、分立、解散与清算

背景：由于公司具有独立的人格，且股东对公司的债务不承担连带给付责任，因此公司在合并、分立、解散退出市场时的活动应当受到法律的规制，并受到债权人等利益相关者的监控，以便保障各方当事人的法定利益按公正的规则秩序获得满足。

关键词：合并；分立；解散；债权人

一、公司合并与分立

（一）公司的合并

公司的合并是指两个或者两个以上的公司依照法定程序变为一个公司的行为。

1. 公司合并的形式

公司合并的形式有吸收合并和新设合并两种。

1）吸收合并是指一个公司吸收其他公司加入本公司，被吸收的公司解散。

2）新设合并是指两个以上公司合并设立一个新的公司，合并各方解散。

2. 公司合并程序

（1）签订合并协议

公司合并，应当由合并各方签订合并协议。合并协议应当包括以下主要内容：①合并各方的名称、住所；②合并后存续公司的名称、住所；③合并各方的债权债务的处理办法；④合并各方的资产状况及处理办法；⑤合并后公司因合并而增资所发行的股份总额、种类和数量；⑥合并各方认为需要载明的其他内容。

（2）编制资产负债表

资产负债表是反映公司资产及负债状况、股东权益的公司要的会计报表。编制资产负债表及财产清单，以表明公司在合并时的资产、负债及各种权益等财务状况和经营状况。

（3）作出合并决议

由公司的最高权力机关依法作出合并决议。例如，有限责任公司股东会在对公司合并作出决议时，必须由代表 2/3 以上表决权的股东通过。股份有限公司的股东大会在对公司合并作出决议时，必须由出席会议的持 2/3 以上表决权的股东通过。

（4）通知债权人

公司应当自作出合并决议之日起 10 日内通知债权人，并于 30 日内在报纸上公告。债权人自接到通知书之日起 30 日内，未接到通知书的自公告之日起 45 日内，可以要求公司清偿债务或者提供相应的担保。

（5）依法进行工商变更登记

公司合并后，登记事项发生变更的，应当依法向公司登记机关办理变更登记；公司解散的，应当依法办理公司注销登记；设立新公司的，应当依法办理公司设立登记。

3. 债权、债务的处理

公司合并时，合并各方的债权、债务，应当由合并后存续的公司或者新设的公司承继。

（二）公司的分立

公司分立，是指一个公司依照法定程序分立为两个以上的公司。

公司分立的形式有两种：一是公司以其部分财产和业务另设立一个新的公司，原公司存续；二是公司以全部财产分别归入两个以上的新设立的公司，原公司解散。公司分立程序同公司合并程序。

公司分立前的债务由分立后的公司承担连带责任。但是，公司在分立前与债权人就债务清偿达成的书面协议另有约定的除外。

二、公司注册资本的减少和增加

公司增加或者减少注册资本，应当依法向公司登记机关办理变更登记。

（一）注册资本的减少

公司需要减少注册资本时，必须编制资产负债表及财产清单。公司应当自作出减少注册资本决议之日起 10 日内通知债权人，并于 30 日内在报纸上公告。债权人自接到通知书之日起 30 日内，未接到通知书的自公告之日起 45 日内，有权要求公司清偿债务或者提供相应的担保。

（二）注册资本的增加

有限责任公司增加注册资本时，股东认缴新增资本的出资，依照《公司法》设立有限责任公司缴纳出资的有关规定执行。股份有限公司为增加注册资本发行新股时，股东认购新股，依照《公司法》设立股份有限公司缴纳股款的有关规定执行。

三、公司解散和清算

（一）公司解散的原因

《公司法》规定，公司有下列情形的，应当解散。

1）公司章程规定的营业期限届满或者公司章程规定的其他解散事由出现时。

2）股东会或者股东大会决议解散时。

3）因公司合并或分立需要解散的。

4）依法被吊销营业执照、责令关闭或者被撤销。

5）人民法院依法予以解散。

《公司法》规定，公司经营管理发生严重困难，继续存续会使股东利益受到重大损失，通过其他途径不能解决的，持有公司全部股东表决权 10%以上的股东，可以请求人民法院解散公司。

《最高人民法院关于适用〈中华人民共和国公司法〉若干问题的规定（二）》（以下简称《公司法司法解释（二）》）规定，单独或者合计持有公司全部股东表决权 10%以上的股东，以下列事由之一提起解散公司诉讼，并符合《公司法》有关规定的，人民法院应予受理。

1）公司持续两年以上无法召开股东会或者股东大会，公司经营管理发生严重困难的。

2）股东表决时无法达到法定或者公司章程规定的比例，持续两年以上不能作出有效的股东会或者股东大会决议，公司经营管理发生严重困难的。

3）公司董事长期冲突，且无法通过股东会或者股东大会解决，公司经营管理发生严重困难的。

4）经营管理发生其他严重困难，公司继续存续会使股东利益受到重大损失的情形。

股东以知情权、利润分配请求权等权益受到损害，或者公司亏损、财产不足以偿还全部债务，以及公司被吊销企业法人营业执照未进行清算等为由，提起解散公司诉讼的，人民法院不予受理。

股东提起解散公司诉讼应当以公司为被告。经人民法院调解公司收购原告股份的，公司应当自调解书生效之日起 6 个月内将股份转让或者注销。股份转让或者注销之前，原告不得以公司收购其股份为由对抗公司债权人。公司被依法宣告破产的，依照有关企业破产的法律制度实施破产清算。

（二）公司的清算

1. 成立清算组

公司应当在解散事由出现之日起 15 日内成立清算组（合并或分立解散除外），进行清算。有限责任公司的清算组由股东组成，股份有限公司的清算组由董事或者股东大会确定的人员组成。逾期不成立清算组，债权人可以申请人民法院指定有关人员组成清算组进行清算。

2. 清算组的职权

清算组在清算期间行使下列职权：①清理公司财产，分别编制资产负债表和财产清单；②通知、公告债权人；③处理与清算有关的公司未了结的业务；④清缴所欠税款及清算过程中产生的税款；⑤清理债权、债务；⑥处理公司清偿债务后的剩余财产；⑦代表公司参与民事诉讼活动。

清算组成员应当忠于职守，依法履行清算义务。清算组成员不得利用职权收受贿赂或者其他非法收入，不得侵占公司财产。因故意或者重大过失给公司或者债权人造成损失的，清算组成员应当承担赔偿责任。

3. 清算程序

（1）登记债权

清算应自成立之日起 10 日内通知债权人，并于 60 日内在报纸上公告。债权人应当自接到通知书之日起 30 日内，未接到通知书的自公告之日起 45 日内，向清算组申报其债权。在申报债权期间，清算组不得对债权人进行清偿。

（2）清理公司财产，制订清算方案

清算组应对公司财产进行清理，编制资产负债表和财产清单，制订清算方案，并报股东会、股东大会或者人民法院确认。若清算中发现公司财产不足清偿债务，应当依法向人民法院申请宣告破产。公司经人民法院裁定宣告破产后，清算组应当将清算事务移交给人民法院。

（3）清偿债务

公司财产在拨付清算费用后，按下列顺序清偿：职工的工资、劳动保险费用和法定补偿金；缴纳所欠税款；清偿公司债务。清偿债务后公司的剩余财产，有限责任公司按股东的出资比例进行分配，股份有限公司按股东所持股份比例进行分配。

（4）公告公司终止

公司清算结束后，清算组应制作清算报告，报股东会、股东大会或者人民法院确认，并报送公司登记机关，申请注销公司登记，公告公司终止。

典型案例讨论

【案情介绍】

原告王×与第三人许某、黄某、王某共同出资成立 A 公司，原告占 36%的股份，担任公司的法定代表人。在公司经营过程中，公司股东之间因经营问题发生纠纷，无法自行协议解决，后发展到股东之间抢夺公章，发生肢体冲突，其他股东将公司搬离原住所地。原告先后两次向公安机关报警，仍无法解决股东之间的矛盾。为此，原告向法院提起诉讼，要求解散公司。

【问题】

原告诉求解散公司是否符合法定条件？试说明理由。

【案例分析】

《公司法》第一百八十三条规定："公司经营管理发生严重困难，继续存续会使股东利益受到重大损失，通过其他途径不能解决的，持有公司全部股东表决权百分之十以上的股东，可以请求人民法院解散公司。"请求解散公司必须符合以下4个条件：①公司经营管理发生严重困难；②继续存续会使股东利益受到重大损失；③持有公司全部股东表决权10%以上的股东提起；④通过其他途径不能解决的。

本案原告持有公司36%股份，符合提起解散公司的主体条件。公司经营过程中，由于经营管理、公章保管等问题，原告与其他股东发生严重冲突。原告虽为法定代表人，但长时间未能参与公司的经营管理，被告内部经营决策和正常业务活动均无法正常运转，经营管理确已发生严重困难。股东之间的矛盾激化后，其他股东将公司搬离原住所地，公司的财物也不知去向，已严重危及和损害原告作为股东的合法权益，公司的存续将造成原告的股东利益继续遭受重大损失。而且原告在无法自愿协商的前提下，两次报警寻求公安机关的协助，试图解决股东之间的纠纷，但是均无法得到及时解决，说明双方已不能通过其他途径解决矛盾。因此，本案原告解散公司的请求符合法定条件，应予支持。

课后思考

1. 公司合并分立的形式有哪些？
2. 股东请求法院解散公司应符合哪些条件？

创业实务操作

小股东权益保护方案

一、查阅公司会计报告及账簿

1. 法律依据

《公司法》第三十四条规定，股东有权查阅、复制公司章程、股东会会议记录、董事会会议决议、监事会会议决议和财务会计报告。

股东可以要求查阅公司会计账簿。股东要求查阅公司会计账簿的，应当向公司提出书面请求，说明目的。公司有合理根据认为股东查阅会计账簿有不正当目的，可能损害公司合法利益的，可以拒绝提供查阅，并应当自股东提出书面请求之日起15日内书面答复股东并说明理由。公司拒绝提供查阅的，股东可以请求人民法院要求公司提供查阅。

2. 操作中应注意的问题

1）股东要求查阅公司会计账簿的，应当向公司提出书面请求，说明目的。此系法定的前置程序，因此，股东应保留书面请求查阅会计账簿的证据，公司15日内不予答复的即可启动诉讼程序。当公司以“合理根据”予以拒绝正当目的的查阅时，股东在历经拒绝前置后即可启动诉讼救济，请求法院要求公司提供查阅。对此请求，从诉的类型分析，最高人民法院在《民事案件案由规定（试行）》中专门设置了“股东知情权纠纷”这一二级案由。

2）对于如何列当事人这一问题，权利受侵犯的股东自然是原告，公司应列为适格的被告，如将实际控制的大股东或实际管理人作为独立诉讼主体，不符合诉讼原理。判决的效力及于公司，而非大股东、董事等。当然查账并非最终目的，实现查账后，股东可以具体作出自己的选择。

3）《公司法》在第三十四条中明文规定，有限公司股东可以查阅会计账簿，这就使得会计账簿造假很难。

4）公司的每年利润情况可以通过查询工商档案中的年检资料获得（当然，公司做假账的可能性较大），如公司不能反证年检资料中的情况不符合真实情况，年检情况中的审计报告即可成为原告主张分红权的有力证据。

二、公司盈余分配诉讼（股东分红权）

1. 法律依据

《公司法》第四条规定：“公司股东依法享有资产收益、参与重大决策和选择管理者等权利。”

《公司法》第三十五条规定：“股东按照实缴的出资比例分取红利;公司新增资本时，股东有权优先按照实缴的出资比例认缴出资。但是，全体股东约定不按照出资比例分取红利或者不按照出资比例优先认缴出资的除外。”

《公司法》第一百六十七条规定：“公司分配当年税后利润时，应当提取利润的百分之十列入公司法定公积金。公司法定公积金累计额为公司注册资本的百分之五十以上的，可以不再提取。公司的法定公积金不足以弥补以前年度亏损的，在依照前款规定提取法定公积金之前，应当先用当年利润弥补亏损。公司从税后利润中提取法定公积金后，经股东会或者股东大会决议，还可以从税后利润中提取任意公积金。公司弥补亏损和提取公积金后所余税后利润，有限责任公司依照本法第三十五条的规定分配；股份有限公司按照股东持有的股份比例分配，但股份有限公司章程规定不按持股比例分配的除外。股东会、股东大会或者董事会违反前款规定，在公司弥补亏损和提取法定公积金之前向股东分配利润的，股东必须将违反规定分配的利润退还公司。公司持有的本公司股份不得分配利润。”

2. 操作中应注意的问题

作为诉讼案件，律师应当根据股东要求盈余分配的具体案情决定诉讼策略。

1）公司盈余分配方案经股东会通过的情形。根据《公司法》第一百条和第一百零九条的规定，股利分配的方案由董事会提出并由股东（大）会通过，所以公司股利分配原则属于公司自治和规定自治的范畴。如果分配方案已经股东会通过，而公司不予执行，则股东完全可以起诉公司要求履行给付。

2）公司盈余分配方案未经股东会通过的情形。如上所述，股利分配问题属于自治范畴，若未经股东会通过分红方案，这时律师帮助起诉时要慎重审查是否符合以下 3 个条件：①公司提取任意公积金是否具有必要性；②公司提取任意公积金是否具有合理性；③公司提取任意公积金是否符合股东平等原则。若不符合上述 3 个条件，则股东可向法院请求强制公司按公司章程或法律规定进行分派股利，此诉属于给付之诉。最高人民法院《民事案件案由规定（试行）》专设“公司盈余分配权纠纷”这一二级案由。

三、召开股东大会

1. 法律依据

《公司法》第三十九条规定：“首次股东会会议由出资最多的股东召集和主持，依照本法规定行使职权。”

《公司法》第四十条规定：“股东会会议分为定期会议和临时会议。定期会议应当依照公司章程的规定按时召开。代表十分之一以上表决权的股东，三分之一以上的董事，监事会或者不设监事会的公司的监事提议召开临时会议的，应当召开临时会议。”

2. 操作中应注意的事项

诉讼请求示范：判令被告立即召开股东大会，并以书面形式通知各股东，告知开会的具体时间、地点；责令被告召开股东大会制订公司的利润分配方案和弥补亏损方案。

四、股东行使退股权

1. 法律依据

《公司法》第七十五条规定有下列情形之一的，对股东会该项决议投反对票的股东可以请求公司按照合理的价格收购其股权：（一）公司连续五年不向股东分配利润，而公司该五年连续盈利，并且符合本法规定的分配利润条件的；（二）公司合并、分立、转让主要财产的；（三）公司章程规定的营业期限届满或者章程规定的其他解散事由出现，股东会会议通过决议修改章程使公司存续的。自股东会会议

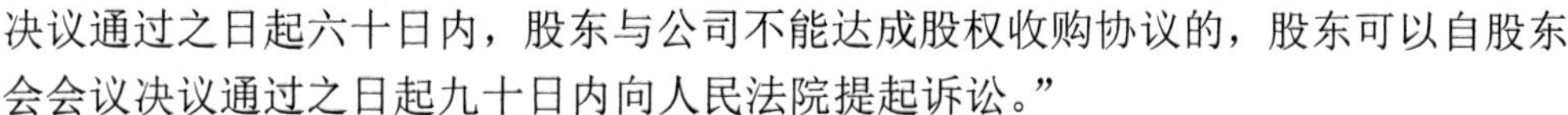

决议通过之日起六十日内，股东与公司不能达成股权收购协议的，股东可以自股东会会议决议通过之日起九十日内向人民法院提起诉讼。”

2. 操作中应注意的问题

股东退股应满足三大法定情形：①长期不分红；②公司合并、分立、转让主要财产；③公司生命的延展。只要退股股东有证据证实自己对决议投反对票，即可自股东会决议通过之日 90 日内向法院提起合理价格的退股诉讼。对合理价格的确定问题，退股股东可以请求法院指定具有法定资质的资产评估机构评估股东退股之时的净资产。依据净资产和退股股东所持股比例，就可计算出价格。

五、小股东对抗大股东的杀手锏：解散公司请求权

1. 法律依据

《公司法司法解释（二）》第一条规定：“单独或者合计持有公司全部股东表决权百分之十以上的股东，以下列事由之一提起解散公司诉讼，并符合公司法第一百八十三条规定的，人民法院应予受理：（一）公司持续两年以上无法召开股东会或者股东大会，公司经营管理发生严重困难的；（二）股东表决时无法达到法定或者公司章程规定的比例，持续两年以上不能做出有效的股东会或者股东大会决议，公司经营管理发生严重困难的；（三）公司董事长期冲突，且无法通过股东会或者股东大会解决，公司经营管理发生严重困难的；（四）经营管理发生其他严重困难，公司继续存续会使股东利益受到重大损失的情形。”

2. 操作中应注意的问题

1）股东必须单独或者合计持有公司全部股东表决权 10%以上，才有资格请求法院解散公司。

2）公司是否符合《公司法司法解释（二）》第一条任一法律条件，关键要看证据材料是否能够充分证明相关法律事实。根据民事诉讼“谁主张，谁举证”的举证原则，请求解散公司的股东承担主要的举证责任，必须举出相关证据材料证明公司符合前述法定解散条件，否则将承担败诉的法律风险。从维护股东权益角度出发，建议股东应有意识地搜集与公司、其他股东相关的法律文件，并为己方的法律行为保留相关证据材料（如向公司、其他股东发出请求、通知时应以邮寄书面文件的形式进行，并索取邮寄凭证）。

3）在提起解散公司诉讼时，股东可以请求法院保全公司财产或作相关证据保全。在股东提供担保且不影响公司正常经营的情形下，人民法院可予以保全。本条至关重要，保全公司财产或证据可以防止相关财产、证据被转移、隐匿，毁灭，以维护股东的合法权益及保证法院裁判能得到实现。由于申请保全时要向法院提供相当于被保全财产价值的担保及与财产、证据相关的线索，提取诉讼的股东应提前做好准备。

4）股东提起解散公司诉讼应当以公司为被告，其他股东只能被列为第三人。

5）解散公司诉讼案件和公司清算案件由公司住所地人民法院管辖。

6）须达到《公司法》规定的条件：公司经营管理发生严重困难，继续存续会使股东利益受到重大损失，通过其他途径不能解决的，持有公司全部股东表决权10%以上的股东，可以请求人民法院解散公司。因此，法院认定解散较为困难，但从解决问题从发，逼迫大股东让步来说，确实是一种杀手锏。

六、大股东恶意罢免或无理阻挠中小股东担任公司高级管理职务

1. 法律依据

《公司法》第四条规定："公司股东依法享有资产收益、参与重大决策和选择管理者等权利。"

《公司法》第二十条规定："公司股东应当遵守法律、行政法规和公司章程，依法行使股东权利，不得滥用股东权利损害公司或者其他股东的利益；不得滥用公司法人独立地位和股东有限责任损害公司债权人的利益。"

2. 操作中注意事项

公司股东滥用股东权利给公司或者其他股东造成损失的，应当依法承担赔偿责任。大股东恶意罢免或无理阻挠中小股东担任公司高级管理职务系控制股东违反了诚信义务，但《公司法》没有相应的救济措施，目前可以采取以上的退股权、要求召开股东会行使表决权、行使解散公司请求权等来制约控股股东的权利。

引导案例分析

在司法实践中，有限责任公司的董事或经理未经股东会批准设立的担保，一般认定为有效。尽管《公司法》规定公司为他人提供担保，依照公司章程规定，由董事会或股东会决议，但该条法律调整的是公司内部权利义务关系，不能以不符合公司管理程序的行为为理由来对抗债权人，公司盖章行为对外应视为公司同意对外提供担保，应承担保证责任。

本案中，A公司应当对B承担担保责任。丙可以以甲存在欺诈为由，主张撤销股权转让合同。但本案中，甲收取的股权转让款，已用于偿还自己的债务，若丙撤销合同，则存在短时间无法返还丙股权转让款的问题。

"或有债务"是股权转让过程中很难避免的问题，为了尽量减少这种纠纷，在股权转让之前和转让过程中，应有所准备。

1）选择可信的对象。由于有限责任公司是人合加资合的公司，人合的特征更加明显，在受让股权之前，应多方面了解出让人及目标公司的其他股东的为人，谨慎选择合作对象。

2）全面了解公司债权债务。在股权转让前，应对目标公司的资产负债、财务

状况等进行全面了解，对业务合作单位的债权债务进行核对确认，并通过专业的财务、法律机构进行尽职调查，取得相对完整、全面的报告。

3）合理设置付款时间和违约责任。对于签订的股权转让协议，建议分次支付转让款，以应对转让以后出现的“或有债务”。另外，建议约定若出现未在资产负债表中列明的债务，出让方应承担的违约责任。

4）要求出让方提供担保。对于股权转让，要求出让方对出让股权提供担保，也至关重要。在上述案例中，若有一个有实力的人给甲方提供担保，丙方的权利实现起来就会容易TJ 多。

本章知识体系

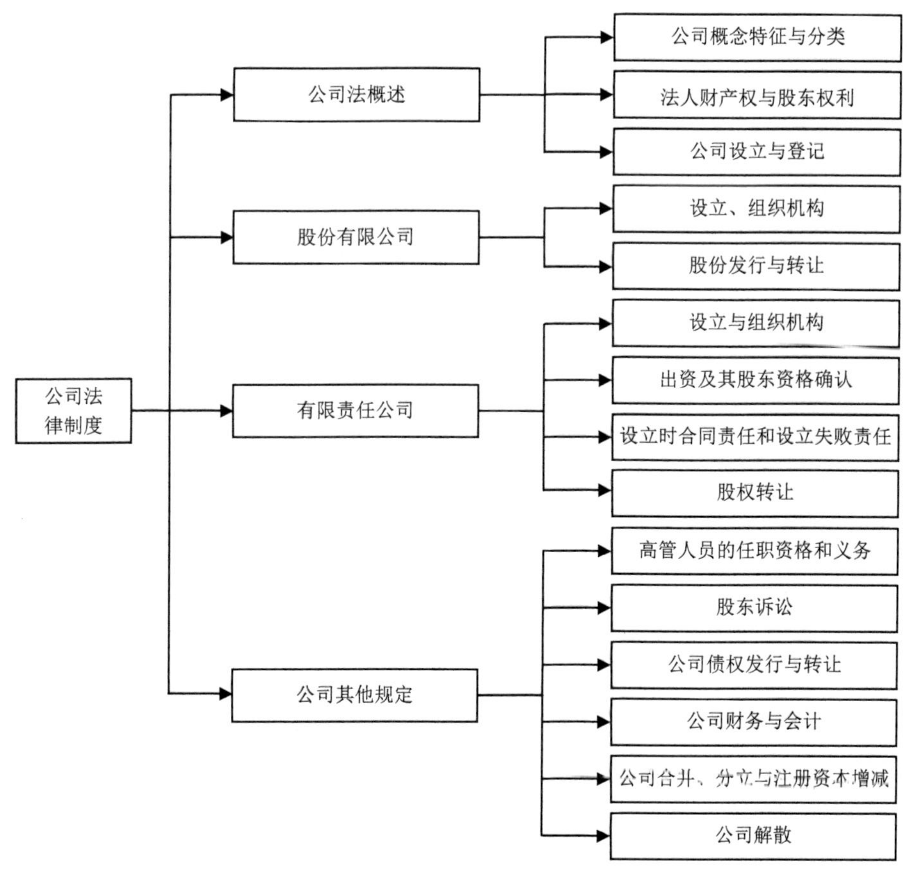

综 合 练 习

一、单项选择题

1. 甲公司的分公司在其经营范围内以自己的名义对外签订一份货物买卖合同。根据《公司法》的规定，下列关于该合同的效力及其责任承担的表述，正确的是（　　）。

A. 该合同有效，其民事责任由甲公司承担

B. 该合同有效，其民事责任由分公司独立承担

C. 该合同有效，其民事责任由分公司承担，甲公司负补充责任

D. 该合同无效，甲公司和分公司均不承担民事责任

2. 甲、乙、丙三位股东发起方式设立 A 股份有限公司，公司经营一段时间后，甲股东向银行贷款 100 万元，拟由 A 公司为其提供担保，关于该担保事项，下列说法正确的是（　　）。

A. 按照公司章程的规定由董事会或者股东大会进行决议

B. 由董事会作出决议

C. 无须经过会议讨论，甲股东可以安排公司经理办理担保事项

D. 必须经股东大会决议

3. 王某以贪污所得货币 100 万元与甲、乙、丙共同投资设立了 A 公司；人民法院依法对王某的犯罪行为进行追究时，下列做法符合规定的是（　　）。

A. 通知 A 公司及其开户行后，从 A 公司账户划扣款项 100 万元

B. 在甲、乙、丙均不知情的情况下，直接将王某持有的 A 公司的股权折价抵偿受害人

C. 在甲、乙、丙均不知情的情况下，强制王某将其持有的 A 公司股权转让给丁，转让款用于对受害人进行赔偿

D. 通知 A 公司及全体股东，并于通知之日起 30 日后将王某持有的 A 公司股权拍卖

4. 下列有关公司组织机构的表述中，正确的是（　　）。

A. 股东人数较少的有限责任公司可以不设监事会，但必须设置董事会

B. 一人有限责任公司不设股东会

C. 股份有限公司董事长由股东大会选举产生

D. 有限责任公司的经理由股东会聘任

5. 下列有关股份有限公司监事会组成的表述，符合公司法律制度规定的是（　　）。

A. 监事会成员必须全部由股东大会选举产生

B. 监事会成员必须有职工代表

C. 未担任公司行政管理职务的董事可以兼任监事

D. 监事会成员每届任期为 3 年，不得连选连任

6. 股份有限责任公司发行公司债券的，其净资产额最低为（　　）万元。

A. 1000　　B. 2000　　C. 3000　　D. 6000

二、多项选择题

1. 甲有限责任公司注册资本为 30 万元，共有 12 个股东，5 个董事和 2 名监事，下列人员可以提议召开股东临时会议的有（　　）。

A. 2 名股东提议，其出资合计 2 万元　　B. 1 名监事提议

C. 2 名董事提议　　D. 1 名股东提议，其出资额为 5 万元

2. 股份有限公司应当在 2 个月内召开临时股东大会的情形有（　　）。

A. 持有公司 10%以上股份的股东请求时

B. 1/3 监事提议时

C. 董事会提议时

D. 董事人数不足公司章程所规定人数的 3/4 时

3. 股份有限公司的发起人应当承担的责任有（　　）。

A. 公司不能成立时，对设立行为所产生的债务和费用负连带责任

B. 公司不能成立时，对设立行为所产生的债务和费用负有限责任

C. 公司不能成立时，对认股人已缴纳的股款，负返还股款并加算银行同期存款利息的连带责任

D. 在公司设立过程中，由于发起人的过失致使公司利益受到损害的，应当对公司承担赔偿责任

4. 公司的董事和高级管理人员不得（　　）。

A. 挪用公司资金

B. 将公司资金以其个人名义或者以其他个人名义开立账户存储

C. 违反公司章程的规定或者未经股东会、股东大会同意，与本公司订立合同或者进行交易

D. 擅自披露公司秘密

5. 依照《公司法》的规定，公司章程对（　　）有约束力。

A．公司　　B．股东　　C．高级管理人员　　D．监事

6. 公司可以收购本公司股份的情形有（　　）。

A. 减少公司注册资本

B. 与持有本公司股份的其他公司合并

C. 将股份奖励给本公司职工

D. 股东因对股东大会作出的公司合并、分立决议持异议，要求公司收购其股份

7. 甲、乙、丙、丁拟设立一家快捷家装公司，就设立事宜分工负责，其中乙负责采购原材料，乙图方便以自己名义与A公司签订了一份板材采购合同。有关该板材采购合同的责任，下列说法正确的有（　　）。

A. 无论快捷家装公司是否成立，A公司均可请求乙承担清偿责任

B. 快捷家装公司成立后，如对该板材采购合同进行确认，A公司可请求其承担清偿责任

C. 快捷家装公司成立后，A公司即可请求其承担清偿责任

D. 快捷家装公司成立后，A公司即可请求乙和快捷家装公司承担连带清偿责任

8. 根据《公司法》规定须经有限责任公司代表2/3以上表决权的股东通过的事项有（　　）。

A. 修改公司章程　　B. 增减注册资本

C. 发行公司债券　　D. 变更公司形式

三、案例分析

2001年8月，王某、张某、李某三人共同投资设立了甲有限责任公司（简称“甲公司”）。2001年10月，甲公司联合另外5家公司共同设立了乙股份有限公司（简称“乙公司”）。乙公司于2005年5月首次公开发行股份，同年6月其股票在证券交易所上市交易。

2006年2月15日，甲公司召开股东会审议2005年年度利润分配方案和董事会组成人员调整方案。决议通过后，持有甲公司15%股权的股东王某对利润分配数额有异议，要求查阅公司会计账簿，并要求董事会召集和主持临时股东会再次审议利润分配方案，遭到公司拒绝。之后，王某以利润分配不符合公司法规定为由，要求甲公司收购王某在公司的股权。据了解，甲公司章程规定：公司股东按照投资比例行使表决权，按照平均原则分配利润。2006年2月底，甲公司单独投资设立了丙有限责任公司（简称“丙公司”）。

2006年3月，乙公司向社会公开发行可转换为股票的公司债券，依法聘请N证券公司为承销机构。N证券公司了解到：乙公司净资产为1.2亿元；2003年，乙公司首次发行2年期公司债券500万元，债券本息已全部支付。同月，乙公司拟在2005年年度报告中披露持有公司股份最多的前5名股东的名单和持股数额，但不披露公司监事持股情况和实际控制人情况。

2006年4月，乙公司拟对本公司章程做以下修改：公司持有的本公司股份享有表决权；公司利润分配实行同股同利，公司持有的本公司股份与其他股份一同参与公司利润分配。

思考：根据上述事实和相关法律制度的规定，回答下列问题。

1）甲公司审议2005年年度利润分配方案和董事会组成人员调整方案时，在什么情

况下可以不召开股东会会议而直接作出决定？

2）甲公司在什么情况下可以拒绝王某查阅公司账簿？王某被拒绝后，可以采取什么措施查阅公司账簿？

3）王某在什么条件下可以自行召集和主持股东会？

4）王某是否具备要求甲公司收购王某在公司中的股权的条件？为什么？

5）丙公司可否再单独投资设立有限责任公司？为什么？

6）丙公司可否在章程中规定“甲公司对丙公司的债务一概不承担责任”？为什么？

7)乙公司 2006 年 3 月发行可转换为股票的公司债券时,是否需要保荐人？为什么？

8）乙公司 2006 年 3 月发行可转换为股票的公司债券的额度最高可以是多少万元？

9）乙公司拟在 2005 年年度报告中披露和不披露的内容是否符合法律规定？为什么？

10）乙公司拟对公司章程所做的修改内容是否符合法律规定？为什么？

第五章　外商投资企业法律制度

学习目标

素质目标：了解外商投资企业的相关立法。

知识目标：理解外商投资企业的定义、法律特征。

技能目标：熟悉外商投资企业出资方式，组织机构，经营管理，经营期限，以及解散与清算。

相关法规

《中华人民共和国中外合资经营企业法》

《〈中华人民共和国中外合资经营企业法〉实施细则》

《中华人民共和国中外合作经营企业法》

《〈中华人民共和国中外合作经营企业法〉实施细则》

《中华人民共和国外商独资企业法》

《中华人民共和国外商独资企业法实施细则》

创业法律思考

1. 什么是外商投资企业？其设立形式有哪些？
2. 什么是中外合资经营企业？其设立条件有哪些？
3. 什么是中外合作经营企业？其设立条件有哪些？
4. 什么是外商独资经营企业？其设立条件有哪些？
5. 中外合资经营企业与中外合作经营企业的区别有哪些？

引导案例

2013 年 2 月，美国的甲公司拟收购境内乙公司 60％的股权，乙公司将依法变更为中外合资经营企业丙公司（以下简称“丙公司”）。甲、乙公司签订的收购协议部分内容如下。

1）乙公司的债权债务由丙公司继承。

2）甲公司收购乙公司 60％股权价款为 1200 万美元。甲公司应当自丙公司营业执照颁发之日起 3 个月内支付 600 万美元，其余价款在 2 年内付清。

3）丙公司成立后，注册资本由原来的 2000 万美元拟增加至 3000 万美元，丙公司的投资总额拟订为 10000 万美元。

思考：根据有关法律规定，回答以下问题。

1）乙公司的债权债务由丙公司继承是否符合规定？试说明理由。

2）甲公司股权并购价款的支付期限是否符合规定？试说明理由。

3）丙公司的投资总额是否符合规定？试说明理由。

第一节　外商投资企业法律制度概述

背景：外商投资企业法是调整国家协调经济运行过程中发生的关于外商投资企业的经济关系的法律规范总称。外商投资企业法共有 3 部：《外资企业法》《中外合作经营企业法》、《中外合资经营企业法》。

关键词：外商投资企业；投资项目；反垄断审

一、外商投资企业的定义与种类

（一）外商投资企业的定义

外商投资企业是指依照中国的法律规定，经中国政府批准，在中国境内设立的，由中国投资者和外国投资者共同投资或者仅由外国投资者投资的企业。

（二）外商投资企业的种类

外商投资企业是一个总括概念，包含所有依法成立涉外资本成分的企业。依照外商在我国企业注册资本及资产中涉外资产所占股份和份额的比例不同，以及其他法律特征的不同，可将我国现阶段外商投资企业分为 4 种类型，即中外合资经营企业、中外合作经营企业、外资企业和中外合资股份有限公司。

二、外商投资企业的权利与义务

外商投资企业享有的权利主要包括生产经营计划权、资金筹措使用权、物资采购权（外商投资企业有权自行决定在中国市场或在国际市场购买所需要的原材料）、产品销售权、外汇收入使用权（企业的外籍职工的工资收入和其他合法收入，依法缴纳个人所得税后，可以汇往国外）、劳动用工管理权、机构设置和人员编制权等。

外商投资企业承担的义务主要包括遵守中国法律、行政法规，不得损害中国社会公共利益；履行依法签订的协议、合同、章程；依照中国税法的规定缴纳税款；接受中国政府有关部门的管理和监督等。

三、外商投资企业的投资项目

外商投资企业的投资项目分为鼓励、允许、限制和禁止 4 类。《指导外商投资方向规定》对鼓励、允许、限制和禁止的投资项目分别作了具体规定。

（一）鼓励类

《指导外商投资方向规定》中鼓励类投资项目包括以下几个方面。

1）属于农业新技术、农业综合开发和能源、交通、重要原材料工业的。

2）属于高新技术、先进适用技术，能够改进产品性能、提高企业技术经济效益或者生产国内生产能力不足的新设备、新材料的。

3）适应市场需求，能够提高产品档次、开拓新兴市场或者增加产品国际竞争能力的。

4）属于新技术、新设备，能够节约能源和原材料、综合利用资源和再生资源及防治环境污染的。

5）能够发挥中西部地区的人力和资源优势，并符合国家产业政策的。

6）法律、行政法规规定的其他情形。

鼓励类外商投资项目，除依照有关法律、行政法规的规定享受优惠待遇外，从事投资额大、回收期长的能源、交通、城市基础设施（煤炭、石油、天然气、电力、铁路、公路、港口、机场、城市道路、污水处理、垃圾处理等）建设、经营的，经批准，可以扩大与其相关的经营范围。

（二）允许类

《指导外商投资方向规定》中允许类投资项目包括以下两类。

1）产品全部直接出口的允许类外商投资项目，视为鼓励类外商投资项目。

2）产品出口销售额占其产品销售总额 70%以上的限制类外商投资项目，经省、自治区、直辖市及计划单列市人民政府或者国务院主管部门批准，可以视为允许类外商投资项目。

对于确能发挥中西部地区优势的允许类和限制类外商投资项目，可以适当放宽条件；其中，列入《中西部地区外商投资优势产业目录》的，可以享受鼓励类外商投资项目优惠政策。

（三）限制类

《指导外商投资方向规定》中限制类项目包括以下几类。

1）技术水平落后的。
2）不利于节约资源和改善生态环境的。
3）从事国家规定实行保护性开采的特定矿种勘探、开采的。
4）属于国家逐步开放的产业的。
5）法律、行政法规规定的其他情形。

（四）禁止类

《指导外商投资方向规定》中禁止类项目包括以下几类。
1）危害国家安全或者损害社会公共利益的。
2）对环境造成污染损害，破坏自然资源或者损害人体健康的。
3）占用大量耕地，不利于保护、开发土地资源的。
4）危害军事设施安全和使用效能的。
5）运用我国特有工艺或者技术生产产品的。
6）法律、行政法规规定的其他情形。

四、外国投资者并购境内企业

外国投资者并购境内企业，是指外国投资者购买境内非外商投资企业（以下称“境内公司”）股东的股权或认购境内公司增资，使该境内公司变更设立为外商投资企业（以下称“股权并购”）；或者，外国投资者设立外商投资企业，并通过该企业协议购买境内企业资产且运营该资产，或者外国投资者协议购买境内企业资产，并以该资产投资设立外商投资企业运营该资产（以下称“资产并购”）。

（一）外国投资者并购境内企业应遵循的原则

外国投资者并购境内企业，应遵守中国法律、行政法规和规章，遵循公平合理、等价有偿、诚实信用的原则。同时，根据《外商投资产业指导目录》不允许外国投资者独资经营的产业，并购不得导致外国投资者持有企业的全部股权；需由中方控股或相对控股的产业，并购后仍应由中方在企业中控股或相对控股。

（二）外国投资者并购境内企业的要求

境内公司、企业或自然人以其在境外合法设立或控制的公司名义并购与其有关联关系的境内公司，应报商务部审批。

外国投资者并购境内企业并取得实际控制权，涉及重点行业、存在影响或可能影响国家经济安全因素，或者导致拥有驰名商标或中华老字号的境内企业实际控制权转移的当事人应就此向商务部进行申报。

外国投资者股权并购的，并购后所设外商投资企业承继被并购境内公司的债权和债务。外国投资者资产并购的，出售资产的境内企业承担其原有的债权和债务。

并购当事人应以资产评估机构对拟转让的股权价值或拟出售资产的评估结果，作为确定交易价格的依据。

（三）外国投资者并购境内企业的注册资本与投资总额

外国投资者协议购买境内公司股东的股权，境内公司变更设立为外商投资企业后，该外商投资企业的注册资本为原境内公司注册资本，外国投资者的出资比例为其所购买股权在原注册资本中所占比例。外国投资者认购境内有限责任公司增资的，并购后所设外商投资企业的注册资本为原境内公司注册资本与增资额之和。

外国投资者与被并购境内公司原其他股东，在境内公司资产评估的基础上，确定各自在外商投资企业注册资本中的出资比例。外国投资者认购境内股份有限公司增资的，按照《公司法》的有关规定确定注册资本。

外国投资者在并购后所设外商投资企业注册资本中的出资比例一般不低于 25%。外国投资者的出资比例低于 25%的，除法律、行政法规另有规定的外，应依照现行设立外商投资企业的审批登记程序进行审批、登记。

外国投资者股权并购的，对并购后所设外商投资企业应按照以下比例确定投资总额的上限。

1）注册资本在 210 万美元以下（含 210 万美元）的，投资总额不得超过注册资本的 7/10。

2）注册资本在 210 万美元以上至 500 万美元（含 500 万美元）的，投资总额不得超过注册资本的 2 倍。

3）注册资本在 500 万美元以上至 1200 万美元（含 1200 万美元）的，投资总额不得超过注册资本的 2.5 倍。

4）注册资本在 1200 万美元以上的，投资总额不得超过注册资本的 3 倍。

外国投资者资产并购的，应根据购买资产的交易价格和实际生产经营规模确定拟设立的外商投资企业的投资总额。

（四）外国投资者并购境内企业的出资

外国投资者并购境内企业设立外商投资企业，外国投资者应自外商投资企业营业执照颁发之日起 3 个月内向转让股权的股东，或出售资产的境内企业支付全部对价。特殊情况需要延长者，经审批机关批准后，应自外商投资企业营业执照颁发之日起 6 个月内支付全部对价的 60%以上，1 年内付清全部对价，并按实际缴付的出资比例分配收益。

外国投资者认购境内公司增资，有限责任公司和以发起方式设立的境内股份有限公司的股东，应当在公司申请外商投资企业营业执照时，缴付不低于 20%的新增注册资本，其余部分的出资时间应符合《公司法》、有关外商投资的法律和《公司登记管理条例》

的规定。

外国投资者资产并购的，投资者应在拟设立的外商投资企业合同、章程中规定出资期限。设立外商投资企业，并通过该企业协议购买境内企业资产且运营该资产的，对与资产对价等额部分的出资，投资者应在上述规定的对价支付期限内缴付；其余部分的出资应符合设立外商投资企业出资的相关规定。

外国投资者并购境内企业设立外商投资企业，如果外国投资者出资比例低于企业注册资本的25%的，投资者以现金出资的，应自外商投资企业营业执照颁发之日起3个月内缴清；投资者以实物、工业产权等出资的，应自外商投资企业营业执照颁发之日起6个月内缴清。

外国投资者在并购后所设立外商投资企业注册资本中的出资比例高于25%的，该企业享受外商投资企业待遇。外国投资者在并购后所设立外商投资企业注册资本中的出资比例低于25%的，除法律和行政法规另有规定外，该企业不享受外商投资企业待遇，其举借外债按照境内非外商投资企业举借外债的有关规定办理。

境内公司、企业或自然人以其在境外合法设立或控制的公司名义并购与其有关联关系的境内公司，所设立的外商投资企业不享受外商投资企业待遇，但该境外公司认购境内公司增资，或者该境外公司向并购后所设立的企业增资，增资额占所设立企业注册资本比例达到25%以上的除外。

（五）外国投资者并购境内企业的审批与登记

外国投资者并购境内企业的审批机关为商务部或省级商务主管部门。

审批机关应该在收到全部申请文件之日起30日内，依法决定批或不批。投资者收到批准证书的，自收到证书之日起30日内向登记机关办理设立登记，领取外资企业营业执照。

外国投资者协议购买境内企业资产，并以该资产投资设立外商投资企业的，在企业成立前，不得以该资产开展经营活动。

投资者自收到外商投资企业营业执照之日起30日内，到税务、海关、土地管理和外汇管理等有关部门办理登记手续。

登记机关收到申请文件，发现其没有管辖权，应自收到申请文件之日起10日内将有关文件送至有管辖权的登记机关。

（六）反垄断审查

外国投资者并购境内企业有下列情形之一的，投资者应就所涉情形向商务部和国家工商行政管理总局报告：①并购一方当事人当年在中国市场营业额超过15亿元人民币；②1年内并购国内关联行业的企业累计超过10个；③并购一方当事人在中国的市场占有率已经达到20%；④并购导致并购一方当事人在中国的市场占有率达到25%。

商务部和国家工商行政管理总局认为可能造成过度集中，妨害正当竞争、损害消费者利益的，应自收到规定报送的全部文件之日起 90 日内，共同或经协商单独召集有关部门、机构、企业及其他利害关系方举行听证会，并依法决定批准或不批准。

境外并购有下列情形之一的，并购方应在对外公布并购方案之前或者报所在国主管机构的同时，向商务部和国家工商行政管理总局报送并购方案。商务部和国家工商行政管理总局应审查是否存在造成境内市场过度集中，妨害境内正当竞争、损害境内消费者利益的情形，并作出是否同意的决定：①境外并购一方当事人在我国境内拥有资产在 30 亿元人民币以上；②境外并购一方当事人当年在中国市场上的营业额在 15 亿元人民币以上；③境外并购一方当事人及与其有关联关系的企业在中国的市场占有率已经达到 20%；④由于境外并购境外并购一方当事人及与其有关联关系的企业在中国的市场占有率达到 25%；⑤由于境外并购，境外并购一方当事人直接或间接参股境内相关行业的外商投资企业将超过 15 家。

有下列情形之一的并购，并购一方当事人可以向商务部和国家工商行政管理总局申请审查豁免：①可以改善市场公平竞争条件的；②重组亏损企业并保障就业的；③引进先进技术和管理人才并能提高企业国际竞争力的；④可以改善环境的。

第二节　中外合资经营企业法律制度

背景：在 1986 年以前，合资企业是中国吸引外商直接投资的唯一途径。中外合资企业在 20 多年的发展过程中，确实也体现了其自身的优势和特点。目前，其仍是许多企业包括跨国企业和国内企业最理想的经营方式。

关键词：中外合资经营企业；投资总额；解散清算

一、中外合资经营企业法律制度

（一）设立中外合资经营企业的条件

中外合资经营企业，是指中国合营者与外国合营者依照中国法律规定，在中国境共同投资、共同经营，并按照投资比例分享利润、分担风险及亏损的企业。

所设立中外合资经营企业（以下简称“合营企业”），应当能够促进中国经济的发展和科学技术水平的提高，有利于社会主义现代化建设。

申请设立合营企业有下列情况之一的，不予批准。

1）有损中国主权的。

2）违反中国法律的。

3）不符合中国国民经济发展要求的。

4）造成环境污染的。

5）签订的协议、合同、章程显属不公平，损害合营一方权益的。

（二）设立合营企业的审批机关

设立合营企业的审批机关，是国务院对外经济贸易主管部门即商务部。符合规定条件的，可由国务院授权的省、自治区、直辖市人民政府及国务院有关行政机关审批，报国务院对外经济贸易主管部门备案。

（三）设立合营企业的法律程序

设立合营企业的法律程序包括以下几个方面。

1）由中外合营者共同向审批机关报送有关文件。

2）审批机关审批。审批机关应当在收到全部文件之日起 3 个月内决定批准或者不批准。合营企业经批准后，由审批机关发给批准证书。

3）办理工商登记。合营企业应当自收到批准证书后 1 个月内向工商行政管理机关办理登记手续，领取营业执照。合营企业的营业执照签发日期，即为该合营企业的成立日期。

二、合营企业的注册资本与投资总额

（一）合营企业的注册资本

合营企业的注册资本为合营各方认缴的出资额之和。合营企业的注册资本中，外国合营者的出资比例一般不得低于 25%。

合营企业在合营期限内，不得减少其注册资本。但因投资总额和生产经营规模等发生变化，确需减少注册资本的，须经审批机关批准。合营企业增加注册资本应当经合营各方协商一致，并由董事会会议通过，报原审批机关核准。合营企业增加、减少注册资本，应当修改合营企业章程，并办理变更注册资本登记手续。

合营企业的注册资本应符合《公司法》规定的有限责任公司的注册资本最低限额。

（二）合营企业的投资总额与注册资本的关系

合营企业的投资总额，为按照合营企业的合同、章程规定的生产规模需要投入的基本建设资金和生产流动资金的总和。由注册资本与借款构成。

合营企业的注册资本和投资总额之间应当保持一个适当、合理的比例。

1）合营企业的投资总额在 300 万美元（含 300 万美元）以下的，其注册资本至少应占投资总额的 7/10。

2）合营企业的投资总额在 300 万美元以上至 1000 万美元（含 1000 万美元）的，其注册资本至少应占投资总额的 1/2，其中投资总额在 420 万美元以下的，注册资本不得低于 210 万美元。

3）合营企业的投资总额在 1000 万美元以上至 3000 万美元（含 3000 万美元）的，其注册资本至少应占投资总额的 2/5，其中投资总额在 1250 万美元以下的，注册资本不得低于 500 万美元。

4）合营企业的投资总额在 3000 万美元以上的，其注册资本至少应占投资总额的 1/3，其中投资总额在 3000 万美元以下的，注册资本不得低于 1200 万美元。

三、合营企业合营各方的出资方式、出资期限

（一）合营企业合营各方的出资方式

合营企业合营各方可以用货币出资，也可以用建筑物、厂房、机器设备或者其他物料、工业产权、专有技术、场地使用权等作价出资。

外国合营者以货币出资时，只能以外币缴付出资，不能以人民币缴付出资。

作为外国合营者出资的机器设备或者其他物料，应当是合营企业生产所必需的，且出资的机器设备或者其他物料的作价，不得高于同类机器设备或者其他物料当时的国际市场价格。

作为外国合营者出资的工业产权或专有技术，必须符合下列条件之一。

1）能显著改进现有产品的性能、质量，提高生产效率的。

2）能显著节约原材料、燃料、动力的。中国合营者可以用为合营企业经营期间提供的场地使用权作为出资，其作价金额应当与取得同类场地使用权所应缴纳的使用费相同。

合营各方按照合营合同的规定向合营企业认缴的出资，必须是合营者自己所有的现金、自己所有并且未设立任何担保物权的建筑物、厂房、机器设备或者其他物料、工业产权、专有技术等。

合营企业任何一方不得用以合营企业名义取得的贷款、租赁的设备或者其他财产及合营者以外的他人财产作为自己的出资，也不得以合营企业的财产和权益或者合营他方的财产和权益为其出资担保。

（二）合营企业合营各方的出资期限

合营各方应当在合营合同中订明出资期限，并且应当按照合营合同规定的期限缴清各自的出资。

合营合同规定一次缴清出资的，合营各方应当自营业执照签发之日起 6 个月内缴清；合营合同规定分期缴付出资的，合营各方的第一期出资，不得低于各自认缴出资额的 15%，并且应当自营业执照签发之日起 3 个月内缴清。

合营企业投资者分期出资的总期限包括以下几个方面。

1）注册资本在 50 万美元以下（含 50 万美元）的，自营业执照核发之日起 1 年内，应将资本全部缴齐。

2）注册资本在 50 万美元以上 100 万美元以下（含 100 万美元）的，自营业执照核发之日起 1 年半内，应将资本全部缴齐。

3）注册资本在 100 万美元以上 300 万美元以下（含 300 万美元）的，自营业执照核发之日起 2 年内，应将资本全部缴齐。

4）注册资本在 300 万美元以上 1000 万美元以下（含 1000 万美元）的，自营业执照核发之日起 3 年内，应将资本全部缴齐。

5）注册资本在 1000 万美元以上的，出资期限由审批机关根据实际情况审定。

通过收购国内企业资产或股权设立合营企业的外国投资者，应自合营企业营业执照颁发之日起 3 个月内支付全部购买金。对特殊情况需要延长支付者，经审批机关批准后，应自营业执照颁发之日起 6 个月内支付购买总金额的 60%以上，在 1 年内付清全部购买金，并按实际缴付的出资额的比例分配收益。

合营企业合同经审批后，如确因特殊情况需要超过合同规定的缴资期限延期缴资的，应报原审批机关批准和登记机关备案，并办理相关手续。

合营企业的投资者均须按合同规定的比例和期限同步缴付认缴的出资额。因特殊情况不能同步缴付的，应报原审批机关批准，并按实际缴付的出资额比例分配收益。

对合营企业中控股的投资者，在其实际缴付的出资额未达到其认缴的全部出资额之前，不能取得企业决策权，不得将其在企业中的权益、资产以合并报表的方式纳入该投资者的财务报表。

四、合营企业出资额的转让

合营企业出资额的转让，是指在合营企业中合营一方将其全部或部分出资额转让给合营企业另一方或第三方。

（一）合营企业出资额的转让条件

根据有关规定，合营企业出资额的转让必须具备以下条件，才能具有法律效力。

1）合营企业出资额的转让须经合营各方同意。

2）合营企业出资额的转让须经董事会会议通过。

3）报原审批机关批准。

4）合营企业一方转让其全部或部分出资额时，合营他方有优先购买权。

（二）合营企业出资额的转让程序

合营企业出资额的转让，一般分以下 4 个步骤。

1）申请出资额转让。
2）董事会审查决定。
3）报审批机关批准。
4）办理变更登记手续。

五、合营企业的组织形式与组织机构

（一）合营企业的组织形式

合营企业的组织形式为有限责任公司。合营企业合营各方对合营企业的责任以各自认缴的出资额为限，合营企业以其全部资产对其债务承担责任。

（二）合营企业的组织机构

合营企业的组织机构是董事会和经营管理机构。

1. 董事会

合营企业的董事会是合营企业的最高权力机构，决定合营企业的一切重大问题。

董事会由董事长、副董事长及董事组成。董事会成员不得少于 3 人。董事长和副董事长由合营各方协商确定或者由董事会选举产生。董事长是合营企业的法定代表人。董事任期 4 年，可以连任。

董事会的职权包括审议企业发展规划、生产经营活动方案、收支预算、利润分配、劳动工资计划、停业，以及总经理、副总经理、总工程师、总会计师、审计师的任命或聘请及其职权和待遇等。

董事会会议由董事长召集并主持，董事长不能召集或主持时，可以由董事长委托副董事长或者其他董事召集并主持董事会会议。董事会会议每年至少召开 1 次。经 1/3 以上的董事提议，可以由董事长召开董事会临时会议。董事会会议应有 2/3 以上董事出席方能举行。董事不能出席的，可出具委托书委托他人代表其出席和表决。

下列事项由出席董事会会议的董事一致通过方可作出决议。

1）合营企业章程的修改。
2）合营企业的中止、解散。
3）合营企业注册资本的增加、减少。
4）合营企业的合并、分立。

2. 经营管理机构

合营企业的经营管理机构，负责企业的日常经营工作。总经理或副总经理不得兼任其他经济组织的总经理或副总经理，不得参与其他经济组织对本企业的商业竞争。

六、中外合资经营企业的财务会计管理

合营企业应当建立健全财务会计管理机构，执行国家统一的财务会计制度，根据中国有关的法律和财务会计制度的规定，制定适合本企业的财务会计制度，并报送当地财政、税务机关备案。

合营企业应当向合营各方、当地税务机关和财政部门报送季度和年度会计报表。合营企业设总会计师，协助总经理负责企业的财务会计工作。必要时，可以设副总会计师。合营企业可以设审计师，负责审查、稽核合营企业的财务收支和会计账目，向董事会、总经理提出报告。

合营企业原则上采用人民币为记账本位币，但经合营各方商定，也可采用某一种外国货币为记账本位币。

合营企业的税后利润中可向出资人分配的利润，按照合营企业各方的出资比例进行分配。合营企业以前年度尚未分配的利润，可并入本年度的可分配利润中进行分配。合营企业以前年度的亏损未弥补前，不得分配利润。

合营企业的下列文件、证件、报表，应当经中国注册会计师验证和出具证明方为有效。

1）合营各方的出资证明书（以物料、场地使用权、工业产权、专有技术作为出资的，应当包括合营各方签字同意的财产估价清单及其协议文件）。

2）合营企业的年度会计报表。

3）合营企业清算的会计报表。

七、合营企业的合营期限、解散与清算

（一）合营企业的合营期限

合营企业如属于国家法律、法规规定需要约定合营期限的行业，合营各方应当在合营合同中约定合营企业的合营期限。其他行业的合营各方可以在合营合同中约定合营期限，也可以不约定合营期限。

国家法律、法规规定需要约定合营期限的行业包括以下几个方面。

1）服务性行业，如饭店、公寓、写字楼、娱乐、饮食、出租汽车、彩扩、洗像、维修、咨询等。

2）从事土地开发及经营房地产的。

3）从事资源勘查开发的。

4）国家规定限制投资项目的。

合营企业的合营期限，一般项目原则上为 10～30 年。投资大、建设周期长、资金利润率低的项目及外国合营者提供先进技术或者关键技术生产尖端产品的项目，或者在

国际上有竞争能力的产品的项目，其合营期限可以延长到 50 年。经国务院特别批准的，可以在 50 年以上。

约定合营期限的合营企业，合营各方同意延长合营期限的，应当在距合营期限届满 6 个月前向审批机关提出申请。审批机关应当在收到申请之日起 1 个月内决定批准或者不批准。经批准，合营企业可以延长合营期限。

（二）合营企业的解散

合营企业出现解散事由时，应当依法予以解散。

合营企业在下列情况下解散。

1）合营期限届满。

2）企业发生严重亏损，无力继续经营。

3）合营一方不履行合营企业合同、协议、章程规定的义务，致使企业无法继续经营。

4）因自然灾害、战争等不可抗力遭受严重损失，无法继续经营。

5）合营企业未达到其经营目的，同时又无发展前途的。

6）合营企业合同章程所规定的其他解散原因已经出现。

（三）合营企业的清算

合营企业宣告解散时，应当进行清算。合营企业的清算由清算委员会负责。

清算委员会的成员应当在合营企业的董事中选任。董事不能担任或者不适合担任清算委员会成员时，合营企业可以聘请中国的注册会计师、律师担任。清算委员会行使法律规定的各项职权。

清算委员会的任务主要有以下几个方面。

1）对合营企业财产、债权、债务进行全面清查。

2）编制资产负债表和财产目录，提出财产作价依据，制订清算方案。

3）履行企业偿债义务。清算委员会制订的清算方案经董事会通过后，由清算委员会代合营企业履行偿债义务，偿债顺序按照国家有关法律和行政法规执行。

4）清算期间，清算委员会代表该合营企业起诉或者应诉。

合营企业以其全部资产对其债务承担责任。

合营企业清偿债务后的剩余财产按照合营各方的出资比例进行分配，但合营企业协议、合同、章程另有规定的除外。

合营企业解散时，其资产净额或者剩余财产减除企业未分配利润、各项基金和清算费用后的余额，超过实缴资本的部分为清算所得，应当依法缴纳所得税。

合营企业的清算工作结束后，由清算委员会向登记管理机关办理注销登记手续，缴销营业执照。

典型案例讨论

【案情介绍】

2013 年 3 月，美国乙公司拟收购境内甲公司 60%的股权，甲公司变更为中外合资经营企业（下称“丙公司”）。双方拟订的收购方案的有关要点如下。

1）改组前的甲公司注册资本 5000 万元人民币。甲公司拟将 60%的股权转让给乙公司，转让价款为 450 万美元；乙公司在中外合资经营企业营业执照颁发后半年内向甲企业支付 250 万美元，余款在 2 年内付清。

2）丙公司成立后注册资本增加至 1200 万美元，投资总额拟为 3300 万美元。

3）丙公司的经营期限为 20 年。经营期满后，丙公司的全部固定资产无偿归甲企业所有。在乙公司投资回收完毕之前，丙公司的收益按甲企业 20%、乙公司 80%的比例进行分配。乙公司投资回收完毕后，甲企业与乙公司按出资比例分配收益。

【问题】

根据上述内容，回答以下问题。

1）乙公司向甲企业支付股权转让价款的期限是否符合规定？试说明理由。

2）丙公司的注册资本与投资总额的安排是否符合规定？试说明理由。

3）丙公司的收益分配方式是否符合规定？试说明理由。

【案例分析】

1）不符合规定。根据规定，外国投资者并购境内企业设立外商投资企业，外国投资者应当自外商投资企业营业执照颁发之日起 3 个月内，向转让股权的股东支付全部对价。对特殊情况需要延长者，经审批机关批准后，应当自外商投资企业营业执照颁发之日起 6 个月内支付全部对价的 60％以上，1 年内全部付清，并按实际缴付的出资比例分配收益。在本题中，乙公司在营业执照颁发之日起 6 个月内支付收购价款的比例低于 60％，而且总期限超过了 1 年。

2）注册资本与投资总额的安排符合规定。根据规定，注册资本在 1200 万美元以上的，投资总额不得超过注册资本的 3 倍。在本题中，丙公司投资总额为 3300 万美元，未超过注册资本 1200 万美元的 3 倍。

3）丙公司的收益分配方式不符合规定。根据规定，中外合资经营企业合资各方只能按照出资比例分配收益，外国投资者不能提前回收投资。

第三节　中外合作经营企业法律制度

背景：中外合作经营企业，是以确立和完成一个项目而签订契约进行合作生产经营的企业；是一种可以有股权，也可以无股权的合约式的经济组织。合作方的权利和义务均由中外合作者共同协商，制定合作协议、合同，并在合作企业合同中加以约定。合作双方签署的合同，经审批机关批准后，受国家法律保护，双方均应按合同的约定履行义务。

关键词：中外合作经营企业；经营管理；解散清算

一、中外合作经营企业的设立

（一）设立中外合作经营企业的条件

中外合作经营企业，是指中国企业或者其他经济组织与外国企业、经济组织或者个人依照中国法律规定，在中国境内共同设立的，按照合作企业合同约定分配收益与产品，分担亏损与风险的企业。

中外合作经营企业的投资者可以选择企业的组织形式，可以设立为法人型企业，也可以设立成非法人企业。设立为法人型企业的，其组织机构与合资企业的规定相同；设立成非法人企业的，其组织机构采用联合管理委员会制。

设立中外合作经营企业（以下简称“合作企业”），应当符合国家的发展政策和产业政策，遵守国家关于指导外商投资方向的规定。

根据《中外合作经营企业法》的规定，国家鼓励举办的合作企业包括以下几类。

1）产品出口的生产型合作企业，是指企业产品主要用于出口创汇的生产型合作企业。

2）技术先进的生产型合作企业，是指外国合作者提供先进技术，从事新产品的开发，实现产品升级换代，以增加出口创汇或者替代进口的生产型合作企业。

（二）设立合作企业的法律程序

设立合作企业的法律程序包括以下几个方面。

1）由中国合作者向审查批准机关报送有关文件。

2）审查批准机关审批。审查批准机关应当自收到规定的全部文件之日起45日内决定批准或者不予批准。

3）办理工商登记。合作企业的营业执照签发日期，即为该合作企业的成立日期。

二、合作企业的注册资本与投资合作条件

（一）合作企业的注册资本

合作企业的注册资本，为设立合作企业在工商行政管理机关登记的、合作各方认缴的出资额之和。

合作企业的注册资本在合作期限内不得减少，但因投资总额和生产经营规模等变化，确需减少的，须经审查批准机关批准。

合作企业的投资总额为按照合作企业合同、章程规定的生产经营规模需要投入的资金总和。合作企业的注册资本与投资总额的比例，参照中外合资经营企业注册资本与投资总额比例的有关规定执行。

（二）合作企业的投资与合作条件

1. 合作各方的出资方式

合作各方向合作企业投资或者提供合作条件的方式可以是货币，也可以是实物或者工业产权、专有技术、土地使用权等财产权利。

合作各方应当以其自有的财产或者财产权利作为投资或者提供合作条件，并对该投资或者提供的合作条件不得设置抵押或者其他形式的担保。

2. 合作各方的出资比例

在依法取得中国法人资格的合作企业中，外国合作者的投资比例一般不低于合作企业注册资本的25%。

在不具有法人资格的合作企业中，对合作各方向合作企业投资或者提供合作条件的具体要求，由国务院对外经济贸易主管部门确定。

3. 合作各方的出资期限

合作各方应当依照有关法律、行政法规的规定，在合作企业合同中约定合作各方向合作企业投资或者提供合作条件的期限。未按照合作企业合同约定缴纳投资或者提供合作条件的一方，应当向已缴纳投资或者提供合作条件的他方承担违约责任。

4. 合作各方的出资转让

合作各方之间相互转让或者合作一方向合作他方以外的他人转让属于其在合作企业合同中全部或者部分权利的，须经合作他方书面同意，并报审查批准机关批准。

三、合作企业的组织形式与组织机构

（一）合作企业的组织形式

具有法人资格的合作企业，其组织形式为有限责任公司；不具有法人资格的合作企业，合作各方的关系是一种合伙关系。

（二）合作企业的组织机构

具备法人资格的合作企业，一般设立董事会；不具备法人资格的合作企业，一般设立联合管理委员会。

董事会或者联合管理委员会是合作企业的权力机构，按照合作企业章程的规定，决定合作企业的重大问题。

董事会或者联合管理委员会的成员不得少于 3 人，其名额的分配由中外合作者参照各自的投资或者提供的合作条件协商确定。董事会或者联合管理委员会成员由合作各方自行委派或者撤换。中外合作者一方担任董事长、主任的，副董事长、副主任由他方担任。

董事长或者主任是合作企业的法定代表人。董事或者委员每届任期不得超过 3 年，任期届满可以连任。

下列事项由出席董事会会议或者联合管理委员会会议的董事或者委员一致通过，方可作出决议。

1）合作企业章程的修改。

2）合作企业注册资本的增加或者减少。

3）合作企业的资产抵押。

4）合作企业的解散。

5）合作企业合并、分立和变更组织形式。

6）合作各方约定由董事会会议或者联合管理委员会会议一致通过方可作出决议的其他事项。

合作企业设总经理 1 人，负责合作企业日常经营管理工作，对董事会或者联合管理委员会负责。

合作企业成立后，经合作各方一致同意，可以委托合作一方进行经营管理，另一方不参加管理；也可以委托合作各方以外的第三人经营管理。

合作企业委托第三人经营管理的，必须经董事会或者联合管理委员会一致同意，并报审批机关批准，向工商行政管理机关办理变更登记手续。

四、合作企业的经营管理

（一）合作企业的收益分配

合作企业的中外合作者可以在合作企业合同中约定采用分配利润、分配产品或者其他方式分配收益。

（二）合作企业外国合作者先行回收投资

中外合作者在合作企业合同中约定合作期限届满时，合作企业的全部固定资产无偿归中国合作者所有的，外国合作者在合作期限内可以申请先行回收其投资。

外国合作者在合作期限内先行回收投资，应符合下列条件。

1）中外合作者在合作企业合同中约定合作期满时，合作企业的全部固定资产无偿归中国合作者所有。

2）外国合作者提出先行回收投资的申请，应当具体说明先行回收投资的总额、期限和方式，经财政税务机关审查同意后，报审查批准机关审批。

3）外国合作者先行收回投资，合作企业经营期限届满，外方投资者不得申请延长经营期限。

4）外国合作者应当在合作企业的亏损弥补之后，才能先行回收投资。

5）外国合作者先行收回投资，对合作企业的债务仍然要承担责任。

五、合作企业的合作期限、解散与清算

（一）合作企业的合作期限

合作企业的期限由中外合作者协商，在合作企业合同中订明。

合作企业期限届满，合作各方协商同意要求延长合作期限的，应当在距合作期限届满的 180 日前向审查批准机关提出申请。审查批准机关应当自收到申请之日起 30 日内决定批准或者不批准。经批准，合作企业可以延长合作期限。

合作企业合同约定外国合作者先行回收投资的，并且投资已经回收完毕的，合作企业期限届满不再延长。但外国合作者增加投资的，经合作各方协商同意，可以依照有关法律规定向审查批准机关申请延长合作期限。

（二）合作企业的解散

合作企业出现解散事由时，应当依法予以解散。

（三）合作企业的清算

合作企业期满或者提前终止时，应当依照法定程序对资产和债权、债务进行清算。

中外合作者应当依照合作企业合同的约定确定合作企业财产的归属。

合作企业期满或者提前终止，应当向工商行政管理机关和税务机关办理注销登记手续。

典型案例讨论

【案情介绍】

中外双方经过多次协商，准备签署一项中外合作经营的合同，合作企业合同的内容中有以下条款。

1）中外合作企业设立董事会，中方担任董事长，外方担任副董事长。董事会每届任期4年，董事长和董事均不得连任。

2）合作企业的合作期限为12年，合作期满时，合作企业的全部固定资产无偿归中国合作者所有，外国合作者依法可以在合作期限内先行回收投资。

【问题】

上述条款是否合法？试说明理由。

【案例分析】

1）第一条违反了《中外合作经营企业法》关于合作企业组织机构的规定：董事会每届任期不得超过3年。董事任期届满，委派方继续委任的，可以连任。

2）第二条符合《中外合作经营企业法》的规定，是合法的，可以保留。

第四节　外商独资企业法律制度

背景：外商独资企业指外国的公司、企业、其他经济组织或者个人，依照中国法律在中国境内设立的全部资本由外国投资者投资的企业。外资企业的组织形式一般为有限责任公司，也可以说是一人有限公司。但不包括外国的公司、企业、其他经济组织设在中国的分支机构，如分公司、办事处、代表处等。

关键词：外商独资企业；组织形式；解散清算

一、外资企业的设立

（一）设立外资企业的条件

外资企业，是指外国企业、其他经济组织或者个人依照中国法律，在中国境内设立的全部资本由外国投资者投资的企业。

设立外资企业，必须有利于中国国民经济的发展，能够取得显著的经济效益。

申请设立外资企业，有下列情况之一的，不予批准。

1）有损中国主权或者社会公共利益的。

2）危及中国国家安全的。

3）违反中国法律法规的。

4）不符合中国国民经济发展要求的。

5）可能造成环境污染的。

（二）设立外资企业的法律程序

1. 提出申请

外国投资者应先向拟设外资企业所在地的县级或者县级以上人民政府提交报告，收到报告的人民政府签署意见后，由外国投资者通过外资企业所在地的人民政府向审批机关提出申请。

2. 审批机关审批

审批机关在收到申请文件之日起 90 天内决定批准或者不批准。外国投资者应当在收到批准证书之日起 30 天内向工商行政管理机关申请登记。

3. 办理工商登记

外资企业的营业执照签发之日为该企业成立日期。

二、外资企业的注册资本与外国投资者的出资

（一）外资企业的注册资本

外资企业的注册资本为外国投资者认缴的全部出资额。外资企业的注册资本与投资总额的比例参照中外合资经营企业的有关规定执行。

外资企业在经营期限内不得减少其注册资本，但因投资总额和生产经营规模等发生变化，确需减少注册资本的，须经审批机关批准。

外资企业注册资本的增加、转让，须经审批机关批准，并向工商行政管理机关办理变更登记手续。

外资企业将其财产或者权益对外抵押、转让，须经审批机关批准，并向工商行政管理机关备案。

（二）外国投资者的出资

1. 外国投资者的出资方式

外国投资者可以用可自由兑换的外币出资，也可以用机器设备、工业产权、专有技术等作价出资。经审批机关批准，外国投资者也可以用其从中国境内兴办的其他外商投资企业获得的人民币利润出资。

外国投资者以机器设备作价出资的，该机器设备必须符合下列要求：①外资企业生产所必需的；②作价不得高于同类机器设备当时的国际市场正常价格。

外国投资者以工业产权、专有技术作价出资时，该工业产权、专有技术必须符合下列要求：①外国投资者自己所有的；②该工业产权、专有技术的作价应当与国际上通常的作价原则相一致，其作价金额不得超过外资企业注册资本的 20%。

2. 外国投资者的出资期限

外国投资者缴付出资的期限应当在设立外资企业申请书和外资企业章程中载明。外国投资者可以分期缴付出资，但最后一期出资应当在营业执照签发之日起 3 年内缴清。其中第一期出资不得少于外国投资者认缴的出资额的 15%，并应当在外资企业营业执照签发之日起 90 日内缴清。

外国投资者未依法缴付各期出资的外资，企业批准证书自动失效。

三、外资企业的组织形式、组织机构与财务会计管理

（一）外资企业的组织形式

外资企业的组织形式为有限责任公司，经批准也可以为其他责任形式。其他形式是指独资或者合伙企业。

（二）外资企业的组织机构

外资企业的组织机构可以由外国投资者自行设置。

外资企业应根据其组织形式设立董事会并推选出董事长。董事长是企业的法定代表人。

（三）外资企业的财务会计管理

外资企业应当按照国家统一的财务会计制度，并根据中国有关法律和财务会计制度的规定，制定适合本企业的财务会计制度，报当地财政、税务机关备案。

外资企业以前会计年度的亏损未弥补前，不得分配利润。外资企业以前会计年度未分配的利润，可与本会计年度可供分配的利润一并分配。

外资企业的年度会计报表和清算会计报表，以及中国注册会计师出具的报告，应当

在规定的时间内报送财政、税务机关，并报审批机关和工商行政管理机关备案。

四、外资企业的经营期限、终止与清算

（一）外资企业的经营期限

外资企业的经营期限，由外国投资者在设立外资企业的申请书中拟订，经审批机关批准。

外资企业经营期限届满需要延长经营期限的，应当在距经营期满 180 日前向审批机关报送延长经营期限的申请书，审批机关应当自收到申请书之日起 30 日内决定批准或者不批准。经批准，外资企业可以延长经营期限。

（二）外资企业的终止

外资企业出现下列解散事由时，应当依法予以终止。

1）合营期限届满。

2）经营不善，严重亏损，外国投资者决定解散。

3）因自然灾害、战争等不可抗力遭受严重损失，无法继续经营。

4）破产。

5）违反中国法律、法规，危害社会公共利益被依法撤销。

6）外资企业章程所规定的其他解散事由已经出现。

（三）外资企业的清算

外资企业宣告终止时，应当进行清算。外资企业的清算应由外资企业提出清算程序、原则和清算委员会人选，报审批机关审核后进行清算。

清算委员会应当由外资企业的法定代表人、债权人代表以及有关主管机关的代表组成，并聘请中国的注册会计师、律师等参加。

外资企业清算结束，其资产净额或剩余财产超过注册资本的部分视同利润，应当依照中国税法缴纳所得税。

同时，应当向工商行政管理机关办理注销登记手续，缴销营业执照。

典型案例讨论

【案情介绍】

韩国一商事会社决定在中国设立一咨询服务性的独资公司，名称为通韩经济咨询有限责任公司（以下简称“通韩公司”）。由于该商社前不久与中国辽宁一公司有一笔业务合同，货款以人民币支付，于是便决定用这笔款项来出资。另外，通韩公司准备从韩国购买办公设备、运输工具、办公用品。由于购进数量过多，该公司决

定将一批电脑卖给国内一企业。因进口免税，价格便宜，双方以低价成交。通韩公司的各项保险都在韩国投保，公司的会计报表、会计账簿、会计凭证都是用韩文书写。两年后，通韩公司亏损，决定解散。对该公司的设备，一中国公司和一韩国公司都想购买，双方提出的条件大体相同，于是通韩公司决定将设备卖给韩国公司，并趁机将资金带回韩国。

【问题】

1）该外资企业能否把投资总额内进口的本企业自用的机械设备等卖给国内企业?试说明理由。

2）该外资企业能否在韩国保险机构参保?试说明理由。

【案例分析】

1）该外资企业不可以把投资总额内进口的本企业自用的机械设备等卖给国内企业，违反了相关法律法规规定。

2）该外资企业不可以在韩国保险机构参保，应当首先选择中国保险机构参加保险。

课后思考

1. 列举外商投资企业的投资项目中政策性规定。
2. 试分析外国投资者并购境内企业中需要注意的问题。
3. 说明在合营企业出资额的转让中应注意的问题。
4. 列举设立合营企业的法律程序。
5. 试分析合营企业在解散清算时需要注意的问题。
6. 说明在中外合作经营企业的经营管理中应注意的问题。
7. 试分析中外合作经营企业在解散清算时需要注意的问题。
8. 说明在设立外商独资企业的组织机构中应注意的问题。

创业实务操作

1. 外国投资者设立外资企业需要提供的文件

外国投资者设立外资企业，通过拟设立外资企业所在地的县级或县级以上地方人民政府向审批机关提出申请，并报送下列文件：①设立外资企业申请书；②可行性研究报告；③外资企业章程；④外资企业法定代表人(或者董事会人选)名单；⑤外国投资者的法律证明文件和资信证明文件；⑥拟设立外资企业所在地的县级或者县级以上地方人民政府的书面答复；⑦需要进口的物资清单；⑧其他需要报送的文件。

上列①、③项文件必须用中文书写；②、④、⑤项文件可以用外文书写，但应当附中文译文。上列①、②、③项手续可以委托中国的外商投资企业服务机构或者其他经济组织代为办理，但双方须签订委托合同。

两个或者两个以上外国投资者共同申请设立外资企业，应当将其签订的合同副本报送审批机关备案。

设立外资企业的申请书应包括：①外国投资者的姓名或者名称、住址、注册地和法定代表人的姓名、国籍、职务；②拟设立外资企业的名称、住所；③经营范围、产品品种和生产规模；④拟设立外资企业的投资总额、注册资本、资金来源、出资方式和期限；⑤拟设立外资企业的组织形式和机构、法定代表人；⑥采用的主要生产设备及其新旧程度、生产技术、工艺水平及其来源；⑦产品的销售方向、地区和销售渠道、方式以及在中国和国外市场的销售比例；⑧外汇资金的收支安排；⑨有关机构设置和人员编制、职工的招用、培训、工资、福利、保险、劳动保护等事项的安排；⑩可能造成环境污染的程度和解决措施；⑪场地选择和用地面积；⑫基础建设和生产经营所需资金、能源、原材料及其解决办法；⑬项目实施的进度计划；⑭拟设立外资企业的经营期限。

外资企业的章程应包括名称及住所；宗旨、经营范围；投资总额、注册资本、出资期限；组织形式；内部组织机构及其职权和议事规则；法定代表人以及总经理、总工程师、总会计师等人员的职责、权限；财务、会计及审计的原则和制度；劳动管理；经营期限、终止及清算；章程的修改程序。

2. 大学生到境外投资开办企业应的申请材料

1）申请书，主要内容包括开办企业的名称、注册资本、投资金额、经营范围、经营期限、组织形式、股权结构等。

2）境外企业章程及相关协议或合同（独资企业免）。

3）外汇主管部门出具的境外投资外汇资金来源审查意见（需购汇或从境内汇出外汇的）。

4）我国驻外经济商务参赞处（室）的意见（由商务部门征求）。

5）国内企业营业执照以及法律法规要求具备的相关资格或资质证明。

6）法律法规及国务院决定要求的其他文件。

引导案例分析

本案涉及的主要知识点是外国投资者并购境内企业。

1）乙公司的债权债务由丙公司继承符合规定。根据规定，外国投资者股权并购的，并购后所设外商投资企业承继被并购境内公司的债权债务。

2）甲公司股权并购价款的支付期限不符合规定。根据规定，外国投资者并购境内企业设立外商投资企业，外国投资者应当自外商投资企业营业执照颁发之日起3个月内支付全部价款。对特殊情况需要延长者，经审批机关批准后，应当自外商投资企业营业执照颁发之日起6个月内支付全部价款的60%以上，1年内付清全部价款，并按实际缴付的出资比例分配收益。

3）丙公司的投资总额不符合规定。根据规定，注册资本在1200万美元以上的，投资总额不得超过注册资本的3倍。

本章知识体系

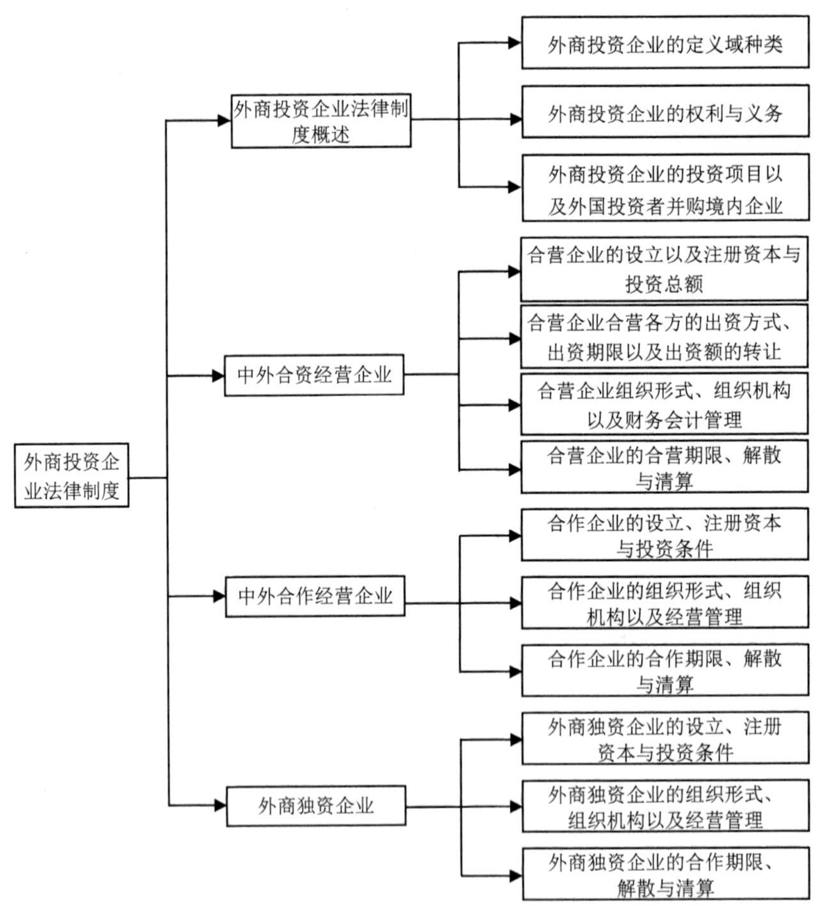

综 合 练 习

一、单项选择题

1. 某中外合资经营企业的投资总额为410万美元，在其注册资本中，中方认缴的出资额为105万美元。根据外商投资企业法律制度的规定，外方认缴的出资额至少为（　　）万美元。

A. 50　　　　B. 100

C. 110　　　　D. 105

2. 根据中外合作经营企业法律制度，中外合作经营企业的合作各方在合作期限届满前，经协商同意延长期限，并向审批机关提出延长合作期限申请而获得批准的，延长期限的起算日期是（　　）。

A. 合作各方达成延长合作期限协议之日

B. 审批机关批准合作企业延长合作期限之日

C. 工商行政管理机关为合作企业延长合作期限办理变更登记之日

D. 合作企业原合作期限届满后的次日

3. 甲公司为按照《公司法》设立的有限责任公司，乙公司为按照《中外合资经营企业法》设立的有限责任公司。下列有关甲、乙两公司区别的表述中，符合法律规定的是（　　）。

A. 甲公司的股东按照投资比例分配利润和分担亏损，而乙公司的股东按照合同约定的比例分配利润和分担亏损

B. 甲公司的最高权力机构为股东会，而乙公司的最高权力机构为董事会

C. 甲公司的最低注册资本为人民币3万元，而乙公司的注册资本可以低于人民币3万元

D. 甲公司股东的出资必须在公司成立时一次缴足，而乙公司股东的出资可以分期缴付

4. 外国合营者的下列出资方式中，符合中外合资经营企业法律制度规定的是（　　）。

A. 以人民币缴付出资　　　　B. 以美元缴付出资

C. 以劳务作价出资　　　　D. 以已设立担保物权的机器设备作价出资

5. 外国甲公司收购中国境内乙公司部分资产，价款为100万美元，并以该资产作为出资与丙公司于2013年4月1日成立了一家中外合资经营企业。甲公司支付乙公司购买金的下列方式中，符合中外合资经营企业法律制度规定的有（　　）。

A. 2013 年 6 月 30 日一次支付 100 万美元
B. 2013 年 6 月 30 日支付 50 万美元，2005 年 3 月 30 日支付 50 万美元
C. 2013 年 9 月 30 日支付 80 万美元，2005 年 6 月 30 日支付 20 万美元
D. 2014 年 3 月 30 日一次支付 100 万美元

二、多项选择题

1. 根据中外合资经营企业法律制度规定，下列各项中，注册资本与投资总额符合规定的有（　　）。
A. 注册资本 150 万美元，投资总额 200 万美元
B. 注册资本 300 万美元，投资总额 620 万美元
C. 注册资本 700 万美元，投资总额 1500 万美元
D. 注册资本 1500 万美元，投资总额 3900 万美元

2. 根据外资企业法律制度的规定，外资企业的下列事项中，必须向工商行政管理机关办理变更登记手续的有（　　）。
A. 将财产对外转让
B. 增加注册资本
C. 转让注册资本
D. 将财产对外抵押

3. 根据《指导外商投资方向规定》的规定，下列选项中，属于限制类外商投资项目的有（　　）。
A. 能源、重要原材料工业项目
B. 不利于节约资源和改善生态环境的项目
C. 从事国家规定实行保护性开采的特种矿种勘探的项目
D. 运用我国特有工艺生产产品的项目

4. 根据外商投资企业的有关法律规定，下列关于中外合资经营企业（下称合营企业）与中外合作经营企业（下称合作企业）区别的正确表述是（　　）。
A. 合营企业外方投资比例不得低于注册资本的 25%，而合作企业外方投资比例没有限制
B. 合营企业按照出资比例分配收益，而合作企业按照合同约定分配收益
C. 合营企业必须是依法取得法人资格的企业，而合作企业可以不具备法人资格
D. 合营企业在经营期间外方不得先行回收投资，而合作企业在经营期间内外方在一定条件下可以先行回收投资

5. 根据外资企业法律制度的规定，外资企业下述事项中，必须经审批机关批准的有（　　）。
A. 增加注册资本

B. 转让注册资本

C. 抵押企业财产

D. 出口本企业生产的产品

三、案例分析

中国亿年纸业公司拟与加拿大公司共同组建合资企业，双方达成以下主要意向：

1）合资企业投资总额为400万美元，注册资本拟为200万美元，其中外方出资120万美元，占总股本的60%，中方出资80万美元，占总股本的40%。

2）中方拟定以其经依法评估和有关机关确认的机器设备、厂房、办公楼、有偿获得的土地使用权和资金出资（其中办公楼已为下属企业贷款而作抵押）。外方拟以机器设备和美元现金出资。

3）从合资企业营业执照签发之日起，合营双方分别分两期缴付出资，其中，中方第一期出资前述固定资产和土地使用权，折合为60万美元，在3个月内缴付，第二期出资为货币，为20万美元，在6个月内缴付；外方第一期出资为货币，为15万美元，在3个月内缴付，第二期出资为机器设备，折合为105万美元，在6个月内缴付。

4）外资企业合营期限为20年，合营期进入第五年时，合营各方可按各自出资比例减少30%的注册资本。

思考：根据上述资料，回答下列问题。

1）在合资企业投资总额和股权比例不变的前提下，注册资本数额是否符合法律规定？按最低注册资本要求，双方应作何调整？

2）合营各方出资的资产种类是否有不符合法律规定之处？试说明理由。

3）合营各方分期认缴出资的安排是否妥当？为什么？

4）合营各方约定合营期内减少注册资本30%的计划是否合法？为什么？

第三篇　市场运行规则篇

第六章　合同法律制度

学习目标

素质目标：在实践中有依法运用合同法律知识的意识。

知识目标：理解合同概念特征、合同的订立、效力、履行、变更、转让；掌握合同担保、合同解除与违约责任的主要规定。

技能目标：培养正确签订履行合同及维护自己合法权利的实践能力。

相关法规

《中华人民共和国合同法》

《最高人民法院关于适用〈中华人民共和国合同法〉若干问题的解释（一）》

《最高人民法院关于适用〈中华人民共和国合同法〉若干问题的解释（二）》

《最高人民法院关于适用〈中华人民共和国合同法〉若干问题的解释（三）》

《中华人民共和国物权法》

《中华人民共和国担保法》

《最高人民法院关于适用〈中华人民共和国担保法〉若干问题的解释》

创业法律思考

1. 经济交往中签订合同必须是书面的吗？
2. 签订合同时应从哪些方面防范风险？
3. 合同履行过程中可以采取哪些措施保护自己的合法权利？
4. 解除合同应注意哪些环节？
5. 合同违约后如何承担违约责任？

引导案例

甲公司向乙宾馆发出一封电报称：现有一批电器，其中电视机 80 台，每台售价 3400 元；电冰箱 100 台，每台售价 2800 元，总销售优惠价 52 万元。如有意购买，请告知。

乙宾馆接到该电报后，遂向甲公司回复称：欲购买甲公司 50 台电视机，每台电视机付款 3200 元；60 台电冰箱，每台电冰箱付款 2500 元，共计支付总货款 31 万元，货到付款。

甲公司接到乙宾馆的电报后，决定接受乙宾馆的要求。甲乙签订了买卖合同，约定交货地点为乙宾馆，如双方发生纠纷，选择 A 仲裁机构仲裁解决。

甲公司同时与丙运输公司签订了合同，约定由丙公司将货物运至乙宾馆。丙公司在运输货物途中遭遇洪水，致使部分货物毁损。丙公司将剩余的未遭损失的货物运至乙宾馆，乙宾馆要求甲公司将货物补齐后一并付款。

甲公司迅速补齐了货物，但乙宾馆以资金周转困难为由，表示不能立即支付货款，甲公司同意乙宾馆推迟 1 个月付款。1 个月后经甲公司催告，乙宾馆仍未付款。于是，甲公司通知乙宾馆解除合同，乙宾馆不同意解除合同。甲公司拟向法院起诉，要求解释合同，并要求乙宾馆赔偿损失。

思考：根据上述情况及合同、仲裁法律制度的有关规定，回答下列问题：

1）甲公司向乙宾馆发出的电报是要约还是要约邀请？

2）乙宾馆的回复是承诺还是新的要约？为什么？

3）丙公司是否应对运货途中的货物毁损承担损害赔偿责任？为什么？

4）甲公司能否解除与乙宾馆的买卖合同？为什么？

5）甲公司能否向法院起诉？为什么？

第一节　合同法概述

背景：原始社会简单的商品交换，产生了合同的萌芽，随着经济的发展，合同法律制度逐渐完善。例如，罗马法最早确立了“合同自由，合同应严守，合同不反言”的规则。随着商品生产和商品交换的发展，罗马法有关合同的法律规范更加完善。合同是市场交易形式，是市场经济的纽带，通过这个纽带把市场参与者即市场主体紧密联系在一起。所以说，市场经济就是“合同经济”。

关键词：市场经济；合同经济；合同自由

一、合同的定义与分类

（一）合同的定义

在市场经济中，几乎所有的经济活动都是通过合同进行的，如投资办厂、购买设备、雇佣劳力、供应原料、销售产品、商务代理、技术合作、银行贷款、跨国投资、国际贸易等。在百姓的日常生活中，小到赠送一根针，大到房屋买卖、朋友借款、乘车出游、洗头按脚、教育医疗等，所有的这些交易行为也都是通过合同来完成的。所以说，合同是生活中的交易规则，它与百姓日常生活息息相关。

合同又称契约，是指平等主体的自然人、法人、其他组织之间设立、变更、终止民事权利义务关系的协议。传统上，把当事人之间合作完成共同事项，内容相同，方向一致的协议称作合同，例如，合伙经营，共同研发，设立社团；把当事人之间内容相同，方向相反具有相对性的买卖协议或借贷协议称作契约（合约）。历史在前进，时代在发展，20 世纪 70 年代前，使用契约的较多，此后一般都使用合同，现在合二为一统称合同，契约与合同等同。

在古籍《周礼·秋官·朝士》的“判书”中记载“半分而合者即质剂傅别分支合同，两家各得其一者也”。当时，在交易中广泛使用契约一词。契是用刀刻字；约是合意。周代还没有出现纸张，契约双方就把约定内容刻写在竹片或木板上，为了防止违约行为，由官府中的质人（负责管理契约的小官吏）把刻写有契约内容的竹片或木板，从中间分为两半，双方当事人各执一半，分开前在缝隙刻写上“合同”二字，用于契约防伪，起着和现在的压缝标记一样，在合同文本上盖上骑缝章防伪的作用。如果将来发生纠纷，就把两块合在一起，辨别真伪。契约又分质剂和傅别，质剂是买卖契约，傅别是借贷契约。后来随着时代的发展，合同代替了契约演变成为现代意义上的合同。

合同具有以下法律特征：①合同的主体具有平等的法律地位；②合同的主体是自然人、法人、其他组织；③合同是以设立、变更、终止民事权利义务关系为目的的民事法律行为；④合同是当事人意思表示一致而达成的一种协议。

（二）合同的分类

依据不同的标准可以对合同进行不同的分类。

1. 有偿合同与无偿合同

根据当事人之间的权利义务是否互为对价为标准，将合同分为有偿合同和无偿合同。有偿合同指一方依照合同规定享有权利时，需向对方支付相应代价的合同，如买卖合同等。不支付代价即可享有合同权利的合同为无偿合同，如赠与合同、免费运输合同等。

2. 双务合同与单务合同

根据当事人双方是否互付义务为标准，将合同分为双务合同与单务合同。双务合同是指当事人双方互负给付义务，一方的权利和义务即对应为另一方的义务和权利，如买卖合同、租赁合同等。单务合同则表现为权利和义务的分离，一方主要享受权利而另一方承担主要义务或权利与义务之间不存在对应和依赖关系，如赠与合同。

3. 诺成合同与实践合同

根据是否以交付标的物为成立条件，可将合同分为诺成合同与实践合同。诺成合同是指当事人意思表示一致即告成立的合同，如买卖合同、运输合同等。实践合同是指除了当事人意思表达一致外，还须交付标的物合同才能成立的合同，如定金合同、没有特殊约定的保管合同等。

法律一般把有偿合同规定为诺成合同，因为双方都负担义务，所以双方两个诺言取得一致的情况下，有偿合同成立并生效。有偿合同，除经过批准、登记的外，合同成立即生效。无偿合同，因为一方付出财产或者劳务，但没有获得对价，因此，法律把无偿合同规定为实践合同，或者规定为有任意撤销权的诺成合同。意义在于给无偿付出的一方以反悔权，鼓励人们的无偿助人行为。对于实践合同，当事人交付标的物或者开始履行的时候，才开始成立或者生效。对于有任意撤销权的诺成合同，债务人可以在履行义务前随时撤销。如赠与合同，在赠与财产交付前，赠与人可以任意通知对方即撤销赠与合同。

4. 要式合同与非要式合同

根据法律或者当事人对合同的形式是否有专门要求为标准，将合同分为要式合同与非要式合同。要式合同是指合同的订立必须具备一定的形式，否则合同不能成立或不产生法律效力。要式合同可以分为绝对要式和相对要式。绝对要式的“要”字是指要件，不可缺少。例如，支票的格式是中国人民银行规定的，格式不能改变，否则就取不出钱。法律要求书面形式的合同不等于绝对要式合同，根据《合同法》第三十六、三十七条，法律规定合同采用书面形式的，当事人没有采用，合同也可以生效。例如，通过行为，一方履行，另一方受领，这样可以排除法定的书面形式。也就是说，法定的书面形式不是绝对要件。

5. 有名合同与无名合同

根据法律是否规定了一定的合同名称，将合同分为有名合同与无名合同。有名合同是指法律对合同的名称和内容有明确的规定，如《合同法》分则中列举了买卖合同、赠与合同、借款合同等 15 种有名合同。法律未对其名称作出明确规定的称为无名合同，对于无名合同，适用《合同法》总则的规定并参照《合同法》分则或其他法律最相类似的规定。

6. 主合同与从合同

根据某一合同是否以其他合同的存在为前提而存在，可将合同分为主合同与从合同。主合同是无须以其他合同存在为前提即可独立存在的合同。从合同是必须以其他合同的存在为前提才可存在的合同，如保证合同。从合同不能独立存在，所以又称附属合同。主合同的成立与效力影响到从合同的成立与效力。根据《担保法》的规定：主合同无效，从合同也无效，当事人另有约定的除外。也就是说，主合同与从合同具有效力上的从属关系。例如，甲与乙赌博，丙为乙担保。赌博合同是主合同，是无效合同；担保合同是从合同，也随之无效。即使“另有约定”，其本身也有合法与非法之分。

一般情况下，主合同决定从合同的命运，但也有例外。例如，甲和乙约定，甲给乙5 万元定金，定金交付时，主合同生效，这就是成约定金，成约定金的交付是主合同生效的条件，从合同效力反而决定主合同的效力，因为当事人通过合意使从合同成为主合同的前提。这就是上述《担保法》中“当事人另有约定的除外”的情形。

7. 束己合同和涉他合同

根据合同的履行是否涉及第三人，可以分为束己合同和涉他合同。束己合同是当事人为自己设立权利义务的合同。涉他合同是当事人为他人设立权利义务的合同。涉他合同又可以分为两种：一是为第三人设定债权的合同。例如，人身保险合同，第三人可以为受益人。二是为第三人设定债务的合同。为第三人设定债务的合同，要经第三人同意，否则第三人不承担债务。原理是，当事人可以为自己设定债务，不能为第三人设定债务。

第三人代为履行和第三人代为受领的合同，表面上“涉他”，但并未突破合同相对性原则，本质上还是束己合同。

二、合同法

合同法是指调整因合同产生的以权利义务为内容的社会关系的法律规范的总称。1999 年 3 月 15 日第九届全国人民代表大会第二次会议审议通过，1999 年 10 月 1 日起施行的《合同法》是我国合同法律制度方面的基本法律。

（一）《合同法》的调整范围

《合同法》调整的是平等主体之间的民事关系。政府的经济管理活动，属于行政管理关系，不是民事关系，不适用《合同法》；企业、单位内部的管理关系，不是平等主体间的关系，也不适用《合同法》。有关婚姻、收养、监护等身份关系的协议，不属于《合同法》调整范围。

（二）合同法的基本原则

合同法的基本原则是指合同立法的指导思想及调整民事主体间合同关系必须遵循的基本方针和准则。

1. 平等原则

合同当事人的法律地位平等，一方不得将自己的意志强加给另一方。 平等原则是合同法最基本的原则，如果当事人的法律地位不平等，就谈不上自愿、公平、诚实信用等问题。

2. 自愿原则

当事人依法享有自愿订立合同的权利，任何单位和个人不得非法干预。自愿是贯彻合同活动全过程的基本原则，但自愿的前提是不违反法律、法规的强制性规定和社会公序良俗。

3. 公平原则

当事人应当遵循公平原则确定各方的权利和义务。根据这一原则，合同法要求当事人在订立合同时应当按照公平原则，合理地设定各方的权利和义务；当事人在履行合同的过程中应当正当地履行自己的义务；当事人变更、解除和终止合同关系也不能导致不公平结果的出现。

4. 诚实信用原则

当事人应当诚实守信，不得有欺诈等恶意行为。当事人在合同的订立、履行、变更、终止及解释的各个环节，都应充分注意和维护双方的利益平衡，以及当事人的利益与社会利益的平衡。

5. 遵守法律、不损害社会公序良俗原则

当事人订立、履行合同，应当遵守法律、行政法规，尊重社会公德，不得扰乱社会经济秩序，损害社会公共利益。例如，借腹生子的合同，在法律上是不被承认的。

第二节　合同的订立

背景：合同的订立、成立和生效是 3 个不同的概念，但在理论上与实践中常常被人们混淆，造成纠纷和损失。合同订立是指缔约人作出意思表示并达成合意的状态。它描述的是缔约各方从接触、洽谈到达成合同意的过程，是动态行为与静态协议的统一体。该动态行为包括缔约各方的接触和洽谈，达成协议前的整个讨价还价过程都属于动态行为阶段。静态协议是指缔约达成合意，合同条款（至少是合同的主要条款）已经确定，各方当事人享有权利和承担的义务得以固定，即合同成立了。合同成立是合同订立的组成部分，标志着合同的产生和存在，属于静态协议。合同的成立与合同的生效是两个不同的概念，一般情况下，合同成立之时既是合同生效之时，但基于法律的规定或当事人的约定，有些已经成立的合同并非马上就生效，而是必须满足当事人约定的条件或符合法律的要求才会生效。

关键词：订立；成立；生效

一、合同订立的形式与内容

合同的订立，是指两个或两个以上的当事人，依法就合同的主要条款经过协商一致，达成协议的法律行为。

（一）合同订立的形式

订立合同的形式，是合同当事人之间明确相互权利和义务的方式，是当事人意思表示一致的外在表现方式。当事人订立合同一般有 3 种形式：书面形式、口头形式和其他形式。

1. 书面形式

书面形式是指合同书、信件和数据电文（包括电报、电传、传真、电子数据交换和电子邮件）等可以有形地表现所载内容的形式。书面形式明确肯定，有据可查，是当事人普遍采用的一种合同形式。根据《关于审理买卖合同纠纷案件适用法律问题的解释》的规定，当事人之间没有书面合同，送货单、收货单、结算单、发票等也可以被认定为已订立了书面合同。

2. 口头形式

口头形式的合同，是指当事人各方就合同内容达成一致的口头协议。口头形式直接、简便、迅速，但发生纠纷时难以取证，不易分清责任。对于不即时清结的以及较重要的合同不宜采用口头形式。

3. 其他形式

其他形式的合同，是指采用除了书面形式、口头形式以外的方式订立合同的形式，即根据当事人的行为或者特定情形推定合同的成立，如推定形式和默示形式。

（二）合同的内容

合同的内容，即合同当事人所确定的各方的权利和义务，主要由合同的条款确定。

由于合同的类型和性质不同，合同的主要条款可能有所不同。根据《合同法》规定，合同的内容由当事人约定，一般应当包括以下条款。

1. 当事人的名称或者姓名和住所

这是每一份合同必须具备的条款。当事人是自然人的，应当明确规定其姓名和地址；当事人是法人或者其他组织的，应当明确规定其名称和住所及法定代表人或者负责人等。订立合同时，要把各方当事人名称或者姓名和住所记载准确、清楚。

2. 标的

标的是指合同当事人双方权利义务共同指向的对象。标的体现着合同的性质和当事人订立合同的目的，也是产生当事人权利和义务的依据。合同对标的的规定应当清楚明白，准确无误。合同的标的一般包括 4 类：有形财产、无形财产、劳务、工作成果。

3. 数量

数量是对标的量的规定，是对标的的计量。数量反映的是合同当事人权利义务的大小和多少。合同的数量要准确，应选择使用当事人共同接受的计量单位、计量方法和计量工具。

4. 质量

质量是指合同标的内在素质和外部形态的综合特征。一般以品种、规格、等级和工程项目的标准等体现出来。合同中必须对质量明确加以规定，国家有强制性标准规定的，必须按照规定的标准执行。如有多种质量标准的，应尽可能约定其适用的标准。当事人还可以约定有关质量检验的方法、质量异议的条件等内容。

5. 价款或者报酬

价款或报酬是指当事人取得合同标的所付出的货币代价。价款一般指对提供财产的当事人支付的货币，如买卖合同的货款等。报酬一般指对提供劳务或工作成果的当事人支付的货币，如运输合同中的运输费等。

6. 履行期限、地点和方式

履行期限是指当事人履行合同义务的时间界限，如交付标的物、价款或报酬等的时间界限。它直接关系到合同义务完成的时间，是确定合同能否按时履行的依据。

履行地点是指当事人一方交付标的，另一方当事人接受标的并支付价款的具体地点。履行地点关系到履行合同的费用、风险由谁承担，是确定所有权是否转移、何时转移、发生纠纷后应由何地法院管辖的依据。

履行方式是指当事人履行合同义务的具体方式和要求。如合同标的的交付是一次履行，还是分期分批履行；支付方式是现金，还是支票、本票、汇票等。

7. 违约责任

违约责任是指合同当事人不履行或者不完全履行合同时，依照法律或者合同的约定所应承担的法律责任。违约责任是合同具有法律约束力的重要体现，也是保证合同履行的主要条款。当事人可以在合同中明确规定违约责任条款，如约定定金或违约金、赔偿金等。

8. 解决争议的方法

解决争议的方法是指合同当事人对合同的履行发生争议时解决的途径和方式。解决合同争议的方法主要有协商和解、第三人调解、仲裁和诉讼。如果当事人意图通过诉讼解决争议，可以不进行约定；若选择仲裁解决方式，则必须约定，还要明确具体的仲裁机构。

除法律另有规定外，涉外合同的当事人可以选择解决他们的争议所适用的法律，可以选择中国法律、其他国家或地区法律。

二、合同订立的程序

《合同法》规定，当事人订立合同，采取要约、承诺的方式。

（一）要约

要约是希望和他人订立合同的意思表示。提出要约的一方称为要约人，接受要约的一方称为受要约人。要约在不同情况下还可以称为发盘、出盘、发价、出价或报价。

1. 要约的条件

（1）内容具体确定

发出要约的目的在于订立合同，要约人必须是确定的；受要约人一般也是特定的，但在一些场合，要约人也可以向不特定人发出要约，如悬赏广告、图书征订单等。由于要约一经受要约人承诺，合同即为成立，因此，要约内容应当具体明确，应包含合同的主要条款。

（2）表明经受要约人承诺，要约人即受该意思约束

要约人要明确表明，如果对方接受要约，合同即告成立。

2. 要约邀请

要约邀请又称要约引诱，是希望他人向自己发出要约的意思表示。与要约不同，要约是一种法律行为，一经对方承诺，合同即告成立。而要约邀请处于合同的准备阶段，没有法律约束力。实践中要约与要约邀请很难区别，关键要看其内容是否具体翔实。《合

同法》规定，寄送的价目表、拍卖公告、招标公告、招股说明书等都属于要约邀请，商业广告的内容符合要约规定的，视为要约。

3. 要约生效时间

要约到达受要约人时生效。我国采取的是“到达生效主义”。采用数据电文形式发出要约，收件人指定特定系统接收数据电文的，该数据电文进入该特定系统的时间，视为要约到达时间；未指定特定系统的，该数据电文进入收件人的任何系统的首次时间，视为要约到达时间；要约到达受要约人，并不是指要约一定实际送到受要约人或其代理人手中，要约只要送达受要约人通常的地址、住所或能够控制的地方（如信箱等）即为送达。反之，即使在要约送达受要约人之前受要约人已经知道其内容，要约也不生效。

4. 要约的撤回、撤销与失效

要约的撤回是指要约在发出后、生效前，要约人使要约不发生法律效力的意思表示。由于要约在到达受要约人时才生效，因此，撤回要约的通知应当在要约到达受要约人之前或者与要约同时到达受要约人。

要约的撤销是指要约人在要约生效后、受要约人承诺前，使要约丧失法律效力的意思表示。撤销要约的通知应当在受要约人发出承诺通知之前到达受要约人。由于撤销要约可能会给受要约人带来不利的影响，《合同法》规定了两种不得撤销要约的情形：①要约人确定了承诺期限或者以其他形式明示要约不可撤销；②受要约人有理由认为要约是不可撤销的，并已经为履行合同做了准备工作。

要约的失效是指要约丧失法律效力，即要约人和受要约人均不再受要约的约束。《合同法》规定的要约失效情形包括：①拒绝要约的通知到达要约人；②要约人依法撤销要约；③承诺期限届满，受要约人未作出承诺；④受要约人对要约的内容作出实质性变更。

（二）承诺

承诺是受要约人同意要约的意思表示。承诺生效时合同成立。

1. 承诺的条件

承诺的条件包括：①承诺必须由受要约人作出，如由代理人作出承诺，则代理人须有合法的委托手续；②承诺必须向要约人作出；③承诺的内容应当和要约的内容一致；④承诺必须在规定的期限内作出。

2. 承诺的方式

承诺应当以通知的方式作出，但根据交易习惯或者要约表明可以通过行为作出承诺的除外。沉默或者不作为（不视为）承诺。

受要约人对要约的内容作出实质性变更的，为新要约。有关合同主要条款的变更，为实质性变更。承诺对要约的内容作出非实质性变更的，除要约人及时表示反对或要约表明承诺不得对要约的内容作出任何变更的以外，该承诺有效，合同的内容以承诺的内容为准。

3. 承诺的期限

承诺应当在要约确定的期限内到达要约人。要约以信件或者电报作出的，承诺期限自信件载明的日期或电报交发之日开始计算。信件未载明日期的，自投寄该信件的邮戳日期开始计算。要约以电话、传真等快速通信方式作出的，承诺期限自要约到达受要约人时开始计算。

要约没有确定承诺期限的，承诺应当依照下列规定到达：①要约以对话方式作出的，应当即时作出承诺，但当事人另有约定的除外；②要约以非对话方式作出的，承诺应当在合理期限内到达。

受要约人超过承诺期限发出承诺的，除要约人及时通知受要约人该承诺有效的以外，为新要约。受要约人在承诺期限内发出承诺，按照通常情形能够及时到达要约人，但因其他原因承诺到达要约人时超过承诺期限的，除要约人及时通知受要约人因承诺超过期限不接受该承诺的以外，该承诺有效。

4. 承诺的生效

承诺通知到达要约人时生效。承诺不需要通知的，根据交易习惯或者要约的要求作出承诺的行为时生效。采用数据电文形式作出承诺，承诺到达的时间同上述要约到达时间的规定相同。

5. 承诺的撤回

承诺可以撤回。撤回承诺的通知应当在承诺通知到达要约人之前或者与承诺通知同时到达要约人。承诺生效时，合同成立。对已成立的合同，当事人一方无权撤销，只能依法变更、解除。

三、合同成立的时间与地点

（一）合同成立的时间

一般来说，合同谈判成立的过程，就是要约、新要约、再新要约直到承诺的过程。承诺生效时合同即告成立，当事人此时开始享有合同权利、承担合同义务。合同成立的具体时间依不同情况而定，具体如下。

1）当事人采用合同书形式订立合同的，自双方当事人签字或盖章时合同成立。

2）当事人采用信件、数据电文等形式订立合同的，可以在合同成立之前要求签订确认书，签订确认书时合同成立。

3）法律、行政法规规定或者当事人约定采用书面形式订立合同，当事人未采用书面形式，但一方已经履行主要义务并且对方接受的，该合同成立；采用合同书形式订立合同，在签字或盖章之前，当事人一方已经履行主要义务并且对方接受的，合同成立，即“事实合同”。

4）当事人签订要式合同的，以法律、法规规定的特殊形式要求完成的时间为合同成立时间。

（二）合同成立的地点

承诺生效的地点即为合同的成立地点，具体包括以下几个方面。

1）采用数据电文形式订立合同的，收件人的主营业地为合同成立的地点，没有主营业地的，其经常居住地为合同成立的地点。

2）当事人采用合同书、确认书形式订立合同的，双方当事人签字或盖章的地点为合同成立的地点。

3）合同需要完成特殊的约定或法律形式才能成立的，以完成合同的约定形式或法定形式的地点为合同的成立地点。

4）当事人对合同的成立地点另有约定的，按照其约定。

四、格式条款

（一）格式条款的定义

格式条款是指当事人为了重复使用而预先拟定，并在订立合同时未与对方协商的条款，如保险合同、电信服务合同等。

（二）格式条款的限制规定

由于格式条款在订立时未与对方协商，因此容易造成权利义务的不公平，因此，《合同法》对格式条款的使用从以下 3 个方面予以限制：

1. 提供格式条款的一方的义务

提供格式条款的一方有提示说明义务，应采取合理的方式提请对方注意免除或限制其责任的条款，按照对方的要求对该条款予以说明。

2. 某些格式条款无效

格式条款无效情形包括以下几个方面。

1）提供格式条款的一方免除其责任，加重对方责任，排除对方主要权利的条款无效。

2）格式条款具有《合同法》第五十二条规定的无效情形，即一方以欺诈、胁迫手段订立合同，损害国家利益；恶意串通，损害国家、集体或第三人的利益；以合法形式掩盖非法目的；损害社会公共利益；违反法律、行政法规的规定等。

3）格式条款具有《合同法》第五十三条规定的情形时无效，即有造成对方人身伤害的免责条款；有因故意或重大过失造成对方财产损失的免责条款。

3. 对格式条款的解释

对格式条款有两种以上解释的，应当作出不利于提供格式条款一方的解释；格式条款和非格式条款不一致的，应当采用非格式条款。

五、缔约过失责任

缔约过失责任是指当事人在订立合同过程中，因违背诚实信用原则给对方造成损失时所应承担的法律责任。合同谈不成并非均要承担缔约过失责任，只有因违背诚实信用原则致使合同未达成时，才追究其过错方的法律责任。

当事人在订立合同过程中有下列情形之一，给对方造成损失的，应当承担损害赔偿责任。

1）假借订立合同，恶意进行磋商。如以损害对方利益为目的，故意与其谈判而使其丧失与他人交易的机会。

2）故意隐瞒与订立合同有关的重要事实或者提供虚假情况。

3）当事人在订立合同过程中知悉的商业秘密，无论合同是否成立，泄露或不正当地使用的。

4）其他违背诚实信用的行为，如违背诚实信用原则终止谈判的行为。

典型案例讨论

【案情介绍】

2013年7月1日，甲钢铁公司（以下简称“甲公司”）向乙建筑公司（以下简称“乙公司”）发函，其中有甲公司生产的各种型号钢材的数量、价格表和一份订货单，订货单表明：各型号钢材符合行业质量标准，若乙公司在8月15日前按价格表购货，甲公司将满足供应，并负责运送至乙公司所在地，交货并付款。

7月10日，乙公司复函称：如果A型号钢材每吨价格下降200元，我公司愿购买3000吨A型号钢材，贵公司如同意，须在7月31日前函告。

7月25日，甲公司决定接受乙公司的购买价格，在甲公司作出决定后，同日收到乙公司的撤销函件，表示不再需要购买A型号钢材。7月26日，甲公司正式发出确认函告知乙公司，表示接受乙公司就A型号钢材的购买数量及价格，并要求乙公司按约定履行合同，乙公司于当日收到甲公司的该确认函。

乙公司认为其已给甲公司发出撤销函件，故买卖合同未成立，双方因此发生争议。

【问题】

1）2013 年 7 月 1 日，甲公司向乙公司发出的函件是要约还是要约邀请？简要说明理由。

2）2013 年 7 月 10 日，乙公司向甲公司回复的函件是否构成承诺？简要说明理由。

3）乙公司主张买卖合同未成立的理由是否成立？简要说明理由。

【案例分析】

1）甲公司向乙公司发出的是要约。要约是指希望和他人订立合同的意思表示，要约应具备内容具体确定并表明经受要约人承诺，要约人即受该意思表示约束。本案例中，2013 年 7 月 1 日甲公司向乙公司发出的函件具备订立合同的数量、价格、标的物品种、质量、交货方式等主要条款，并表明了经乙公司同意即受该意思表示的约束。

2）乙公司向甲公司回复的函件不构成承诺。根据规定，受要约人对要约的内容作出实质性变更的，为新要约。本案例中，乙公司对要约内容中的价格条款进行了变更，属于实质性变更，因此不构成承诺，应为新要约。

3）乙公司主张买卖合同未成立的理由不成立。根据规定，要约可以撤销，但是有下列情形下的要约不得撤销：①要约人确定了承诺期限的或者以其他形式明示要约不可撤销；②受要约人有理由认为要约是不可撤销的，并已经为履行合同做了准备工作。本案例中，乙公司 7 月 10 日发出的要约中已经确定了承诺期限（7 月 31 日前函告），因此该要约是不得撤销的。

第三节　合同的效力

背景：合同的效力是指依法成立的合同对当事人具有的法律约束力。有效合同对当事人具有法律约束力，违反合同规定就应当承担法律责任。无效合同不具有法律约束力。《合同法》对合同的效力规定了 4 种情形：有效合同、无效合同、可撤销合同、效力待定合同。

关键词：有效合同；无效合同；可撤销合同；效力待定合同

一、合同的生效

合同的生效是指合同具备一定的要件后，便产生法律上的效力，当事人均要按合同约定履行义务和行使权利。《合同法》规定，依法成立的合同，自成立时生效。法律、行政法规规定应当办理批准、登记等手续生效的，依照其规定。

（一）合同的生效要件

合同的生效要件是判断合同是否具有法律约束力的标准。合同生效必须具备三个条件，即行为人具备相应的民事行为能力、意思表示真实和不违反法律或者社会公共利益。

1. 主体合格

合同的当事人应当具有相应的民事行为能力。民事行为能力包括合同行为能力和相应的缔约行为能力。对自然人而言，原则上须有完全行为能力，限制行为能力人和无行为能力人不得亲自签订合同，而应由其法定代理人代为签订。但是，限制民事行为能力人可以独立签订与其年龄、智力相适应的合同；对于非自然人而言，必须是依法定程序成立后才具有订立合同的行为能力，同时，还要具有相应的缔约能力，即必须在法律、行政法规及有关部门授予的权限范围内签订合同。

2. 意思表示真实

意思表示真实即当事人的行为应当真实地反映其内心的想法，合同是当事人双方意思表示一致的法律行为。

3. 不违反法律和社会公共利益

当事人签订的合同从目的到内容都不能违反法律的强制性规定，不能违背社会公德、扰乱社会公共秩序、损害社会公共利益。

（二）合同生效的方式

一般而言，依法成立的合同，自成立时生效，具体又分为以下 3 种情况。

1. 批准、登记生效

法律、行政法规规定应当办理批准或者登记手续，自批准、登记时生效，如房地产抵押合同、专利权质押合同等。

2. 附条件生效（或失效）

当事人可以约定对合同的效力附加一定的条件，包括附生效条件和附解除条件两种情况。附生效条件的合同，自条件成就时生效。附解除条件的合同，自条件成就时失效。当事人为自己的利益不正当地阻止条件成就的，视为条件已成就；不正当地促成条件成就的，视为条件不成就。

3. 附期限生效（或失效）

附期限的合同是指附有将来确定到来的期限作为合同的条款，并在该期限到来时合同的效力发生或终止，包括附生效期限和附终止期限两种情况。附生效期限的合同，自期限届至时生效。附终止期限的合同，自该期限届满时合同失效。

二、效力待定合同

效力待定合同是指合同虽然已经成立，但其效力能否发生尚未确定，法律允许根据情况予以补救的合同。

有下列情况之一的，属于效力待定合同。

1）限制民事行为能力人订立的合同，经法定代理人追认后，该合同有效。但纯获利益的合同或者与其年龄、智力、精神健康状况相适应而订立的合同，不必经法定代理人追认。

2）行为人没有代理权、超越代理权或者代理权终止后以被代理人名义订立合同，未经被代理人追认，对被代理人不发生效力，由行为人承担责任。但行为人无权代理订立的合同，相对人有理由相信行为人有代理权的，该代理行为有效。例如，已盖有单位合同专用章的空白合同书管理不善，被他人滥用所签订的合同，合同有效。法人或者其他组织的法定代表人、负责人超越权限订立的合同。除相对人知道或者应当知道其超越权限的以外，该代表行为有效。

3）无处分权的人处分他人财产，经权利人追认或者无处分权的人订立合同后取得处分权的，该合同有效。

三、可撤销合同

可撤销合同是指因合同当事人订立合同时意思表示不真实，经有撤销权的当事人行使撤销权，使已经生效的合同归于无效合同。

（一）可撤销合同的情形

1. 重大误解合同

因重大误解而订立的合同是指当事人在作出意思表示时，对有关合同的重要事项存在认识上的显著缺陷。例如，误将租赁合同当成买卖合同，将甲产品误认为是乙产品等。

2. 显失公平合同

显失公平的合同是指当事人一方在紧迫或缺乏经验的情况下而订立的明显对自己有重大不利而对对方有利的合同。

3. 欺诈、胁迫、乘人之危签订的合同

一方以欺诈、胁迫的手段或者乘人之危，使对方在违背真实意思的情况下订立的合同，受损害方有权请求人民法院或者仲裁机构变更或者撤销。但一方以欺诈、胁迫的手段而订立的合同，如果损害国家利益，则不属于可变更或可撤销的合同，而是无效合同。

（二）撤销权的行使

对于前两种情形的可撤销合同，当事人任何一方均有权请求变更或撤销合同；对于第三种情形的合同，只有受损害方当事人才可以行使请求权。当事人请求变更合同的，人民法院或仲裁机构不得撤销。

有下列情形之一的，撤销权消灭：①具有撤销权的当事人自知道或者应当知道自撤销事由之日起 1 年内没有行使撤销权；②具有撤销权的当事人知道撤销事由后明确表示或者以自己的行为放弃撤销权。

被撤销的合同与无效合同一样，自始没有法律约束力。对因该合同取得的财产，当事人应承担下列民事责任：一是返还财产；二是折价补偿；三是赔偿损失。

四、无效合同

无效合同是指不具有法律约束力和不发生履行效力的合同。无效合同自始没有法律约束力，国家不予承认和保护。

（一）无效合同的情形

根据《合同法》的规定，有下列情形之一的，合同无效。

1）一方以欺诈、胁迫的手段订立合同，损害国家利益。

2）恶意串通，损害国家、集体或者第三人利益。

3）以合法形式掩盖非法目的。

4）损害社会公共利益。

5）违反法律、行政法规的强制性规定。

（二）无效合同的法律后果

无效合同自始没有法律约束力。合同部分无效，不影响其他部分效力的，其他部分仍然有效。合同被确认无效后，因该合同取得的财产，应当予以返还；不能返还的或没有必要返还的，应当折价补偿。有过错的一方应当赔偿对方因此所受到的损失，双方都有过错的，应当各自承担相应的责任。当事人恶意串通，损害国家、集体或第三人利益的，因此取得的归国家所有或返还集体、第三人。

典型案例讨论

【案情介绍】

某照相器材商店购进一批新型相机，每部定价为 2998 元。售货员在制作标价牌时，误将 2998 元标为 1998 元。某日，顾客 A 入店，发现在别处卖近 3000 元的相机在这里只卖 1998 元，遂一下买了两部。事后，当售货员再次去库房取货时，才发现每部少收了 1000 元。商店经多方查找，终于找到 A，要求退货或补足差价。A 称，自己买回两部相机是付了钱的，买卖已成交，岂有退货之理；再说，其中一部相机已以 2600 元卖给了同事 B，还要看 B 是否愿意退货。商店按 A 所指找到 B，B 也拒绝了商店的要求。商店遂以 A、B 为被告至法院，要求退货或补足差价。

【问题】

1）商店与 A 之间民事行为的性质及法律后果如何？

2）商店对 A、B 的诉讼请求能否成立？为什么？

【案例分析】

1）商店与 A 之间发生的照相机买卖这一民事行为，因商店在要约过程中存在意思表示的错误，所以属于因重大误解而订立的合同。

2）根据《合同法》第五十四条的规定，因重大误解订立的合同，当事人一方有权请求人民法院或者仲裁机构变更或者撤销。所以，商店对 A 的要求退货或补足差价的诉讼请求能够成立。但商店对 B 的同样诉讼请求不能成立，因为商店与 B 之间不存在合同关系，即使商店行使撤销权，导致 A 转卖照相机予 B 的行为属于无权处分，B 也可依善意取得制度获得照相机的所有权。

第四节　合同的履行

背景：市场主体订立合同是为了实现一定的经济目的。只有合同规定的义务得到履行，双方市场主体的目的和需求才能变为现实，反之，不仅市场主体预期的目的实现不了，还会影响流通渠道的畅通及社会秩序的稳定。合同的履行是指合同生效后，当事人按照合同规定的各项条款，完成各自所承担的合同义务和实现各自权利的过程。合同履行应遵循诚实信用的原则，承担通知、协助，以及保密等义务，遵循全面履行、协作履行、经济合理及情势变更等原则。

关键词：适当履行；全面履行；协作履行

一、合同履行的规则

（一）合同内容约定不明确时的履行规则

合同生效后，当事人就质量、价款或报酬、地点等内容没有约定或约定不明确时，可以协议补充；不能达成补充协议时，按照合同有关条款或交易习惯确定；仍不能确定的，适用下列规定。

1）质量要求不明确的，按照国家标准、行业标准履行；没有国家标准、行业标准的，按照通常标准或符合合同目的的特定标准履行。

2）价款或报酬不明确的，按照订立合同时履行地的市场价格履行；依法应当执行政府定价或者政府指导价的，按照规定履行。

3）履行地点不明确的，给付货币的，在接受货币一方所在地履行；交付不动产的，在不动产所在地履行；其他标的，在履行义务一方所在地履行。

4）履行期限不明确的，债务人可以随时履行，债权人也可以随时请求履行，但应当给对方必要的准备时间。

5）履行方式不明确的，按照有利于实现合同目的的方式履行。

6）履行费用的负担不明确的，由履行义务的一方负担。

（二）执行政府定价或政府指导价的合同的履行规则

按国家定价或指导价签订的合同，在合同执行过程中遇到国家调价时，按照交付时的价格计价。逾期交付标的物的，遇价格上涨时，按照原价执行；价格下降时，按照新价格执行。逾期提取标的物或逾期付款的，遇价格上涨时，按照新价格执行；价格下降，按照原价格执行。即“谁违约，执行对谁不利”的价格。

（三）涉及第三人的合同履行

1. 向第三人履行的合同

当事人可以约定由债务人向第三人履行债务，债务人未向第三人履行债务或履行债务不符合约定，应当向债权人承担违约责任。

2. 由第三人履行的合同

合同当事人可以约定由第三人代替债务人履行债务，如果第三人不履行债务或履行债务不符合约定的，债权人有权追究债务人的违约责任，债务人应当向债权人承担违约责任。

对于向第三人履行和由第三人履行，《合同法》严格遵循合同的相对性规则，并不将参与履行的第三人作为合同相对人对待，使其既不承担合同项下的义务，也不享有合同项下的权利。

（四）中止履行、提前履行与部分履行

1. 中止履行

债权人分立、合并或者变更住所没有通知债务人，致使履行债务发生困难的，债务人可以中止履行或者将标的物提存。

2. 提前履行

债权人可以拒绝债务人提前履行债务，但提前履行不损害债权人利益的除外。债务人提前履行债务给债权人增加的费用，由债务人负担。需要注意的是，《合同法》第二百零八条的规定把提前履行作为借款人的一项权利对待，因此属于提前履行规则的例外。

3. 部分履行

债权人可以拒绝债务人部分履行债务，但部分履行不损害债权人利益的除外。债务人部分履行债务给债权人增加的费用，由债务人负担。

二、抗辩权的行使

抗辩权是指在双务合同中，一方当事人在对方不履行或履行不符合约定时，依法对抗对方要求或否认对方权利主张的权利。《合同法》规定了同时履行抗辩权、后履行抗辩权和不安（先履行）抗辩权。

（一）同时履行抗辩权

当事人互负债务，没有先后履行的顺序时，应当同时履行。一方在对方履行之前有权拒绝其履行要求；一方在对方履行债务不符合约定时，有权拒绝其相应的履行请求。

（二）后履行抗辩权

后履行抗辩权是指合同当事人互负债务，有先后履行顺序，先履行一方未履行的，或者履行债务不符合约定的，后履行一方有权拒绝对方的履行要求。

（三）不安抗辩权

不安抗辩权又称先履行抗辩权，是指当事人互负债务，有先后履行顺序，先履行的

一方有确切证据证明后履行一方丧失履行债务能力时，在对方没有履行或没有提供担保之前，有权中止合同履行的权利。

《合同法》规定，应当先履行的当事人，有确切证据证明对方有下列情形之一的，可以中止履行：①对方经营状况严重恶化；②对方有转移财产、抽逃资金，以逃避债务的情形；③对方丧失商业信誉；④对方有丧失或可能丧失履行债务能力的其他情形。

不安抗辩权行使不当，造成对方损失的，先履行一方应承担违约责任。当事人中止履行的，应当及时通知对方。对方提供适当担保时，应当恢复履行。中止履行后，对方在合理期限内未恢复履行能力并且未提供担保的，中止履行的一方可以解除合同。

根据《关于审理买卖合同纠纷案件适用法律问题解释》的规定，买受人拒绝支付违约金、拒绝赔偿损失或者主张出卖人应当采取减少价款等补救措施的，属于提出抗辩。

三、合同的保全

合同保全是指法律为防止因债务人财产的不当减少而给债权人的债权带来损害，采取的一种保障制度。合同保全的形式主要包括代位权和撤销权两种。

（一）代位权

代位权是指因债务人怠于行使其到期债权，对债权人造成损害的，债权人可以向人民法院请求以自己的名义代位行使债务人的债权的权利，但该债权专属于债务人自身的除外。

债权人行使代位权应具备以下条件。

1）债务人对第三人享有合法债权。

2）债务人怠于行使其到期债权，对债权人造成损害。即债务人不履行其对债权人的到期债务，又不以诉讼方式或者仲裁方式向其债务人主张其享有的具有金钱给付内容的到期债权，致使债权人的到期债权未能实现。

3）债务人的债权已到期，已陷于迟延履行。

4）债务人的债权不是专属于债务人自身的债权。所谓专属于债务人自身的债权，是指基于扶养关系、抚养关系、赡养关系、继承关系产生的给付请求权和劳动报酬、退休金、抚恤金、安置费、人寿保险、人身伤害赔偿请求权等权利。

债权人代位权的行使必须通过法院进行，其行使范围以债权人的债权为限。债权人行代位权的费用，由债务人负担。

（二）撤销权

撤销权是指债权人对债务人滥用其处分权而损害债权人债权的行为，可以请求人民法院予以撤销的权利。《合同法》规定，因债务人放弃其到期债权或者无偿转让财产，对债权人造成损害的，债权人可以请求人民法院撤销债务人的行为。

引起撤销权发生的要件是债务人有损害债权人债权的行为发生，主要指债务人以赠与、免除等无偿行为处分债权，包括放弃到期债权、无偿转让财产或以明显不合理的低价转让财产。无偿行为不论第三人善意、恶意取得，均可撤销；有偿转让行为，只有在第三人恶意取得的情况下方可撤销。

撤销权自债权人知道或应知道撤销事由之日起 1 年内行使。自债务人的行为发生之日起 5 年内没有行使撤销权的，该撤销权消灭。

撤销权的行使范围以债权人的债权为限，债权人行使撤销权的必要费用，由债务人负担。

典型案例讨论

【案情介绍】

甲公司 2013 年 12 月 31 日的资产负债表显示的净资产为负，财务状况不断恶化。有关资产：商业用房一间，账面价值 100 万元；机器设备一套，账面价值 20 万元；银行存款 30 万元；应收乙的账款 30 万元（2014 年 1 月 20 日到期）；应收丙的账款 70 万元（2014 年 2 月 6 日到期）。甲公司有关负债：应付丙的账款 50 万元（2014 年 3 月 5 日到期）；应付丁的账款 180 万元（2014 年 1 月 10 日到期）。2014 年以来，甲公司的资产处理及债权债务清偿情况如下。

1）1 月 20 日，丁请求甲公司偿还欠款未果。但在 1 月 28 日丁发现甲公司曾于 1 月 15 日将机器设备赠送给了戊。

2）2 月 3 日，甲公司将拥有的商业用房以 60 万元的价格（市场价格为 120 万元）转让给非关联企业己公司，己公司在不知情的情况下，受让该房产，并办理了过户登记手续。

3）2 月 21 日后，甲公司一直催告乙偿还债务，但乙到 8 月底仍未偿还，甲公司也未采取其他法律措施。

4）3 月 15 日，甲公司向丙提出就 50 万元债权债务予以抵销。

5）4 月 10 日，甲公司与庚公司签订债权转让合同，将对丙的 20 万元债权以 18 万元的价格转让给庚。

【问题】

1）丁是否有权请求人民法院撤销甲公司将机器设备赠送给戊的行为？试说明理由。

2）丁是否有权请求人民法院撤销甲公司将商业用房转让给己公司的行为？试说明理由。

3）丁是否有权代位行使甲对乙的债权？试说明理由。

4）甲是否有权向丙主张就 50 万元的债权债务予以抵销？试说明理由。

5）甲、庚之间的债权转让何时生效？何时对丙产生效力？试分别说明理由。

【案例分析】

1）丁有权请求人民法院撤销甲公司的行为。根据规定，因债务人无偿转让财产，对债权人造成损害的，债权人可以请求人民法院撤销债务人的行为。在本案例中，甲公司将机器设备赠送给戊，属于无偿转让财产的该行为，对债权人丁造成损害，因此，丁有权请求人民法院撤销甲公司的行为。

2）丁无权请求人民法院撤销甲公司的该行为。根据规定，因债务人以明显不合理的低价转让财产（受让人知道该情形），对债权人造成损害的，债权人可以请求人民法院撤销债务人的行为。在本案例中，己公司属于善意第三人，债权人不能请求人民法院予以撤销。

3）丁有权代位行使甲对乙的债权。根据规定，债务人怠于行使其对第三人（次债务人）享有的到期债权，危及债权人债权实现时，债权人为保障自己的债权，可以自己的名义代位行使债务人对次债务人的债权。在本案例中，甲公司对乙未采取其他法律措施，属于怠于行使其对次债务人享有的到期债权，因此，债权人丁有权代位行使甲对乙的债权。

4）甲有权向丙主张抵销。根据规定，当事人互负到期债务，债务标的物种类、品质相同的，任何一方均可主张抵销。标的物种类、品质不相同的，经双方协商一致，也可以抵销。在本案例中，甲欠丙的账款50万元和丙欠甲的账款70万元在3月15日时均已到期，甲有权向丙主张就50万元的债权债务予以抵销。

5）第一，甲、庚之间的债权转让于4月10日生效。根据规定，依法成立的合同，原则上自成立时生效。债权转让不以债务人的同意为生效条件，但是要对债务人发生效力，则必须通知债务人。第二，丙接到债权转让通知后对丙产生效力。根据规定，债权人转让权利，不需要经债务人同意，但应当通知债务人。未经通知，该转让对债务人不发生效力。

第五节　合同的担保

背景：合同的担保是指依照法律规定或者当事人约定，为确保合同债权实现而采取的法律措施。合同的担保既可以在主合同中订立担保条款，也可以单独订立书面的担保合同。担保合同是主合同的从合同，主合同无效，担保合同无效。根据《担保法》的规定，法定的担保形式有保证、抵押、质押、留置和定金5种。

关键词：保证；抵押；质押；留置；定金

一、留置

留置是指依照《担保法》和其他法律的规定，债权人按照合同约定占有债务人的动产，债务人不按照合同约定的期限履行债务的，债权人有权依法留置该财产，以该财产折价或以拍卖、变卖该财产的价款优先受偿。

留置的设立根据是法律的直接规定，所以又称法定担保物权。留置一般适用于劳务服务性合同。例如，保管合同、运输合同、承揽合同及法律规定可以留置的其他合同发生的债权。

留置权人负有妥善保管留置物的义务。因保管不善致使留置物者毁损的，留置权人应当承担民事责任。留置担保的范围包括主债权及利息、违约金、损害赔偿金、留置物保管费用和实现留置权的费用。

债权人与债务人应在合同中约定，债权人留置财产后，债务人应在不少于 2 个月的期限内履行债务。未约定的，应确定 2 个月以上的期限，通知债务人在该期限内履行债务。

留置权是指债权人合法占有债务人的动产，在债务人不履行到期债务时债权人有权依法留置该财产，并有权就该财产优先受偿的权利。留置权的效力还及于从物、孳息和代位物。根据《物权法》的规定，留置的财产为可分物的，留置物的价值应当相当于债务的金额。留置物为不可分物的，留置权人可以就其留置物的全部行使留置权。

二、定金

（一）定金的定义及种类

定金，系以确保合同的履行为目的，由当事人一方在合同订立前后，合同履行前预先交付给另一方的金钱或者其他代替物的法律制度。根据《担保法》及《最高人民法院关于适用〈中华人民共和国担保法〉若干问题的解释》（以下简称《担保法司法解释》）的有关规定，我国关于定金的性质属于任意性规定，当事人可以自主确定定金的性质。

（1）立约定金

《担保法司法解释》规定，当事人约定以交付定金作为订立主合同担保的，给付定金的一方拒绝订立主合同的，无权要求返还定金；收受定金的一方拒绝订立合同的，应当双倍返还定金。

（2）成约定金

《担保法司法解释》规定，当事人约定以交付定金作为主合同成立或者生效要件的，给付定金的一方未支付定金，但主合同已经履行或者已经履行主要部分的，不影响主合同的成立或者生效。虽然是成约定金，当事人没有履行定金给付义务，但主合同已经履行或者已经履行主要部分的，不影响主合同的成立或者生效。

（3）解约定金

《担保法司法解释》规定，定金交付后，交付定金的一方可以按照合同的约定以丧失定金为代价而解除主合同，收受定金的一方可以双倍返还定金为代价而解除主合同。对解除主合同后责任的处理，适用《合同法》的规定。

（4）违约定金

违约定金即定金设立目的是为了保证合同得以履行。在定金给付后，一方应履行债务而未履行的，受定金罚则约束。《担保法》规定的定金原则上属于违约定金。

（二）定金的生效与法律效力

《担保法》规定，定金应当以书面形式约定。当事人在定金合同中应当约定交付定金的期限。定金合同从实际交付定金之日起生效。故定金合同是实践性合同。

当事人约定的定金数额不得超过主合同标的额的 20%。如果超过 20%的，超过部分无效。

因不可抗力、意外事件致使主合同不能履行的，不适用定金罚则。因合同关系以外第三人的过错，致使主合同不能履行的，适用定金罚则。受定金处罚的一方当事人，可以依法向第三人追偿。

在同一合同中，如果当事人既约定违约金，又约定定金的，在一方违约时，当事人只能选择适用违约金条款或者定金条款，不能要求同时适用两个条款。但是《关于审理买卖合同纠纷案件适用法律问题解释》的规定，根据买卖合同约定的定金不足以弥补一方违约造成的损失，对方请求赔偿超过定金部分的损失的，人民法院可以并处，但定金和损失赔偿的数额总和不应高于因违约造成的损失。

三、保证

保证是指第三人为债务人的债务履行作担保，由保证人和债权人约定，当债务人不履行债务时，保证人按照约定履行债务或承担责任的行为。

（一）保证人

《担保法》规定，具有代为清偿债务能力的法人、其他组织或公民，可以作保证人。国家机关，学校、幼儿园、医院等以公益为目的的事业单位、社会团体，企业法人的分支机构、职能部门，不得作保证人。但是，在经国务院批准为使用外国政府或国际经济组织贷款进行转贷的情况下，国家机关可以作保证人；企业法人的分支机构有法人书面授权的，可以在授权范围内提供保证。

（二）保证内容与保证方式

1. 保证内容

保证内容应当由保证人与债权人在以书面形式订立的保证合同中加以确定，保证人与债权人可以就单个主合同分别订立保证合同，也可以协议在最高债权额限度内就一定期间连续发生借款合同或者某项商品交易合同订立一个保证合同。

保证合同的内容应当包括：①被保证的主债权种类、数额；②债务人履行债务的期限；③保证的方式；④保证担保的范围；⑤保证的期间；⑥双方认为需要约定的其他事项。

2. 保证方式

保证的方式分为一般保证和连带责任保证两种。

一般保证是指当事人在合同中约定，债务人不能履行债务时，由保证人承担保证责任。一般保证也称“补差保证”，保证人享有先诉抗辩权，即债权人在主合同纠纷未经审判或仲裁，并就债务人财产依法强制执行仍不能履行债务前，对债权人可以拒绝承担保证责任。

连带责任保证的债务人在主合同规定的债务履行期届满没有履行债务的，债权人既可以要求债务人履行债务，也可以要求保证人在其保证范围内承担保证责任。

当事人对保证方式没有约定或约定不明确的，按照连带责任承担保证责任。这两种保证之间最大的区别在于保证人是否享有先诉抗辩权，一般保证的保证人享有先诉抗辩权，连带责任保证的保证人则不享有。但有下列情形之一的，保证人不得行使先诉抗辩权：①债务人住所变更，致使债权人要求其履行债务发生重大困难的，如债务人下落不明，移居境外，且无财产可供执行等；②人民法院受理债务人破产案件，中止执行程序的；③保证人以书面形式放弃先诉抗辩权的。

3. 单独保证和共同保证

以保证人的数量为标准划分，保证可以分为单独保证和共同保证。单独保证是指只有一个保证人担保同一债权的保证。共同保证是指数个保证人担保同一债权的保证。按照保证人是否约定各自承担的担保份额，可以将共同保证分为按份共同保证和连带共同保证。按份共同保证是保证人与债权人约定按份额对主债务承担保证义务的共同保证；连带共同保证是各保证人约定均对全部主债务承担保证义务或保证人与债权人之间没有约定所承担保证份额的共同保证。

需要注意的是，连带共同保证的“连带”是保证人之间的连带，而非保证人与主债务人之间的连带。故称为“连带共同保证”，而非“连带责任保证”。

连带共同保证的债务人在主合同规定的债务履行期届满没有履行债务的，债权人可以要求债务人履行债务，也可以要求任何一个保证人承担全部保证责任。已经承担保证责任的保证人，有权向债务人追偿，或者要求承担连带责任的其他保证人清偿其应当承担的份额。

4. 人保与物保共存

在同一债权上既有保证又有物的担保的，属于共同担保。《物权法》规定，被担保的债权既有物的担保又有人的担保的，债务人不履行到期债务或者发生当事人约定的实现担保物权的情形，债权人应当按照约定实现债权；没有约定或者约定不明确，债务人自己提供物的担保的，债权人应当先就该物的担保实现债权；第三人提供物的担保的，债权人可以就物的担保实现债权，也可以要求保证人承担保证责任。提供担保的第三人承担担保责任后，有权向债务人追偿。

基于这条规定，物的担保和保证并存时，如果债务人不履行债务，则根据下列规则确定当事人的担保责任承担。

1）根据当事人的约定确定承担责任的顺序。

2）没有约定或者约定不明的，如果保证与债务人提供的物的担保并存，则债权人先就债务人的物的担保求偿。保证在物的担保不足清偿时承担补充清偿责任。

3）没有约定或者约定不明的，如果保证与第三人提供的物的担保并存，则债权人可以就物的担保实现债权，也可以要求保证人承担保证责任。根据这条规定，第三人提供物的担保的，保证与物的担保居于同一清偿顺序，债权人既可以要求保证人承担保证责任，也可以对担保物行使担保物权。

4）没有约定或者约定不明的，如果保证与第三人提供的物的担保并存，其中一人承担了担保责任，则只能向债务人追偿，不能向另外一个担保人追偿。

（三）保证责任

1. 保证责任的范围

根据《担保法》的规定，保证担保的责任范围包括主债权及利息、违约金、损害赔偿金和实现债权的费用。保证合同对责任范围另有约定的，按照约定执行。当事人对保证担保的范围没有约定或者约定不明确的，保证人应当对全部债务承担责任。

2. 主合同变更与保证责任承担

保证期间，债权人依法将主债权转让给第三人，保证债权同时转让，保证人在原保证担保的范围内对受让人承担保证责任。但是保证人与债权人事先约定仅对特定的债权人承担保证责任或者禁止债权转让的，保证人不再承担保证责任。

保证期间，债权人许可债务人转让债务的，应当取得保证人书面同意，保证人对未经其同意转让的债务部分，不再承担保证责任。

保证期间，债权人与债务人协议变更主合同的，应当取得保证人书面同意，未经保证人同意的主合同变更，如果减轻债务人的债务的，保证人仍应当对变更后的合同承担保证责任；如果加重债务人的债务的，保证人对加重的部分不承担保证责任。债权人与债务人对主合同履行期限作了变动，未经保证人书面同意的，保证期间为原合同约定的或者法律规定的期间。债权人与债务人协议变动主合同内容，但并未实际履行的，保证人仍应当承担保证责任。

主合同当事人双方协议以新贷偿还旧贷，除保证人知道或者应当知道者外，保证人不承担民事责任，但是新贷与旧贷系同一保证人的除外。

（四）保证期间

保证期间为保证责任的存续期间，是债权人向保证人行使追索权的期间。债权人没有在保证期间主张权利的，保证人免除保证责任。“主张权利”的方式在一般保证中表现为对债务人提起诉讼或者申请仲裁，在连带责任保证中表现为向保证人要求承担保证责任。

当事人可以在合同中约定保证期间。如果没有约定的，保证期间为 6 个月。在连带责任保证的情况下，债权人有权自主债务履行期届满之日起 6 个月内要求保证人承担保证责任；在一般保证情况下，债权人应自主债务履行期届满之日起 6 个月内对债务人提起诉讼或者申请仲裁。

保证合同约定的保证期间早于或者等于主债务履行期限的，视为没有约定。保证合同约定保证人承担保证责任，直至主债务本息还清时为止等类似内容的，视为约定不明，保证期间为主债务履行期届满之日起两年。如果主债务履行期限没有约定或者约定不明时，保证期间自债权人要求债务人履行债务的宽限期届满之次日计算。

四、抵押

抵押是指以债务人或第三人的特定财产在不转移占有的前提下，将该财产作为债权的担保，当债务人不履行债务时，债权人有权依照法律规定以该财产折价或拍卖、变卖该财产的价款优先受偿。该债务人或第三人为抵押人，债权人为抵押权人，提供担保的财产为抵押物。

（一）抵押的设定

1. 抵押合同

当事人应当采取书面形式订立抵押合同。抵押权人在债务履行期届满前，不得与抵押人约定债务人不履行到期债务时抵押财产归债权人所有；如果当事人在抵押合同中有这样的条款，该条款无效；该条款的无效不影响抵押合同其他部分内容的效力。

债务履行期届满后抵押权人未受清偿时，抵押权人和抵押人可以协议以抵押物折价取得抵押物；但是，损害顺序在后的担保权人和其他债权人利益的，人民法院可以适用有关合同保全的撤销权的规定。

2. 抵押财产

建筑物和其他土地附着物可以抵押。

建设用地使用权可以抵押建设用地使用权抵押后，该土地上新增的建筑物不属于抵押财产。实现抵押权时，应当将该土地上新增的建筑物与建设用地使用权一并处分，但新增的建筑物所得的价款，抵押权人无权优先受偿。

以招标、拍卖、公开协商等方式取得的荒地等土地承包经营权可以抵押；乡镇、村企业的建设用地使用权不得单独抵押；以乡镇、村企业的厂房等建筑物抵押的，其占用范围内的建设用地使用权一并抵押。以土地承包经营权抵押的，或者以乡镇、村企业的厂房等建筑物占用范围内的建设用地使用权一并抵押的，实现抵押权后，未经法定程序，不得改变土地所有权的性质和土地用途。

其他可以抵押的财产：①生产设备、原材料、半成品、产品——浮动抵押；②正在建造的建筑物、船舶、航空器；③交通运输工具；④法律、行政法规未禁止抵押的其他财产。

其他不得用于抵押的财产：①学校、幼儿园、医院等以公益为目的的事业单位、社会团体的教育设施、医疗卫生设施和其他社会公益设施；②所有权、使用权不明或者有争议的财产；③依法被查封、扣押、监管的财产；④法律、行政法规规定不得抵押的其他财产。

3. 抵押登记

（1）以不动产抵押

以建筑物和其他土地附着物，建设用地使用权，以招标、拍卖、公开协商等方式取得的荒地等土地承包经营权，正在建造的建筑物设定抵押的，应当办理抵押物登记，抵押权自登记之日起设立。

（2）以其他财产（动产）抵押的

以其他财产（动产）抵押的，登记产生对抗第三人的效力；抵押权自抵押合同生效时起设立，没有登记不能对抗善意第三人。

（二）抵押的效力

1. 抵押物的孳息

债务人不履行到期债务或者发生当事人约定的实现抵押权的情形，致使抵押财产被人民法院依法扣押的，自扣押之日起抵押权人有权收取该抵押财产的天然孳息或者法定孳息，但抵押权人未通知应当清偿法定孳息的义务人的除外。

2. 收益

1）出租在先，抵押在后，原租赁关系不受抵押权的影响。

2）抵押在先，出租在后，租赁关系不得对抗已登记的抵押权：①抵押人未书面告知承租人该财产已抵押的，抵押人对出租抵押物造成承租人的损失承担赔偿责任；②抵押人已书面告知承租人该财产已抵押的，抵押权实现造成承租人的损失，由承租人自己承担。

3. 抵押期间抵押物的转让

抵押期间，抵押人经抵押权人同意转让抵押财产的，应当将转让所得价款向抵押权人提前清偿或者提存；转让价款超过债权数额的部分归抵押人所有，不足部分由债务人清偿。

抵押期间，抵押人未经抵押权人同意，不得转让抵押财产，但受让人代为清偿债务消灭抵押权的除外。

抵押物依法被继承或者赠与的，抵押权不受影响。

4. 抵押权转移及消灭的从属性

1）抵押权不得与债权分离而单独转让或者作为其他债权的担保。

2）主债权转让的，担保该债权的抵押权一并转让，但法律另有规定或者当事人另有约定的除外。

3）主债权未受全部清偿的，抵押权人可以就抵押物的全部行使其抵押权。

4）主债权被分割或者部分转让的，各债权人可以就其享有的债权份额行使抵押权。

5）主债务被分割或者部分转让的，抵押人仍以其抵押物担保数个债务人履行债务。但是，第三人提供抵押的，债权人许可债务人转让债务未经抵押人书面同意的，抵押人对未经其同意转让的债务，不再承担担保责任。

5. 抵押物价值减少

1）抵押人的行为足以使抵押财产价值减少的，抵押权人有权要求抵押人停止其行为。

2）抵押财产价值减少的，抵押权人有权要求恢复抵押财产的价值，或者提供与减少的价值相应的担保。抵押人不恢复抵押财产的价值也不提供担保的，抵押权人有权要求债务人提前清偿债务。

在抵押物灭失、毁损或者被征用的情况下，抵押权人可以就该抵押物的保险金、赔偿金或者补偿金优先受偿。

（三）抵押权的实现

债务人不履行到期债务或者发生当事人约定的实现抵押权的情形，抵押权人可以与抵押人协议以抵押财产折价或者以拍卖、变卖该抵押财产所得的价款优先受偿。

抵押物折价或者拍卖、变卖所得的价款，当事人没有约定的，清偿顺序如下：①实现抵押权的费用；②主债权的利息；③主债权。

同一财产上多个抵押权并存时的清偿顺序：①抵押权已登记的，按照登记的先后顺序清偿；顺序相同的，按照债权比例清偿；②抵押权已登记的先于未登记的受偿；③抵押权未登记的，按照债权比例清偿。

抵押权人与抵押人可以协议变更抵押权顺位以及被担保的债权数额等内容，但抵押权的变更，未经其他抵押权人书面同意，不得对其他抵押权人产生不利影响。

债务人以自己的财产设定抵押，抵押权人放弃该抵押权、抵押权顺位或者变更抵押权的，其他担保人在抵押权人丧失优先受偿权益的范围内免除担保责任，但其他担保人承诺仍然提供担保的除外。

同一财产向两个以上债权人抵押的，顺序在先的抵押权与该财产的所有权归属一人时，该财产的所有权人可以以其抵押权对抗顺序在后的抵押权。

顺序在后的抵押权所担保的债权先到期的，抵押权人只能就抵押物价值超出顺序在先的抵押担保债权的部分受偿。顺序在先的抵押权所担保的债权先到期的，抵押权实现后的剩余价款应予提存，留待清偿顺序在后的抵押担保债权。

（四）最高额抵押

抵押权人的债权在下列情况下确定：①约定的债权确定期间届满；②没有约定债权确定期间或者约定不明确，抵押权人或者抵押人自最高额抵押权设立之日起满 2 年后请求确定债权；③新的债权不可能发生；④抵押财产被查封、扣押；⑤债务人、抵押人被宣告破产或者被撤销。

抵押权人实现最高额抵押权时，如果实际发生的债权余额高于最高限额的，以最高限额为限，超过部分不具有优先受偿的效力；如果实际发生的债权余额低于最高限额的，以实际发生的债权余额为限对抵押物优先受偿。

（五）浮动抵押

经当事人书面协议，企业、个体工商户、农业生产经营者可以将现有的以及将有的生产设备、原材料、半成品、产品抵押，债务人不履行到期债务或者发生当事人约定的实现抵押权的情形，债权人有权就实现抵押权时的动产优先受偿；但不得对抗正常经营活动中已支付合理价款并取得抵押财产的买受人。

设定浮动抵押，抵押人应当向抵押人住所地的工商行政管理部门办理登记；抵押权自抵押合同生效时设立；未经登记，不得对抗善意第三人。

抵押财产的确定：①债务履行期届满，债权未实现；②抵押人被宣告破产或者被撤销；③当事人约定的实现抵押权的情形；④严重影响债权实现的其他情形。

五、质押

质押是指债务人或第三人将为提供担保而移交的财产或权利，当债务人不履行债务时，债权人有权以该财产或权利价值优先受偿的权利。包括动产质押和权利质押。

1. 动产质押

（1）动产质押的设定

设定动产质押，出质人和质权人应当以书面形式订立质押合同。根据《物权法》的规定，质押合同是诺成合同，并不以质物占有的移转作为合同的生效要件。但是质权设立的条件。

质权自质物移交给质权人占有时设立。因此，只有出质人将出质的动产移交以债权人占有，债权人才能取得质权。

和抵押合同一样，质权人在债务履行期届满前。不得与出质人约定债务人不履行到期债务时质押财产归债权人所有。如果违反该规定，则约定的“流质条款”无效，但不影响质押合同其他部分的效力。

（2）动产质押的效力

动产质押设立后，在主债务清偿以前，质权人有权占有质物，并有权收取质物所生的孳息。质权人收取孳息，并非取得孳息所有权，而是将孳息作为质押标的。

质权人在质权存续期间，为担保自己的债务，经出质人同意，以其所占有的质物为第三人设定质权的，应当在原质权所担保的债权范围之内，超过的部分不具有优先受偿的效力。转质权的效力优于原质权。

2. 权利质押

根据《物权法》的规定，可以作为权利质押的权利有：①汇票、支票、本票；②债券、存款单；③仓单、提单；④可以转让的基金份额、股权；⑤可以转让的注册商标专用权、专利权、著作权等知识产权中的财产权；⑥应收账款；⑦法律、行政法规规定可以出质的其他财产权利。

权利质押因为设定质押的权利标的的不同，其生效条件也是不同的。

1）有价证券的质押。以汇票、支票、本票、债券、存款单、仓单、提单出质的，当事人应当订立书面合同。质权自权利凭证交付质权人时设立。没有权利凭证的，质权自有关部门办理出质登记时设立。

2）可以转让的基金份额、股权的质押。根据《物权法》的规定，以基金份额、股权出质的，当事人应当订立书面合同。以基金份额、证券登记结算机构登记的股权出质的，质权自证券登记结算机构办理出质登记时设立；以其他股权出质的，质权自工商行政管理部门办理出质登记时设立。

3）知识产权的质押。依法可以转让的商标专用权、专利权、著作权中的财产权可以质押。应当向有关管理部门办理出质登记。才能使得质权生效。

4）应收账款的质押。根据《物权法》的规定，以应收账款出质的，当事人应当订立书面合同。质权自信贷征信机构办理出质登记时设立。应收账款出质后，不得转让，但经出质人与质权人协商同意的除外。出质人转让应收账款所得的价款，应当向质权人提前清偿债务或者提存。公路桥梁、公路隧道或者公路渡口等不动产收益权实际上就是应收账款的一种。

典型案例讨论

【案情介绍】

2012 年 4 月，甲公司因欠乙公司货款 100 万元不能按时偿还，向乙公司请求延期至 2013 年 4 月 1 日还款，并愿意以本公司所有的 3 台生产设备进行抵押和 1 辆轿车进行质押，为其履行还款义务提供担保。乙公司同意了甲公司的请求，并与甲公司订立了书面抵押合同和质押合同。甲公司将用于质押的轿车的机动车登记证书交乙公司保管，但未就抵押和质押办理任何登记手续，也未向乙公司交付用于抵押的设备和质押的轿车。

2012 年 5 月 1 日，甲公司将用于抵押的 3 台设备出租给丙公司（甲公司已书面告知丙公司这 3 台设备已经抵押的事实），将用于质押的轿车出租给丁公司，租期均为 1 年。

2012 年 8 月 1 日，甲公司未经乙公司同意，将用于抵押的 3 台设备出售给不知情的戊公司。随后，甲公司通知丙公司：本公司已将出租的 3 台设备卖给戊公司，要求解除租赁合同，丙公司可不必再支付剩余 9 个月的租金，并请其将这 3 台设备交付给戊公司。丙公司表示同意，且立即向戊公司交付了这 3 台设备。

2013 年 4 月 1 日，甲公司仍无力向乙公司偿还货款。乙公司在调查了解甲公司资产状况时得知：庚公司欠甲公司到期货款 100 万元，甲公司怠于行使对庚公司的到期债权。2013 年 4 月 15 日，乙公司对庚公司提起了代位权诉讼。

【问题】

1）甲公司以 3 台设备设定抵押时，未办理任何登记手续，也未向乙公司交付用于抵押的设备，乙公司的抵押权是否已经设立？试说明理由。

2）乙公司是否有权就用于抵押的 3 台设备向戊公司行使抵押权？试说明理由。

3）甲公司以其轿车设定质押时，未办理任何登记手续，也未向乙公司交付用于质押的轿车，乙公司的质权是否已经设立？试说明理由。

4）乙公司是否有权对庚公司提起代位权诉讼？试说明理由。

5）在代位权诉讼中，如果乙公司胜诉，诉讼费用由谁负担？试说明理由。

【案例分析】

1）乙公司的抵押权已经设立。根据规定，当事人以生产设备设定抵押的，抵押权自抵押合同生效时设立。在本案例中，尽管甲公司未向乙公司交付用于抵押的设备，未办理任何登记手续，但双方签订了抵押合同，乙公司的抵押权自抵押合同生效时设立。

2）乙公司无权向戊公司行使抵押权。根据规定，当事人以生产设备设定抵押的，抵押权自抵押合同生效时设立；未经登记，不得对抗善意第三人。在本案例中，甲公司以生产设备设定抵押时，未办理登记手续，乙公司的抵押权不得对抗善意的戊公司。因此给抵押权人乙公司造成损失的，由抵押人甲公司承担赔偿责任。

3）乙公司的质权未设立。根据规定，以动产设定质押时，质权自出质人交付质押财产时设立。在本案例中，由于甲公司未向乙公司交付轿车，乙公司的质权未设立。

4）乙公司有权对庚公司提起代位权诉讼。根据规定，因债务人怠于行使其到期债权，对债权人利益造成损害的，债权人可以向人民法院请求以自己的名义代位行使债务人的债权，但该债权专属于债务人自身的除外。

5）由庚公司负担。根据规定，在代位权诉讼中，债权人胜诉的，诉讼费用由次债务人负担。

第六节 合同的变更、转让与终止

背景：依法成立的合同受法律保护，对当事人具有法律约束力。当事人应当按照合同约定履行自己的义务，不得擅自变更或者解除合同。如果在合同订立之后，因为各种原因使得合同内容或者合同主体发生了变更，则为合同的变更与转让。如果当事人基于履行、提存、抵销等原因使得合同消灭，即为合同的终止。

关键词：变更；抵销；提存；解除；终止

一、合同的变更

合同变更仅指合同内容的变更，是指合同成立后未履行或未履行完毕之前，由于主、客观情况的变化而使合同的内容发生变化。合同变更的方式主要有以下 3 种。

（一）当事人协议变更

合同是由当事人协商一致而订立的，经当事人协商一致，可以变更合同。但法律、行政法规规定变更合同应当办理批准、登记等手续的，应依照其规定办理批准、登记等手续方可变更。当事人对合同变更的内容应作明确约定，变更内容约定不明确的，推定为合同未变更。

（二）法院或仲裁机关裁决变更

因重大误解或显失公平而订立的合同，当事人一方可以向人民法院或仲裁机关申请裁决变更或撤销合同。

（三）基于法律的直接规定变更

如遭遇不可抗力导致债务人不能按期履行债务时，债务人可以减少债务数额或延期履行债务。

合同变更后，当事人应当按照变更后的合同履行。合同变更的效力原则上仅对未履行的部分有效，对已履行的部分无溯及力，但法律另有规定或当事人另有约定的除外。因合同的变更而使一方当事人受到经济损失的，受损一方可向另一方当事人要求赔偿损失。

二、合同的转让

合同的转让即合同主体的变更，是指当事人将依据合同享有的权利或者承担的义务，全部或部分转让给第三人的行为。合同转让包括合同权利转让、合同义务转移和合同权利义务一并转让 3 种类型。

（一）合同权利转让

合同权利转让是指不改变合同权利的内容，由债权人将合同权利全部或者部分转让给第三人的行为。一般情况下，当事人有权自主地将合同的权利全部或者部分转让给第三人，但有下列情形之一的除外。

1）根据合同性质不得转让。例如，当事人基于信任关系订立的委托合同、雇佣合同、赠与合同等。

2）按照当事人的约定不得转让。

3）依照法律规定不得转让。例如，烟草专卖权、个人收藏的文物等。

此外，《合同法》规定，债权人转让权利的，应当通知债务人。未经通知，该转让对债务人不发生效力。债权人转让权利的通知不得撤销，但经受让人同意的除外。债权人转让权利的，受让人取得与债权有关的从权利，但该从权利专属于债权人自身的除外。

债务人接到债权转让通知后，债务人对让与人的抗辩，可以向受让人主张。债务人接到债权转让通知时，债务人对让与人享有债权，并且债务人的债权先于转让的债权到期或者同时到期的，债务人可以向受让人主张抵消。

（二）合同义务转移

合同义务转移是指在不改变合同义务的前提下，经债权人同意，债务人将合同的义务全部或者部分转移给第三人。债务人将合同的义务全部或者部分转移给第三人，应当经债权人同意。否则，债务人转移合同义务的行为对债权人不发生效力。

债务人转移义务的，新债务人可以主张原债务人对债权人的抗辩。新债务人应当承担与主债务有关的从债务，但该从债务专属于原债务人自身的除外。

（三）合同权利义务的一并转让

合同权利义务的一并转让是指经对方同意，当事人将自己依据合同所享有的权利和义务一并转让给第三人。合同关系的一方当事人将权利和义务一并转让时，除了应当征得另一方当事人的同意外，还应当遵守《合同法》有关转让权利和义务转移的其他规定。

当事人订立合同后合并的，由合并后的法人或者其他组织行使合同权利、承担合同义务。当事人订立合同后分立的，除债权人和债务人另有约定的以外，由分立的法人或者其他组织对合同的权利和义务享有连带债权，承担连带债务。

三、合同的终止

合同的终止，是指因某种法律事实的发生，使合同当事人权利义务关系归于消灭，即合同关系消灭。根据《合同法》的规定，合同在下列情形时得以终止。

（一）债务已经按照约定履行

债务已经按照约定履行，使得订立合同的目的已经实现，合同确定的权利义务关系自然消灭，合同因此而终止。这是当事人期望的终止方式。

（二）合同解除

合同解除是指在合同尚未履行完毕之前，双方当事人经协商一致同意提前终止合同关系或者当事人一方基于法定事由行使解除权提前终止合同关系。合同解除有约定解除和法定解除两种情况。

1. 约定解除

约定解除是指当事人通过行使约定解除权或者当事人协商一致而解除合同。在订立合同时，可以约定当事人一方或双方拥有合同解除权，当解除合同的条件成就时，解除权人可以解除合同。

合同生效后，未履行或未完全履行前，当事人也可以协议解除合同。

2. 法定解除

法定解除是指合同成立生效后，当事人根据法律规定解除合同。

《合同法》规定，有下列情形之一的，当事人可以解除合同：①因不可抗力致使不能实现合同目的；②在履行期限届满之前，当事人一方明确表示或者以自己的行为表明不履行主要债务；③当事人一方迟延履行主要债务，经催告后在合理期限内仍未履行；④当事人一方迟延履行债务或者有其他违约行为致使不能实现合同目的；⑤法律规定的其他情形。

当事人一方主张解除合同的，应当通知对方。合同自通知到达对方时解除。对方有异议的，可以请求人民法院或者仲裁机构确认解除合同的效力。当事人解除合同，法律、行政法规规定应当办理批准、登记等手续的，应依照其规定办理。合同解除后，尚未履行的，终止履行；已经履行的，根据履行情况和合同性质，当事人可以要求恢复原状、采取其他补救措施，并有权要求赔偿损失。

（三）抵消

抵消是指当事人互负到期债务，又互享债权，以自己的债权充抵对方的债权，使自己的债务与对方的债务在等额内消灭。当事人互负到期债务，该债务的标的物种类、品质相同的，任何一方可以将自己的债务与对方的债务抵消，但依照法律规定或者按照合同性质不得抵消的除外。当事人主张抵消的，应当通知对方。通知自到达对方时生效。抵消不得附条件或者附期限。当事人互负债务，标的物种类、品质不相同的，经双方协商一致，也可以抵消。

（四）提存

提存，是指由于债权人的原因，债务人无法向其交付合同标的物而将该标的物交给提存机关，从而消灭合同的制度。

《合同法》规定，当有下列情形之一难以履行债务的，债务人可以将标的物提存：①债权人无正当理由拒绝受领；②债权人下落不明；③债权人死亡未确定继承人或者丧失民事行为能力未确定监护人；④法律规定的其他情形。

标的物提存后，除债权人下落不明的以外，债务人应当及时通知债权人或者债权人的继承人、监护人。标的物提存后，毁损、灭失的风险由债权人承担。提存期间标的物的孳息归债权人所有。提存费用由债权人负担。标的物不适于提存或者提存费用过高的，债务人依法可以拍卖或者变卖标的物，提存所得的价款。

债权人领取提存物的权利，自提存之日起 5 年内不行使而消灭，提存物扣除提存费用后归国家所有。

（五）免除

免除是指债权人放弃部分或全部债权，免除债务人部分或者全部债务的一种单方法律行为。免除应由债权人向债务人作出明确的意思表示。免除债务，债权的从权利如从属于债权的担保权利、利息权利、违约金请求权等也随之消灭。

（六）债权债务同归于一人

债权和债务同归于一人的，合同的权利义务终止，但涉及第三人利益的除外。如当债权为他人质权的标的时，为保护质权人的利益，不得使债权因合并而消灭。

（七）法律规定或者当事人约定终止的其他情形

除了上述合同的权利义务终止的情形，出现了法律规定的终止的其他情形的，合同的权利义务也可以终止。例如，《民法通则》规定，代理人死亡、丧失民事行为能力，作为被代理人或代理人的法人终止，委托代理终止。

合同无效、被撤销或终止的，不影响合同中独立存在的有关解决争议方法的条款的效力，不影响合同中结算和清理条款的效力。

典型案例讨论

【案情介绍】

上海红星制造厂（A）与青岛市红太阳配件厂（B）订立买卖机器配件的合同。青岛公司经上海公司同意，将债务转移给太原子公司（C），太原子公司与上海公司商定，指定由太原前门公司（D）发货。因货物不符合要求，A向B、C、D提出索赔。

【问题】

1）指定第三人履行与债务转移有什么不同？

2）应由谁赔偿A的损失？

【案例分析】

1）债务转移中，原债务人退出合同关系，不再受债务约束；而指定第三人履行时，债务人并不退出合同，仍然由他向债权人来承担义务和责任。

2）本案中，债务由B转移至C，此时，B退出债务关系，不再承担债务。其后，A与C又变更了债务——变更为第三人（太原前门公司D）履行，但债务人C并不退出合同，仍然由他向债务人A来承担合同义务和责任。

第七节　合同的违约责任

背景：违约责任的成立以有效的合同关系为基础，如果不存在合同关系或者合同无效或被撤销，则无所谓违约责任问题。违约责任又以债务的存在为前提，而且只能在合同当事人之间产生，债务人只向债权人承担违约责任，而不能向合同关系以外的任何其他人承担违约责任；同样的道理，合同关系以外的任何其他人也不对合同当事人承担违约责任。《合同法》规定，当事人一方不履行合同义务或者履行合同义务不符合约定的，应当承担继续履行、采取补救措施、支付违约金或者赔偿损失等违约责任。

关键词：继续履行；采取补救措施；违约金；赔偿损失

一、承担违约责任的主要形式

违约责任也称为违反合同的民事责任，是指合同当事人因违反合同义务所承担的责任。

一般来说，违约责任的追究要在合同履行期限届满时才能行使，但在合同生效后履行期限届满前，当事人一方明确表示或以自己的行为表明不履行合同义务的，对方可以在履行期限届满之前要求其承担违约责任。根据《合同法》的规定，违约的当事人承担违约责任的主要形式有以下几种。

（一）继续履行

继续履行又称实际履行，是指合同一方当事人不履行合同或者履行合同不符合约定的情况下，要求违约方仍然按照合同的约定履行义务的一种承担违约责任的方式。但在下列情况下除外：①法律上或事实上不能履行，如破产等；②债务的标的不适于强制履行或者履行费用过高；③债权人在合理期限内未要求履行。

（二）采取补救措施

《合同法》规定，质量不符合约定的，应当按照当事人的约定承担违约责任。对违约责任没有约定或者约定不明确，依照《合同法》第六十一条的规定仍不能确定的，受损害方根据标的的性质及损失的大小，可以合理选择要求对方承担修理、更换、重作、退货、减少价款或者报酬等违约责任。

（三）赔偿损失

赔偿损失是指合同当事人一方不履行合同或者不适当履行合同给对方造成损失的，

应依法或依照合同约定承担赔偿责任。损失赔偿额应当相当于因违约所造成的损失，包括合同履行后可以获得的利益，但不得超过违反合同一方订立合同时预见到或者应当预见到的因违反合同可能造成的损失。

当事人一方违约后，对方应当采取适当措施防止损失的扩大；没有采取适当措施致使损失扩大的，不得就扩大的损失要求赔偿。当事人因防止损失扩大而支出的合理费用，由违约方承担。

（四）支付违约金

违约金是指当事人在合同中约定，一方当事人不履行合同义务或履行合同义务不符合约定时应当根据情况向对方支付一定数额的货币。

当事人可以约定一方违约时应当根据违约情况向对方支付一定数额的违约金，也可以约定因违约产生的损失赔偿额的计算方法。约定的违约金低于造成的损失的，当事人可以请求人民法院或者仲裁机构予以增加；约定的违约金过分高于造成的损失的，当事人可以请求人民法院或者仲裁机构予以适当减少。

（五）定金责任

定金既是一种债的担保形式，又是一种违约责任形式。当事人既约定定金，又约定违约金的，一方违约时，对方可以选择适用违约金或者定金。

二、违约责任的免除

违约责任的免除是指在合同的履行过程中，由于法律规定的或者当事人约定的免责事由致使当事人不能履行合同义务或者履行合同义务不符合约定的，当事人可以免于承担违约责任。

一般来说，在合同订立之后，如果一方当事人没有履行合同或者合同不符合约定，不论是自己的原因，还是第三人的原因，都应当向对方承担违约责任，即我国使用的是无过错责任原因。只有在法定的免责事由或约定的免责事由导致合同不能履行时，才能免责。《合同法》规定了 3 种免责事由：不可抗力、免责条款和法律的特别规定。

（一）不可抗力

不可抗力是指不能预见、不能避免且不能克服的客观情况。《合同法》规定，因不可抗力不能履行合同的，根据不可抗力的影响，部分或者全部免除责任。但是，当事人迟延履行后发生不可抗力的，不能免除责任。

不可抗力包括某些自然现象和某些社会现象（如战争等）。当事人一方因不可抗力不能履行合同的，应当及时通知对方，以减轻可能给对方造成的损失，并应当在合理期限内提供证明。

（二）免责条款

当事人可以在合同中约定，当出现一定的事由或条件时，可免除违约方的违约责任。但免责条款不得违反法律、行政法规的强制性规定。

（三）法律的特别规定

在法律有特别规定的情况下，可以免除当事人的违约责任。如承运人对运输过程中货物的毁损、灭失承担损害赔偿责任，但承运人证明货物的毁损、灭失因不可抗力、货物本身的自然性质或者合理损耗及托运人、收货人的过错造成的，不承担损害赔偿责任。

典型案例讨论

【案情介绍】

甲、乙两公司采用合同书形式订立了一份买卖合同，双方约定由甲公司向乙公司提供150台精密仪器，甲公司于7月31日以前交货，并负责将货物运至乙公司，乙公司在收到货物后10日内付清货款。合同订立后双方均未签字盖章。6月28日，甲公司与丙运输公司订立货物运输合同，双方约定由丙公司将150台精密仪器运至乙公司。7月1日，丙公司先运了100台精密仪器至乙公司，乙公司全部收到，并于7月8日将100台精密仪器的货款付清。7月20日，甲公司掌握了乙公司转移财产、逃避债务的确切证据，随即通知丙公司暂停运输其余50台精密仪器并通知乙公司中止交货，要求乙公司提供担保；乙公司及时提供了担保。7月26日，甲公司通知丙公司将其余50台精密仪器运往乙公司，丙公司在运输途中发生交通事故，50台精密仪器全部毁损，致使甲公司7月31日前不能按时全部交货。10月5日，乙公司要求甲公司承担违约责任。

【问题】

1）甲乙两公司订立的买卖合同是否成立？试说明理由。

2）甲公司7月20日公司中止履行合同的行为是否合法？试说明理由。

3）乙公司10月5日要求甲公司承担违约责任的行为是否合法？试说明理由。

4）丙公司对货物毁损应承担什么责任？

【案例分析】

1）甲乙两公司之间订立的买卖合同成立。双方虽然未签字盖章，但一方履行主要义务，对方也接受的，合同成立。

2）中止履行合同的行为合法。甲公司行使的是不安抗辩权，当债务人丧失偿债能力时，先履行一方可以暂停履行。

3）乙公司的要求合法。《合同法》规定的违约责任是无过错责任，只要发生违约行为，即追究违约责任，除非有免责任事由，本案中不存在免责事由，所以乙公司的要求合法。

4）丙公司对货物毁损应承担赔偿责任，丙不具备免责事由。

第八节　主 要 合 同

背景：从我国现行《合同法》的结构来看，有关合同的法律规定可以区分为三个部分，即总则、分则和附则。这三个部分在合同法中分别发挥着不同的功能，其中总则部分集中规定了对合同关系进行法律调整的一般原则和基本制度，分、附则部分是关于合同法时间效力的规定，即是关于有名合同的规定。

关键词：买卖合同；赠与合同；借款合同；租赁合同

一、买卖合同

买卖合同是出卖人转移标的物的所有权于买受人，买受人支付价款的合同。买卖关系的主体是出卖人和买受人，交付财产取得价款的一方称为出卖人，接受财产支付价款的一方称为买受人。买卖合同是诺成合同、双务合同、有偿合同，可以是要式的，也可以是不要式的。

（一）买卖合同成立的证明

1. 交货凭证、结算凭证

当事人之间没有书面合同，一方以送货单、收货单、结算单、发票等主张存在买卖合同关系的，人民法院应当结合当事人之间的交易方式、交易习惯以及其他相关证据，对买卖合同是否成立作出认定。

2. 债权凭证

对账确认函、债权确认书等函件、凭证没有记载债权人名称，买卖合同当事人一方以此证明存在买卖合同关系的，人民法院应予支持，但有相反证据足以推翻的除外。

（二）预约合同

当事人签订认购书、订购书、预订书、意向书、备忘录等预约合同，约定在将来一定期限内订立买卖合同，一方不履行订立买卖合同的义务，对方请求其承担预约合同违约责任或者要求解除预约合同并主张损害赔偿的，人民法院应予支持。

（三）交付标的物

1. 出卖人的主要义务——“交付”

（1）交付标的物的方式

1）交付标的物。

2）交付提取标的物的单证，并转移标的物所有权的义务。

3）标的物为无须以有形载体交付的电子信息产品，当事人对交付方式约定不明确，且依照法律规定仍不能确定的，买受人收到约定的电子信息产品或者权利凭证即为交付。

（2）附随交付义务

出卖人应当按照约定或者交易习惯向买受人交付提取标的物单证以外的有关单证和资料。主要应当包括保险单、保修单、普通发票、增值税专用发票、产品合格证、质量保证书、质量鉴定书、品质检验证书、产品进出口检疫书、原产地证明书、使用说明书、装箱单等。

2. 交付期限

标的物的交付期限有以下几种情形。

1）出卖人应当按照约定的期限交付标的物。

2）约定交付期间的，出卖人可以在该交付期间内的任何时间交付。

3）没有约定标的物的交付期限或者约定不明确的，按照《合同法》有关规定仍不能确定的，出卖人可以随时履行，买受人可以随时要求出卖人履行，但应当给对方必要的准备时间。

3. 交付地点

出卖人应当按照约定的地点交付标的物。当事人没有约定交付地点或者约定不明确的，按照《合同法》的有关规定仍不能确定的，适用下列规定。

1）标的物需要运输的，出卖人应当将标的物交付给第一承运人以运交买受人。

2）标的物不需要运输，出卖人和买受人订立合同时知道标的物在某一地点的，出卖人应当在该地点交付标的物；不知道标的物在某一地点的，应当在出卖人订立合同时的营业地交付标的物。

4. 完成交付的证明

出卖人仅以增值税专用发票及税款抵扣资料证明其已履行交付标的物义务，买受人不认可的，出卖人应当提供其他证据证明交付标的物的事实。

合同约定或者当事人之间习惯以普通发票作为付款凭证，买受人以普通发票证明已经履行付款义务的，人民法院应予支持，但有相反证据足以推翻的除外。

5. 多交标的物

若出现多交标的物，买受人可分情况做以下处理。

1）出卖人多交标的物的，买受人可以接收或者拒绝接收多交的部分。

2）买受人接收多交部分的，按照合同的价格支付价款。

3）拒绝：①买受人拒绝接收多交部分的，应当及时通知出卖人；②买受人拒绝接收多交部分标的物的，可以代为保管多交部分标的物；③买受人主张出卖人负担代为保管期间的合理费用的，人民法院应予支持；④买受人主张出卖人承担代为保管期间非因买受人故意或者重大过失造成的损失的，人民法院应予支持。

（四）标的物所有权的转移

1. 一般规则

标的物为动产的，所有权自标的物“交付”时起转移；标的物为不动产的，所有权自标的物登记时起转移。

标的物在交付之前产生的孳息，归出卖人所有，交付之后产生的孳息，归买受人所有。

出卖具有知识产权的计算机软件等标的物的，除法律另有规定或者当事人另有约定的以外，该标的物的知识产权不属于买受人。

2. 普通动产

出卖人就同一普通动产订立多重买卖合同，在买卖合同均有效的情况下，买受人均要求实际履行合同的，应当按照以下情形分别处理。

1）先行受领交付的买受人有权请求确认所有权已经转移。

2）各买受人均未受领交付，先行支付价款的买受人有权请求出卖人履行交付标的物等合同义务。

3）各买受人均未受领交付，也未支付价款，依法成立在先合同的买受人有权请求出卖人履行交付标的物等合同义务。

3. 特殊动产

出卖人就同一船舶、航空器、机动车等特殊动产订立多重买卖合同，在买卖合同均有效地情况下，买受人均要求实际履行合同的，应当按照以下情形分别处理。

1）先行受领交付的买受人有权请求出卖人履行办理所有权转移登记手续等合同义务。

2）各买受人均未受领交付，先行办理所有权转移登记手续的买受人有权请求出卖人履行交付标的物等合同义务。

3）各买受人均未受领交付，也未办理所有权转移登记手续，依法成立在先合同的买受人有权请求出卖人履行交付标的物和办理所有权转移登记手续等合同义务。

4）出卖人将标的物交付给买受人之一，又为其他买受人办理所有权转移登记，已受领交付的买受人有权请求将标的物所有权登记在自己名下。

4. 所有权保留

1）当事人可以在动产买卖合同中约定，买受人未履行支付价款或者其他义务时，标的物的所有权属于出卖人。

2）出卖人的取回权。

① 当事人约定所有权保留，在标的物所有权转移前，买受人有下列情形之一，对出卖人造成损害，出卖人主张取回标的物的，人民法院应予支持：

a. 未按约定支付价款的（小于总价款的 75%）；

b. 未按约定完成特定条件的；

c. 将标的物出卖、出质或者作出其他不当处分的（第三人不能依法善意取得）。

② 取回权的限制：

买受人已经支付标的物总价款的 75%以上，出卖人主张取回标的物的，人民法院不予支持；

在将标的物出卖、出质或者作出其他不当处分的情形下，第三人已经依法善意取得标的物所有权或者其他物权，出卖人主张取回标的物的，人民法院不予支持。

③ 回赎。出卖人取回标的物后，买受人在双方约定的或者出卖人指定的回赎期间内，消除出卖人取回标的物的事由，主张回赎标的物的，人民法院应予支持。

④ 另行出卖：

a. 买受人在回赎期间内没有回赎标的物的，出卖人可以另行出卖标的物；

b. 出卖人另行出卖标的物的，出卖所得价款依次扣除取回和保管费用、再交易费用、利息、未清偿的价金后仍有剩余的，应返还原买受人；如有不足，出卖人要求原买受人清偿的，人民法院应予支持，但原买受人有证据证明出卖人另行出卖的价格明显低于市场价格的除外。

（五）标的物毁损、灭失风险的承担

标的物毁损、灭失的风险，在标的物“交付”之前由出卖人承担，交付之后由买受人承担。

当事人对风险负担没有约定，标的物为种类物，出卖人未以装运单据、加盖标记、通知买受人等可识别的方式清楚地将标的物特定于买卖合同，买受人主张不负担标的物毁损、灭失的风险的，人民法院应予支持。

因买受人的原因致使标的物不能按照约定的期限交付的，买受人应当自违反约定之日起承担标的物毁损、灭失的风险。

出卖人按照约定将标的物置于交付地点，买受人违反约定没有收取的，标的物毁损、灭失的风险自违反约定之日起由买受人承担。

买受人依法拒绝接受标的物或者解除合同的，标的物毁损、灭失的风险由出卖人承担。

出卖人出卖交由承运人运输的在途标的物，除当事人另有约定的以外，毁损、灭失的风险自合同成立之日起由买受人承担；在合同成立时知道或者应当知道标的物已经毁损、灭失却未告知买受人，买受人主张出卖人负担标的物毁损、灭失的风险的，人民法院应予支持。

出卖人未按照约定交付有关标的物的单证和资料的，不影响标的物毁损、灭失风险的转移。

标的物毁损、灭失的风险由买受人承担的，不影响因出卖人履行债务不符合约定，买受人要求其承担违约责任的权利。

（六）标的物的质量检验

出卖人应当按照约定的质量要求交付标的物；当事人对标的物的质量要求没有约定或者约定不明的，依照《合同法》的有关规定执行。

1. 检验期间

（1）约定检验期间

当事人约定检验期间的，买受人应当在检验期间内将标的物的数量或者质量不符合约定的情形通知出卖人；买受人怠于通知的，视为标的物的数量或者质量符合约定。

（2）没有约定检验期间

1）当事人对标的物的检验期间未作约定，买受人签收的送货单、确认单等载明标的物数量、型号、规格的，人民法院应当认定买受人已对数量和外观瑕疵进行了检验，但有相反证据足以推翻的除外。

2）当事人没有约定检验期间的，买受人应当在发现或者应当发现标的物的数量或者质量不符合约定的“合理期间内”通知出卖人；买受人在合理期间内未通知或者“自标的物收到之日起 2 年内”未通知出卖人的，视为标的物的数量或者质量符合约定。

2. 检验标准

出卖人依照买受人的指示向第三人交付标的物，出卖人和买受人之间约定的检验标准与买受人和第三人之间约定的检验标准不一致的，人民法院应当以出卖人和买受人之间约定的检验标准为标的物的检验标准。

3. 质量瑕疵担保责任

合同约定减轻或者免除出卖人对标的物的瑕疵担保责任，但出卖人故意或者因重大过失不告知买受人标的物的瑕疵，出卖人主张依约减轻或者免除瑕疵担保责任的，人民法院不予支持。

买受人在缔约时知道或者应当知道标的物质量存在瑕疵，主张出卖人承担瑕疵担保责任的，人民法院不予支持，但买受人在缔约时不知道该瑕疵会导致标的物的基本效用显著降低的除外。

4. 质量保证金

出卖人应当保证标的物的价值或使用效果；买受人依约保留部分价款作为质量保证金，出卖人在质量保证期间未及时解决质量问题而影响标的物的价值或者使用效果，出卖人主张支付该部分价款的，人民法院不予支持。

5. 减价责任

标的物质量不符合约定，买受人有权依法要求减少价款的；当事人有权主张以符合约定的标的物和实际交付的标的物按“交付时”的市场价值计算差价；价款已经支付，买受人主张返还减价后多出部分价款的，人民法院应予支持。

（七）买卖合同的解除规则

因标的物的主物不符合约定而解除合同的，解除合同的效力及于从物。因标的物的从物不符合约定被解除的，解除的效力不及于主物。

标的物为数物，其中一物不符合约定的，买受人可以就该物解除合同，但该物与他物分离使标的物的价值显受损害的，当事人可以就数物解除合同。

出卖人分批交付标的物的，出卖人对其中一批标的物不交付或者交付不符合约定，致使该批标的物不能实现合同目的的，买受人可以就该批标的物解除。出卖人不交付其中一批标的物或者交付不符合约定，致使今后其他各批标的物的交付不能实现合同目的的，买受人可以就该批以及今后其他各批标的物解除。买受人如果就其中一批标的物解除，该批标的物与其他各批标的物相互依存的，可以就已经交付和未交付的各批标的物解除。

分期付款的买受人未支付“到期”价款的金额达到全部价款的“1/5”的，出卖人可以要求买受人支付全部价款或者解除合同。出卖人解除合同的，可以向买受人要求支付该标的物的使用费。

出卖人没有履行或者不当履行从给付义务，致使买受人不能实现合同目的，买受人有权依法单方通知对方解除合同。

（八）试用买卖合同

1. 认定买受人购买

试用买卖的买受人在试用期内已经支付一部分价款的，应当认定买受人已经同意购买，但合同另有约定的除外。

在试用期内，买受人对标的物实施了出卖、出租、设定担保物权等非试用行为的，应当认定买受人同意购买。

2. 不属于试用买卖的情形

不属于试用买卖的情形包括以下几个方面。

1）约定标的物经过试用或者检验符合一定要求时，买受人应当购买标的物。

2）约定第三人经试验对标的物认可时，买受人应当购买标的物。

3）约定买受人在一定期间内可以调换标的物。

4）约定买受人在一定期间内可以退还标的物。

试用买卖的当事人没有约定使用费或者约定不明确，出卖人主张买受人支付使用费的，人民法院不予支持。

二、赠与合同

1. 当事人的权利与义务

赠与的财产有瑕疵的，赠与人不承担责任。但附义务的赠与，赠与的财产有瑕疵的，赠与人在附义务的限度内承担与出卖人相同的责任。

2. 赠与的撤销

赠与人在赠与财产的权利转移之前可以撤销赠与。但具有救灾、扶贫等社会公益、道德义务性质的赠与合同或者经过公证的赠与合同，不得撤销。

受赠人有下列情形之一的，赠与人可以撤销赠与：①严重侵害赠与人或者赠与人的近亲属；②对赠与人有扶养义务而不履行；③不履行赠与合同约定的义务；④因受赠人的违法行为致使赠与人死亡或者丧失民事行为能力的，赠与人的继承人或者法定代理人可以撤销赠与。

赠与人的撤销权，自知道或者应当知道撤销原因之日起 1 年内行使。赠与人的继承人或者法定代理人的撤销权，自知道或者应当知道撤销原因之日起 6 个月内行使。

三、借款合同

借款合同是借款人向贷款人借款，到期返还借款并支付利息的合同。订立借款合同，贷款人可以要求借款人依照《担保法》的规定提供担保。

借款合同采用书面形式，但自然人之间借款另有约定的除外。

借款人应当按照约定的期限返还借款。贷款人未按照约定的日期、数额提供借款，造成借款人损失的，应当赔偿损失。借款人未按照约定的借款用途使用借款的，贷款人可以停止发放借款、提前收回借款或者解除合同。

借款的利息不得预先在本金中扣除。利息预先在本金中扣除的，应当按照实际借款数额返还借款并计算利息。借款人应当按照约定的期限支付利息。对支付利息的期限没有约定或约定不明确的，当事人可以协议补充；不能达成补充协议时，借款期间不满 1 年的，应当在返还借款时一并支付；借款期间在 1 年以上的，应当在每届满 1 年时支付，剩余期间不满 1 年的，应当在返还借款时一并支付。

自然人之间的借款合同对支付利息没有约定或约定不明确的，视为不支付利息；约定支付利息的，借款的利率不得违反国家有关限制借款利率的规定。

借款人未按照约定的期限返还借款的，应当按照约定或国家有关规定支付逾期利息。借款人提前偿还借款的，除当事人另有约定的以外，应当按照实际借款的期间计算利息。

四、租赁合同

租赁合同是指出租人将租赁物交付给承租人使用、收益，承租人支付租金的合同。租赁合同的内容包括租赁物的名称、数量、用途、租赁期限、租金及其支付期限和方式。租赁物维修等条款。租赁期限不得超过 20 年，超过 20 年的，超过部分无效。租赁期间届满，当事人可以续订租赁合同，但约定的租赁期限自续订之日起不得超过 20 年。租赁期限 6 个月以上的，应当采用书面形式。未采用书面形式的，都视为不定期租赁，当事人可以随时解除合同，但出租人解除合同应当在合理期限之前通知承租人。

出租人应依照合同的约定的时间和方式交付租赁物，并在租赁期间履行租赁物的维修义务，保持租赁物符合约定的用途。承租人应当按照约定的方法或按照租赁物的性质使用租赁物，并应当妥善保管租赁物，如因保管不善造成租赁物毁损、灭失的，应当承担损害赔偿责任。

承租人应当按照约定的期限支付租金。承租人无正当理由未支付租金或延期支付租金的，出租人可以要求承租人在合理期限内支付。承租人逾期不支付的，出租人可以解除合同。承租人不得擅自改善和增设他物。承租人经出租人同意，可以对租赁物进行改善和增设他物。承租人未经出租人同意对租赁物进行改善和增设他物的，出租人可以请求承租人恢复原状或赔偿损失。

承租人转租租赁物须经出租人同意。转租期间，承租人与出租人的租赁合同继续有效，第三人不履行对租赁物妥善保管义务造成损失的，由承租人向出租人负赔偿责任。承租人未经同意而转租的，出租人可终止合同。

租赁物在租赁期间发生所有权变动的，不影响租赁合同的效力，即“买卖不破租赁”。

租赁期间届满，承租人继续使用租赁物，出租人没有提出异议的，原租赁合同继续有效，但租赁期限为不定期。

典型案例讨论

【案情介绍】

甲为加入A合伙企业需要一笔资金，于2013年3月1日向乙借款5万元，双方以书面合同约定：借款期限为2年，年利率为6%，2年应付利息由乙预先在借款本金中一次扣除；借款期满时甲一次偿还全部贷款。丙为甲的保证人，与乙签订保证合同，约定丙承担一般保证责任，保证期间为自借款期满之日起1年，但未就保证担保的范围作约定。乙依约向甲交付借款。不久，甲加入了A合伙企业。借款期满后，乙因经济业务欠A合伙企业4万元，因此向A合伙企业主张，就甲欠乙的借款与乙欠A合伙企业的债务在对等数额内抵销，但遭A合伙企业拒绝。随后，乙请求甲偿还借款，并要求丙承担保证责任。甲以资金不足为由拒绝还款，丙也拒绝承担保证责任。

【问题】

1）甲、乙签订的借款合同中有哪些内容不符合法律规定?

2）丙承担的保证责任范围应是什么?

3）A合伙企业是否有权拒绝乙的债务抵销请求？为什么?

4）丙拒绝承担保证责任是否符合法律规定?

【案例分析】

1）借款合同约定利息由乙预先从本金中一次扣除不符合法律规定。借款利息不得预先在本金中扣除。

2）丙承担的保证责任范围包括主债权及利息、违约金、损害赔偿金和实现债权的费用。

3）A合伙企业有权拒绝乙的债务抵销请求。合伙企业中某一合伙人的债权人，不得以其对该合伙人的债权抵销其对合伙企业的债务。

4）丙拒绝承担保证责任符合法律规定。一般保证的保证人有先诉抗辩权。

课后思考

1. 合同等同于协议、契约吗?
2. 创业中在霸王合同面前如何维护自己的合法权益?
3. 缔约过失责任与违约责任有何不同?
4. 创业中的无效合同与可撤销合同有何不同?
5. 在创业的过程中当事人签订合同内容约定不明确如何履行合同义务?
6. 创业大学生在实务中出现违约责任与侵权责任的竞合后，如何选择?
7. 在创业过程履行合同过程中如何行使撤销权和代位权以保护创业者的合法权益?
8. 如何理解“买卖不破租赁”?

创业实务操作

项目合作合同

（合同编号：×××××××）

甲 方：__________________________乙 方：_______________________

地 址：__________________________地 址：_______________________

法人代表：_______________________法人代表：____________________

根据《中华人民共和国公司法》和中国其他法律、法规，本着友好合作、平等互利的原则，通过友好协商，就双方共同生产及推广“_____”项目，达成如下意向：

一、项目内容：（略）

二、公司经营宗旨：（略）

三、投资总额与出资比例：

投资总额，出资比例甲方_____%，乙方_____%。

四、合作方式与期限：（略）

五、利润分配和亏损分担：

公司的利润分配和亏损分担方案按照《公司法》和公司章程执行。

六、经营管理机构：

公司实行董事会领导下的总经理负责制。具体经营管理机构的设置和管理办法由总经理制定后报董事会批准实施。

七、财务会计：（略）

八、本项目合作合同书范本未尽事宜，双方另议补充。

九、本项目合作合同书范本正本一式二份，双方各执一份，副本四份，视有关部门备案。

甲方（盖章）：　　　　　　　　　　　　乙方（盖章）：

代表（签字）：　　　　　　　　　　　　代表（签字）：

年　　月　　日　　　　　　　　　　　　年　　月　　日

企业借款合同

借款单位：________________________

法定代表人：________

地 址：________ 邮政编码：____ 电话：________

贷款单位：________________________

法定代表人：________ 职务：____

地 址：________ 邮政编码：____ 电话：________

保证单位：________________________

法定代表人：________

地 址：________ 邮政编码：____ 电话：________

根据《中华人民共和国合同法》的规定，借款方为保证施工生产正常进行，向贷款方申请建筑企业流动资金贷款，经贷款方审查同意发放，为明确各方权责，特签订本企业借款合同范本共同遵守。

第一条 本企业借款合同范本规定____年贷款额为人民币(大写)____万元，用于____。

第二条 借款方和贷款方必须共同遵守贷款办法，有关贷款事项按办法规定办理。

第三条 贷款自支用之日起，按实际支用数计收利息，利率为月息____‰，超计划贷款的超过部分利率为月息____‰，逾期贷款加计利息 20%，挪用贷款挪用部分加罚利息 50%。

第四条 贷款方保证按照本合同的规定供应资金，贷款方如因工作差错贻误用款，以致借款方遭受损失时，应按直接经济损失，由贷款方负责赔偿。

第五条 贷款方有权检查贷款使用情况。检查时，借款方对调阅有关文件、帐册、凭证和报表，查核物资库存和施工生产情况等，必须给予方便。

第六条 借款方如违反合同和贷款办法的规定，贷款方有权停止贷款，提前收回部分或全部贷款。

第七条 担保方对借款方归还贷款本息承担责任，如果借款方未按期清偿贷款本息时，担保方应在接到贷款方还款通知后一个月内负责归还。

第八条 本企业借款合同范本有效期：自____ 年____ 月____ 日起，至____年____ 月____ 日为止。

本企业借款合同范本正本一式三份，签章各方各执一份。

借款方：____________(盖章)________ 代表人____________

贷款方：____________(盖章)________ 代表人____________

担保方：____________(盖章)________ 代表人____________

_____年____月____日

引导案例分析

1）甲公司向乙宾馆发出的电报是要约。该要约的内容具备合同成立的条件，所以是要约。

2）乙宾馆的回复是新的要约。依据规定，受要约人对要约的内容作出实质性变更的，为新要约。本案例中乙宾馆对要约中的标的的价款和数量作出了变更，所以乙宾馆的回复视为新要约。

3）丙公司可以不对运货途中的货物毁损承担损害赔偿责任。依据《合同法》的规定，承运人对运输过程中货物的毁损、灭失承担损害赔偿责任，但承运人证明货物的毁损、灭失是因不可抗力、货物本身的自然性质或者合理损耗以及托运人、收货人的过错造成的，不承担损害赔偿责任。所以，本案例中，丙公司在运输货物途中遭遇洪水，致使部分货物毁损属于因不可抗力造成的损失，所以可以不承担损害赔偿责任。

4）甲公司可以解除与乙宾馆的买卖合同。依据规定，当事人一方延迟履行主要债务，经催告后在合理期限内仍未履行的，一方当事人可以解除合同。本案例中，乙宾馆以资金周转困难为由不能立即支付货款，甲公司同意乙宾馆推迟1个月付款。1个月后经甲公司催告，乙宾馆仍未付款。所以甲公司可以解除与乙宾馆的买卖合同。

5）甲公司不可以向法院起诉。依据规定，合法有效的仲裁协议对双方当事人诉权的行使产生一定的限制，在当事人双方发生协议约定的争议时，任何一方只能将争议提交仲裁，而不能向法院起诉。本案例中，甲乙双方约定如双方发生纠纷，选择A仲裁机构仲裁解决，所以不能向人民法院起诉。

本章知识体系

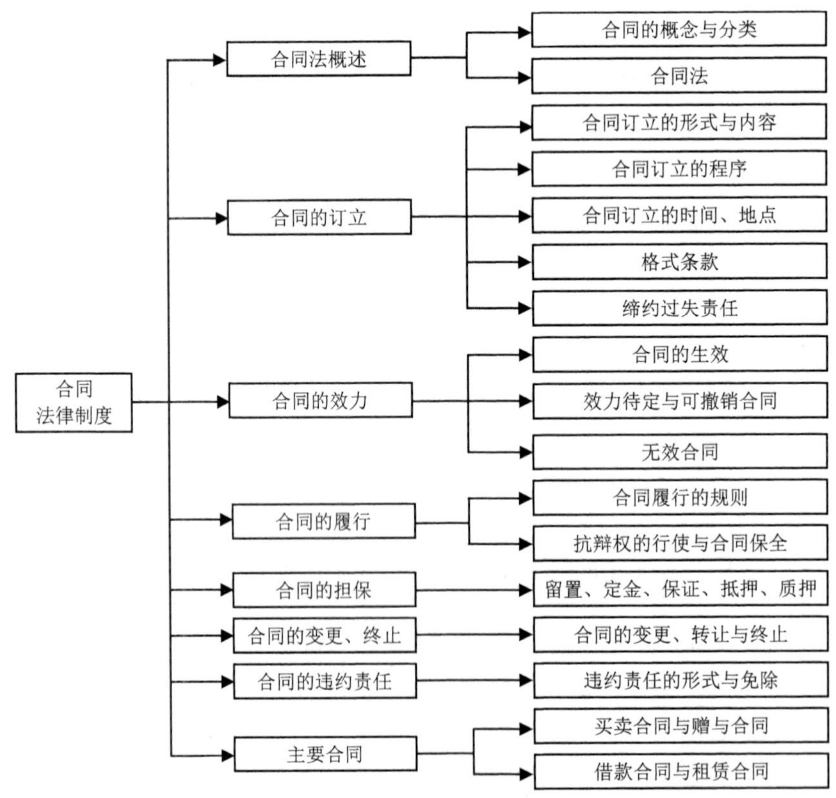

综 合 练 习

一、单项选择题

1．根据《合同法》的规定，下列各项中，属于可撤销合同的是（　　）。

A．一方以欺诈的手段订立合同，损害国家利益

B．限制民事行为能力人与他人订立的纯获利益的合同

C．违反法律强制性规定的合同

D．因重大误解订立的合同

2．根据《合同法》的规定，下列情形中要约没有发生法律效力的是（　　）。

A．撤回要约的通知与要约同时到达受要约人

B．撤销要约的通知在受要约人发出承诺通知之前到达

C．同意要约的通知到达要约人

D．受要约人对要约的内容作出实质性变更

3．甲于 2 月 14 日向乙发出签订合同的要约，乙于 2 月 28 日承诺同意，甲、乙双方在 3 月 13 日签订合同，合同中约定该合同于 3 月 25 日生效。根据《合同法》的规定，该合同的成立时间是（　　）。

A．2 月 14 日　　B．2 月 28 日

C．3 月 13 日　　D．3 月 25 日

4．甲与乙订立合同后，乙以甲有欺诈行为为由向人民法院提出撤销合同申请，人民法院依法撤销了该合同。下列有关被撤销合同的法律效力的表述中，正确的是（　　）。

A．自合同订立时无效

B．自乙提出撤销请求时起无效

C．自人民法院受理撤销请求时无效

D．自合同被人民法院撤销后无效

5．陈某以信件发出要约，信件未载明承诺开始日期，仅规定承诺期限为 10 天。5 月 8 日，陈某将信件投入信箱；邮局将信件加盖 5 月 9 日邮戳发出，5 月 11 日，信件送达受要约人李某的办公室；李某因外出，直至 5 月 15 日才知悉信件内容。根据《合同法》的规定，该承诺期限的起算日为（　　）。

A．5 月 18 日　　B．5 月 9 日　　C．5 月 11 日　　D．5 月 15 日

6．甲公司与乙公司订立的买卖合同约定：甲公司向乙公司购买西服价款总值为 9 万元，甲公司于 8 月 1 日前向乙公司预先支付货款 6 万元，余款于 10 月 15 日在乙公司交付西服后 2 日内一次付清。甲公司以资金周转困难为由未按合同约定预先支付货款 6

万元。10 月 15 日，甲公司要求乙公司交付西服。根据合同法律制度的规定，乙公司可以行使的权利是（　　）。

A．同时履行抗辩权　　B．后履行抗辩权

C．不安抗辩权　　D．撤销权

7．2013 年 8 月 10 日，甲公司与乙公司签订一份货物买卖合同。合同约定，乙公司于 8 月 20 日到甲公司的库房提取所购全部货物。乙公司由于自身原因至 8 月 30 日才去提取该批货物，但 8 月 25 日甲公司的库房因雷击发生火灾，致使乙公司应提取的部分货物毁损。根据《合同法》的规定，乙公司承担该批货物毁损、灭失风险的起始时间是（　　）。

A．8 月 10 日　　B．8 月 20 日

C．8 月 25 日　　D．8 月 30 日

8．债务人根据《合同法》或其他法律的规定，将标的物提存的，债权人领取提存物的权利，自提存之日起（　　）内不行使而消灭，提存物扣除提存费用后（　　）。

A．1 年；归国家所有　　B．2 年；交还债务人

C．2 年；交还债权人　　D．5 年；归国家所有

9．按照《担保法》的规定，以股票进行质押的，质押合同的生效时间是（　　）。

A．权利凭证交付之日

B．质押合同签订之日

C．向工商部门办理登记之日

D．向证券登记机构办理出质登记之日

10．当事人约定由第三人向债权人履行债务的，若第三人不履行债务，则（　　）。

A．第三人应当向债权人承担违约责任

B．债务人应当向债权人承担违约责任

C．债务人和第三人应当连带向债权人承担违约责任

D．债务人和第三人应当按过错大小向债权人承担违约责任

二、多项选择题

1．甲、乙双方签订了买卖合同，在合同履行过程中，发现该合同履行费用的负担问题约定不明确。根据《合同法》的规定，在这种情况下，可供甲乙双方选择的履行规则有（　　）。

A．双方协议补充　　B．按交易习惯确定

C．由履行义务一方负担　　D．按合同有关条款确定

2．根据合同法律制度的规定，下列各项中，属于不得撤销要约的情形的有（　　）。

A．要约人确定了承诺期限　　B．要约已经到达受要约人

C．要约人明示要约不可撤销　　D．受要约人已发出承诺的通知

3．根据《合同法》的规定，下列合同中，属于效力待定合同的有（　　）。

A．甲、乙恶意串通订立的损害第三人丙利益的合同

B．某公司法定代表人超越权限与善意第三人丁订立的买卖合同

C．代理人甲超越代理权限与第三人丙订立的买卖合同

D．限制民事行为能力人甲与他人订立的买卖合同

4．根据《合同法》的规定，下列各项中，属于合同成立的情形有（　　）。

A．甲向乙发出要约，乙作出承诺，该承诺除对履行地点提出异议外，其余内容均与要约一致

B．甲、乙约定以书面形式订立合同，但在签订书面合同之前甲已履行主要义务，乙接受了履行

C．甲、乙采用书面形式订立一合同，但在双方签章之前，甲履行了主要义务，乙接受了履行

D．甲于5月10日向乙发出要约，要约规定承诺期限截止至5月20日，乙于5月18日发出承诺信函，该信函5月21日到达甲

5．X市甲厂因购买Y市乙公司的一批木材与乙公司签订了一份买卖合同，但合同中未约定交货地与付款地，双方就此未达成补充协议，按照合同有关条款或者交易习惯也不能确定。根据合同法律制度的规定，下列关于交货地及付款地的表述中，正确的有（　　）。

A．X市为交货地　　B．Y市为交货地

C．X市为付款地　　D．Y市为付款地

三、案例分析

2013年3月20日，上海的甲公司与北京的乙公司签订了一份买卖合同，约定：甲公司向乙公司购买1000吨化工原料，总价款为200万元；乙公司在合同签订后1个月内交货，甲公司在验货后7日内付款。双方没有明确约定履行地点。

合同签订后，甲公司以其办公用房作抵押向丙银行借款200万元，并办理了抵押登记手续。由于办公用房的价值仅为100万元，甲公司又请求丁公司为该笔借款提供了保证担保。丙银行与丁公司的保证合同没有约定保证方式、保证期间及保证范围。

4月10日，乙公司准备通过铁路运输部门发货时，甲公司的竞争对手告知乙公司，甲公司经营状况不佳，将要破产。乙公司随即暂停了货物发运，并电告甲公司暂停发货的原因，要求甲公司提供担保。甲公司告知乙公司：本公司经营正常，货款已经备齐，乙公司应尽快履行合同，否则将追究违约责任。但乙公司坚持要求甲公司提供担保。甲公司急需这批货物，只好按照乙公司的要求，提供了银行保函。5月25日，乙公司收到银行保函，当日向铁路运输部门支付了运费并发货。货物在运输途中，遇泥石流灾害全部灭失。

借款合同到期后，甲公司没有偿还丙银行的借款本息。

思考：根据上述内容，回答下列问题。

1）乙公司暂停发货是否有法律依据？试说明理由。

2）在买卖合同履行地点约定不明确的情况下，应当如何交付标的物？

3）货物灭失的损失应当由谁承担？试说明理由。

4）铁路运输部门是否应当依据运输合同承担违约责任？试说明理由。乙公司可否要求铁路运输部门返还运费？试说明理由。

5）丁公司应当承担连带保证责任还是一般保证责任？试说明理由。

6）丙银行可否直接要求丁公司承担 200 万元的保证责任？试说明理由。

第七章　票据法律制度

学习目标

素质目标：选择适宜的票据结算方式，规范地进行票据行为，依法行使票据权利。

知识目标：理解票据的概念特征、票据权利与抗辩、票据权利的取得及其补救措施；掌握汇票、本票、支票的主要规定。

技能目标：培养正确区分不同的票据、行使票据权利的能力。

相关法规

《中华人民共和国票据法》

《中华人民共和国商业银行法（修正）》

《最高人民法院关于审理票据纠纷案件若干问题的规定》

《票据管理实施办法》

《中国人民银行关于完善票据业务制度有关问题的通知》

创业法律思考

1. 票据有哪几种？有什么区别？

2. 如果自己想创办企业，应该明白在经济业务往来中应如何使用票据，该注意哪些问题？

引导案例

A 公司向 B 公司开出面值 200 万元的商业汇票预付货款并承兑，B 公司将该票据背书转让给 C，C 已经支付对价，同时甲、乙在票据上注明保证字样，签名盖章，B 公司在票据背面注明“不得转让”字样。C 收到票据后又背书转让给 D，D 再次背书转让给 E 时，将“背书人签章”与“被背书人名称”两栏的内容颠倒了，E 未注意又将该票据背书转让给 F，F 背书转让给 G，G 向银行提示付款时，银行拒绝支付。

思考：银行拒绝付款正确吗？拒绝付款后，G 可采用什么方法来保障自己的权益？若 F 向 G 付款后，F 向 B 公司行使追索权，B 公司可否拒绝承担责任？若 C 持有汇票后，向A公司进行追索，A公司以合同撤销为由，认定预付货款行为无效，拒绝付款，理由是否成立？以上背书转让过程中，均未注明背书日期，是否会影响背书的效力？

第一节　票据法概述

背景：票据是现代社会重要的信用支付工具，集汇兑、支付、结算、信用、融资等多种功能于一身。票据业务的显著特点是“低信用风险、高操作风险”。《中华人民共和国票据法》（以下简称《票据法》）于1995年讨论通过，它标志着我国的票据行为将有法可依，对我国的经济生长起到了积极的推行动用。但是，随着我国和世界经济的快速发展，票据业务出现了一些新的情况，衍生了一些新的金融产品，于是2004年对《票据法》进行了修订。

关键词：票据；票据行为

一、票据与票据法

（一）票据的定义

票据的概念有广义和狭义之分。广义的票据包括各种有价证券和凭证，如股票、企业债券、发票、提单等；狭义的票据，即我国《票据法》中规定的“票据”，包括汇票、银行本票和支票，是指由出票人签发的、约定自己或委托付款人在见票时或指定的日期向收款人或持票人无条件支付一定金额的有价证券。

（二）票据当事人

票据当事人是指在票据法律关系中，享有票据权利、承担票据义务的主体。票据当事人分为基本当事人和非基本当事人。

1. 基本当事人

基本当事人是指在票据作成和交付时就已经存在的当事人，包括出票人、付款人和收款人。

1）出票人，是指依法定方式签发票据并将票据交付给收款人的人。银行汇票的出票人为银行；商业汇票的出票人为银行以外的企业和其他组织；银行本票的出票人为出票银行；支票的出票人为在银行开立支票存款账户的企业、其他组织和个人。

2）收款人，是指票据正面记载的到期后有权收取票据所载金额的人。

3）付款人，是指由出票人委托付款或自行承担付款责任的人。商业承兑汇票的付款人是合同中应给付款项的一方当事人，也是该汇票的承兑人；银行承兑汇票的付款人是承兑银行；支票的付款人是出票人的开户银行；本票的付款人是出票人。

2. 非基本当事人

非基本当事人是指在票据作成并交付后，通过一定的票据行为加入票据关系而享有一定权利、承担一定义务的当事人，包括承兑人、背书人、被背书人、保证人等。

1）承兑人。其指接受汇票出票人的付款委托，同意承担支付票款义务的人，是汇票主债务人。

2）背书人与被背书人。背书人是指在转让票据时，在票据背面或粘单上签字或盖章，并将该票据交付给受让人的票据收款人或持有人。被背书人是指被记名受让票据或接受票据转让的人。背书后，被背书人成为票据新的持有人，享有票据的所有权利。

3）保证人。其是指为票据债务提供担保的人，由票据债务人以外的第三人担当。保证人在被保证人不能履行票据付款责任时，以自己的金钱履行票据付款义务，然后取得持票人的权利，向票据债务人追索。

（三）票据的特征

1. 票据是“完全有价证券”

票据是“完全有价证券”，即票据权利完全证券化，票据权利与票据本身融为一体，不可分离，票据权利的产生、行使、转让和消火都离不开票据。

2. 票据是“文义证券”

票据上的一切票据权利和义务，必须严格依照票据记载的文义而定，文义之外的任何理由、事项均不得作为根据。例如，金额为 10 万元，则只能主张 10 万元。

3. 票据是“无因证券”

票据权利的行使以持有票据为必要条件，持票人无须证明其取得票据的原因。只要票据形式要件合法，票据权利人取得票据的基础关系是否有效，不影响票据权利人行使票据权利。

4. 票据是“金钱债权证券”

票据上体现的权利性质是财产权而不是其他权利，财产权的内容是请求支付一定的金钱而不是物品。

5. 票据是“要式证券”

票据的制作、转让、文义等都有规定的格式和要求，必须符合《票据法》的规定。

6. 票据是“流通证券”

在票据到期前，票据可以流通转让，其转让方式灵活简便，无须通知债务人，通过背书行为可直接转让。

（四）票据的功能

1. 支付功能

汇票、本票作为汇兑工具的功能逐渐成形后，在交易中以支付票据代替现金支付的方式逐渐流行起来。用票据代替现钞作为支付工具，可以避免清点现钞时可能产生的错误，并可以节省清点现钞的时间。因此，人们在经济生活中都普遍使用票据特别是支票作为支付的工具。

2. 汇兑功能

在商业交易中，交易双方往往分处两地，经常会产生在异地之间兑换或转移金钱的需要。在这种情况下，如果输送大量现金，不仅十分麻烦，而且途中风险很大。但是，如果通过在甲地将现金转化为票据，再在乙地将票据转化为现金的办法，则可以大大减少麻烦或风险。票据代替货币在不同地方之间运送，方便异地之间的支付，即为票据的汇兑功能。

3. 信用功能

信用功能是票据的核心功能。票据当事人可以凭借自己的信誉，将未来才能取得的金钱，作为现在的金钱来使用。票据的背书，加强了票据的信用功能，汇票和本票都有信用工具的作用。

4. 结算功能

结算功能即债务抵销功能。简单的结算是互有债务的双方当事人各签发一张票据，待两张票据都到到期日则相互抵销债务。若有差额，由一方以现金支付。

5. 融资功能

票据的融资功能是指票据融通资金或调度资金的功能，主要通过票据贴现、转贴现、再贴现来实现。票据贴现是以未到期票据向银行售换现金。银行按市场利率，先行扣取贴现日至到期日的利息，而后将剩余金额付给持票人。银行以贴现方式收下票据，可再向中央银行或其他银行贴现以取得资金，称为“再贴现”。票据贴现，极大地解决了资金流转的困难，加速了资金流转的速度，促进了经济的发展。

（五）票据法的定义

票据法是指规定票据的种类、形式、内容及各当事人之间权利义务关系的法律规范的总称。票据法有广义、狭义之分。广义的票据法，是指各种法律中有关票据规定的总称，包括狭义的票据法、民法、银行法等法律、法规中有关票据的规定。狭义的票据法则仅指 1995 年 5 月 10 日第六届全国人民代表大会常务委员会第十三次会议通过的《票据法》，2004 年进行了修订。票据法具有较强的技术性、强行性和统一性特点。

二、票据行为

（一）票据行为的定义

票据行为是指形成票据关系的当事人之间以发生、变更或终止票据关系为目的而进行的法律行为。《票据法》规定的票据行为包括出票、背书、承兑、保证 4 种。

（二）票据行为成立的要件

票据行为的成立，必须符合以下几个基本条件。

1. 行为人必须具有从事票据行为的能力

《票据法》规定，无民事行为能力人或者限制民事行为能力人在票据上签章的，其签章无效。即在票据上签章的自然人必须是具有完全民事行为能力的人，否则，该签章不具有任何效力，签章者并不因此而成为票据上的债务人，其他票据当事人也不得据此签章向无行为能力人或限制行为能力人主张任何票据债权。

2. 行为人的意思表示必须真实或无缺陷

票据的取得和转让，应当遵循诚实信用的原则，以欺诈、偷盗或者胁迫等手段取得票据的，或者明知有前述情形，出于恶意取得票据的，不得享有票据权利。

3. 票据行为符合法定形式

票据行为是一种要式行为，必须符合法律、法规规定的形式。

（1）票据签章

票据上的签章，为签名、盖章或者签名加盖章。法人和其他使用票据的单位在票据上的签章，为该法人或者该单位的盖章加其法定代表人或者其授权的代理人的签章。个人在票据上的签章，应为该个人本名的签名或者盖章。

出票人在票据上的签章不符合规定的，票据无效；其他人在票据上的签章不符合规定的，或者无民事行为能力、限制民事行为能力人在票据上签章的，其签章无效，但不影响其前手符合规定签章的效力，即其他有效签章人仍应承担票据责任。

（2）票据记载事项

票据记载事项一般分为绝对记载事项、相对记载事项、任意记载事项、不得记载事项等。

绝对记载事项是指《票据法》明文规定必须记载的，如无记载，票据即为无效的事项，如出票日期、票据收款人等。相对记载事项是指除了必须记载事项外，《票据法》规定的其他应记载的事项。相对记载事项可以记载，也可以不记载。记载的，按照记载的具体事项履行权利和义务；未记载的，适用法律的统一认定。例如，《票据法》规定背书由背书人签章并记载背书日期；背书未记载日期的，视为在票据到期日前背书。这里的“背书日期”就属于相对记载事项。还有，付款地和出票地也属于相对记载事项。任意记载事项是指《票据法》规定由当事人任意记载的事项，行为人不记载，对票据效力不发生影响，一旦作了记载，就发生《票据法》规定的效力，如出票人在票据上记载了“不得转让”字样，则该票据不能再转让。不得记载事项是指《票据法》禁止行为人在票据上记载的事项，包括记载无效的事项和使票据无效的事项，如约定产品质量不合格，则本票据无效等。

票据的金额、出票或签发日期、收款人名称不得更改，更改的票据无效。

三、票据权利与抗辩

（一）票据权利

1. 票据权利的定义

票据权利是指票据持票人向票据债务人请求支付票据金额的权利。票据权利包括付款请求权和追索权。

付款请求权是指持票人向汇票的承兑人、本票的出票人、支票的付款人出示票据要求付款的权利，是第一顺序权利。行使付款请求权的持票人可以是票据记载的收款人或最后的被背书人；担负付款请求权付款义务的主要是主债务人。

票据追索权是指票据当事人行使付款请求权遭到拒绝或其他法定原因存在时，向其前手请求偿还票据金额及其他法定费用的权利，是第二顺序权利。行使追索权的当事人除票据记载的收款人和最后被背书人外，还可能是代为清偿票据债务的保证人、背书人。

2. 票据权利的取得

票据权利是以持有票据为依据的，行为人合法取得票据，即取得了票据权利。当事人取得票据享有票据权利的情形主要有以下几种情况：①依法接受出票人签发的票据；②依法接受背书转让的票据；③因税收、继承、赠与可以依法无偿取得的票据。

票据的取得必须给付对价，无对价或无相当对价取得票据的，如属于善意取得，仍然享有票据权利，但该票据权利不能优于其前手。以欺诈、偷盗、胁迫、恶意或重大过失取得票据的人，不得享有票据权利。

3. 票据权利的消灭

票据权利的消灭是指因发生一定的法律事实而使票据权利不复存在。票据权利可因履行、免除、抵销等事由的发生而消灭，也可因票据时效期间届满而消灭。《票据法》规定，票据权利在下列期限内不行使就会消灭：①持票人对票据的出票人和承兑人的权利，自票据到期日起 2 年，见票即付的汇票、本票，自出票日起 2 年；②持票人对支票出票人的权利，自出票日起 6 个月；③持票人对前手的追索权，在被拒绝承兑或者被拒绝付款之日起 6 个月；④持票人对前手的再追索权，自清偿日或者被提起诉讼之日起 3 个月。

4. 票据权利的补救

票据权利与票据是紧密相连的。如果票据一旦丧失，票据权利的实现就会受到影响。票据丧失后可采取挂失止付、公示催告、普通诉讼 3 种方式进行补救。

（1）挂失止付

挂失止付是指失票人将丧失票据的事实通知付款人或代理付款人，并要求付款人或代理付款人暂停支付票据款项的一种方法。未记载付款人或者无法确定付款人及其代理付款人的票据，不得申请挂失止付。挂失止付并非票据丧失后采取的必经措施，而只是一种暂时的预防措施，最终要通过申请公示催告或提起普通诉讼的方式进行补救。

（2）公示催告

公示催告是指人民法院根据失票人的申请，以公告方法，告知并催促不确定的利害关系人在限期内向人民法院申报权利，逾期未申报者，人民法院通过除权判决宣告所丧失的票据无效的一种制度。失票人应当在通知挂失止付后 3 日内，也可以在票据丧失后，依法向票据支付地人民法院申请公示催告。

（3）普通诉讼

普通诉讼是指丧失票据的人为原告，以承兑人或出票人为被告，请求法院判决其向失票人付款的诉讼活动。如果与票据上的权利有利害关系的人是明确的，无须公示催告，可按一般的票据纠纷向法院提起诉讼。

（二）票据抗辩

票据抗辩是指票据的债务人依照《票据法》的规定，对票据债权人拒绝履行义务的行为。根据抗辩原因及抗辩效力的不同，票据抗辩可分为对物抗辩和对人抗辩。

1. 对物抗辩

对物抗辩是指基于票据本身的内容而发生的事由所进行的抗辩。这一抗辩可以对任何持票人提出。其主要包括以下几种情形。

1）票据行为不成立而为的抗辩，如票据应记载的内容有欠缺；因欺诈、偷盗、胁迫、恶意、重大过失取得票据等。

2）依票据记载不能提出请求而为的抗辩，如票据未到期等。

3）票据载明的权利已消灭或已失效而为的抗辩，如票据债权因付款、抵消、除权判决、时效届满而消灭等。

4）票据权利的保全手续欠缺而为的抗辩，如行使追索权时未出具付款请求被拒绝的证明等。

5）票据上有伪造、变造情形而为的抗辩。

2. 对人抗辩

对人抗辩是指基于人的事由发生的抗辩，这一抗辩多与票据的基础关系有关。票据债务人只能对基础关系中的直接相对人不履行约定义务的行为进行抗辩，如果该票据已经被依法转让给了第三人，票据债务人则不能对第三人抗辩。例如，甲因购买商品而给乙签发了一张票据，若乙的货物有质量问题，则甲可以向乙主张抗辩，拒绝付款。若乙将该票据依法转让给了丙，则甲不能拒绝向丙付款。

票据债务人与出票人或持票人前手之间存在的抗辩事由，不得用于对抗持票人。

四、票据的伪造与变造

（一）票据的伪造

票据的伪造是指假冒他人名义或以虚构人的名义而进行的票据行为。例如，在空白票据上伪造出票人的签章或者盗盖出票人的印章而进行出票等。票据上有伪造签章的，不影响票据上其他真实签章的效力。即在票据上真实签章的人，仍应对被伪造的票据的债权人承担票据责任，当票据债权人依法行使票据权利时，在票据上真实签章人不能以伪造为由进行抗辩。

（二）票据的变造

票据的变造是指无权更改票据内容的人，对票据上签章以外的记载事项加以变更的行为。例如，变更票据上的到期日、付款日、付款地、金额等。

典型案例讨论

【案情介绍】

张某伪造了一张 150 万元的银行承兑汇票，该汇票以“飞翔服装进出口有限责任公司”为收款人，以中国工商银行某分行为付款人，汇票的“交易合同号码”栏未填。

张某以这张伪造的银行承兑汇票向飞翔服装进出口有限责任公司换取了110万元。

飞翔服装进出口有限责任公司持这张伪造的汇票到中国农业银行某分行申请贴现，中国农业银行某分行没有审查出是伪造汇票，予以贴现 145 万元，飞翔服装进出口有限责任公司由此获得收入 35 万元。

中国农业银行某分行向中国工商银行某分行提示承兑。中国工商银行某分行在收到汇票后发现问题，没有办理这笔银行承兑业务，立即向公安局报案。

后查明该汇票系伪造的汇票，中国工商银行某分行将汇票退给中国农业银行某分行，拒绝承兑。

【问题】

1）这张汇票是否有效？试说明理由。

2）中国农业银行某分行可否向飞翔服装进出口有限责任公司行使追索权？试说明理由。

3）飞翔服装进口有限责任公司的损失应向谁追索？

【案例分析】

1）《票据法》第十四条规定：“票据上的记载事项应当真实，不得伪造、变造。伪造、变造票据上的签章和其他记载事项的，应当承担法律责任。”本案例中，张某伪造汇票的收款人、付款人，违反了国家法律的规定，因此，该汇票是非法的、无效的，中国工商银行某分行有权拒绝承兑。

2）《票据法》第六十一条规定：“汇票被拒绝承兑的，持票人可以对背书人、出票人以及汇票的其他债务人行使追索权。”《票据法》第三十七条还规定：“背书人以背书转让汇票后，即承担保证其后手所持汇票承兑和付款的责任。背书人在汇票得不到承兑或者付款时，应当向持票人清偿本法第七十条、第七十一条规定的金额和费用。”在本案例中，飞翔服装进出口有限责任公司持汇票到中国农业银行某分行申请贴现的行为是一种将汇票背书转让给中国农业银行某分行的行为，中国农业银行某分行是被背书人，飞翔服装进出口有限责任公司是背书人。由于汇票是非法的、无效的，中国工商银行某分行拒绝承兑。因此，中国农业银行某分行作为持票人有权向背书人飞翔服装进出口有限责任公司行使追索权。

3）《票据法》第十条第一款规定：“票据的签发、取得和转让，应当遵循诚实信用的原则，具有真实的交易关系和债权债务关系。”在本案中，飞翔服装进出口有限责任公司明知该汇票无真实的交易关系和债权债务关系，不经审查收受伪造的商业汇票，进行非法融资交易，获得非法收益，它接受伪造汇票而造成的经济损失，应由其向诈骗者张某追索。

第二节 汇　票

背景：汇票是随着国际贸易的发展而产生的。国际贸易中买卖双方相距甚远，所用货币各异，不能像国内贸易那么方便地进行结算。从出口方发运货物到进口方收到货物，中间有一个较长的过程。在这段时间一定得有一方向另一方提供信用，不是由进口商提供货款，就是由出口商赊销货物。这期间，若没有强有力的中介人担保，进口商担心付了款收不到货，出口商担心发了货收不到款，导致许多国际贸易难以顺利进行。随着贸易的发展，银行作为进出口双方的中介人开始参与国际贸易。进口商通过开证行向出口商开出信用证，向出口商担保：货物运出后，只要出口商按时向议付行提交全套信用证单据就可以收到货款；议付行开出以开证行为付款人的汇票发到开证行，开证行保证见到议付行汇票及全套信用证单据后付款，同时又向进口商担保，能及时收到他们所进口的货物单据，到港口提货。由此，大大促进了国际贸易的发展。

关键词：国际贸易；汇票

一、汇票的定义与种类

（一）汇票的定义

汇票是出票人签发的，委托付款人在见票时或者在指定日期无条件支付确定的金额给收款人或者持票人的票据。

汇票关系中有三个基本当事人，即出票人、付款人和收款人。出票人是指依法签发汇票委托他人付款的人。付款人是指按照出票人的付款委托无条件支付汇票金额的人。收款人是指汇票上记载的收取票款的人。

（二）汇票的种类

根据汇票出票人的不同，可将汇票分为银行汇票和商业汇票，前者是指银行签发的汇票，后者则是由银行以外的企事业单位、机关、团体等签发的汇票。商业汇票按承兑人的不同，分为商业承兑汇票和银行承兑汇票。商业承兑汇票由银行以外的付款人承兑，银行承兑汇票由银行承兑。

按付款期限长短的不同，汇票可分见票即付汇票、定期付款汇票、出票后定期付款汇票和见票后定期付款汇票。

二、汇票的出票

出票是指出票人签发票据并将其交付给收款人的票据行为。出票实际包括两个行为：一是出票人依照《票据法》的规定做成票据，即在原始票据上记载法定事项并签章；二是交付票据，即将做成的票据交付给他人占有。汇票的出票人必须与付款人具有真实的委托付款关系，并且具有支付汇票金额的可靠资金来源；汇票的出票人不得签发无对价的汇票以骗取银行或者其他票据当事人的资金。

（一）汇票的记载事项

1. 绝对应记载事项

汇票的绝对应记载事项是指《票据法》规定必须在票据上记载的事项，如不记载，汇票无效。

汇票的绝对应记载事项包括：①表明“汇票”的字样；②无条件支付的委托；③确定的金额；④付款人名称；⑤收款人名称；⑥出票日期；⑦出票人签章。

票据金额以中文大写和阿拉伯数字同时记载，两者必须一致，不一致时，票据无效。

2. 相对应记载事项

相对应记载事项是指《票据法》规定应该记载而未记载，但并不影响汇票本身的效力，适用法律有关规定的事项。例如，汇票上未记载付款日期的，视为见票即付；未记载付款地或出票地的，以付款人或出票人的营业场所、住所或者经常居住地为付款地或出票地。相对记载事项主要有付款日期、付款地、出票地等。

3. 任意记载事项

任意记载事项是指出票人可以选择是否记载的事项，但该事项一经记载即发生《票据法》上的效力。例如，出票人在汇票上记载“不得转让”字样的，汇票不得转让。

4. 非法定事项

汇票的非法定记载事项是指《票据法》规定记载后不产生票据上的效力的事项。主要是指与汇票的基础关系有关的事项，如签发票据的原因或用途、该票据项下交易的合同号码等。

（二）出票的效力

汇票出票人依法完成出票行为后即产生《票据法》上的效力，即收款人取得票据权利；付款人基于出票人的付款委托使其具有承兑人的地位，在其对汇票进行承兑后，即成为汇票上的主债务人；出票人承担保证该汇票承兑和付款的责任。

三、汇票的背书

背书是指持票人在票据的背面或粘单上记载有关事项并签章将汇票权利让与他人的一种票据行为。票据转让必须做成记名背书。票据凭证不能满足背书人记载事项的需要，可以加附粘单，粘附于票据凭证上。粘单上的第一记载人，应当在汇票和粘单的粘接处签章。

（一）背书记载事项

背书应记载的事项包括背书人签章、被背书人名称和背书日期。其中前两项属于绝对记载事项；背书日期如未记载，则视为在汇票到期日前背书。

背书不得附有条件，附有条件的，所附条件不具有汇票上的效力，但背书转让仍然有效。此外，将汇票金额的一部分转让或将汇票金额分别转让给两人以上的背书无效。

（二）禁止背书的记载

禁止背书是任意记载事项，如果背书人不愿意对其后手以后的当事人承担票据责任，即可在背书时记载禁止背书。《票据法》规定，背书人在汇票上记载“不得转让”字样，其后手再背书转让的，该转让不产生《票据法》上的效力，而只具有普通债权让与的效力，原背书人对后手的被背书人不承担保证责任。

（三）背书连续

背书连续是指在票据转让中，转让汇票的背书人与受让汇票的被背书人在汇票上的签章依次前后衔接。例如，第一次背书的被背书人是第二次背书的背书人，第二次背书的被背书人是第三次背书的背书人，以此类推。若背书形式上不连续，票据并非无效，仅背书间断后的持票人不得主张票据上的权利，如果持票人非经背书转让而以其他合法方式取得汇票的（如质押、委托收款取得等），必须依法举证，证明其汇票权利。

汇票被拒绝承兑、被拒绝付款或者超过付款提示期限的，不得背书转让；背书转让的，背书人应当承担汇票责任。

四、汇票的承兑

承兑是指汇票付款人承诺在汇票到期日支付汇票金额的票据行为。承兑是汇票特有的制度。汇票是一种出票人委托他人付款的委付证券，只有在付款人表示愿意向收款人或持票人支付汇票金额后，持票人才可于汇票到期日向付款人行使付款请求权。

（一）提示承兑

提示承兑是指持票人向付款人出示汇票，并要求付款人承诺付款的行为。提示期限因汇票种类不同而有所区别。

见票即付的汇票，因请求承兑的同时就意味着请求付款，因此，无须提示承兑；定日付款或者出票后定期付款的汇票，持票人应当在汇票到期日前向付款人提示承兑；见票后定期付款的汇票，持票人应当自出票日起 1 个月内向付款人提示承兑。

持票人未在提示期限内请求承兑的，丧失对其前手的追索权。

（二）承兑的记载事项

承兑的记载事项包括 3 项，即承兑文句、承兑日期、承兑人签章。其中，承兑文句和承兑人签章是绝对应记载事项，承兑日期属于相对应记载事项，但见票后定期付款的汇票，则必须记载日期。付款人承兑汇票，不得附有条件；承兑附有条件的，视为拒绝承兑。

付款人应当自收到提示承兑的汇票之日起 3 日内承兑或者拒绝承兑。如果付款人在 3 日内不作承兑与否表示，则视为拒绝承兑，持票人可以请求其作出拒绝承兑证明，向其前手行使追索权。

（三）承兑的效力

承兑的效力在于确定汇票付款人的付款责任。一经承兑，承兑人于票据到期日必须向持票人无条件地支付汇票上的金额。承兑人的票据责任不因持票人未在法定期限提示付款而解除，承兑人仍要对持票人承担票据责任。

五、汇票的保证

汇票的保证是指汇票债务人以外的第三人，以担保特定汇票债务人履行票据债务为目的，而在票据上所为的一种附属票据行为。

（一）保证的记载事项

保证人必须在汇票或粘单上记载下列事项：①表明“保证”的字样；②保证人名称和住所；③被保证人的名称；④保证日期；⑤保证人签章。

绝对应记载事项包括保证文句和保证人签章；相对应记载事项包括被保证人的名称、保证日期和保证人住所。未记载被保证人名称的，已承兑的汇票，承兑人为被保证人；未承兑的汇票，出票人为被保证人。未记载保证日期的，出票日期为保证日期。

（二）保证的记载方法

汇票的保证应当记载在汇票或者其粘单上，在票据之外签定的保证合同，不属于票据的保证。如果保证人是为出票人、承兑人保证的，则应记载于汇票的正面；如果保证人是为背书人保证的，则应记载于汇票的背面或者粘单上。

（三）保证的效力

1. 保证人的责任

保证人与被保证人对持票人承担连带责任。被保证的汇票到期后得不到付款的，持票人有权向保证人请求付款，保证人应当足额付款。保证人的票据责任从属于被保证人的债务，与被保证人负有同一责任。同时又不随被保证人的债务因实质原因无效而无效，只有当被保证人的债务因欠缺票据形式要件而无效时，如绝对记载事项欠缺等，保证才无效。

保证人为两人以上的，保证人之间承担连带责任。

2. 保证人的权利

保证人向持票人清偿债务后，取得票据而成为持票人，享有票据上的权利，有权对被保证人及其前手行使追索权。

六、汇票的付款

付款是指付款人依据票据文义支付票据金额，以消灭票据关系的行为。付款不属于票据行为。

（一）付款提示

付款提示是指持票人向付款人或承兑人出示票据，请求付款的行为。

付款提示是付款的必经程序，如果持票人未在上述法定期限内为付款提示的，则丧失对其前手的追索权。但在作出说明后，承兑人或付款人仍应对持票人承担付款责任。

持票人应按下列期限提示付款：①见票即付的汇票，自出票日起 1 个月内向付款人提示付款；②定日付款、出票后定期付款或者见票后定期付款的汇票，自到期日起 10 日内向承兑人提示付款。

通过委托收款银行或者通过票据交换系统向付款人提示付款的，视同持票人提示付款。

（二）支付票款

持票人依法向付款人进行付款提示后，付款人应当在当日无条件地按票据金额足额付款。

付款人或者代理付款人在付款时应当尽审查义务。对持票人是否为合法权利人负有形式审查义务，即应当审查汇票背书的连续和应记载事项，并审查提示付款人的合法身份证明或者有效证件。

付款人及其代理人以恶意或有重大过失付款的，应当自行承担责任。此外，如果付款人对定日付款、出票后定期付款或者见票后定期付款的汇票在到期日前付款，应由付款人自行承担所产生的责任，即当持票人不是票据权利人时，对于真正的票据权利人并不能免除其票据责任，而对由此造成损失的，付款人只能向非正当持票人请求赔偿。

（三）付款的效力

付款人依法足额付款后，全体汇票债务人的责任解除。但是，如果付款人付款存在瑕疵，即未尽审查义务而对不符法定形式票据付款，或其存在恶意或重大过失而付款的，则不发生上述法律效力，付款人的义务不能免除，其他债务人也不能免除责任。

七、汇票的追索权

追索权是指持票人在票据到期不获付款或期前不获承兑或有其他法定原因，并在实施行使或保全票据上权利的行为后，可以向其前手请求偿还票据金额、利息及其他法定款项的一种票据权利。追索权是在票据权利人的付款请求权得不到满足之后，法律赋予持票人对票据债务人进行追偿的权利。

（一）追索权的当事人

追索权的当事人包括追索权人和偿还义务人。追索权人包括最后的持票人和因清偿而取得票据的人，即向自己的后手已做清偿的持票人。偿还义务人包括出票人、背书人、承兑人、保证人。

追索权与付款请求权在权利行使对象上有一定的区别，付款请求权的行使对象是票据上的付款人；追索权的行使对象可以是票据上的主债务人，但主要还是票据上的次债务人，如票据上的出票人、背书人、保证人等。

（二）追索权的行使

1. 追索权行使的原因

在发生下列情形之一的，持票人可以行使追索权：①汇票到期被拒绝付款；②汇票在到期日前被拒绝承兑；③在汇票到期日前，承兑人或付款人死亡、逃匿的；④在汇票到期日前，承兑人或付款人被依法宣告破产或因违法被责令终止业务活动。

2. 追索权的保全

持票人行使追索权必须履行一定的保全手续而不致使追索权丧失。保全手续包括：

①在法定提示期限提示承兑或提示付款；②取得拒绝证明。持票人在行使追索权之前，应对被拒绝的事实负举证责任。持票人不能出示拒绝证明的，将丧失对其前手的追索权。拒绝证明主要有拒绝证书、退票理由书、汇票上记载拒绝事由等形式。

3. 追索权行使的程序

（1）发出追索通知

持票人应当自收到被拒绝承兑或者被拒绝付款的有关证明之日起 3 日内，将被拒绝事由书面通知其前手，其前手应当自收到通知之日起 3 日内书面通知其再前手。持票人也可以同时向各汇票债务人发出书面通知。未按照上述规定期限通知的，持票人仍可以行使追索权。因延期通知给其前手或者出票人造成损失的，由没有按照规定期限通知的汇票当事人承担对该损失的赔偿责任，但是所赔偿的金额以汇票金额为限。

（2）确定追索对象

持票人可以不按照汇票债务人的先后顺序，对其中任何一人、数人或者全体行使追索权。持票人对票据债务人中的一人或者数人已经进行追索的，对其他票据债务人仍可以行使追索权。但是，持票人为出票人的，对其前手无追索权，持票人为背书人的，对其后手无追索权。

汇票的出票人、背书人、承兑人和保证人对持票人承担连带责任。被追索人清偿债务后，与持票人享有同一权利。

（3）追偿金额

持票人行使追索权，可以请求被追索人支付以下金额与费用：①被拒绝付款的汇票金额；②汇票金额自到期日或者提示付款日起至清偿日止，按照中国人民银行规定的同档次流动资金贷款利率计算的利息；③取得有关拒绝证明和发出通知书的费用。

第三节　本票与支票

背景：银行本票是银行提供的一种银行信用，见票即付，可当场抵用。银行本票分为转账银行本票和现金银行本票两种。申请人或收款人为单位的，不得申请现金银行本票；申请人和收款人均为个人时，才能申请现金银行本票。支票是出票人签发的，委托办理支票存款业务的银行或其他金融机构在见票时无条件支付确定的金额给收款人或持票人的票据。支票可以分为现金支票、转账支票、划线支票和普通支票，其中现金支票只能支取现金，转账支票和划线支票只能用于转账，普通支票可用于支取现金或用于转账。

关键词：见票即付；现金；转账

一、本票

（一）本票的定义

本票是出票人签发的，承诺自己在见票时无条件支付确定的金额给收款人或者持票人的票据。我国《票据法》所指的本票仅指银行本票，并限于见票即付。本票为自付证券，无须承兑。

银行本票是银行签发的，承诺自己在见票时无条件支付确定的金额给收款人或持票人的票据。银行本票分为定额银行本票和不定额银行本票。定额银行本票的面额为 1000 元、5000 元、1 万元和 5 万元。

本票的背书、保证、付款行为和追索权的行使，除特别的规定外，适用有关汇票的规定。

（二）本票的记载事项

本票的出票人必须具有支付本票金额的可靠资金来源，并保证支付。银行本票的出票人，为经中国人民银行当地分支行批准办理银行本票业务的银行机构。

本票的绝对记载事项包括：①表明“本票”的字样；②无条件支付的承诺；③确定的金额；④收款人的名称；⑤出票日期；⑥出票人签章。

本票的相对记载事项包括：①付款地。本票上未记载付款地的，出票人的营业场所为付款地；②出票地。本票上未记载出票地的，出票人的营业场所为出票地。

（三）本票的付款

银行本票是见票付款的票据，收款人或持票人在取得银行本票后，随时可以向出票人请求付款。本票自出票日起，付款期限最长不得超过 2 个月。持票人未按规定期限提示见票的，丧失对出票人以外的前手的追索权。

二、支票

（一）支票的定义

支票是出票人签发的，委托办理支票存款业务的银行或其他金融机构在见票时，无条件支付确定的金额给收款人或持票人的票据。

支票的基本当事人有 3 个：出票人、付款人和收款人。支票是一种委付证券，与汇票相同，与本票不同。支票有两个显著的特点：一是以银行或者其他金融机构作为付款人；二是见票即付。

（二）支票的种类

支票按照支付票款的方式可以分为普通支票、现金支票和转账支票 3 种。

现金支票专门用于支取现金。转账支票专门用于转账，不得用于支取现金。普通支票既可以转账，也可以支取现金。用于转账的，可在普通支票左上角加划两条平行线，亦称划线支票；未划线的普通支票，可用于支取现金。

在实践中，我国一直采用的是现金支票和转账支票，没有普通支票，但为了方便当事人，并借鉴国外的方法经验，《票据法》规定了普通支票的形式。

支票的背书、保证、付款行为和追索权的行使，除特别规定外，适用汇票的有关规定。

（三）支票的记载事项

支票的出票人为在经中国人民银行当地分支行批准办理支票业务的银行机构开立可以使用支票的存款账户的单位和个人。

支票的绝对应记载事项包括：①表明“支票”的字样；②无条件支付的委托；③确定的金额；④付款人名称；⑤出票日期；⑥出票人签章。支票上未记载上述规定事项之一的，则支票无效。

支票相对应记载事项包括：①付款地，未记载付款地的，以付款人营业场所为付款地；②出票地，未记载出票地的，以出票人的营业场所、住所或者经常居住地为出票地。

支票的金额、收款人名称可以由出票人授权补记。未补记前，不得背书转让和提示付款。

（四）支票的付款

出票人必须按照签发的支票金额承担保证向该支票的持票人付款的责任，出票人在付款人处的存款足以支付支票金额时，付款人应当在当日足额付款。

支票限于见票即付，不得另行记载付款日期。另行记载付款日期的，该记载无效。持票人应当自出票日起 10 日内提示付款，超过提示付款期限的，付款人可以不予付款；付款人不予付款的，出票人仍应当对持票人承担票据责任。

禁止签发空头支票、签发印章与预留印鉴不符的支票。否则，按票面金额对其处以 5%，但不低于 1000 元的罚款；同时处以 2%的赔偿金，赔偿收款人。

典型案例讨论

【案情介绍】

A 公司向 B 公司购买一批货物，于 2006 年 8 月 20 日签发一张转账支票给 B 公司用于支付货款，但 A 公司在支票上未记载收款人名称，约定由 B 公司自行填写，

B 公司取得支票后，在支票收款人处填写上 B 公司名称，并于 8 月 26 日将该支票背书转让给 C 公司。C 公司于 9 月 3 日向付款银行提示付款。A 公司在付款银行的存款足以支付支票金额。

【问题】

1）公司签发的未记载收款人名称的支票是否有效？试说明理由。

2）A 公司签发的支票能否向付款银行支取现金？试说明理由。

3）付款银行能否拒绝向 C 公司付款？试说明理由。

【案例分析】

1）根据规定，支票的收款人名称，可以由出票人授权补记。

2）转账支票只能用于转账，不能用于支取现金。

3）根据规定，支票的提示付款期限为自出票之日起 10 日。在本案例中，C 公司于 9 月 3 日向银行提示付款，已经超过了法定的提示付款期限，故银行可以拒绝付款。

课后思考

1. 票据的功能有哪些？
2. 什么是票据的抗辩？如何行使票据的抗辩权？
3. 汇票的种类有哪些？
4. 简述汇票的绝对记载事项和相对记载事项。
5. 简述汇票出票、背书、承兑、保证的主要规定。
6. 汇票、本票、支票提示承兑、提示付款的期限有什么区别？
7. 汇票、本票、支票的绝对记载事项与相对记载事项有何不同？

创业实务操作

实务一　办理银行汇票业务操作训练

中国农业银行汇票样本如图 7.1 和图 7.2 所示。

银行汇票说明如下：

1）使用范围：适用于单位和个人的银行汇票业务。

2）本票据共四联，第一联为出票行结清汇票时作汇出汇款借方凭证，第二联为代理付款行付款后做联行往账借方凭证附件，第三联为解讫通知，第四联为出票行结清多余款后交申请人。

3）解付银行汇票时在“实际结算金额”栏内填写实际结算金额，大小写必须一致；若有结余金额，应填在“多余金额”栏，全额付款的在“多余金额”栏“元”位划“-0-”。

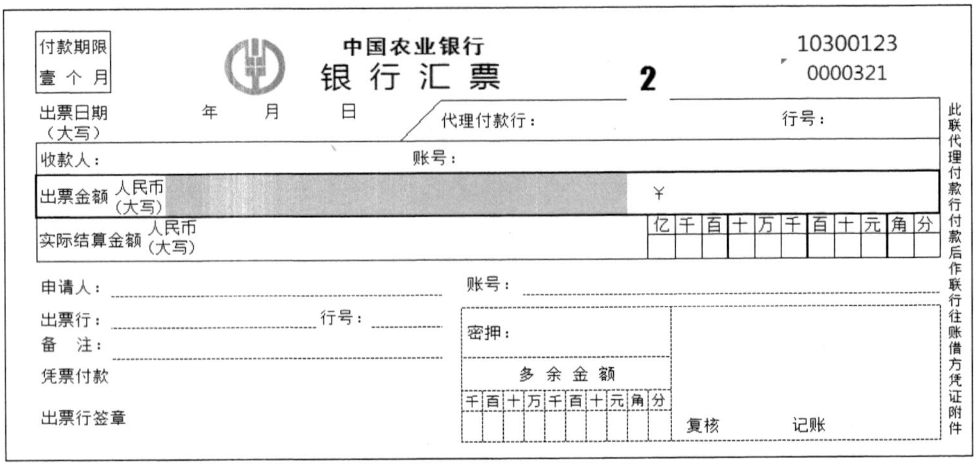

付款期限 壹 个 月

中国农业银行
银行汇票 2

10300123
0000321

出票日期（大写） 年 月 日

代理付款行： 行号：

收款人： 账号：

出票金额 人民币（大写） ￥

实际结算金额 人民币（大写）

亿	千	百	十	万	千	百	十	元	角	分

申请人： 账号：

出票行： 行号：

备 注：

密押：

凭票付款

出票行签章

多余金额

千	百	十	万	千	百	十	元	角	分

复核 记账

此联代理付款行付款后作联行往账借方凭证附件

图 7.1 银行汇票正面

4）持票人向银行提示付款时，收款人或持票人在本行开户的，其签章与其预留签章一致；收款人或持票人为未在本行开户的个人时，在银行汇票背面填明本人身份证件名称、号码及发证机关。

5）银行汇票背书转让时，由背书人在汇票背面签章、记载被背书人名称和背书日期。背书未记载日期的，视为在汇票到期日前背书。

被背书人	被背书人
背书人签章 年 月 日	背书人签章 年 月 日

（粘贴单处）

持票人向银行
提示付款签章

身份证件名称： 发证机关：
号码：

图 7.2 银行汇票背面

银行汇票粘单如图 7.3 所示。

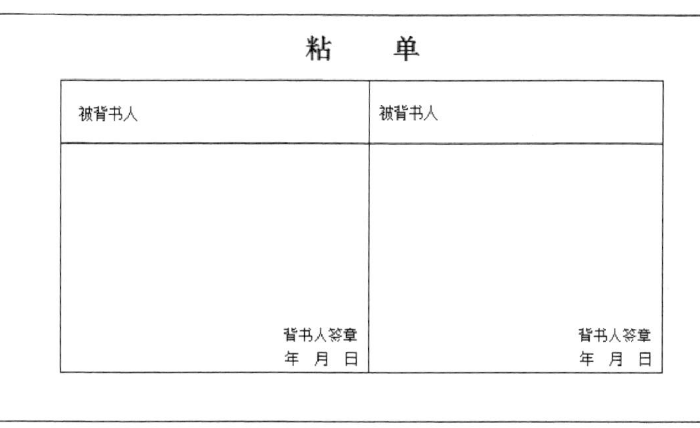
粘　单

被背书人	被背书人
背书人签章 年　月　日	背书人签章 年　月　日

图 7.3　粘单

粘单说明如下。

1）粘单是当背书栏不敷背书时，为满足记载事项的需要而粘附于票据上的，背书人为两栏的纸张。

2）粘单上的第一记载人是指第一位使用粘单的背书人。

实务二　办理银行本票业务操作训练

中国农业银行本票样本如图 7.4 所示。

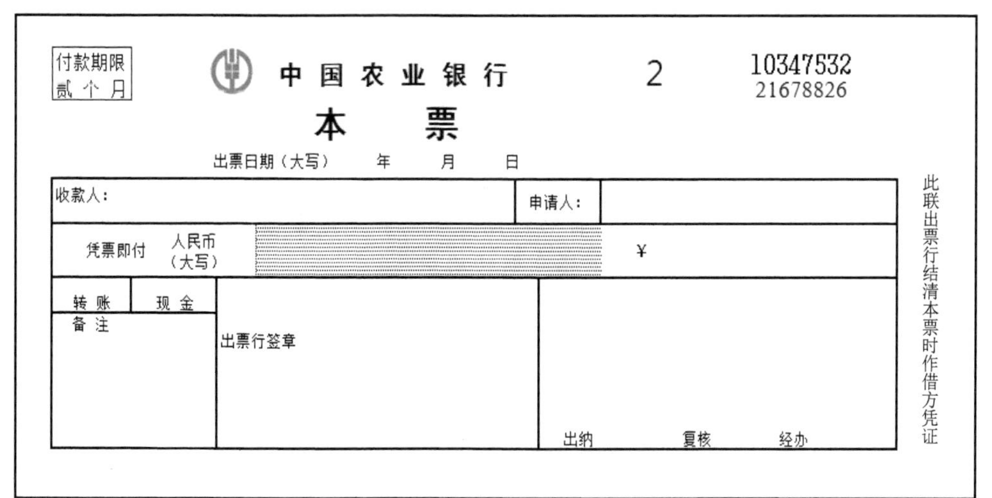
付款期限　贰个月

中国农业银行　2　10347532　21678826

本　票

出票日期（大写）　年　月　日

收款人：		申请人：	
凭票即付　人民币（大写）		¥	
转账　现金 备注	出票行签章	出纳　复核　经办	

此联出票行结清本票时作借方凭证

图 7.4　银行本票正面

银行本票说明如下。

1）使用范围：适用于单位和个人的银行本票业务。

2）本票据共两联，第一联为出票行留存，结清本票时作借方凭证附件；第二联出票行结清本票时作借方凭证附件。

3）出票行签发银行本票时在“出票行签章”处签章，用于转账的，在银行本票上划去“现金”字样；申请人和收款人均为个人需要支取现金的，在银行本票上划去“转账”字样。

引导案例分析

1）银行拒绝付款正确。因为付款人或代理付款人付款时，必须承担审查义务，审查汇票的诸项背书是否连续。D背书转让时，背书人签章和被背书名称两项位置错误，导致背书不连续，故付款人必须拒绝付款。

2）拒绝付款后，G可以取得拒绝付款证明，3日内向其前手发出追索通知，行使追索权。

3）B公司可以拒绝承担责任，因为B公司作为背书人注明“禁止背书”的，如其后手背书转让，B公司对其直接被背书人C以外的其他一切后手通过背书方式取得汇票的当事人，不负担责任。

4）A公司的理由不成立。根据规定，票据债务人只能对基础关系中的直接相对人不履行约定义务的行为进行抗辩，如果该票据已被不履行约定义务的持票人转让给第三人，而该第三人属善意、已支付对价取得票据的持票人，则票据债务人不能对其进行抗辩。由于C是已经支付对价的善意持票人，因此A公司不能对其进行抗辩。

5）不影响背书的效力。因为背书日期为相对应记载事项，不影响背书效力。背书日期如果未记载，则视为在汇票到期日前背书。

本章知识体系

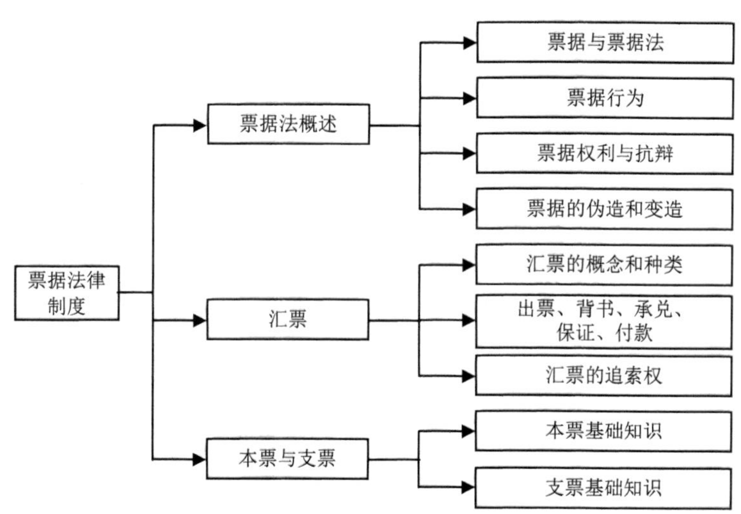

综 合 练 习

一、单项选择题

1．不属于《票据法》调整范围的有（　　）。

A．汇票　　B．本票　　C．发票　　D．支票

2．票据金额以中文大写和阿拉伯数字同时记载，两者必须一致，两者不一致时其结果是（　　）。

A．以中文大写和阿拉伯数字中较小的为准

B．以中文大写为准

C．以阿拉伯数字为准

D．票据无效

3．A 公司向 B 公司签发并交付一张票据，B 公司又向 C 公司背书转让了该票据，后 C 公司再次向 D 公司转让了该票据。经银行审核，B 公司在向 C 公司转让该票据时，其签章不符合规定。对此，下列说法正确的是（　　）。

A．该票据无效

B．B 公司的签章无效，但不影响其他真实签章的效力

C．因 A 公司的签章有效，尽管 B 公司的签章不符合规定，但其背书仍然有效

D．B 公司的签章无效，但不影响 A 公司签章的效力

4．张某持有一张刚到期的汇票，该汇票未记载付款地。根据我国《票据法》规定，该汇票的付款地为（　　）。

A．付款人的营业场所、住所或经常居住地

B．出票人的营业场所、住所或经常居住地

C．直接的前手背书人的营业场所、住所或经常居住地

D．张某的营业场所、住所或经常居住地

5．背书人在汇票上记载“不得转让”字样，其后手再背书转让的，则（　　）。

A．原背书人对后手的被背书人不承担保证责任

B．原背书人对后手的被背书人承担保证责任

C．该汇票无效

D．该背书转让无效

6．汇票的付款人承兑汇票，不得附有条件，附有条件的（　　）。

A．票据无效

B．视为拒绝承兑

C．视为承兑

D．承兑人对所附条件承担付款责任

7．见票即付汇票的持票人在出票日起（　　）内提示付款的，才产生法律效力。

A．10 日　　B．1 个月　　C．2 个月　　D．3 个月

8．出票后定期付款汇票的持票人向承兑人提示付款的期限为（　　）。

A．出票日起 10 日内

B．出票日起 1 个月内

C．到期日起 10 日内

D．到期日起 1 个月内

9．因延期通知而给前手或者出票人造成损失的，由没有按照规定期限通知的汇票当事人承担对该损失的赔偿责任，但是所赔偿的金额以（　　）为限。

A．汇票金额　　B．间接损失

C．实际损失　　D．能够预见到的损失

10．根据我国《票据法》的规定，下列付款方式中，适用于支票的付款方式是（　　）。

A．见票即付　　B．见票后定期付款

C．定日付款　　D．出票后定期付款

二、多项选择题

1．根据《票据法》的规定，汇票上可以记载非法定事项。下列各项属于非法定记载事项的是（　　）。

A．出票人签章

B．出票地

C．付款地

D．签发票据的用途

2．以下票据抗辩中，可以对抗任何持票人的是（　　）。

A．持票人通过欺诈方式取得票据

B．票据载明的权利已失效

C．票据的原因关系无效

D．票据权利的保全手续欠缺

3．一般背书的绝对记载事项是（　　）。

A．背书人签章　　B．被背书人名称

C．“不得转让”字样　　D．背书日期

4．根据有关规定，下列各项中，银行承兑汇票债务人不可以对持票人行使抗辩权的事由是（　　）。

A．背书不连续

B．出票人存入汇票债务人的资金不足

C．汇票债务人与持票人的前手存在抵销关系

D．汇票债务人与出票人之间存在的合同纠纷

5．根据我国《票据法》的规定，下列各项中，属于无效票据的有（　　）。

A．更改签发日期的票据

B．更改收款单位名称的票据

C．中文大写金额和阿拉伯数字金额不一致的票据

D．更改保证人签章的票据

三、案例分析

甲公司于 2 月 10 日向乙公司发出 100 万元的货物，乙公司将一张出票日期为 2 月 15 日、金额为 200 万元、期限为 3 个月的商业承兑汇票交给甲公司。3 月 10 日，甲公司在与丙公司的买卖合同中，将该汇票背书转让给丙公司，A 企业在汇票上记载了保证事项。4 月 10 日，丙公司又将该汇票背书转让给了丁公司，但丙公司在汇票上记载“只有丁公司货物质量没问题时，该汇票才发生背书转让效力”。同年 5 月 18 日，持票人丁向乙公司开户银行提示付款时，银行以乙公司未能足额交存票款为由，拒绝付款，并于

当日签发拒绝证明。

思考：

1）持票人丁应在什么时间之前向乙公司开户银行提示付款？

2）丙公司背书所附条件是否具有票据上的效力？为什么？

3）丁提示付款遭拒绝后，可向谁追索？为什么？

4）如果A企业代为履行票据付款义务，则A企业可向谁行使追索权？为什么？

第八章　证券法律制度

学习目标

素质目标：全面了解证券活动的法律制度，确立证券法律责任意识。
知识目标：理解证券发行和交易的法律规定。
技能目标：培养分析和解决证券活动实际问题的能力，防范证券违法行为。

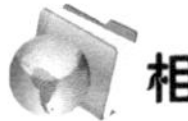

相关法规

《中华人民共和国证券法》
《中华人民共和国公司法》
《中华人民共和国证券投资基金法》
《证券交易所管理办法》
《上市公司收购管理办法》
《上市公司信息披露管理办法》

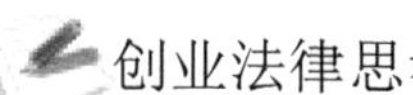

创业法律思考

1. 假如你参与证券法律咨询服务，需要掌握哪些基本法律？
2. 如果从事股票操作，会涉及《证券法》的哪些基本规定？
3. 就业于上市公司或证券相关机构，应各具备哪些法律素养？
4. 收购的主要形式及其内容是什么？哪些交易行为是禁止的？

引导案例

2012 年 8 月 8 日，王某接受甲上市公司（以下称“甲公司”）委托，为甲公司的会计报告出具审计报告；2012 年 9 月 8 日，该审计报告公开；2012 年 9 月 10 日，王某将持有的甲公司股票卖出;甲公司的监事李某，持有甲公司股份 10 000 股；2012 年 9 月 10 日，一次性卖出 3000 股。甲公司的财务负责人刘某，2012 年 2 月 1 日离职；2012 年 9 月 10 日，将其持有的甲公司股份 10 000 股一次性卖出。2012 年 6 月 1 日，乙证券公司因包销购入售后剩余股票而持有甲公司 10%的股份，2012 年 9 月 10 日，乙证券公司将其持有的甲公司股份全部卖出。2012 年 6 月 10 日，甲公司的董事张某买入甲公司股票 5000 股，2012 年 9 月 10 日将该股票全部卖出，获得收益 10 万元。

思考：

1）王某卖出股票的行为是否符合规定？为什么？

2）李某卖出股票的行为是否符合规定？为什么？

3）刘某卖出股票的行为是否符合规定？为什么？

4）乙证券公司卖出股票的行为是否符合规定？为什么？

5）对于张某 2012 年 9 月 10 日买卖股票所得收益，具体应如何处理？

第一节　证券法律制度概述

背景：证券法是规范证券发行与交易的法律。1998 年第九届全国人民代表大会常务委员会第六次会议通过了《中华人民共和国证券法》(以下简称《证券法》)，自 1999 年 7 月 1 日起施行。2004 年第十届全国人民代表大会常务委员会第十一次会议对《证券法》做了个别条款的修正。2005 年第十届全国人民代表大会常务委员会第十八次会议对《证券法》作了大幅修订后重新颁布，自 2006 年 1 月 1 日起施行，2013 年、2014 年又经两次修正。新的《证券法》对我国证券的发行、交易及证券交易、中介机构和监督管理等内容作出了详细的规定，是我国现代金融法律制度的重要组成部分，在市场经济法律体系中占有重要地位。

关键词：证券法律体系；证券发行；证券交易和证券监管

一、证券和证券法的定义

（一）证券的定义

证券是各类财产所有权或债权凭证的通称，是用来证明证券持有人有权依票面所载内容，取得相应权益的凭证。证券必须依法设置，依照法律或行政法规规定的形式、内容、格式与程序制作、签发。

广义的证券一般指财物证券（如货运单、提单等）、货币证券（如支票、汇票、本票等）和资本证券（如股票、公司债券、投资基金份额等）。狭义的证券仅指资本证券。我国《证券法》规定的证券为股票、公司债券和国务院依法认定的其他证券。

（二）证券市场的定义

证券市场是指证券发行与交易的场所。证券市场分为发行市场和流通市场。发行市场又称一级市场，是发行新证券的市场，证券发行人通过证券发行市场将已获准公开发行的证券第一次销售给投资者，以获取现金。证券流通市场又称二级市场，是对已发行的证券进行买卖、转让交易的场所。投资者在一级市场取得的证券可以在二级市场进行交易。

证券市场的主体包括证券发行人、投资者、中介机构、交易场所及自律性组织和监管机构等。证券市场的经营对象包括证券及其衍生产品，如股票期货、股票期权、认股权证、债券期货、债券期权等。

（三）证券法的定义

证券法是调整证券募集、发行、交易和证券监管过程中发生的经济关系的法律规范的总称。证券法的概念有狭义和广义之分。狭义的证券法指《证券法》。广义的证券法除《证券法》外，还包括其他法律中有关证券管理的规定、国务院颁发的有关证券管理的行政法规、证券管理部门发布的部门规章、地方立法部门颁布的有关证券管理的地方性法规和规章等。证券交易所等有关证券自律性组织依法制定的业务规则和行业活动准则等对我国证券市场的规范运作也起到重要调整作用。

《证券法》的调整范围，是在中华人民共和国境内股票、公司债券和国务院依法认定的其他证券的发行和交易。《证券法》未规定的，适用《中华人民共和国公司法（以下简称《公司法》）和其他法律、行政法规的规定。政府债券、证券投资基金份额的上市交易《证券法》，其他法律、行政法规有特别规定的，适用其规定。证券衍生品种发行、交易的管理办法，由国务院依照《证券法》的原则规定。

二、证券活动与证券管理原则

《证券法》的立法宗旨是为了规范证券发行和交易行为，保护投资者的合法权益，维护社会经济秩序和社会公共利益，促进社会主义市场经济的发展。根据《证券法》的规定，在证券活动和证券管理中应坚持如下几点原则。

（一）公开、公平、公正原则

《证券法》第三条规定："证券的发行、交易活动，必须实行公开、公平、公正的原则。"公开原则是指市场信息要公开化，即证券信息的初期披露和持续披露要公开，并且必须及时、完整、真实、准确。公平原则是指证券发行和交易活动中的所有市场参与者都具有平等的法律地位，其合法权益都应受到公平的保护。公正原则是指证券监管部门及其工作人员的监管行为必须公正，给一切被监管对象以公正待遇。

(二) 自愿、有偿、诚实信用原则

《证券法》第四条规定，证券发行、交易活动的当事人具有平等的法律地位，应当遵守自愿、有偿、诚实信用的原则。自愿是指当事人有权按照自己的意愿参与证券发行与交易活动，依法行使自己的民事权利，其他人不得干涉，也不得采取欺骗、威吓或胁迫等手段影响当事人决策。在市场交易活动中，任何一方都不得把自己的意志强加给对方。有偿是指在证券发行和交易活动中，一方当事人不得无偿占有他方当事人的财产和劳动。诚实是指要客观真实，不欺人、不骗人；信用是指遵守承诺，并及时、全面地履行承诺。

(三) 守法原则

遵守法律、法规是我们在一切社会活动中都必须遵守的原则。《证券法》第五条规定："证券发行、交易活动必须遵守法律、行政法规；禁止欺诈、内幕交易和操纵证券市场的行为。"

(四) 证券业与其他金融业分业经营管理原则

《证券法》第六条规定："证券业和银行业、信托业、保险业分业经营、分业管理。证券公司与银行、信托、保险业务机构分别设立。国家另有规定的除外。"《证券法》在规定此原则的同时，还规定"国家另有规定的除外"，为混业经营留下了一定的法律空间，也为银行资金间接进入证券市场准备了条件。

(五) 政府统一监管与行业自律原则

制约和化解市场风险，维护市场正常秩序，必须对证券市场进行监管。我国实行政府统一监管与行业自律相结合的模式。《证券法》规定，国务院证券监督管理机构依法对全国证券市场实行集中统一监督管理，并根据需要可以设立派出机构，按照授权履行监督管理职责。在国家对证券发行、交易活动实行集中统一监督管理的前提下，依法设立证券业协会，实行自律性管理。

(六) 国家审计监督原则

国家审计监督是由国家审计机关对证券交易所、证券公司、证券登记结算机构、证券监督管理机构依法进行的审计监督。国家审计监督有利于促使证券机构依法经营和开展活动，有利于国家对证券市场的监督，有利于保护投资者的利益，促进证券业的健康发展。

第二节 证 券 发 行

背景：1990 年 12 月 19 日成立上海证券交易所是中国证券市场建立的标志。1993 年 4 月，国务院发布《股票发行与交易管理暂行条例》；1996 年 12 月，中国证监会发布《关于股票发行工作若干规定的通知》；1998 年 12 月通过《证券法》；2003 年 12 月 28 日中国证监会发布《证券发行上市保荐制度暂行办法》，规定证券发行实行保荐制度，让券商和责任人对其承销发行的股票，负有一定的持续性连带担保责任，这是资本市场市场化改革的重要一步。

关键词：证券发行；额度控制；核准制；保荐制度

一、证券发行的一般规定

证券发行是指证券发行人根据法定程序将证券出售给投资者的行为。《证券法》完善了证券发行的条件与程序，设置了保荐人制度，将证券的发行分为公开发行与非公开发行，并对公开发行作出了定义。

公开发行证券，必须符合法律、行政法规规定的条件，并依法报经国务院证券监督管理机构或者国务院授权的部门核准；未经依法核准，任何单位和个人不得公开发行证券。发行人依法申请公开发行证券所提交的申请文件的格式、报送方式，由依法负责核准或审批的机构或部门规定。

有下列情形之一的，为公开发行：①向不特定对象发行证券；②向累计超过 200 人的特定对象发行证券；③法律、行政法规规定的其他发行行为。

非公开发行证券，不得采用广告、公开劝诱和变相公开方式。

发行人申请公开发行股票、可转换为股票的公司债券，依法采取承销方式的，或者公开发行法律、行政法规规定实行保荐制度的其他证券的，应当聘请具有保荐资格的机构担任保荐人。保荐人应当遵守业务规则和行业规范，诚实守信，勤勉尽责，对发行人的申请文件和信息披露资料进行审慎核查，督导发行人规范运作。保荐制度的主要内容包括保荐机构和保荐代表人的注册登记制度、保荐责任、保荐期限、监管部门对保荐机构和保荐代表人施行责任追究的监管机制。

二、股票的发行

（一）股票的定义与种类

股票是股份有限公司签发的证明股东所持股份的凭证，具有以下特征。

1）股票是有价证券，代表持有者（即股东）对股份有限公司的股权。

2）股票是要式证券，其制作和记载事项必须依法进行。随着电子计算机的采用，股票的发行与交易已逐渐实现无纸化模式。

3）股票是无偿还期限的证券。投资者认购股票后，除法律特别规定的情况外，不能要求退还出资。

4）股票是一种高风险金融工具。股票在交易市场上交易时，价格波动较大，这种价格变化除了受股票发行者的经营状况和银行利率等客观因素的影响外，还受供求关系和公众心理等多种因素的影响，这就使得股票价格变动的不确定性加大，因而风险较高。

按股东权利、义务的不同，股份分为普通股和优先股；按投资主体的性质不同，股份可分为国有股、发起人股、社会公众股；按票面上是否记载股东的姓名或名称，股票又可分为记名股票和无记名股票；以人民币认购和买卖的为内资股，以外币认购和买卖的为外资股。

（二）发行股票的条件及报送文件

只有股份有限公司可以发行股票。《证券法》规定，设立股份有限公司公开发行股票，即首次申请公开发行股票，应当符合《公司法》第七十七条规定的条件和经国务院批准的国务院证券监督管理机构规定的其他条件，并向国务院证券监督管理机构报送募股申请和下列文件：①公司章程；②发起人协议；③发起人姓名或者名称，发起人认购的股份数、出资种类及验资证明；④招股说明书；⑤代收股款银行的名称及地址；⑥承销机构名称及有关的协议。

依照《证券法》规定聘请保荐人的，应当报送保荐人出具的发行保荐书。法律、行政法规规定设立公司必须报经批准的，还应当提交相应的批准文件。

公司公开发行新股，应当符合下列条件：①具备健全且运行良好的组织机构；②具有持续盈利能力，财务状况良好；③最近3年财务会计文件无虚假记载，无其他重大违法行为；④经国务院批准的国务院证券监督管理机构规定的其他条件。

上市公司非公开发行新股，应当符合经国务院批准的国务院证券监督管理机构规定的条件，并报国务院证券监督管理机构核准。

公司公开发行新股，即增发新股，包括向社会公开募集和向原股东配售，应当向国务院证券监督管理机构报送募股申请和下列文件：①公司营业执照；②公司章程；③股东大会决议；④招股说明书；⑤财务会计报告；⑥代收股款银行的名称及地址；⑦承销机构名称及有关的协议。

《证券法》规定应聘请保荐人的，还应当报送保荐人出具的发行保荐书。

公司公开发行股票所募集的资金，必须按照招股说明书所列资金用途使用。改变招股说明书所列资金用途的，必须经股东大会作出决议。擅自改变用途而未作纠正的，或者未经股东大会认可的，不得公开发行新股，上市公司也不得非公开发行新股。

境内企业直接或者间接到境外发行证券或者将其证券在境外上市交易，必须经国务院证券监督管理机构依照国务院的规定批准。境内公司股票以外币认购和交易的，具体办法由国务院另行规定。

三、公司债券的发行

公司债券是公司为了筹集资金，按法定的程序向社会公众发行的借款凭证，是债券发行公司向债权人作出某种承诺，保证在约定的期限还本付息的有价证券。公司债券的特点主要有以下几个方面。

1）风险性较大。公司债券的还款来源是公司的经营利润，因此公司债券持有人承担着损失利息甚至本金的风险。

2）受益率较高。风险与受益成正比的原则，要求较高风险的公司债券需提供给债券持有人较高的投资收益。

3）对于某些债券而言，发行者与持有者之间可以相互给予一定的选择权。

四、证券的发行程序

（一）证券发行的核准

发行人发行证券，必须符合法律、行政法规规定的条件，并依照法定程序向国务院证券监督管理机构或者国务院授权的部门报送真实、准确、完整的证券发行申请文件。发行人申请核准公开发行股票、公司债券，应当按照规定缴纳审核费用。发行人依法申请核准发行证券所报送的申请文件的格式、报送方式，由依法负责核准的机构或者部门规定。为证券发行出具有关文件的证券服务机构和人员，必须严格履行法定职责，保证其所出具文件的真实性、准确性和完整性。

发行人申请首次公开发行股票的，在提交申请文件后，应当按照国务院证券监督管理机构的规定预先披露有关申请文件。

国务院证券监督管理机构设发行审核委员会，依法审核、核准股票发行申请。核准程序应当公开，依法接受监督。参与审核和核准股票发行申请的人员，不得与发行申请人有利害关系，不得直接或者间接接受发行申请人的馈赠，不得持有所核准的发行申请的股票，不得私下与发行申请人进行接触。国务院授权的部门对公司债券发行申请的核准，参照上述规定执行。

国务院证券监督管理机构或者国务院授权的部门应当自受理证券发行申请文件之日起 3 个月内，依照法定条件和法定程序作出予以核准或者不予核准的决定，发行人根据要求补充、修改发行申请文件的时间不计算在内；不予核准的，应当说明理由。

证券发行申请经核准后，发行人应当依照法律、行政法规的规定，在证券公开发行前，公告公开发行募集文件，并将该文件置备于指定场所供公众查阅。发行证券的信息依法公开前，任何知情人不得公开或者泄露该信息。发行人不得在公告公开发行募集文件前发行证券。

国务院证券监督管理机构或者国务院授权的部门对已作出的核准证券发行的决定，发现不符合法定条件或者法定程序，尚未发行证券的，应当予以撤销，停止发行。已经发行尚未上市的，撤销发行核准决定，发行人应当按照发行价并加算银行同期存款利息返还证券持有人；保荐人应当与发行人承担连带责任，但是能够证明自己没有过错的除外；发行人的控股股东、实际控制人有过错的，应当与发行人承担连带责任。

股票发行采取溢价发行的，其发行价格由发行人与承销的证券公司协商确定。股票依法发行后，发行人经营与收益的变化，由发行人自行负责；由此变化引致的投资风险，由投资者自行承担。

（二）证券的承销

承销是指证券公司依照协议包销或者代销发行人向社会公开发行的证券的行为。发行人向不特定对象公开发行的证券，法律、行政法规规定应当由证券公司承销的，发行人应当同证券公司签订承销协议。公开发行证券的发行人有权依法自主选择承销的证券公司。证券公司不得以不正当竞争手段招揽证券承销业务。

证券承销业务采取代销或者包销方式。证券代销是指证券公司代发行人发售证券，在承销期结束时，将未售出的证券全部退还给发行人的承销方式。证券包销分两种情况：一是证券公司将发行人的证券按照协议全部购入，然后再向投资者销售，当卖出价高于购入价时，其差价归证券公司所有；当卖出价低于购入价时，其损失由证券公司承担。二是证券公司在承销期结束后，将售后剩余证券全部自行购入。在这种承销方式下，证券公司要与发行人签订合同，在承销期内，是一种代销行为；在承销期满后，是一种包销行为。

证券公司承销证券，应当同发行人签订代销或者包销协议，载明下列事项：①当事人的名称、住所及法定代表人姓名；②代销、包销证券的种类、数量、金额及发行价格；③代销、包销的期限及起止日期；④代销、包销的付款方式及日期；⑤代销、包销的费用和结算办法；⑥违约责任；⑦国务院证券监督管理机构规定的其他事项。

证券公司承销证券，应当对公开发行募集文件的真实性、准确性、完整性进行核查，发现有虚假记载、误导性陈述或者重大遗漏的，不得进行销售活动；已经销售的，必须立即停止销售活动，并采取纠正措施。

向不特定对象公开发行的证券票面总值超过人民币 5000 万元的，应当由承销团承销。承销团应当由主承销和参与承销的证券公司组成。主承销即牵头组织承销团的证券公司。主承销可以由证券发行人按照公平竞争的原则，通过竞标的方式产生，也可以由证券公司之间协商确定。主承销一般要承担组建承销团、代表承销团与证券发行者签订承销合同和有关文件等事项。作为主承销的证券公司与参与承销的证券公司之间应签订承销团协议，就当事人的情况、承销股票的种类、数量、金额、发行价格、承销的具体方式、各承销成员承销的份额及报酬以及承销组织工作的分工、承销期及起止日期、承销付款的日期及方式等达成一致意见。

证券的代销、包销期限最长不得超过 90 日。证券公司在代销、包销期内，对所代销、包销的证券应当保证先行出售给认购人，证券公司不得为本公司预留所代销的证券和预先购入并留存所包销的证券。

股票发行采用代销方式，代销期限届满，向投资者出售的股票数量未达到拟公开发行股票数量 70%的，为发行失败。发行人应当按照发行价并加算银行同期存款利息返还股票认购人。

公开发行股票，代销、包销期限届满，发行人应当在规定的期限内将股票发行情况报国务院证券监督管理机构备案。

五、证券投资基金的发行

（一）证券投资基金的定义与种类

证券投资基金是一种间接的证券投资方式，是指通过发行基金单位，集中投资者的资金，由具有资格的银行基金托管人托管，由基金管理人管理和运用资金，从事股票、债券等金融工具投资，然后共担投资风险、分享收益。证券投资基金主要有以下几个特点：①专家理财，基金管理公司一般都配备有投资专家，以科学的方法研究股票、债券等金融产品，组合投资，规避风险；②证券投资基金通过汇集众多中小投资者的资金，形成雄厚的实力，可以同时分散投资于很多种股票，分散了对个股集中投资的风险；③方便投资，流动性强。

证券投资基金的分类较多，主要有开放式基金与封闭式基金、股票基金与债券基金等。开放式基金是指基金份额总额不固定，基金份额可以在基金合同约定的时间和场所申购或者赎回的一种基金。封闭式基金是指基金份额总额是确定的，一旦发行完成，就不能再接受新的投资申购，投资者也不得要求赎回投资。但是，投资者可以在依法设立的证券交易所买卖封闭式基金，其价格完全由买卖双方决定。股票基金是指主要投资于股票的基金，债券基金是指主要投资于债券的基金。根据《中华人民共和国证券投资基金法》以下简称《证券投资基金法》的规定，基金运作方式可以采用封闭式、开放式或者其他方式。

（二）设立证券投资基金的条件

证券投资基金由基金管理人依法募集。基金管理人由依法设立的基金管理公司担任。担任基金管理人应当经国务院证券监督管理机构核准。

根据《证券投资基金法》的规定，设立基金管理公司应当具备下列条件，并经国务院证券监督管理机构批准：①有符合《证券投资基金法》和《公司法》规定的章程；②注册资本不低于1亿元人民币，且必须为实缴货币资本；③主要股东具有从事证券经营、证券投资咨询、信托资产管理或者其他金融资产管理的较好的经营业绩和良好的社会信誉，最近3年没有违法记录，注册资本不低于3亿元人民币；④取得基金从业资格的人员达到法定人数；⑤有符合要求的营业场所、安全防范设施和与基金管理业务有关的其他设施；⑥有完善的内部稽核监控制度和风险控制制度；⑦法律、行政法规规定的和经国务院批准的国务院证券监督管理机构规定的其他条件。

（三）基金的募集

基金管理人应依照《证券投资基金法》的规定发售基金份额，募集基金。基金管理人应当向国务院证券监督管理机构提交规定的文件，并经国务院证券监督管理机构核准。

基金合同应当遵照《证券投资基金法》第三十七条规定的内容。

国务院证券监督管理机构应当自受理基金募集申请之日起6个月内依照法律、行政法规及国务院证券监督管理机构的规定和审慎监管原则进行审查，作出予以核准或者不予核准的决定并通知申请人；不予核准的，应当说明理由。基金募集申请经核准后，方可发售基金份额。基金份额的发售，由基金管理人负责办理；基金管理人可以委托经国务院证券监督管理机构认定的其他机构代为办理。基金管理人应当在基金份额发售的3日前公布招募说明书、基金合同及其他有关文件。基金管理人应当自收到核准文件之日起6个月内进行基金募集。超过6个月开始募集，原核准的事项未发生实质性变化的，应当报国务院证券监督管理机构备案；发生实质性变化的，应当向国务院证券监督管理机构重新提交申请。

基金募集不得超过国务院证券监督管理机构核准的基金募集期限。基金募集期限自基金份额发售之日起计算。基金募集期限届满，封闭式基金募集的基金份额总额达到核准规模的80%以上，开放式基金募集的基金份额总额超过核准的最低募集份额总额，并且基金份额持有人人数符合国务院证券监督管理机构规定的，基金管理人应当自募集期限届满之日起10日内聘请法定验资机构验资，自收到验资报告之日起10日内，向国务院证券监督管理机构提交验资报告，办理基金备案手续，并予以公告。

典型案例讨论

【案情介绍】

2012年，A公司欲公开发行股票，在申请发行过程中，发生以下事实。

1）A公司依照《公司法》的规定，报中国证监会审批。中国证监会在行政办公会议进行了讨论，最后，由证监会主席批准了A公司的股票发行。

2）A 公司得知股票发行申请已获批准后，即在公告公开发行募集文件之前，将准备公开发行股票总额的 10%自行卖给当地投资人，其余部分委托某证券经纪公司代销，确定代销期限为 100 日。

3）A 公司聘请的发行人顾问为 B 律师事务所，B 指派了没有证券法律业务资格的赵律师，涉及 A 公司发行的法律文件均由 B 律师事务所具有律师资格的马律师和李律师签字。

4）A 公司确定了公司股票溢价发行的价格，通知了代销的证券公司，并报中国证监会备案。

【问题】

根据上述内容，判断并修改其违反《证券法》的地方,并说明理由。

【案例分析】

1）《证券法》第十条规定："公开发行证券，必须符合法律、行政法规规定的条件，并依法报经国务院证券监督管理机构或者国务院授权的部门核准；未经依法核准，任何单位和个人不得公开发行证券。"A 公司公开发行股票，必须按照《公司法》和《证券法》规定的条件，报中国证监会核准而非审批。中国证监会应由发行审核委员会，以投票方式对股票发行进行表决，提出审核意见，并且核准程序当公开。

2）《证券法》第二十五条第三款规定，"发行人不得在公告公开发行募集文件前发行证券"。第三十二条规定："向不特定对象发行的证券票面总值超过人民币五千万元的，应当由承销团承销。承销团应当由主承销和参与承销的证券公司组成。"第三十三条规定："证券的代销、包销期限最长不得超过九十日。"A 公司不得在公告公开发行募集文件之前发行股票，A 公司股票发行应依法由综合类证券公司承销，承销可采用代销的方式，但承销期最长不得超过 90 日。

3）律师事务不得由本所无证券法律业务资格的律师进行具体工作，而以有资格律师的名义出具法律意见书。

4）《证券法》第三十四条规定："股票发行采取溢价发行的，其发行价格由发行人与承销的证券公司协商确定。"第三十六条规定："公开发行股票，代销、包销期限届满，发行人应当在规定的期限内将股票发行情况报国务院证券监督管理机构备案"。A 公司股票发行采取溢价发行的，其发行价格应由发行人 A 公司和承销的证券公司协商确定，报中国证监会备案。

第三节　证 券 交 易

背景：证券交易是依法发行并交付的证券在证券市场上流通的活动，是证券市场运行的核心环节。从 1986 年 9 月起，新中国开始有了证券交易。自上海证券交易所成立开始，我国的证券交易形式和证券定价方式发生了巨大变化。与此同时，证券的定价也采用了一种国际普遍采用的公开竞价方式。随着金融改革的深化和金融创新活动的开展，证券市场规范发展对经济的促进作用也日益显著。

关键词：证券交易；公开竞价；规范发展

一、证券交易的一般规则

证券交易是指证券的买卖和转让。根据《证券法》的规定，在证券交易中，应遵守以下一般规则。

（一）证券交易的标的与主体必须合法

首先，证券交易当事人依法买卖的证券，必须是依法发行并交付的证券。非依法发行的证券，不得买卖。证券交易当事人买卖的证券可以采用纸面形式或者国务院证券监督管理机构规定的其他形式。其次，依法发行的股票、公司债券及其他证券，法律对其转让期限有限制性规定的，在限定的期限内不得买卖。

为了防止出现内幕交易、操纵市场等证券欺诈行为，维护证券市场的秩序，立法对有关内幕人员持有、买卖股票作出限制。《证券法》第四十三条规定："证券交易所、证券公司和证券登记结算机构的从业人员、证券监督管理机构的工作人员以及法律、行政法规禁止参与股票交易的其他人员，在任期或者法定限期内，不得直接或者以化名、借他人名义持有、买卖股票，也不得收受他人赠送的股票。任何人在成为前款所列人员时，其原已持有的股票，必须依法转让。"

为股票发行出具审计报告、资产评估报告或者法律意见书等文件的证券服务机构和人员，在该股票承销期内和期满后 6 个月内，不得买卖该种股票。除前款规定外，为上市公司出具审计报告、资产评估报告或者法律意见书等文件的证券服务机构和人员，自接受上市公司委托之日起至上述文件公开后 5 日内，不得买卖该种股票。

《证券法》第四十七条规定，上市公司董事、监事、高级管理人员、持有上市公司股份 5%以上的股东，将其持有的该公司的股票在买入后 6 个月内卖出，或者在卖出后 6 个月内又买入，由此所得收益归该公司所有，公司董事会应当收回其所得收益。但是，证券公司因包销购入售后剩余股票而持有 5%以上股份的，卖出该股票不受 6 个月时间限制。

公司董事会不按照前款规定执行的，股东有权要求董事会在 30 日内执行。公司董事会未在上述期限内执行的，股东有权为了公司的利益以自己的名义直接向人民法院提起诉讼。

公司董事会不按照第一款的规定执行的，负有责任的董事依法承担连带责任。

（二）在合法的证券交易场所交易

依法公开发行的股票、公司债券及其他证券，应当在依法设立的证券交易所上市交易或者在国务院批准的其他证券交易场所转让。我国的证券交易所有上海证券交易所和深圳证券交易所。发行人发行证券可以在证券交易所交易，也可以在国务院批准的其他证券交易场所转让。

（三）以合法方式交易

证券交易有现货交易和期货交易两种情况。《证券法》规定，证券交易以现货和国务院规定的其他方式进行交易，从而为发展证券期货交易留有法律空间。

《证券法》第四十条规定："证券在证券交易所上市交易，应当采用公开的集中交易方式或者国务院证券监督管理机构批准的其他方式。"这一规定为证券在证券交易所以公开的集中竞价交易以外的其他方式交易留下了发展余地。

（四）规范证券交易服务

一方面，为客户保密。证券交易所、证券公司、证券登记结算机构必须依法为客户开立的账户保密。除法律和行政法规另有规定者，证券交易所、证券公司、证券登记结算机构不向任何人提供客户开立账户的情况，否则将承担相应的法律责任。

另一方面，是证券交易的收费必须合理，公开收费项目、收费标准和收费办法。证券交易的收费项目、收费标准和管理办法由国务院有关主管部门统一规定。

二、证券上市

申请证券上市交易，应当向证券交易所提出申请，由证券交易所依法审核同意，并由双方签订上市协议。政府债券的上市交易，由证券交易所根据国务院授权部门的决定安排。申请股票、可转换为股票的公司债券或者法律、行政法规规定实行保荐制度的其他证券上市交易，应当聘请具有保荐资格的机构担任保荐人。

证券交易所可以依法作出对证券不予上市、暂停上市、终止上市的决定，对证券券交易所的上述决定不服的，可以向证券交易所设立的复核机构申请复核。

（一）股票上市

国家鼓励符合产业政策并符合上市条件的公司股票上市交易。股份有限公司申请股票上市，应当符合下列条件。

1）股票经国务院证券监督管理机构核准已公开发行。

2）公司股本总额不少于人民币 3000 万元。

3）公开发行的股份达到公司股份总数的 25%以上；公司股本总额超过人民币 4 亿元的，公开发行股份的比例为 10%以上。

4）公司最近 3 年无重大违法行为，财务会计报告无虚假记载。

证券交易所可以规定高于上述规定的上市条件，并报国务院证券监督管理机构批准。

申请股票上市交易，应当向证券交易所报送下列文件：①上市报告书；②申请股票上市的股东大会决议；③公司章程；④公司营业执照；⑤依法经会计师事务所审计的公司最近 3 年的财务会计报告；⑥法律意见书和上市保荐书；⑦最近一次的招股说明书；⑧证券交易所上市规则规定的其他文件。

股票上市交易申请经证券交易所审核同意后，签订上市协议的公司应当在规定的期限内公告股票上市的有关文件，并将该文件置备于指定场所供公众查阅，同时还应当公告下列事项：①股票获准在证券交易所交易的日期；②持有公司股份最多的前 10 名股东的名单和持股数额；③公司的实际控制人；④董事、监事、高级管理人员的姓名及其持有本公司股票和债券的情况。

上市公司丧失法律规定的上市条件的，其股票应当依法暂停上市或者终止上市。上市公司有下列情形之一的，由证券交易所决定暂停其股票上市交易：①公司股本总额、股权分布等发生变化不再具备上市条件；②公司不按照规定公开其财务状况，或者对财务会计报告作虚假记载，可能误导投资者；③公司有重大违法行为；④公司最近 3 年连续亏损；⑤证券交易所上市规则规定的其他情形。

上市公司有下列情形之一的，由证券交易所决定终止其股票上市交易：①公司股本总额、股权分布等发生变化不再具备上市条件，在证券交易所规定的期限内仍不能达到上市条件；②公司不按照规定公开其财务状况，或者对财务会计报告作虚假记载．且拒绝纠正；③公司最近 3 年连续亏损，在其后一个年度内未能恢复盈利；④公司解散或者被宣告破产；⑤证券交易所上市规则规定的其他情形。

股票终止上市的公司可以依照有关规定与中国证券业协会批准的证券公司签订协议，委托证券公司办理股份转让。

（二）债券上市

公司申请公司债券上市交易，应当符合下列条件：①公司债券的期限为 1 年以上；②公司债券实际发行额不少于人民币 5000 万元；③公司申请债券上市时仍符合法定的公司债券发行条件。

申请公司债券上市交易，应当向证券交易所报送下列文件：①上市报告书；②申请公司债券上市的董事会决议；③公司章程；④公司营业执照；⑤公司债券募集办法；⑥公司债券的实际发行数额；⑦证券交易所上市规则规定的其他文件。

申请可转换为股票的公司债券上市交易，还应当报送保荐人出具的上市保荐书。

公司债券上市交易申请经证券交易所审核同意后，签订上市协议的公司应当在规定的期限内公告公司债券上市文件及有关文件，并将其申请文件置备于指定场所供公众查阅。

公司债券上市交易后，公司有下列情形之一的，由证券交易所决定暂停其公司债券上市交易：①公司有重大违法行为；②公司情况发生重大变化不符合公司债券上市条件；③公司债券所募集资金不按照核准的用途使用；④未按照公司债券募集办法履行义务；⑤公司最近两年连续亏损。公司有上述第①项、第④项所列情形之一经查实后果严重的，或者有第②项、第③项、第⑤项所列情形之一，在限期内未能消除的，由证券交易所决定终止其公司债券上市交易。

公司解散或者被宣告破产的，由证券交易所终止其公司债券上市交易。

（三）证券投资基金上市

《证券投资基金法》规定："封闭式基金的基金份额，经基金管理人申请，国务院证券监督管理机构核准，可以在证券交易所上市交易。国务院证券监督管理机构可以授权证券交易所依照法定条件和程序核准基金份额上市交易。""基金上市交易规则由证券交易所制定，报中国证监会批准。"

1. 申请上市的基金必须符合的条件

申请上市的基金必须符合下列条件：①基金的募集符合《证券投资基金法》的规定；②基金合同期限为 5 年以上；③基金募集金额不低于 2 亿元人民币；④基金持有人不少于 1000 人；⑤基金份额上市交易规则规定的其他条件。

2. 申请投资基金上市交易程序

申请投资基金上市交易，应当向证券交易所提交以下文件。

1）上市申请书。

2）上市公告书，至少应包括以下内容：①基金概况；②基金持有人结构及前 10 名持有人；③基金设立主要发起人、基金管理人、托管人简介；④基金投资组合情况；⑤基金契约摘要；⑥基金运作情况；⑦财务状况；⑧重要事项揭示；⑨备查文件。

3）批准设立和发行基金的文件。

4）基金契约。

5）基金托管协议。

6）基金募集资金的验资报告。

7）证券交易所 1～2 名会员署名的上市推荐书。

8）国务院证券监督管理机构和中国人民银行对基金托管人的审查批准文件。

9）国务院证券监督管理机构批准基金管理人的营业执照。

10）基金管理人注册登记的营业执照。

11）基金托管人注册登记的营业执照。

12）基金已全部托管的证明文件。

13）证券交易所要求的其他文件。

证券交易所接到基金上市申请后，应进行审查，认为符合上市条件的，将审查意见及拟订的上市时间连同相关文件一并报国务院证券监督管理机构批准。获得批准后，由证券交易所出具上市通知书。证券交易所还须同基金管理人或基金公司、基金托管人签订基金上市协议，以及有关服务合同。

获准上市的基金，须于上市首日前 3 个工作日内在国务院证券监督管理机构指定的报刊上刊登《上市公告书》。基金管理人还应将《上市公告书》备置于基金管理人所在地、基金托管人所在地、证券交易所、有关证券经营机构及其网点供公众查阅，同时报送国务院证券监督管理机构备案。

3. 基金的暂停上市或终止上市

基金上市期间，出现下列情形之一的，将暂停上市：①发生重大变更而不符合上市条件；②违反国家法律、法规，国务院证券监督管理机构决定暂停上市；③严重违反投资基金上市规则；④国务院证券监督管理机构和证券交易所认为须暂停上市的其他情形。

基金上市期间，有下列情形之一的，将终止上市：①不再具备《证券投资基金法》规定的上市交易条件；②基金合同期限届满；③基金份额持有人大会决定提前终止上市交易；④基金合同约定的或者基金份额上市交易规则规定的终止上市交易的其他情形。

开放式基金在销售机构的营业场所销售及赎回，不上市交易。开放式基金单位的认购、申购和赎回业务，可以由基金管理人直接办理，也可以由基金管理人委托经国务院证券监督管理机构认定的其他机构代为办理。基金管理人应当在每个工作日办理基金申购、赎回业务；基金合同另有约定的，按照其约定办理。投资人申购基金时，必须全额交付申购款项，款项一经交付申购申请即为有效。基金管理人应当于收到基金投资人申购、赎回申请之日起 3 个工作日内，对该交易的有效性进行确认。除不可抗力等特殊情况外，基金管理人不得拒绝接受基金投资人的赎回申请。

三、持续信息公开

公开发行证券的发行人、上市公司负有持续信息公开的义务，应公开的信息包括招股说明书、公司债券募集办法、上市公告书、定期报告和临时报告等。信息公开应当依照中国证监会发布的有关公开发行证券的公司信息披露内容与格式准则进行。发行人、上市公司依法披露的信息，必须真实、准确、完整，不得有虚假记载、误导性陈述或者重大遗漏。

经国务院证券监督管理机构核准依法公开发行股票，或者经国务院授权的部门核准依法公开发行公司债券，应当公告招股说明书、公司债券募集办法。依法公开发行新股或者公司债券的，还应当公告财务会计报告。

定期报告是上市公司和公司债券上市交易的公司进行持续信息披露的主要形式之一，包括季度报告、半年度报告和年度报告。上市公司和公司债券上市交易的公司，应当在每一会计年度的上半年结束之日起两个月内，向国务院证券监督管理机构和证券交易所报送记载以下内容的中期报告，并予以公告：①公司财务会计报告和经营情况；②涉及公司的重大诉讼事项；③已发行的股票、公司债券变动情况；④提交股东大会审议的重要事项；⑤国务院证券监督管理机构规定的其他事项。

上市公司和公司债券上市交易的公司，应当在每一会计年度结束之日起 4 个月内，向国务院证券监督管理机构和证券交易所报送记载以下内容的年度报告，并予以公告：①公司概况；②公司财务会计报告和经营情况；③董事、监事、高级管理人员简介及其持股情况；④已发行的股票、公司债券情况，包括持有公司股份最多的前 10 名股东名单和持股数额；⑤公司的实际控制人；⑥国务院证券监督管理机构规定的其他事项。

发生可能对上市公司股票交易价格产生较大影响的重大事件，投资者尚未得知时，上市公司应当立即将有关该重大事件的情况向国务院证券监督管理机构和证券交易所报送临时报告，并予以公告，说明事件的起因、目前的状态和可能产生的法律后果。

下列情况为应当报送临时报告的重大事件：①公司的经营方针和经营范围的重大变化；②公司的重大投资行为和重大的购置财产的决定；③公司订立重要合同，可能对公司的资产、负债、权益和经营成果产生重要影响；④公司发生重大债务和未能清偿到期重大债务的违约情况；⑤公司发生重大亏损或者重大损失；⑥公司生产经营的外部条件发生的重大变化；⑦公司的董事、1/3 以上监事或者经理发生变动；⑧持有公司 5%以上股份的股东或者实际控制人，其持有股份或者控制公司的情况发生较大变化；⑨公司减资、合并、分立、解散及申请破产的决定；⑩涉及公司的重大诉讼，股东大会、董事会决议被依法撤销或者宣告无效；⑪公司涉嫌犯罪被司法机关立案调查，公司董事、监事、高级管理人员涉嫌犯罪被司法机关采取强制措施；⑫国务院证券监督管理机构规定的其他事项。

上市公司董事、高级管理人员应当对公司定期报告签署书面确认意见。上市公司监事会应当对董事会编制的公司定期报告进行审核并提出书面审核意见。上市公司董事、监事、高级管理人员应当保证上市公司所披露的信息真实、准确、完整。

发行人、上市公司公告的招股说明书、公司债券募集办法、财务会计报告、上市报告文件、年度报告、中期报告、临时报告及其他信息披露资料，有虚假记载、误导性陈述或者重大遗漏，致使投资者在证券交易中遭受损失的，发行人、上市公司应当承担赔偿责任；发行人、上市公司的董事、监事、高级管理人员和其他直接责任人员及保荐人、承销的证券公司，应当与发行人、上市公司承担连带赔偿责任，但是能够证明自己没有过错的除外；发行人、上市公司的控股股东、实际控制人有过错的，应当与发行人、上市公司承担连带赔偿责任。

依法必须披露的信息，应当在国务院证券监督管理机构指定的媒体发布，同时将其置备于公司住所、证券交易所，供社会公众查阅。

国务院证券监督管理机构对上市公司年度报告、中期报告、临时报告及公告的情况进行监督，对上市公司分派或者配售新股的情况进行监督，对上市公司控股股东及其他信息披露义务人的行为进行监督。

证券监督管理机构、证券交易所、保荐人、承销的证券公司及有关人员，对公司依照法律、行政法规规定必须作出的公告，在公告前不得泄露其内容。

证券交易所决定暂停或者终止证券上市交易的，应当及时公告，并报国务院证券监督管理机构备案。

四、限制的交易行为

限制的交易行为包括以下几种。

1）证券交易所、证券公司和证券登记结算机构的从业人员、证券监督管理机构的工作人员以及法律、行政法规禁止参与股票交易的其他人员，在任期或者法定期限内，不得直接或者以化名、借他人名义持有、买卖股票，也不得收受他人赠送的股票。任何人在成为上述所列人员时，其原已持有的股票，必须依法转让。

2）为股票发行出具审计报告、资产评估报告或者法律意见书等文件的证券服务机构和人员，在该股票承销期内和期满后 6 个月内，不得买卖该种股票。除上述规定外，为上市公司出具审计报告、资产评估报告或者法律意见书等文件的证券服务机构和人员，自接受上市公司委托之日起至上述文件公开后 5 日内，不得买卖该种股票。

3）公司董事、监事、高级管理人员应当向公司申报所持有的本公司的股份及其变动情况，在任职期间每年转让的股份不得超过其所持有本公司股份总数的 25%；所持有公司股份自公司股票上市交易之日起 1 年内不得转让。上述人员离职后半年内，不得转让其所持有的本公司股份。公司章程可以对公司董事、监事、高级管理人员转让其所持有的本公司股份作出其他限制性规定。

4）发起人持有的本公司股份，自公司成立之日起 1 年内不得转让。公司公开发行股份前已发行的股份，自公司股票在证券交易所上市交易之日起 1 年内不得转让。

5）上市公司董事、监事、高级管理人员、持有上市公司股份 5%以上的股东，将其持有的该公司的股票在买入后 6 个月内卖出，或者在卖出后 6 个月内又买入，由此所得收益该公司所有，公司董事会应当收回其所得收益。但是，证券公司因包销购入售后剩余股票而持有 5%以上股份的，卖出该股票不受 6 个月时间限制。公司董事会不按照上述规定执行的，股东有权要求董事会在 30 日内执行。公司董事会未在上述期限内执行的，股东有权为了公司的利益以自己的名义直接向人民法院提起诉讼。公司董事会不按照上述规定执行的，负有责任的董事依法承担连带责任。

五、禁止的交易行为

《证券法》禁止的交易行为包括内幕交易行为、操纵证券市场行为、制造虚假信息行为和欺诈客户行为。

（一）内幕交易行为

内幕交易是指证券交易内幕信息的知情人员利用内幕信息进行证券交易的行为。内幕交易的主体是内幕信息知情人员，也可能是非法获取内幕信息的其他人员，行为特征是利用其掌握的内幕信息买卖证券，或者是建议他人买卖证券。内幕信息知情人员自己未买卖证券，也未建议他人买卖证券，但将内幕信息泄露给他人，接受内幕信息者依此买卖证券的，也属内幕交易行为。内幕交易行为不仅侵犯了广大投资者的利益，违反了证券发行与交易中的“三公”原则，而且还会扰乱证券市场，所以，各国的证券立法都将其列为禁止的证券交易行为之一。知情人包括：①发行人的董事、监事、高级管理人员；②持有公司 5%以上股份的股东及其董事、监事、高级管理人员，公司的实际控制人及其董事、监事、高级管理人员；③发行人控股的公司及其董事、监事、高级管理人员；④由于所任公司职务可以获取公司有关内幕信息的人员；⑤证券监督管理机构工作人员及由于法定职责对证券的发行、交易进行管理的其他人员；⑥保荐人、承销的证券公司、证券交易所、证券登记结算机构、证券服务机构的有关人员；⑦国务院证券监督管理机构规定的其他人。

证券交易活动中，涉及公司的经营、财务或者对该公司证券的市场价格有重大影响的尚未公开的信息，为内幕信息。内幕信息主要包括：①《证券法》第六十七条第二款所列应报送临时报告的重大事件；②公司分配股利或者增资的计划；③公司股权结构的重大变化；④公司债务担保的重大变更；⑤公司营业用主要资产的抵押、出售或者报废一次超过该资产的 30%；⑥公司的董事、监事、高级管理人员的行为可能依法承担重大损害赔偿责任；⑦上市公司收购的有关方案；⑧国务院证券监督管理机构认定的对证券交易价格有显著影响的其他重要信息。

证券交易内幕信息的知情人和非法获取内幕信息的人，在内幕信息公开前，不得买卖该公司的证券，或者泄露该信息，或者建议他人买卖该证券。

持有或者通过协议、其他安排与他人共同持有公司 5%以上股份的自然人、法人、其他组织收购上市公司的股份，《证券法》另有规定的，适用其规定。

内幕交易行为给投资者造成损失的，行为人应当依法承担赔偿责任。

（二）操纵市场行为

操纵市场是指单位或个人背离市场自由竞争和供求关系原则，人为地操纵证券交易价格，引诱他人参与证券交易，为自己牟取利益，扰乱证券市场秩序的行为。

操纵证券市场的手段包括：①单独或者通过合谋，集中资金优势、持股优势或者利用信息优势联合或者连续买卖，操纵证券交易价格或者证券交易量；②与他人串通，以事先约定的时间、价格和方式相互进行证券交易，影响证券交易价格或者证券交易量；③在自己实际控制的账户之间进行证券交易，影响证券交易价格或者证券交易量；④以其他手段操纵证券市场。

操纵证券市场行为给投资者造成损失的，行为人应当依法承担赔偿责任。

（三）制造虚假信息行为

制造虚假信息包括编造、传播虚假信息和进行虚假陈述或信息误导两种情况。禁止国家工作人员、传播媒介从业人员和有关人员编造、传播虚假信息，扰乱证券市场；禁止证券交易所、证券公司、证券登记结算机构、证券服务机构及其从业人员，证券业协会、证券监督管理机构及其工作人员，在证券交易活动中作出虚假陈述或者信息误导。各种传播媒介传播证券市场信息必须真实、客观，禁止误导。

（四）欺诈客户行为

欺诈客户是指证券公司及其从业人员在证券交易中违背客户的真实意愿，损害客户利益的行为。禁止证券公司及其从业人员从事下列行为：①违背客户的委托为其买卖证券；②不在规定时间内向客户提供交易的书面确认文件；③挪用客户所委托买卖的证券或者客户账户上的资金；④未经客户的委托，擅自为客户买卖证券，或者假借客户的名义买卖证券；⑤为牟取佣金收入，诱使客户进行不必要的证券买卖；⑥利用传播媒介或者通过其他方式提供、传播虚假或者误导投资者的信息；⑦其他违背客户真实意思表示，损害客户利益的行为。

欺诈客户行为给客户造成损失的，行为人应当依法承担赔偿责任。

（五）其他禁止行为

禁止资金违规流入股市；禁止法人非法利用他人账户从事证券交易；禁止法人出借自己或者他人的证券账户；禁止任何人挪用公款买卖证券。国有企业和国有资产控股的企业买卖上市交易的股票，必须遵守国家有关规定。

证券交易所、证券公司、证券登记结算机构、证券服务机构及其从业人员对证券交易中发现的禁止的交易行为，应当及时向证券监督管理机构报告。

典型案例讨论

【案情介绍】

2011年4月1日，A上市公司（以下简称“A公司”）因财务会计报告中作虚假记载，致使中小投资者在股票交易中遭受重大损失，被中国证监会查处。中国证监会在对A公司的检查中还发现下列事实。

① A公司多次以自己为交易对象，进行不转移所有权的自买自卖，影响A公司股票的交易价格和成交量。

② 2011年1月10日，A公司董事会讨论通过对B上市公司的收购方案，董事甲第二天将该收购方案透露给自己的大学同学张某，张某根据该信息在对A公司股票的短线操作中获利20万元。

③ 2011年2月1日，注册会计师王某接受A公司的委托，为A公司的年度报告出具审计报告，A公司的年度报告于2011年3月1日公布。3月10日，王某将自己于2011年1月20日买入的A公司股票全部卖出，获利10万元。

【问题】

1）事实①中A公司的行为属于何种行为？并说明理由。

2）董事甲的行为是否符合法律规定？并说明理由。

3）注册会计师王某的行为是否符合法律规定？并说明理由。

4）A公司对股东提供虚假财务会计报告的行为应承担何种法律责任？

【案例分析】

1）A公司的行为属于操纵市场的违法行为。根据《证券法》的规定，以自己为交易对象，进行不转移所有权的自买自卖，影响证券交易价格或者证券交易量的行为属于操纵市场的行为。

2）董事甲的行为不符合法律规定。根据《证券法》的规定，知悉证券交易内幕信息的知情人员，不得买入或者卖出所持有的该公司的股票，或者泄露该信息或者建议他人买卖该证券。在本题中，A公司的董事甲属于知悉证券交易内幕信息的知情人员，A公司对B上市公司的收购方案属于内幕信息。

3）注册会计师王某的行为符合法律规定。根据《证券法》的规定，为上市公司出具审计报告、资产评估报告或者法律意见书的专业机构和人员，自接受委托之日起至文件公布后5日内，不得买卖该股票。王某买卖A公司股票的时间均不违反法律规定。

4）根据《公司法》的规定，公司向股东和社会公众提供虚假的或者隐瞒重要事实的财务会计报告的，对直接负责的主管人员和其他直接责任人员处以1万元以上10万元以下的罚款。构成犯罪的，依法追究刑事责任。

第四节　上市公司收购

背景：上市公司收购是一种重要的产权交易行为，是在市场经济条件下对经济资源的重新配置。20世纪90年代，我国才开始对其重视，法律规制则相对薄弱，有待完善。为规范上市公司的收购及相关股份权益变动活动，中国证监会自2006年7月31日正式发布新修订的《上市公司收购管理办法》，后又经2008年、2012年、2014年3次修订，对上市公司收购制度作出调整。

关键词：上市公司收购；产权交易；相关股份权益

一、上市公司收购概述

上市公司收购是指投资者公开收购股份有限公司已经依法上市的股份，以达到对该股份有限公司控制或兼并目的的行为。上市公司收购的方式有以下几种。

（一）要约收购

要约收购是指当投资者持有一个上市公司的股份的一定比例时，如果进行收购应当依法向被收购的上市公司的股东发出收购的意思表示而进行收购的一种方式。

通过证券交易所的证券交易，投资者持有或者通过协议、其他安排与他人共同持有一个上市公司已发行的股份达到30%时，继续进行收购的，应当依法向该上市公司所有股东发出收购上市公司全部或者部分股份的要约。收购上市公司部分股份的收购要约应当约定，被收购公司股东承诺出售的股份数额超过预定收购的股份数额的，收购人按比例进行收购。

收购人必须公告上市公司收购报告书。收购要约约定的收购期限不得少于30日，并不得超过60日。在收购要约确定的承诺期限内，收购人不得撤销其收购要约。收购人需要变更收购要约的，必须及时公告。

收购要约提出的各项收购条件，适用于被收购公司的所有股东。采取要约收购方式的，收购人在收购期限内，不得卖出被收购公司的股票，也不得采取要约规定以外的形式和超出要约的条件买入被收购公司的股票。

（二）协议收购

协议收购是指收购人于证券场所之外与被收购的上市公司的股东达成股份购买协议来进行收购的一种方式。

采取协议收购方式的，收购人可以依照法律、行政法规的规定同被收购公司的股东以协议方式进行股份转让。达成协议后，收购人必须在3日内将该收购协议向国务院证券监督管理机构及证券交易所作出书面报告，并予以公告。在公告前不得履行收购协议。

采取协议收购方式的，收购人收购或者通过协议、其他安排与他人共同收购一个上市公司已发行的股份达到30%时，继续进行收购的，应当向该上市公司所有股东发出收购上市公司全部或者部分股份的要约。但是，经国务院证券监督管理机构免除发出要约的除外。

（三）其他收购方式

收购人也可以其他合法方式收购上市公司。

上市公司收购可以采用现金、依法可以转让的证券及法律、行政法规规定的其他支付方式进行。被收购公司不得向收购人提供任何形式的财务资助。

二、上市公司收购的权益披露

投资者收购上市公司，要依法披露其在上市公司中拥有的权益，包括登记在其名下的股份和虽未登记在其名下但该投资者可以实际支配表决权的股份。投资者及其一致行动人在一个上市公司中拥有的权益应当合并计算。

（一）一致行动和一致行动人

一致行动是指投资者通过协议或者其他安排，与其他投资者共同扩大其所能够支配的一个上市公司股份表决权数量的行为或者事实。

一致行动人是指在上市公司的收购及相关股份权益变动活动中有一致行动情形的投资者，这些投资者之间互为一致行动人。

如果没有相反的证据，投资者有下列情形之一的，为一致行动人：①投资者之间有股权控制关系；②投资者受同一主体控制；③投资者的董事、监事或者高级管理人员中的主要成员，同时在另一个投资者担任董事、监事或者高级管理人员；④投资者参股另一投资者，可以对参股公司的重大决策产生重大影响；⑤银行以外的其他法人、其他组织和自然人为投资者取得相关股份提供融资安排；⑥投资者之间存在合伙、合作、联营等其他经济利益关系；⑦持有投资者30%以上股份的自然人与投资者持有同一上市公司股份；⑧在投资者任职的董事、监事及高级管理人员与投资者持有同一上市公司股份；⑨持有投资者30%以上股份的自然人和在投资者任职的董事、监事及高级管理人员，其父母、配偶、子女及其配偶、配偶的父母、兄弟姐妹及其配偶、配偶的兄弟姐妹及其配偶等亲属，与投资者持有同一上市公司股份；⑩在上市公司任职的董事、监事、高级管理人员及其前项所述亲属同时持有本公司股份的，或者与其自己或者其前项所述亲属直接或者间接控制的企业同时持有本公司股份；⑪上市公司董事、监事、高级管理人员和员工与其所控制或者委托的法人或者其他组织持有本公司股份；⑫投资者之间具有其他关联关系。

（二）进行权益披露的情形

进行权益披露的情形包括以下几个方面。

1）通过证券交易所的证券交易，投资者及其一致行动人拥有权益的股份达到一个上市公司已发行股份的 5%时，应当在该事实发生之日起 3 日内编制权益变动报告书，向中国证监会、证券交易所提交书面报告，通知该上市公司，并予以公告；在上述期限内，不得再行买卖该上市公司的股票。前述投资者及其一致行动人拥有权益的股份达到一个上市公司已发行股份的 5%后，通过证券交易所的证券交易，其拥有权益的股份占该上市公司已发行股份的比例每增加或者减少 5%，应当依照前述规定进行报告和公告。在报告期限内和作出报告、公告后 2 日内，不得再行买卖该上市公司的股票。

2）通过协议转让方式，投资者及其一致行动人在一个上市公司中拥有权益的股份拟达到或者超过一个上市公司已发行股份的 5%时，应当在该事实发生之日起 3 日内编制权益变动报告书，向中国证监会、证券交易所提交书面报告，通知该上市公司，并予以公告。投资者及其一致行动人拥有权益的股份达到一个上市公司已发行股份的 5%后，其拥有权益的股份占该上市公司已发行股份的比例每增加或者减少达到或者超过 5%的，应当依照第一种情形的相应规定履行报告、公告义务。

3）投资者及其一致行动人通过行政划转或者变更、执行法院裁定、继承、赠与等方式拥有权益的股份变动达到一个上市公司已发行股份的 5%时，同样应当按照第一种情形的相应规定履行报告、公告义务。

（三）权益变动报告书的编制

投资者及其一致行动人不是上市公司的第一大股东或者实际控制人，其拥有权益的股份达到或者超过该公司已发行股份的 5%，但未达到 20%的，应当编制简式权益变动报告书。

投资者及其一致行动人拥有权益的股份达到或者超过一个上市公司已发行股份的 20%但未超过 30%的，应当编制详式权益变动报告书。

三、上市公司收购后事项的处理

收购期限届满，被收购公司股权分布不符合上市条件的，该上市公司的股票应当由证券交易所依法终止上市交易；其余仍持有被收购公司股票的股东，有权向收购人以收购要约的同等条件出售其股票，收购人应当收购。收购行为完成后，被收购公司不再具备股份有限公司条件的，应当依法变更企业形式。

在上市公司收购中，收购人持有的被收购的上市公司的股票，在收购行为完成后的

12 个月内不得转让。收购行为完成后，收购人与被收购公司合并，并将该公司解散的，被解散公司的原有股票由收购人依法更换。收购人应当在 15 日内将收购情况报告国务院证券监督管理机构和证券交易所，并予以公告。

典型案例讨论

【案情介绍】

A、B 两公司均为股票上市公司。A 公司单独设立证券投资部，集中大量货币资金与某证券公司联合，利用公司年度报告和中期报告前的时间差，大量购入本公司股票；后利用发行债券的资金，委托其关联企业代为收购 B 公司发行在外普通股，因未以 A 公司名义收购，故未上报国务院证券监督管理机构，也未对外公告，截至目前已累计收购 B 公司股份的 40%。

【问题】

A 公司上述行为有哪些不合法之处？

【案例分析】

A 公司通过与其他证券公司联合，集中资金优势买卖本公司股票的行为属于操纵证券交易价格的操纵市场行为；而利用财务报告公告前时间差买卖本公司股票，属于利用尚未公开的信息牟取利益，因此属于内幕交易行为。两种行为均属于《证券法》规定的禁止交易行为。

另外，法律规定，收购上市公司股票只能以本公司名义进行；当公司持有其他公司股份达到 5%时应向国务院证券监督管理机构、证券交易所作出书面报告，通知该上市公司，并予以公告；在上述期限内，不得再行买卖该上市公司的股票。且以后持股比例每增减变化达到 5%时，仍应履行上述手续；当持有该公司股份达到 30%时，若继续收购，则应当依法向该上市公司所有股东发出收购上市公司全部或者部分股份的要约。本案例中，A 公司违反了上述规定。

第五节　相关证券机构

背景：在现有的经济基础和条件下，证券市场也存在着蓄意欺诈、垄断行市、操纵交易和哄抬股价等多种弊端。为了保障广大投资者和社会公众的合法权益，维护市场良好秩序，发展和完善证券市场体系，为证券市场参与者进行发行和交易决策提供准确和全面的信息和相应配套服务，加强对从事证券业务的管理，规范证券业务行为，防范风险，促进证券业健康发展，我国已建立了专门的证券管理机构和自律性的证券行业组织相结合的证券市场管理体制，制定了相关的法律法规，对证券相关机构依法履行相应的权力、义务和职责任有着重大的意义。

关键词：证券市场体系；配套服务；证券管理机构；自律性

一、证券交易所

（一）证券交易所的设立与组织机构

证券交易所是为证券集中交易提供场所和设施，组织和监督证券交易，实行自律管理的法人。

证券交易所有会员制和公司制两种形式。会员制证券交易所是以会员协会形式成立的不以营利为目的的法人组织，其会员主要为证券商，只有会员及有特许权的经纪人，才有资格在交易所中交易。会员制证券交易所实行会员自治、自律、自我管理。公司制证券交易所是以营利为目的的公司法人。公司制证券交易所对在本所内的证券交易负有担保责任，证券商及其股东不得担任证券交易所的董事、监事或经理。

我国的证券交易所是会员制证券交易所。证券交易所的设立和解散，由国务院决定。设立证券交易所必须制定章程，章程的制定和修改，必须经国务院证券监督管理机构批准。证券交易所章程应载明的法定事项主要包括：①证券交易所的名称和设立目的；②主要办公及交易场所和设施所在地；③职能范围；④会员的资格和加入、退出程序；⑤会员的权利、义务和对会员的纪律处分；⑥组织机构及其职权；⑦高级管理人员的产生、任免及其职责；⑧资本和财务事项；⑨解散条件和程序；⑩其他需要在章程中规定的事项。

证券交易所设理事会，是证券交易所的决策机构，目前每届任期3年。设总经理一人，由国务院证券监督管理机构任免，为证券交易所的法定代表人，主持证券交易所的日常管理工作。

（二）证券交易所的职责与交易规则

1. 证券交易所的职责

证券交易所的职责包括以下几个方面。

1）依法办理证券的上市、暂停上市、恢复上市或者终止上市事务。

2）为组织公平的集中交易提供保障，组织、监督证券交易。

3）技术性停牌和决定临时停市措施。

4）实时监控与披露信息监督，即时公布证券交易行情。

5）风险基金的设立及管理。

6）制定有关规则和管理规章。

7）对会员进行监管，对上市公司进行监管。

8）对交易所管理人员和从业人员的管理。

9）证券监督管理机构赋予的其他职能。

2. 证券交易规则

证券交易所证券交易规则包括以下几个方面。

1）进入证券交易所参与集中交易的，必须是证券交易所的会员。

2）投资者应委托证券公司买卖证券：投资者应当与证券公司签订证券交易委托协议，并在证券公司开立证券交易账户，以书面、电话及其他方式，委托该证券公司代其买卖证券，不能自已到证券交易所进行证券交易。

3）证券公司根据投资者的委托，按照证券交易规则提出交易申报，参与证券交易所场内的集中交易，并根据成交结果承担相应的清算交收责任；证券登记结算机构根据成交结果，按照清算交收规则，与证券公司进行证券和资金的清算交收，并为证券公司客户办理证券的登记过户手续。

4）按照依法制定的交易规则进行的交易，不得改变其交易结果。对交易中违规交易者应负的民事责任不得免除；在违规交易中所获利益，依照有关规定处理。

5）证券交易所的负责人和其他从业人员在执行与证券交易有关的职务时，与其本人或者其亲属有利害关系的，应当回避。

在证券交易所内从事证券交易的人员，违反证券交易所有关交易规则的，由证券交易所给予纪律处分；对情节严重的，撤销其资格，禁止其入场进行证券交易。

二、证券中介机构

（一）证券公司

1. 证券公司的设立

证券公司是指依照《公司法》和《证券法》的规定设立的经营证券业务的有限责任公司或者股份有限公司。证券公司依法享有自主经营的权利，其合法经营不受干涉。

设立证券公司，应当具备规定的条件，必须经国务院证券监督管理机构审查批准。证券公司设立申请获得批准的，申请人应当在规定的期限内向公司登记机关申请设立登记，领取营业执照。证券公司应当自领取营业执照之日起 15 日内，向国务院证券监督管理机构申请经营证券业务许可证。未取得经营证券业务许可证，不得经营证券业务。

2. 证券公司业务

经国务院证券监督管理机构批准，证券公司可以经营下列部分或者全部业务：①证券经纪；②证券投资咨询；③与证券交易、证券投资活动有关的财务顾问；④证券承销与保荐；⑤证券自营；⑥证券资产管理；⑦其他证券业务。

3. 证券公司的经营管理

证券公司应当根据《公司法》和《证券法》的规定建立和完善公司法人治理结构，建立、健全管理制度和内部控制制度，实行监事会制度、信息披露制度，自觉防范和化解经营风险。

（二）证券登记结算机构

1. 证券登记结算机构及其职能

证券登记结算机构是为证券交易提供集中登记、存管与结算服务，不以营利为目的的法人。集中登记包括对投资者证券账户的开立、挂失等证券账户管理登记，上市证券的发行登记，上市证券非流通股份的抵押、冻结及法人股、国家股股权的转让过户登记和证券持有人名册登记等。存管包括上市证券的股份管理，证券存管与转存管，受发行人的委托派发证券权益等。结算服务指证券交易所上市证券交易的清算和交收，包括证券交易的清算过户，证券交易的资金交收和新股网上发行的资金清算等。

设立证券登记结算机构必须经国务院证券监督管理机构批准，并应当具备规定的条件。

2. 管理制度

证券登记结算机构的管理制度涉及以下几个方面。

1）做好证券持有人名册登记工作。

2）采取措施保证业务的正常进行。

3）保存原始凭证及有关文件和资料。

4）设立结算风险基金，用于垫付或者弥补因违约交收、技术故障、操作失误、不可抗力造成的证券登记结算机构的损失。证券结算风险基金从证券登记结算机构的业务收入和收益中提取，并可以由结算参与人按照证券交易业务量的一定比例缴纳，存入指定银行的专门账户，实行专项管理。证券登记结算机构以风险基金赔偿后，应当向有关责任人追偿。基金的筹集、管理办法，由国务院证券监督管理机构会同国务院财政部门规定。

（三）证券服务机构

1. 证券服务机构及种类

证券服务机构是指为证券交易提供证券投资咨询和资信评估的机构，包括专业的证券服务机构和其他证券服务机构。专业的证券服务机构包括证券投资咨询机构、资信评估机构。其他证券服务机构主要是指经批准可以兼营证券投资咨询服务的资产评估机构、会计师事务所及律师事务所。

2. 证券服务机构及其人员的资格

投资咨询机构、财务顾问机构、资信评级机构、资产评估机构、会计师事务所从事证券服务业务，必须经国务院证券监督管理机构和有关主管部门批准。由国务院证券监督管理机构和有关主管部门制定从事证券服务业务的审批管理办法。

投资咨询机构、财务顾问机构、资信评级机构从事证券服务业务的人员，必须具备证券专业知识和从事证券业务或者证券服务业务 2 年以上经验。认定其证券从业资格的标准和管理办法，由国务院证券监督管理机构制定。

3. 证券服务机构行为规范

投资咨询机构及其从业人员从事证券服务业务不得有下列行为：①代理委托人从事证券投资；②与委托人约定分享证券投资收益或者分担证券投资损失；③买卖本咨询机构提供服务的上市公司股票；④利用传播媒介或者通过其他方式提供、传播虚假或者误导投资者的信息；⑤法律、行政法规禁止的其他行为。

有上述所列行为之一，给投资者造成损失的，依法承担赔偿责任。

三、证券业协会

证券业协会是证券业的自律性组织，是社会团体法人。协会的宗旨是根据发展社会主义市场经济的要求，贯彻执行国家有关方针、政策和法规，发挥政府与证券经营机构之间的桥梁和纽带作用，促进证券业的开拓发展，加强证券业的自律管理，维护会员的合法权益。

中国证券业协会的会员分为团体会员和个人会员，团体会员为证券公司。证券公司应当加入证券业协会。

证券业协会履行下列职责：①协助证券监督管理机构教育和组织会员执行法律、行政法规；②依法维护会员的合法权益，向证券监督管理机构反映会员的建议和要求；③收集整理信息，为会员提供服务；④制定会员应遵守的规则，组织会员单位从业人员的业务培训，卅展会员间的业务交流；⑤调解会员之间、会员与客户之间发生的纠纷；⑥组织会员就证券业的发展、运作及有关内容进行研究；⑦监督、检查会员行为，对违反法律、行政法规或者协会章程的，按规定给予纪律处分；⑧国务院证券监督管理机构赋予的其他职责。

四、证券监督管理机构

国务院证券监督管理机构是指中国证监会，是国务院直属事业单位，是全国证券、期货市场的主管部门。中国证监会依法对证券市场实行监督管理，维护证券市场秩序，保障其合法运行。根据需要可以设立派出机构，按照授权履行监督管理职责。

1）依法制定有关证券市场监督管理的规章、规则，并依法行使审批或者核准权。

2）依法对证券的发行、上市、交易、登记、存管、结算，进行监督管理。

3）依法对证券发行人、上市公司、证券交易所、证券公司、证券登记结算机构、证券投资基金管理公司、证券服务机构的证券业务活动进行监督管理。

4）依法制定从事证券业务人员的资格标准和行为准则，并监督实施。

5）依法监督检查证券发行、上市和交易的信息公开情况。

6）依法对证券业协会的活动进行指导和监督。

7）依法对违反证券市场监督管理法律、行政法规的行为进行查处。

8）法律、行政法规规定的其他职责。

中国证监会可以和其他国家或者地区的证券监督管理机构建立监督管理合作机制，实施跨境监督管理。

中国证监会依法履行职责，进行监督检查或者调查时，被检查、调查的单位和个人应当配合，如实提供有关文件和资料，不得拒绝、阻碍和隐瞒。发现证券违法行为涉嫌犯罪的，应当将案件移送司法机关处理。

典型案例讨论

【案情介绍】

2013 年 6 月 4 日，甲股份有限公司授权李某以刘某、姚某和郭某的名义在乙证券公司营业部开立了 3 个个人账户，但并未向这些账户中投入保证金。同年 6 月 5～11 日，乙证券公司连续向这 3 个账户累计投入资金 12 000 万元，用于买入甲股份有限公司的股票 543 万股。

【问题】

乙证券公司的行为是否符合法律规定？为什么？

【案例分析】

乙证券公司的行为不合法。《证券法》规定，证券公司的自营业务必须以自己的名义进行，不得假借他人名义或者以个人名义进行。该案例中，乙证券公司投入资金买入甲股份有限公司的股票，但却使用了甲股份有限公司以个人名义在乙证券公司营业部开立的账户，违反了《证券法》的规定。

课后思考

1．我国的证券法律体系及调整范围主要包括哪些？
2．我国《证券法》的基本原则有哪些?主要内涵是什么？
3．证券承销业务采取的代销和包销两种方式有何异同？
4．为何要持续信息公开？
5．股票、债券、证券投资基金上市有哪些条件？
6．为什么在报告和公告期限内不能再买卖被收购上市公司的股票？
7．证券交易所和证券中介机构的设立、职责和监管有哪些规定要求?
8．《证券法》对证券服务机构的有哪些要求？

创业实务操作

证券代理业务授权委托书

编号：

证券营业部：

本人（授权人）兹委托（被授权人，身份证件复印件附后）代理本人在贵营业部就证券交易有关业务活动，处理以下事项：

（　　）证券交易委托（含新股申购、配股、交割）
（　　）资金存取
（　　）查询
（　　）转托管
（　　）指定或撤销指定交易
（　　）销户
（　　）其他（请详细明示）：本委托书有效期限：自本委托书签订之日起至本人向贵营业部书面撤销本委托书之日止。

本人郑重承诺：

1. 被授权人具有合法的证券市场投资资格；

2. 被授权人在上述授权范围及委托书生效期内所进行的操作，均视为本人操作行为，其后果由本人承担；

3. 本人郑重承诺本委托书内容真实、有效。

委托人（亲笔签/私章）：

资金账户：

深圳股票账户：

上海证券账户：

联系电话：

签署地点：证券营业部

签署日期：　　　　年　　月　　日

注：1. 请在选择项前的（ ）填写“是”或“否”；

2. 此委托书如需变更或撤销，需委托人前来营业部办理。

保荐代表人专项授权书

证券代码：××××××　　　　证券简称：A

中国证券监督管理委员会：

M 证券股份有限公司作为保荐人，授权本公司×××、×××同志担任浙江 A 股份有限公司首次公开发行股票并上市的保荐代表人，具体负责浙江 A 股份有限公司本次股票发行上市的尽职保荐，以及股票发行上市后对浙江 A 股份有限公司的持续督导工作。

本授权有限期限自授权之日起至持续督导期届满止。如果本公司在授权有效期内重新任命其他保荐代表人替换该同志负责浙江 A 股份有限公司的保荐工作，本授权书即行废止。

特此授权。

M 证券股份有限公司：

法定代表人（亲笔签/私章）：

××××年××月××日

引导案例分析

1）王某卖出股票的行为不符合法律规定。根据规定，为股票发行出具审计报告、资产评估报告或者法律意见书等文件的证券服务机构和人员，在该股票承销期内和期满后 6 个月内，不得买卖该种股票；除前款规定外，为上市公司出具审计报告、资产评估报告或者法律意见书等文件的证券服务机构和人员，自接受上市公司委托之日起至上述文件公开后 5 日内，不得买卖该种股票。在本案例中，2009 年 9 月 10 日在文件公开后 5 日内，王某卖出股票的行为不符合规定。

2）李某卖出股票的行为不符合规定。根据规定，公司董事、监事、高级管理人员在任职期间每年转让的股份不得超过其所持有本公司股份总数的 25%。在本案例中，甲公司监事李某持有甲公司股份 10 000 股，一次性卖出 3000 股，占持有股份的 30%，超过了法定比例。

3）刘某卖出股票的行为符合规定。根据规定，公司董事、监事、高级管理人员（包括财务负责人）离职后半年内，不得转让其所持有的本公司股份。在本案例中，刘某 2010 年 2 月 1 日离职，2010 年 9 月 10 日卖出，超过半年，符合规定。

4）乙证券公司卖出股票的行为符合规定。根据规定，持有上市公司股份 5%以上的股东，将其持有的该公司的股票在买入后 6 个月内卖出，或者在卖出后 6 个月内又买入，由此所得收益归公司所有；但是证券公司因包销购入售后剩余股票而持有 5%以上股份的，卖出该股票不受 6 个月时间限制。

5）张某买卖股票所得收益归公司所有，公司董事会应当收回其所得收益。公司董事会不按照规定执行，股东有权要求董事会在 30 日内执行。公司董事会未在上述期限内执行的，股东有权为了公司的利益以自己的名义直接向人民法院提起诉讼。公司董事会不按照前述规定执行的，负有责任的董事依法承担连带责任。

本章知识体系

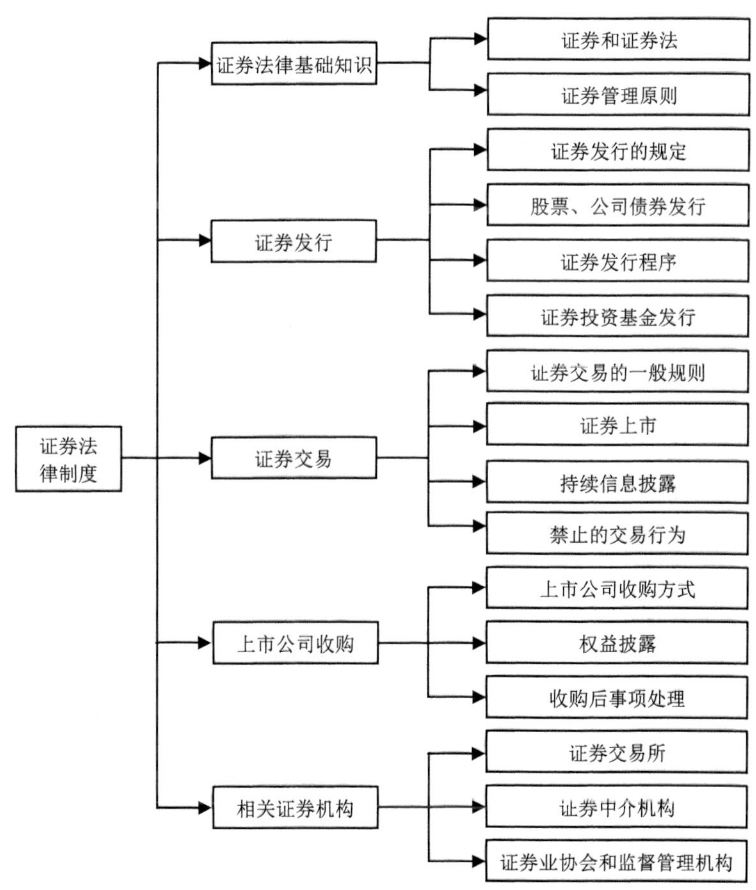

综 合 练 习

一、单项选择题

1．证券的代销和包销期限，最长不超过（　　）。

A．30 日　　B．90 日

C．45 日　　D．2 个月

2．下列有关证券投资基金发行的说法，不正确的是（　　）。

A．证券投资基金由基金管理人依法募集

B．国务院证券监督管理机构应当自受理基金募集申请之日起 6 个月内作出予以核准或者不予核准的决定

C．基金管理人应当在基金份额发售的 3 日前公布招募说明书

D．基金募集期限满，开放式基金募集的基金份额总额应当达到核准规模的 80%以上

3．某证券公司的经营范围为：证券经纪；证券投资咨询；与证券交易、证券投资活动有关的财务顾问。根据《证券法》的规定，该证券公司的注册资本最低限额为（　　）。

A．1000 万元　　B．5000 万元

C．1 亿元　　D．5 亿元

4．下列有关上市公司收购的表述，符合《证券法》规定的是（　　）。

A．被收购公司不得向收购人提供任何形式的财务资助

B．收购人持有的被收购的上市公司的股票，在收购行为完成后的 6 个月内不得转让

C．在收购要约确定的承诺期限内，收购人不得变更其收购要约

D．收购期限届满，其余仍持有被收购公司股票的股东，有权向收购人以收购要约的同等条件出售其股票，收购人应当收购

二、多项选择题

1．根据我国《证券法》的规定，下列属于公司公开发行新股的条件是（　　）。

A．具备健全且运行良好的组织机构

B．最近 3 年持续盈利，平均总资产报酬率达到 10%以上

C．最近 3 年财务会计文件无虚假记载

D．最近 1 年无重大违法行为

2．根据《证券法》的规定，股份有限公司发行的公司债券上市交易后，公司发生的下列情形中，证券交易所可以决定终止公司债券上市交易的有（　　）。

A．有重大违法行为，经查实后果严重的

B．最近 2 年连续亏损，在限期内未消除的

C．不按审批机关核准的用途使用公司债券募集资金，在限期内未消除的

D．净资产额减至人民币 3200 万元，在限期内已经消除

3．下列关于证券交易的说法正确的有（　　）。

A．证券交易的主体必须合法

B．上市公司董事将其持有的该公司的股票在买入后 6 个月内卖出，或者在卖出后 6 个月内又买入，由此所得收益归该公司所有

C．发行人发行证券，必须采用上市交易

D．证券在证券交易所上市交易，应当采用公开的集中交易方式或者国务院证券监督管理机构批准的其他方式

4．下列行为属于内幕交易行为的有（　　）。

A．内幕人员利用内幕信息买卖证券

B．内幕人员根据内幕信息建议他人买卖证券

C．内幕人员向他人泄露内幕信息，使他人利用该信息进行内幕交易

D．非内幕人员根据其获得的内幕信息买卖证券或建议他人买卖证券

三、案例分析

某股份有限公司曾经于 2012 年 1 月公开发行了 3000 万元的公司债券拟用于购置制造高清电视机的生产流水线，后由于市场行情发生变化，经该公司股东大会决议改变所募资金的用途，购置了一条制造液晶显示的平板电视机市场流水线。2013 年 5 月，该公司拟再次发行公司债券。

思考：该股份有限公司再次发行公司债券的申请会不会被核准？为什么？

第九章　知识产权法律制度

学习目标

素质目标：了解知识产权的相关立法。

知识目标：理解邻接权、专利、商标的定义和法律保护手段。

技能目标：熟悉专利、商标申请流程；保护知识产权在现实生活中的方式。

相关法规

《中华人民共和国著作权法》

《中华人民共和国著作权法实施条例》

《信息网络传播权保护条例》

《计算机软件保护条例》

《中华人民共和国商标法》

《中华人民共和国商标法实施条例》

《知识产权海关保护条例》

《中华人民共和国专利法》

《中华人民共和国专利法实施细则》

创业法律思考

1. 申请专利的具体流程包括哪些？
2. 成立文化创意类企业后如何保护企业作品？
3. 创业需要商标护航吗？

第一节　知识产权法概述

背景：知识经济是建立在知识和信息的生产、分配和使用基础之上的经济。知识要想成为资源，其前提条件是承认知识是有价值的，应该从法律上给予承认和保护。知识产权法律制度实质上是一种鼓励和保护创新的制度。创新是知识产权的必要条件之一。

关键词：知识经济；价值；创新

一、知识产权及其特征

知识产权也称“智力成果权”，是基于创造性智力成果和工商业标记依法产生的权利的统称。知识产权包含人身权、财产权，与物权、债权并列，具有无形化特征。当代知识产权主要包括著作权、商标权、专利权等，其外延随着时代发展不断扩充。

知识产权的对象是“知识”本身。而“知识”则是指“认识主体用内在认识图式结合、同化、认识客体而再现出来或原则上可以再现出来的被观念化、被符号化的有序信息组合”[①]。知识产权区别于其他权利的特征有以下几个方面。

1. 知识产权的专有性

专有性也称独占性或排他性，是指知识产权所有人对其知识产品拥有独占权。对同一项知识产品，不允许两个或两个以上同一属性的知识产权并存，当然，对同一知识产权可以有多个主体共有。

2. 知识产权的地域性

知识产权作为一种专有权会受到地域的限制，其效力只限于本国境内。除非签有国际公约或双边互惠协定，其他国家对一国知识产权没有保护的义务。随着现代经济交流越来越全球化，知识产权的地域性呈现跨国界的保护倾向。

3. 知识产权的时间性

知识产权仅在法律规定的期限内受到保护，这是因为，一方面为激励人们的创作，国家保护创作主体享有由作品带来的经济回报；另一方面，为人类长久进步、避免知识垄断，国家规定保护期后的知识作品将成为人类的共同财富。人们可在此基础上作进一步的研究，以使社会获得更好的发展。各国因国情不同对知识产权保护时间的设定也有不同。

二、知识产权法

知识产权法是调整因创造、使用知识产品，以及确认、保护和行使知识产权的过程中所发生的各种社会关系的法律规范的总称。

我国知识产权法律制度的国内法体系包括《民法通则》、《中华人民共和国著作权法》（以下简称《著作权法》）、《中华人民共和国专利法》（以下简称《专利权法》）、《中华人民共和国商标法》（以下简称《商标法》）等，以及随着新型知识产权类型的出现，相应产生的《反不正当竞争法》、《计算机软件保护条例》、《中华人民共和国植物新品种保护条例》等法律、法规；国际法体系包括《成立世界知识产权组织公约》（WIPO）、《与贸

---

① 昌家立. 2004. 关于知识的本体论研究：本质・结构・形态・成都：四川出版集团巴蜀书社：18.

易有关的知识产权协定》（TRIPs）等。

第二节　著作权及邻接权

背景：中国版权宣传基本形成了以“‘4·26’世界知识产权日”以及重大节庆活动为载体，各种新闻媒体广泛参与的版权保护机制。中国国民的版权认知度逐年上升，全社会保护版权的法律意识不断提高。

关键词：版权；邻接权；合理使用；法定许可

一、著作权及邻接权概述

著作权又称版权，是指基于文学、艺术和科学作品依法产生的权利。

我国对著作进行调整的法律法规有《著作权法》、《中华人民共和国著作权法实施条例》、《信息网络传播权保护条例》、《计算机软件保护条例》、《实施国际著作权条约的规定》、《著作权集体管理条例》等。除此以外，中国还加入了《马德里公约》、《世界知识产权组织版权条约》等。

1990 年 9 月 7 日，第七届全国人民代表大会常务委员会第十五次会议通过了《著作权法》；2001 年 10 月 27 日，第九届全国人民代表大会常务委员会第二十四次会议通过《关于修改〈中华人民共和国著作权法〉的决定》对“著作权法”进行第一次修正；根据 2010 年 2 月 26 日第十一届全国人民代表大会常务委员会第十三次会议《关于修改〈中华人民共和国著作权法〉的决定》对《著作权法》进行了第二次修正。修正以后的著作权法更贴近社会生活的实际需要。

现代社会著作权领域中，由于邻接权的高额利润空间，常常因此带来诸多纠纷。提高对邻接权的认识现在看来尤为重要。邻接权是与著作权相关的、类似的权利，是作品传播者包括表演者、录音录像制作者、广播电视组织等在传播作品的活动方面因劳动和投资而享有的权利。

二、作品

所谓作品，是指文学、艺术和科学领域内，具有独创性并能以某种有形形式复制的智力成果。作品包括文字作品，口述作品，音乐、戏剧、曲艺、舞蹈、杂技艺术等作品，美术、摄影作品，电影等视听作品，工程设计图、产品设计图、地图、示意图等图形作品和模型作品，计算机软件，民间文学艺术作品，其他作品等。

法律规定以下作品不受法律保护。

1. 依法禁止出版、传播的作品

反动、淫秽的作品不受法律的保护。

2. 不适用《著作权法》保护的作品

1）法律、法规、国家机关的决议、决定、命令和其他属于立法、行政、司法性质的文件及其官方正式译文。

2）时事新闻。时事新闻是指通过报纸、期刊、电台、电视台等传播媒介报道的单纯事实消息。

3）欠缺作品实质要件的对象。包括历法、数表、通用表格和公式等。

三、著作权的取得及内容

（一）取得

我国公民、法人及其他组织的作品，不论是否发表，自作品创作完成之日起享有著作权。

外国人在中国取得著作权具体分为以下几种情况。

1）首先在中国境内出版的外国人、无国籍人的作品，其著作权自首次出版之日起受法律保护。

2）外国人、无国籍人在中国境外首先出版后 30 日内又在中国境内出版的，在中国的著作权保护日期推定从境外出版日期起计算。

3）外国人、无国籍人的作品根据其作者所属国或者经常居住地国同中国签订的协议或者共同参加的国际条约享有的著作权；未与中国签订协议或者共同参加国际条约的国家的作者及无国籍人的作品首次在中国参加的国际条约的成员国出版的，或者在成员国和非成员国同时出版的，受到中国《著作权法》的同等保护。

（二）内容

在《著作权法》中享有的权利大致可以分为两类：人身权和财产权。

1. 著作人身权

著作人身权指著作权人基于作品而享有的人身性质的权利。此类权利不可转让、不能继承。我国《著作权法》明确规定了作者所享有的发表权、署名权、修改权和保护作品完整权。其中，署名权、修改权和保护作品完整权保护期限不受限制，在作者死后，此 3 项人身权的保护由其继承人履行。

2. 著作财产权

著作财产权是指著作权人自己使用或者授权他人以一定方式使用其作品而获取物质利益的权利。包括复制权、表演权、播放权、展览权、发行权，摄制电影、电视、录相权，演绎权等。

四、著作权人与作者

（一）著作权人与作者的定义

著作权人，包括作者、视为作者的单位和其他著作权人，依法享有对文学、艺术和科学作品的人身权和财产权。

作者是指创作作品的人。所谓创作，是指直接产生文学、艺术及科学作品的智力活动。为他人创作进行组织、提供咨询意见或物质条件的不是创作活动。

由法人、其他组织主持、承担责任的作品，代表法人意志进行创作的作品，作者为该法人、其他组织。

（二）其他著作权人

1. 演绎作品的权利主体

演绎作品著作权由改编、翻译、注释、整理人享有，但行使著作权时，不得侵犯原作品的著作权。

2. 合作作品的权利主体

两人以上合作创作的作品，称为合作作品。

3. 编辑作品的权利主体

将若干单独的作品汇编在一起而形成的新作品，为编辑作品。编辑作品由编辑人享有著作权。

4. 电影、电视、录相作品的权利主体

电影、电视、录相作品的导演、编剧、作词、作曲、摄影等作者享有署名权，著作权的其他权利由制作电影、电视、录相作品的制片者享有。制作人的权利主要包括复制权、上映权、播放权、发行权、改编权、翻译权等。

5. 职务作品的权利主体

职务作品是公民为完成法人或者非法人单位工作任务所创作的作品。职务作品是公民创作的，作者是自然人。

职务作品的著作权一般归作者享有，单位有权在其业务范围内优先使用该作品。同时，作品完成 2 年内，未经单位同意，作者不得许可第三人以与单位使用的相同方式使用该作品。

6. 委托作品的权利主体

委托作品，是根据他人委托而创作完成的作品。受委托创作的作品，著作权的归属由委托人和受托人通过合同约定。合同未明确约定或没有订立合同的，著作权属于受托人。

五、保护期

（一）著作人身权的保护期限

作者的署名权、修改权、保护作品完整权的保护期不受限制。发表权的保护期与著作财产权保护期相同。

（二）著作财产权的保护期限

1. 一般作品的著作财产权保护期

公民的作品著作财产权保护期为作者有生之年加死后 50 年；合作作品的著作财产权保护期，截至最后死亡作者死亡后第 50 年的 12 月 31 日。法人作品和职务作品的著作财产权保护期为 50 年，截至作品首次发表后第 50 年的 12 月 31 日，但作品自创作完成后 50 年内未发表的，不再保护。

2. 特殊作品的著作财产权保护期

电影作品和以类似摄制电影的方法创作的作品、摄影作品、匿名作品和假名作品的著作财产权的保护期为 50 年，截至作品首次发表后第 50 年的 12 月 31 日。

六、著作权的合理使用与法定许可

（一）著作权的合理使用

所谓合理使用，是指他人依照法律的规定，不经著作权人的同意而无偿使用其作品的行为。具体表现如下。

1）为个人学习、研究或者欣赏，使用他人已经发表的作品。

2）为介绍、评论某一作品或者说明某一问题，在作品中适当引用已经发表的作品。

3）为报道时事新闻，在报纸、期刊、广播电台、电视台等媒体中不可避免地再现

或者引用已经发表的作品。

4）报纸、期刊、广播电台、电视台等媒体刊登或者播放其他报纸、期刊、广播电台、电视台等媒体已经发表的关于政治、经济、宗教问题的时事性文章，但作者声明不许刊登、播放的除外。

5）报纸、期刊、广播电台、电视台等媒体刊登或者播放在公众集会上发表的讲话，但作者声明不许刊登、播放的除外。

6）为学校课堂教学或者科学研究，翻译或者少量复制已经发表的作品，供教学或者科研人员使用，但不得出版发行。

7）国家机关为执行公务在合理范围内使用已经发表的作品。

8）图书馆、档案馆、纪念馆、博物馆、美术馆等为陈列或者保存版本的需要，复制本馆收藏的作品。

9）免费表演已经发表的作品，该表演未向观众收取费用，也未向表演者支付报酬。

10）对设置或者陈列在室外社会公众活动处所的雕塑、绘画、书法等艺术作品进行临摹、绘画、摄影、录像。临摹、绘画、摄影、录像人，可以对其成果以合理的方式和范围再行使用，不构成侵权。

11）将中国公民、法人或者已经发表的以汉语言文字创作的作品翻译成少数民族语言文字作品在国内出版发行。

12）将已经发表的作品改成盲文出版。

上述合理使用的情形，同样适用于对邻接权的限制。在合理使用的情况下，使用者应指明作者姓名、作品名称。

（二）法定许可

法定许可使用是指依据《著作权法》的直接规定，以一定方式使用他人已经发表的作品或邻接权客体，可以不经著作权人或邻接权人的同意，但应按规定支付报酬并尊重著作权人或邻接权人的其他权利。

根据我国《著作权法》和最高人民法院有关司法解释，我国法定使用许可包括以下几种情形。

1）为实施九年制义务教育和国家教育规划而编写出版教科书，除作者事先声明不许使用的外，可以不经著作权人许可，在教科书中汇编已经发表的作品片段或者短小的文字作品、音乐作品或者单幅的美术作品、摄影作品。

2）作品被报社、期刊社刊登后，除著作权人声明不得转载、摘编的外，其他报刊可以转载或者作为文摘、资料刊登。

3）已在报刊上刊登或者网络上传播的作品，除著作权人声明或者上载该作品的网络服务提供者受著作权人的委托声明不得转载、摘编的以外，网站可以转载、摘编。

4）录音制作者使用他人已经合法录制为录音制品的音乐作品制作录音制品，著作权人声明不许使用的除外。

5）广播电台、电视台播放他人已经发表的作品。

6）广播电台、电视台播放已经出版的录音制品。

七、法律责任

（一）承担停止侵害、消除影响、赔礼道歉、赔偿损失等民事责任的侵权行为

侵犯发表权的行为，侵占合作者著作权的行为非法署名行为，侵犯保护作品完整权的行为，剽窃行为，侵犯某些财产权的行为，侵犯获得报酬权的行为，侵犯出租权的行为，侵犯版式设计权，对表演者权的侵犯及其他侵犯著作权以及与著作权有关的权利的行为应该承担停止侵害、消除影响、赔礼道歉、赔偿损失等民事责任。

（二）承担行政责任和刑事责任的侵权行为

侵犯著作权人某些财产权的行为，侵犯图书出版者专有权的行为，侵犯表演者权的行为，侵犯录音录像制作者权的行为，侵犯广播组织权的行为，避开或破坏技术保护措施的行为，删除或者改变权利管理电子信息的行为，制作、出售假冒他人署名的作品的行为不仅应当承担民事责任，而且还可能承担行政责任和刑事责任。

典型案例讨论

【案情介绍】

胡某、吴某为上海美术电影制片厂（以下简称“上海美影厂”）职工。1984 年上海美影厂文学组成员根据民间故事创作《七兄弟》剧本。1984 年 3 月、5 月胡某创作“葫芦娃”造型美术作品并分别绘制了《葫芦兄弟》第三集和第一、二集的分镜头台本，勾勒出了葫芦娃细节特征，吴某在胡某创作的基础上进一步细化并勾画出葫芦娃的正面完善稿、侧面稿和彩色稿。上海美术电影制片厂在 1985 年全部采用了该造型并运用到影片中。1985 年年底，上海美影厂设立《七兄弟》摄制组，指派胡某等担任导演，胡某、吴某担任造型设计。1986 年 3 ~ 10 月，胡某继续绘制了《葫芦兄弟》第四至第十三集分镜头台本。此期间，上海美影厂规定自 1986 年开始，上海美影厂创造人员中导演每年需完成20分钟的一部长片或10分钟的两部短片的工作任务，其他人员跟随导演完成相应工作量，成果归上海美影厂所有。1988 年 1 ~ 6 月，胡某基于《葫芦兄弟》的形象改编并绘制出续集《葫芦小金刚》六集分镜头台本。创作中，胡某与吴某并未利用上海美影厂的物质技术条件。上述两部影片每集片尾均标注了“造型设计：胡某、吴某”。胡某、吴某与上海美影厂并未就角色造型美术作品的著作权作任何约定。影片发行后社会反响良好。上海美影厂自《葫芦娃》开始实行酬金制。影片完成后相关人员均获得相应酬金和获奖奖励分配。

【问题】

1）“葫芦娃”造型是否构成作品？为什么？

2）“葫芦娃”造型设计美术作品的性质是什么？

3）“葫芦娃”造型能否作为可单独使用的作品？为什么？

4）“葫芦娃”形象与“葫芦娃”角色造型美术作品的关系是什么？

【案例分析】

1）民间故事《七兄弟》以及涉案影片的《七兄弟》文学剧本大纲，均系文字作品，即便是《葫芦兄弟》的剧本及其中有关“葫芦娃”的描述，也是一种文字表达。“葫芦娃”造型设计的作者首次以线条勾勒出“葫芦娃”的基本造型，已不再停留于抽象的概念或者思想，其所具有的审美意义、艺术性、独创性和可复制性，符合我国《著作权法》规定的作品的构成要件，应当受到我国《著作权法》的保护。至于“金刚葫芦娃”，因其与“葫芦娃”的基本造型并无二致，仅在衣服的颜色和颈部佩饰方面稍做改动，故不构成新的作品，可归结为一个“葫芦娃”角色造型。因此“葫芦娃”角色造型构成美术作品。涉案影片每集片尾名单均显示“造型设计：吴某、胡某”。根据我国《著作权法》有关“如无相反证明，在作品上署名的公民、法人或者其他组织为作者”的规定，可认为胡某、吴某共同创作了“葫芦娃”角色造型美术作品。

2）“葫芦娃”的创作时期属于我国计划经济时期，影片的创作需严格遵循行政审批程序。在作品创作的当时，胡某、吴某作为上海美影厂的造型设计人员完成其交付的工作任务，正是其职责所在，其创作的成果归属于单位是毋庸置疑的行业惯例，也是整个社会的一种约定俗成。当时《著作权法》并未实施，不能以其作为职务作品著作权归属的依据。胡某、吴某作为上海美影厂工作人员，完成法人交付的工作指标任务，取得工资、奖金及相关的医疗、分房等福利待遇，创作成果则归属于法人，符合当时社会人们的普遍认知，也是社会公众普遍认同的行为准则。根据当时上海美影厂以及相关行政机关的规定，胡某、吴某已取得远高于工资性奖金的酬金和奖励，也没有证据表明二人就“葫芦娃”著作权与上海美影厂存在争议。综上。根据系争作品创作当时的时代背景、历史条件和当事人的行为，可以认定“葫芦娃”角色造型美术作品的著作权由上海美影厂享有，胡某，吴某仅享有表明其作者身份的权利。此外，由于对“葫芦娃”角色造型作出实质性贡献的仍然是作者个人，而且，从片尾的署名来看，造型设计也已署名为胡某、吴某，因此，“葫芦娃”角色造型美术作品并不是代表法人的意志创作，不应认定为法人作品。

3）根据上述分析，尽管“葫芦娃”作品是可单独使用的作品，但由于吴某、胡某仅享有著作权的署名权而无财产权，因此无法根据我国《著作权法》第十五条第二款关于“电影作品和以类似摄制电影的方法创作的作品中的剧本、音乐等可以单独使用的作品的作者有权单独行使其著作权”的规定享有相关权利。

4）“葫芦娃”形象经动作设计、背景设计、绘制、摄影、编剧、导演、配音等人员的创造性劳动，形成了“葫芦娃”具有个性特征的完整形象，当人们看到静态的“葫芦娃”形象时，它已不是单纯的一幅美术作品，而是包含个性特征、情节、反应等要素的生动形象。从民法的公平原则角度出发，对于“葫芦娃”形象的整体性和知名度所作的贡献均应归功于上海美影厂，吴某、胡某并不能享有关于影片中“葫芦娃”形象的著作权。

第三节 商 标 法

背景：世界知识产权组织在瑞士日内瓦发布公报。据公报显示，2010 年商标国际注册申请较 2009 年增加逾一成，中国以 42%的增幅位居全球第二位，按申请数量则排名第七位。我国《商标法》是于 1982 年 8 月 23 日第五届全国人民代表大会常务委员会第二十四次会议通过的。现行《商标法》经过 1993 年、2001 年、2013 年 3 次修订，内容更加充实。

关键词：商标；商标法；驰名商标；注册商标

一、商标及其种类

所谓商标，是指生产经营者在其商品或服务上使用的，由文字、图形、字母、数字、三维标志、颜色组合和声音等，以及上述要素的组合构成的，具有显著特征、便于识别商品或服务来源的标记。

现阶段，我国的商标种类有以下几种。

1. 商品商标

商品商标，是指由文字、图形或者其组合构成，使用于商品，用以区别不同经营者所生产或经营的同一或者类似商品的专利标记。商品商标又可分为制造商标、销售商标。

2. 服务商标

服务商标，是指由文字、图形或者其组合构成，使用于服务项目，用以区别不同经营者所提供的同类服务项目的专用标记。

3. 集体商标

集体商标是指由社团、协会或其他合作组织，用以表示联合组织及其成员身份的标志；由其组织成员使用于商品或服务项目上，以便与非成员所提供的商品或服务相区别，该种商标称之为集体商标。

4. 证明商标

证明商标，证明商标也称地理标志，是指能够证明使用该商标的商品或服务的原产地、原料、制造方法、质量或者其他特定品质的标志，具有象征性产业特征。

5. 驰名商标

驰名商标，是指为相关公众广为知晓并享有较高声誉的商标。驰名商标的认定应当根据当事人的请求，作为处理涉及商标案件需要认定的事实由工商行政管理部门商标评审委员会、或最高人民法院指定的法院进行认定。认定驰名商标应当考虑的因素相关公众对该商标的知晓程度；该商标使用的持续时间；该商标的任何宣传工作的持续时间、程度和地理范围；该商标作为驰名商标受保护的记录；该商标驰名的其他因素。生产、经营者不得在其商品、包装及容器上使用“驰名商标”的字样，也不得将其用于广告宣传、展览及其他商业活动中。

6. 注册商标和未注册商标

注册商标是经主管机关核准注册的商标，不管是实行注册取得制度的国家，还是在采取使用取得制度的国家，注册商标都受法律保护，只是保护的程度有所不同。

未注册商标是指未经核准注册的商标。

二、注册商标的特征

（一）注册商标的特征

1. 商标的显著性

商标的显著特征是指其独特性。商标的显著性，在于商标是否是新创的、是否具有个性。

2. 商标不得与他人的商标混同

混同是指商标与他人的商标相同或者近似两种情形。

（二）商标注册的禁止条件

1. 不得获得注册的情形

为了维护我国国家尊严和尊重他国及国际组织，以下内容不得获准注册。

1）同中华人民共和国的国家名称、国旗、国徽、国歌、军旗、军徽、军歌、勋章相同或近似的，以及同中央国家机关所在地特定地点的名称或者标志性的建筑物的名称、图形相同的。

2）同外国的国家名称、国旗、国徽、军旗相同或近似的标志。

3）同政府间国际组织的名称、旗帜、徽记相同或近似的标志。

4）与表明实施控制、予以保证的官方标志、检验印记相同和近似的标志。

5）同“红十字”、“红新月”的标志、名称相同或近似的文字、图形。

2. 禁止具有不良社会影响的标志作商标的规定

我国《商标法》规定，禁止下列具有不良社会影响的标志作为商标。

1）带有民族歧视的文字、图形等标志。

2）带有欺骗性，容易使公众对商品质量等特点或产地产生误认的标志。

3）有害于社会主义道德风尚或其他不良影响的标志。

3. 关于地名作商标的禁止规定

县级以上行政区划的地名或者公众知晓的外国地名，不得作为商标，但是，地名具有其他含义的除外；已经注册的使用地名的商标继续有效。

4. 三维标志的特殊禁用条件

以三维标志申请注册商标的，如果由商品自身的性质产生的形状、为获得技术效果而需有的商品形状或者是商品具有实质性价值的形状，注册商标专用权人无权禁止他人正当使用。

5. 禁止使用他人的驰名商标

《商标法》明确规定禁止以复制、模仿、翻译的方式使用他人的驰名商标。具体分为两种情况。

1）复制、摹仿、翻译他人未在中国注册的驰名商标，用于与该驰名商标相同或类似的商品上而容易导致混淆的，不仅申请商标注册的不予注册，使用也在禁止之列。

2）复制、摹仿、翻译他人已在中国注册的驰名商标，用于与该驰名商标不相同或不相类似的商品上，有误导公众，致使该驰名商标注册人的利益有受损害之虞的，不仅申请商标注册的不予注册，使用也在禁止之列。而用于与该驰名商标相同或类似的商品上则更在禁止之列。

6. 不得损害被代理（表）人的商标权益

代理人或者代表人未经授权以自己的名义将被代理人或者代表人的商标进行注册，损害了被代理人或者被代表人的利益，违反了民事代理的基本原则。

7. 禁止使用虚假地理标志

由于地理标志具有标示决定商品特定品质、信誉等特征的自然因素或者人文因素来源于特定地区的功能，如果商标中有虚假的商品地理标志，往往会误导公众，而且对地理标志所表示地区的生产者也不公平。所以，非真实的地理标志，当禁止使用。但是，已经善意取得注册的继续有效。

三、商标注册的申请、审查、核准程序

（一）申请

1. 申请人

自然人、法人或者其他组织对其生产、制造、加工、拣选或者经销的商品或提供的服务申请注册商标。

外国人或外国企业在中国申请商标注册和办理其他商标事宜的，实行指定代理制，应当委托国家认可的具有商标代理资格的组织代理。

2. 申请原则

我国商标申请要求遵循诚实信用原则，自愿为主，强制注册为例外。只对极少数与国计民生关系密切的商品——包括中成药、化学原料及其制剂、抗生素、生化药品、放射性药品、血清疫苗、血液制品和诊断药品等人用药品，雪茄烟、卷烟和有包装的烟丝等烟草制品等实行强制注册。

申请注册商标应当依据规定的商标分类表提出申请。商标注册申请人可以通过一份申请就多个类别的商品申请注册同一商标。

商标注册的申请日期以商标局收到申请文件的日期为准。商标注册申请文件可以是书面方式也可以是数据电文形式。

申请人自其商标在国外第一次提出注册申请之日起，或在中国政府主办及承认的国际展览会展出的商品上首次使用的，自该商品展出之日起，在6个月内在中国就相同商品提出商标注册申请的，依该外国与中国签订的协议或共同参加的国际条约，或者按照相互承认优先权的原则，享有优先权。

（二）受理

申请人申请商标注册应向商标局提出《商标注册申请书》，交送商标图样、附送有关证明文件、缴纳规费。

商标局自收到申请文件之日起 9 个月内审查完毕，认为符合法律规定的，应予以初步公告。审查过程中认为需要补正的，可要求其予以说明或修正；未说明或修正的，不影响审查。

（三）审查

1. 形式审查

形式审查是对申请商标注册的文件、手续是否符合法律规定的审查，主要就申请书的填写是否属实、准确、清晰和有关手续是否完备进行审查。

2. 实质审查

实质审查是对商标是否具备注册条件的审查。实质审查包括以下几个方面。

1）商标是否违背商标法禁用条款的审查；

2）商标是否具备法定的构成要素，是否具有显著特征；

3）商标是否与他人在同一种或类似商品上注册的商标相混同，是否与申请在先的商标及已撤销、失效并不满一年的注册商标相混同。

凡是经过实质审查，认为申请注册的商标符合商标法的有关规定并且有显著性的，予以初步审定，并予以公告。

（四）异议

初审后的商标，自公告之日起 3 个月内为异议期，任何人均可针对有违禁止性规定的商标申请提出异议；或者由在先权利人或利害关系人就侵犯其权利的申请提出异议。有异议的，商标局应听取异议人、被异议人陈述事实和理由，并据此作出裁定。

对商标局的裁定不服者，可以在收到通知之日起 5 日内申请商标评审委员会复审；对复审意见不服，可以自收到通知之日起 30 日内向法院提起行政诉讼。

（五）核准注册

初步审定公告的商标,从公告之日起经过 3 个月，无异议的；或者虽有异议，但生效裁定异议不成立的，由商标局核准注册，发给商标注册证，并予以公告。商标一经注册，即受法律保护。

商标注册申请人取得商标专用权的日期是自核准注册之日起计算；经裁定异议不成

立而核准注册的，应自初审公告 3 个月期满之日起计算。

四、注册商标权内容

（一）专有使用权

专有使用权是指商标权人在核定使用的商品上专有使用核准的注册商标的权利。只有商标所有人享有专有使用权，才能达到表彰自己区别他人的目的。

商标专用权的行使方式有以下几种。

1）商标专用权人自己使用。

2）许可他人使用。商标专用权可以通过注册商标许可合同许可他人在一定条件下使用该商标。商标许可合同应当报商标局备案，未经备案则不得对抗善意第三人。

3）转让注册商标。转让注册商标经商标局核准公告后方能生效。

4）维持商标专用权。我国《商标法》规定，注册商标专用权的有效期为 10 年，自核准注册之日起算。若想续展权利，应在商标有效期满前 6 个月申请续展，每续展一次仍为 10 年。

5）商标专用权的质押。商标专用权人在需要时，可将其注册商标质押。

（二）期限

注册商标专用权自核准这侧之日起有 10 年有效期间。商标权到期后可以续展，每次续展注册的有效期为 10 年；续展期为期满前 6 个月，期满后还有 6 个月的宽限期。在规定期限内未提出申请，注销其注册商标；注销注册商标之日起 1 年内，其他人就与该商标相同、近似的商标提出注册申请的，商标局不应予以核准。

五、商标权的保护

（一）注册商标争议的裁定

注册商标争议，亦称商标权争议，是指两个或两个以上的商标注册人之间就商标专用权发生的争执，而且是在先的商标注册人对在后的商标注册人的注册未满 5 年的商标发生的争执，争执的理由是他人在后注册的商标与自己在先注册的商标是在同一种或类似商品上使用的相同或近似的商标。

注册商标争议裁定的程序如下所述。

1）在先的商标注册人对在后注册商标有争议，申请争议裁定，应向商标评审委员会提出《注册商标争议裁定申请书》，同时还要附送有关材料或证据。

2）商标评审委员会收到申请书后决定受理的，应通知被争议商标的注册人，并限期答辩。被争议的商标注册人不按期提出答辩，裁定照常进行。商标评审委员会进行裁定须保证争议双方在争议裁定活动中平等地行使权利。依据事实及法律作出维持或撤销注册商标的终局裁定，并书面通知争议双方当事人。

3）裁定撤销注册商标的移交商标局办理，被撤销注册商标的商标注册人应当在收到裁定通知书之日起 15 日内，将《商标注册证》交回商标局。

（二）商标侵权行为的种类

商标侵权行为包括以下几个方面。

1）未经注册商标所有人的许可，在同一种商品上使用与注册商标相同的商标。

2）未经商标注册人的许可，在同一种商品上使用与其注册商标近似的商标，或者在类似商品上使用与其注册商标相同或类似的商标，容易导致混淆的行为。

3）销售侵犯注册商标专用权的商品的行为。销售不知道是侵犯注册商标专用权的商品的，能证明该商品是自己合法取得的并说明提供者的，不承担赔偿责任。

4）伪造、擅自制造他人注册商标标志或者销售这种标志的行为。

5）未经商标注册人同意，更换其注册商标并将该更换商标的商品又投入市场的。

6）故意为侵犯他人商标专用权行为提供便利条件，帮助他人实施侵犯商标专用权的行为。

7）给他人的商标权造成其他损害的行为。

另外，将他人注册商标、未注册驰名商标作为企业名称中的字号使用，误导公众，构成不正当竞争的行为，依反不正当竞争法处理。

（三）商标侵权行为的法律责任

根据《商标法》的有关规定，侵犯商标权应承担的法律责任分为行政责任、民事责任和刑事责任。

1. 行政责任

（1）侵犯商标专用权行为的行政查处程序

工商行政管理机关在接到商标注册人的控告或其他任何人的检举或者在检查中发现有侵犯商标专用权行为，以及其他部门移送的案件，均应依照职权调查核实，依法处理，对已经发生的侵犯商标权行为，经审查认为有侵权事实的存在，需要给予行政处罚，属于依职权的管辖范围，且人民法院尚未受理该案件，应当立案。

（2）行政处罚

工商行政管理部门认定违反强制注册规定、认定侵权行为成立的均可处以相应行政处罚。

2. 民事责任

对于侵犯商标权行为，被侵权人既可向工商行政管理机关提出控告，要求给予行政制裁，也可以直接向人民法院起诉，要求侵权人承担侵权的民事责任。

3. 侵犯注册商标犯罪的刑事责任

侵犯商标权构成犯罪的行为是侵犯商标权行为中最严重和危害最大的一种。侵犯注册商标权构成犯罪的有，假冒注册商标罪，伪造、擅自制造他人注册商标标志或者销售伪造、擅自制造注册商标标志罪，销售明知是假冒注册商标商品罪。

典型案例讨论

【案情介绍】

1997 年广药集团旗下王老吉食品饮料分公司与香港鸿道集团签订商标使用许可合同，此期间鸿道集团成立多加宝公司负责“王老吉”的生产和经营。后双方分别于 2000 年、2003 年补签两次合同，约定鸿道集团商标使用权延至 2020 年。因时任广药总经理受贿问题，广药集团于 2008 年开始于鸿道集团交涉收回“王老吉”商标未果。此后双方就“红罐包装”的权属产生争议。2011 年广药集团向中国国际贸易仲裁委员会提出仲裁申请。2012 年，仲裁裁定加多宝停止使用“王老吉”商标。

【问题】

红罐包装构成商标权保护内容吗？其权利归属主体如何判断？

【案例分析】

观点一:“王老吉”红罐包装装潢案与商标许可合同中包装装潢利益归属有关，且包装是由被许可人设计和使用。从消费者角度看，商标和包装装潢是传递商品信息的工具，在消费者心中，包装装潢指向的应当是“王老吉牌凉茶”而非“加多宝生产的凉茶”；从某种意义上讲，商标许可合同是被许可人租用许可人商誉的协议，被许可人借用许可人商誉提高产品销量、获取商业利益的同时，它也自愿割断了自己和其所生产商品/服务之间的联系，失去了利用自创商标宣传自身商品/服务提升自身商誉的机会。这是公平原则的体现。因此，红罐包装装潢权应属于广药集团[①]。

观点二：商标权与知名商品的装潢权益不但是相互独立的权利，而且两者之间并不存在当然的附属关系，故而装潢权益也就不会随着商标权的更迭而发生必然的转移。尽管收回了“王老吉”商标使用权，但广药集团无权使用“红罐王老吉”特有名称的处境并无改变，因为特有名称对应的知名商品只能是加多宝按照王老吉秘方生产的凉茶，与商标权的归属无关[②]。

---

① 李国庆. 2013. 论美国商标许可合同中的商品外观权. 知识产权，6: 100.

② 杨雄文. 2012. “王老吉”商标与相关权利纠纷的法律解析. 知识产权，12: 43.

第四节　专　利　法

背景：中国科学技术发展战略研究院于 2011 年 2 月 24 日发布的中国首份《国家创新报告》显示：以美国创新指数 100 为计，中国创新指数为 57.9，在全球 40 个科技实力较强国家中，排名第 21 位。根据《国家中长期科技发展规划纲要》，中国预计到 2020 年建成创新型国家。到那时，科技进步对中国经济增长的贡献率将提高到约 60%，研发投入占国内生产总值的比重将达 2.5%。我国《专利法》于 1984 年 3 月 12 日第六届全国人民代表大会常务委员会第四次会议通过，历经 1992 年、2000 年、2008 年 3 次修正。

关键词：发明；实用新型；外观设计；专利权

一、专利概述

在我国《专利法》中，将《专利法》保护的客体统称为发明创造，并明确规定，《专利法》所保护的发明创造，包括发明、实用新型和外观设计。

1）发明，是指对产品、方法或者其改进所提出的新的技术方案。发明分作产品发明和方法发明。

2）实用新型，是指对产品的形状、构造或者其结合所提出的适于实用的新的技术方案。一般而言，形状和构造都只涉及立体产品，因而平面产品（如电路图）、无确定形状的产品（如气态、液态、粉末、颗粒状物质或材料等）不能申请实用新型专利。同时，不可移动的建筑物也不能申请实用新型专利。

3）外观设计，是指对产品的形状、图案或者其结合及色彩与形状、图案的结合所作出的富有美感并适于工业应用的新设计。

二、授予专利权的条件

（一）发明、实用新型的条件

1. 新颖性

新颖性是指该发明或者实用新型不属于现有技术，也没有任何单位或者个人就同样的发明或者实用新型在申请日以前向国务院专利行政部门提出过申请，并记载在申请日以后公布的专利申请文件或者公告的专利文件中。

一项发明或实用新型，如果是现有技术中已经有的，那么它不具有新颖性。在专利侵权纠纷中，被控告侵权人有证据证明自己实施的技术属于现有技术的，不构成侵犯专利权。

但是在特定情景下，发明即使公开过，也会因为法律规定而不丧失新颖性，包括在中国政府主办或者承认的国际展览会上第一次展出、在规定的学术会议或者技术会议（包括技术鉴定会议）上第一次发表、他人未经申请人同意而泄露其内容的情况等。

2. 创造性

创造性是指同申请日以前的现有技术相比，该发明有突出的实质性特点和显著的进步，该实用新型有实质性特点和进步。

3. 实用性

实用性是指发明或指实用新型能够制造或者使用，并且能够产生积极效果。发明与实用新型是否具有实用性，主要从以下两个方面进行衡量。

1）可实施性，即必须能够在产业上进行制造或者使用。

2）再现性，要求必须具有在规定条件下多次实施的可能性。

（二）外观设计的条件

除具有新颖性、实用性外，外观设计也应具有美观性。

所谓外观设计的美观性，是指外观设计被使用在产品上时能使人产生一种美感，增加产品对消费者的吸引力。

美观性是否作为外观设计的专利条件，各国规定不一。

（三）不授予专利的情形

根据我国《专利法》，下列情形不授予专利。

1）违背法律和社会公共秩序的发明创造。

2）科学发现。

3）智力活动的规则和方法。

4）疾病诊断和治疗方法。

5）动物和植物品种不能被授予专利，但对培育或生产动植物新品种的方法，则可依法授予专利。

6）用原子核变换方法获得的物质。

7）对平面印刷品的图案、色彩或者二者的结合作出的主要起标志作用的设计。

8）其他不授予专利的技术领域。

三、申请、授予专利的程序

（一）申请

1. 申请原则

（1）书面申请原则

专利申请的书面原则是指申请人为获得专利权所需履行的各种法定手续都必须依法以书面形式办理。

（2）优先权原则

优先权原则是《保护工业产权巴黎公约》（以下简称《巴黎公约》）的基本原则之一，依照《巴黎公约》，申请人在任一巴黎公约成员国首次提出正式专利申请后的一定期限内，又在其他巴黎公约成员国就同一内容的发明创造提出专利申请的，可将其首次申请日作为其后续申请的申请日。

申请人要求优先权的，应当在申请的时候提出书面声明，并且在 3 个月内提交第一次提出的专利申请文件的副本；未提出书面声明或者逾期未提交专利申请文件副本的，视为未要求优先权。

（3）单一性原则

单一性原则是指一件专利申请的内容只能包含一项发明创造，不能将两项或两项以上的发明创造作为一件申请提出。但是，同一申请人同日对同样的发明创造既申请实用新型专利又申请发明专利，先获得的实用新型专利权尚未终止，且申请人声明放弃该实用新型专利权的，可以授予发明专利权。

一件外观设计专利申请应当限于一项外观设计。同一产品两项以上的相似外观设计，或者用于同一类别并且成套出售或者使用的产品的两项以上外观设计，可以作为一件申请提出。

（4）先申请原则

两个以上的申请人分别就同样的发明创作申请专利的，专利权授予最先申请的人。如果两个以上的申请人在同一日分别就同样的发明创造申请专利的，申请人自行协商确定申请人。一般而言，可协商双方作为共同申请人，或一方将申请权让给对方，由对方给以适当补偿。若协商不成，所有申请人的专利申请权都将丧失。

专利局收到专利申请文件之日为申请日。

2. 涉外申请之特别规定

我国《专利法》对涉外专利申请有以下规定。

1）在中国没有经常居所或者营业所的外国人、外国企业或者外国其他组织在中国申请专利和办理其他专利事务的，应当委托依法设立的专利代理机构办理。

2）任何单位或者个人将在中国完成的发明或者实用新型向外国申请专利的，应当事先报经国务院专利行政部门进行保密审查。保密审查的程序、期限等按照国务院的规定执行。

3）中国单位或者个人可以根据中华人民共和国参加的有关国际条约提出专利国际申请。申请人提出专利国际申请的，应当遵守保密规定。对违反保密规定向外国申请专利的发明或者实用新型，在中国申请专利的，不授予专利权。

（二）受理

发明与实用新型专利申请需提交请求书、专利说明书、权利要求书、摘要等；申请外观设计专利需递交请求书、图片或照片及对该外观设计的简要说明等。

专利局收到合格的专利申请后即为受理。

（三）审查

1. 发明专利的审查程序

（1）初步审查和早期公开

审查的申请案是否满足《专利法》有关形式方面的要求，是否明显违反法律、社会公德，是否属于《专利法》的保护范围等。符合要求的申请案将在申请日起第 18 个月后进行公开。

（2）实质审查

申请案自申请日起 3 年内，申请人均可要求专利局进行实质审查。专利局对申请内容的新颖性、创造性和实用性进行审查。

2. 实用新型和外观设计专利的审查程序

实用新型专利和外观设计专利的审查程序不进行实质审查。专利局在受理申请后对于符合要求的申请授予专利并予以公告。任何人发现已经授权的专利不符合《专利法》的规定时，都可以向专利复审委员会提出无效宣告请求。

（四）授予专利权

发明专利申请经实质审查没有发现驳回理由的，由国务院专利行政部门作出授予发明专利权的决定，发给发明专利证书，同时予以登记和公告。发明专利权自公告之日起生效。

实用新型和外观设计专利申请经初步审查没有发现驳回理由的，由国务院专利行政部门作出授予实用新型专利权或者外观设计专利权的决定，发给相应的专利证书，同时予以登记和公告。实用新型专利权和外观设计专利权自公告之日起生效。

（五）复审与诉讼

对专利局驳回申请不服的，可在收到通知之日起3个月内，请求专利复审委员会复审；对复审决定不服的，可在收到通知之日起3个月内向人民法院提起行政诉讼。

四、专利权的内容

（一）专利权的内容

专利权的内容包括以下几个方面。

1）独占权。专利权人凭借该种垄断性权利可以获取独占性利益。

2）禁止他人实施专利的权利。

3）处分权。专利权人可以将其专利权转让给他人或者放弃其专利权。任何单位或者个人实施他人专利的，应当与专利权人订立合同，并支付费用。

4）在产品或包装上注明专利标记的权利。

（二）专利权保护期限

1. 法定终止

发明专利自申请日起20年，实用新型、外观设计自申请日期10年是其权利保护期间，期限届满，权利终止。

2. 提前终止

权利人未依规定缴纳年费、专利权人书面声明弃权或其他情况可导致提前终止专利权。提前终止的，专利局应予以登记和公告。

（三）专利权的强制许可

专利权的强制许可是指国务院专利行政部门依照《专利法》的规定，不经专利权人同意，直接允许其他单位或个人实施其发明创造的一种许可方式，又称非自愿许可。主要适用于下列几种情形。

1）专利权人自专利权被授予之日起满3年，且自提出专利申请之日起满4年，无正当理由未实施或者未充分实施其专利的。

2）专利权人行使专利权的行为被依法认定为垄断行为，为消除或者减少该行为对竞争产生的不利影响的。国务院专利行政部门根据具备实施条件的单位或者个人的申请，可以给予实施发明专利或者实用新型专利的强制许可。

3）国务院专利行政部门根据具备实施条件的单位或者个人的申请，可以给予实施发明专利或者实用新型专利的强制许可。

4）为了公共健康目的，对取得专利权的药品，国务院专利行政部门可以给予制造并将其出口到符合中华人民共和国参加的有关国际条约规定的国家或者地区的强制许可。

5）一项取得专利权的发明或者实用新型比前已经取得专利权的发明或者实用新型具有显著经济意义的重大技术进步，其实施又有赖于前一发明或者实用新型的实施的，国务院专利行政部门根据后一专利权人的申请，可以给予实施前一发明或者实用新型的强制许可。同理，国务院专利行政部门也可以根据前一专利权人的申请，给予实施后一发明或者实用新型的强制许可。

6）强制许可涉及的发明创造为半导体技术的，其实施限于公共利益的目的或被依法认定为垄断行为，为消除或者减少该行为对竞争产生的不利影响的。

以上各项中，除了第②、④两种情形外，主要用于满足国内市场的需要。

（四）指定实施

国有企业事业单位的发明专利，对国家利益或者公共利益具有重大意义的，国务院有关主管部门和省、自治区、直辖市人民政府报经国务院批准，可以决定在批准的范围内推广应用，允许指定的单位实施，由实施单位按照国家规定向专利权人支付使用费。

五、专利权的保护

（一）专利侵权行为的表现形式

根据《专利法》的规定，专利侵权行为表现为以下几种。

1）制造专利产品的行为。不论制造者是否知道是专利产品，也不论是用什么方法制造的，均构成专利侵权。

2）故意使用专利产品的行为。使用人必须具备主观故意才能构成专利侵权。

3）故意销售专利产品的行为。这里所说的“销售”除了出售行为之外，还包括对专利技术的许可、转让、租赁等行为。而且它不仅是指实际的销售行为，还应该包括销售的要约。

4）使用专利方法及使用、销售依照专利方法直接获得的产品。但如果该产品是依照其他方法制造的，则不构成对该方法专利的侵权。

5）进口专利产品或者进口依照专利方法直接获得的产品。它是指将专利产品或者依照专利方法直接获得的产品从国外进口到中国。

6）假冒他人专利的行为。

（二）不视为侵犯专利权的行为

1. 首次销售

所谓首次销售，是指当专利权人自己制造或者许可他人制造的专利产品上市经过首次销售之后，专利权人对这些特定产品不再享有任何意义上的支配权，即购买者对这些产品的再转让或者使用都与专利权人无关。

2. 善意侵权

善意侵权是指在不知情的状态下销售或者使用了侵犯他人专利权的产品的行为，可不承担赔偿责任。

3. 先行实施

先行实施是指在专利申请日前已经开始制造与专利产品相同的产品或者使用与专利技术相同的技术，或者已经做好制造、使用的准备的，依法可以在原有范围内继续制造、使用该项技术。

4. 临时过境

当交通工具临时通过一国领域时，为交通工具自身需要而在其设备或装置中使用有关专利技术的，不视为侵犯专利权。

5. 非营利实施

非营利性实施专利技术的行为一般不被视为侵犯专利权。例如，为了科学研究和实验使用专利技术，以及为课堂教学而演示专利技术的行为。

6. Bolar 条款

专为提供药品或者医疗器械的行政审批所需要的信息，自己制造、使用、进口专利药品或者专利医疗器械，或者他人为其制造、进口并向其销售专利药品或者专利医疗器械的行为，不视为侵犯专利权。

（三）专利侵权行为的处理

1. 处理途径

根据现行《专利法》，解决专利侵权纠纷被侵权人可以通过自力救济、行政程序、司法程序保护自己权利。

2. 法律责任

（1）行政责任

专利侵权的行政责任有两种形式：一是责令停止侵权行为；二是责令赔偿损失。

（2）民事责任

专利侵权的民事责任主要有3种形式：一是停止侵害；三是消除影响；二是赔偿损失。

确定赔偿损失的计算标准有：①按照权利人因被侵权所受到的实际损失确定；②实际损失难以确定的，可以按照侵权人因侵权所获得的利益确定；③权利人的损失或者侵权人获得的利益难以确定的，参照该专利许可使用费的倍数合理确定；④权利人的损失、侵权人获得的利益和专利许可使用费均难以确定的，人民法院可以根据专利权的类型、侵权行为的性质和情节等因素，确定给予1万元以上100万元以下的赔偿。

（3）刑事责任

刑事责任是指假冒他人专利，情节严重，构成犯罪的处3年以下有期徒刑或者拘役，并处或单处罚金；对单位判处罚金。

典型案例讨论

【案情介绍】

朱某是机构厂车工，经过潜心思索和多次实验，终于研制出很容易打开各种锁具的一套工具。这套类似“万能钥匙”的工具设计方案独特，结构精巧，便于携带，能快速又没有声响地打开各种明锁及暗锁。于是朱某向专利局申请专利

【问题】

专利局经审查认为朱某的发明虽然具备新颖性、创造性、实用性，但不能授予专利权，这是为什么？

【案例分析】

《专利法》第五条规定：“对违反国家法律、社会公德或者妨害公共利益的发明创造，不能授予专利权。”

本条规定不是我国《专利法》所特有的，世界上大多数国家的专利法都有此类条款，主要宗旨是保证发明创造能促进科技进步，促进社会经济发展，为社会和人民造福。有的发明创造虽然具有新颖性、创造性、实用性，如果推广应用会导致不良的效果，有的甚至会带来巨大的破坏作用，严重损害人民的利益和社会秩序，因此，法律对这类发明作出限制，不能授予专利权。

朱某的类似“万能钥匙”显然有悖于《专利法》第五条的规定，所以朱某的发明不能获得专利权，专利局的决定是符合法律的。

创业实务操作

为某一企业生产的电视机申请商标，熟悉申请流程并尝试填写商标注册申请书。

商标注册申请书（正面）

申请人名称：

申请人地址：

是否共同申请：☐是　　　　☐否

邮政编码：

联系人：

电话（含地区号）：

传真（含地区号）：

代理组织名称：

商标种类：☐一般　　☐集体　　☐证明　　☐立体　　☐颜色

商标说明：

类别：

商品/服务项目：

（附页：　页）

申请人章戳（签字）：　　　　　　代理组织章戳：

代理人签字：

注：请按背面备注填写

商标注册申请书（背面）

将一张商标图样贴在下框内，另附五份商标图样。有指定颜色的附上着色图样五份和黑白稿一份。商标图样应当不大于 10cm×10cm，不小于 5cm×5cm。

填写说明（略）

本章知识体系

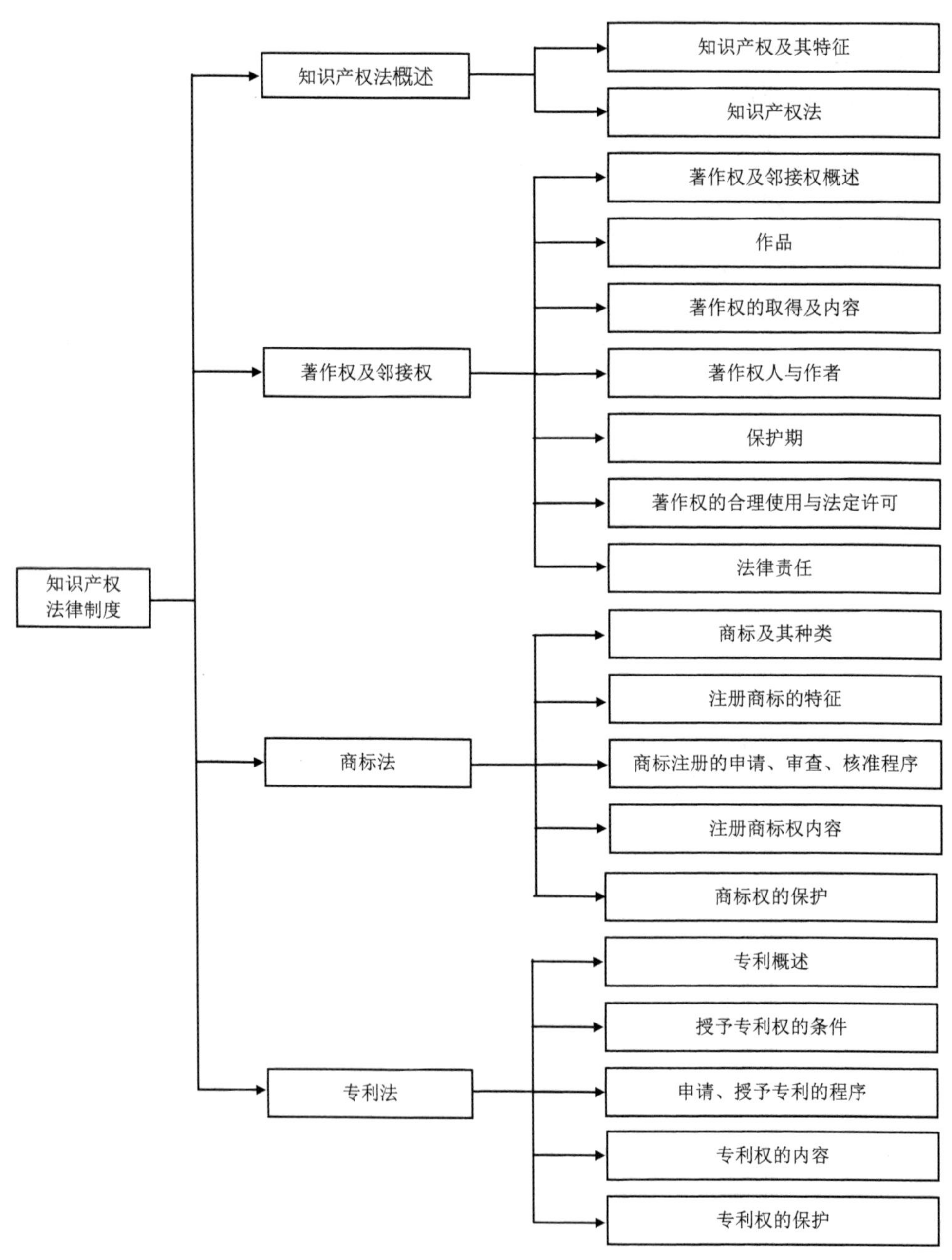
知识产权法律制度
知识产权法概述
知识产权及其特征
知识产权法
著作权及邻接权
著作权及邻接权概述
作品
著作权的取得及内容
著作权人与作者
保护期
著作权的合理使用与法定许可
法律责任
商标法
商标及其种类
注册商标的特征
商标注册的申请、审查、核准程序
注册商标权内容
商标权的保护
专利法
专利概述
授予专利权的条件
申请、授予专利的程序
专利权的内容
专利权的保护

综 合 练 习

一、单项选择题

1. 甲、乙、丙、丁四人合作一部小说，甲欲将小说许可给某电影厂改编后拍成电影，乙想许可某网站在网络传播，丙对两种做法表示反对，丁不置可否。下列判断正确的是（　　）。

A. 如果丙坚决反对，甲、乙均不能将作品许可他人使用

B. 甲、乙有权不顾丙的反对，将作品许可他人使用

C. 如果丁同意，则甲乙可以不顾丙的反对将作品许可他人使用

D. 如果丁也表示反对，则甲乙不能将作品许可他人使用

2. 甲从市场购得乙的摄影作品《鸟巢》，与其他摄影作品一起用于营利性展览。丙将其翻拍后以自己的名义刊登在某杂志上，丁经丙同意将刊登在杂志上的《鸟巢》又制作成挂历销售。以下说法正确的是（　　）。

A. 甲无权对《鸟巢》做营利性展览

B. 丙的行为构成剽窃

C. 丙的行为侵犯了乙的发表权

D. 丁应停止销售，但因无过错免于承担赔偿责任

3. 某歌厅购买了若干正版卡拉 OK 光盘，未经任何人许可，直接将该光盘用于其经营活动，该歌厅的行为属于（　　）。

A. 合法使用　　B. 合理使用

C. 法定许可使用　　D. 侵权行为

4. 属于《专利法》保护智力成果的是（　　）。

A. 关于一种新化学元素的发明；一种新型高分子材料的聚合

B. 一种速算方法；一种演示新计算方法的教学用具

C. 一种减肥新药；一种新型减肥食品

D. 一种诊断早期肝癌的新方法；一种新的放射疗法

二、多项选择题

1. 甲于 2000 年获得一项外观设计专利。乙未经甲许可，以生产经营为目的制造该专利产品。丙未经甲许可以生产经营为目的所为的下列行为中构成侵犯该专利的行为的是（　　）。

A. 使用乙公司制造的该专利产品

B. 销售乙公司制造的该专利产品

C. 许诺销售乙公司制造的该专利产品

D. 使用甲公司制造的该专利产品

2. 花果山市出产的鸭梨营养丰富，口感独特，远近闻名，当地有关部门拟对其采取的保护措施中，不合法的是（　　）。

A. 将“花果山”注册为集体商标，使用于鸭梨上

B. 将“花果山”注册为证明商标，使用于鸭梨上

C. 将鸭梨的形状申请注册为立体商标，使用于鸭梨上

D. 将“香梨”注册为文字商标，使用于鸭梨上

3. 某外资企业拥有“雨露”商标，使用的商品为啤酒。该商标未在中国注册，但被我国有关部门认定为驰名商标。该企业的请求应得到支持的是（　　）。

A. 请求禁止甲公司将“雨露”商标在葡萄酒上注册

B. 请求禁止乙公司将“雨露”商标在葡萄酒上使用

C. 请求禁止丙公司将“雨露”商标在啤酒上使用

D. 请求已将“雨露”商标在啤酒上使用的丁公司赔偿损失

三、案例分析

河南省洛阳市举行洛阳牡丹节，某纺织厂设计了一款新式短衫，在牡丹节期间投放市场，销路很好，后来许多厂家相继仿制，对该纺织厂的产品销路影响很大。为了维护工厂的利益和把握市场前景，该厂于是向中国商标局提出“洛阳”牌商标的注册申请。在申请注册期间，某服装厂仍继续生产与纺织厂样式完全相同的短衫，并使用了“洛阳”商标（仅文字相同，图案、字形均不相同）。纺织厂即向工商行政管理部门提出保护其商标专用权的申请。商标局驳回纺织厂的商标注册申请。同时，服装厂看到纺织厂没有取得注册商标，更无所顾忌，继续进行生产。

思考：

1）商标局驳回纺织厂的商标注册申请是否正确？理由是什么？

2）纺织厂向工商行政管理部门提出的保护权益请求是否应予受理？理由是什么？

3）工商行政管理机关对纺织厂的商标使用行为是否有权管理？应如何管理和规范？

4）服装厂在纺织厂的商标注册申请被驳回后是否可以继续生产带有该种商标的产品？为什么？

第四篇　经济纠纷救济篇

第十章　仲裁与诉讼

学习目标

素质目标：了解仲裁与诉讼的相关立法。

知识目标：理解仲裁的基本原则、仲裁程序与诉讼管辖；掌握仲裁协议的效力与诉讼时效。

技能目标：遇到纠纷能采用合适方式予以解决。

相关法规

《中华人民共和国仲裁法》

《关于适用〈中华人民共和国仲裁法〉若干问题的解释》

《关于审理涉及农村土地承包经营纠纷调解仲裁案件适用法律若干问题的解释》

《中华人民共和国民事诉讼法》

《关于适用〈中华人民共和国民事诉讼法〉若干问题的意见》

创业法律思考

1. 创业发生经济纠纷该如何解决？
2. 仲裁和诉讼是什么关系？二者有何不同？
3. 设立公司发生股权纠纷该去哪家法院起诉？
4. 诉讼时效多长时间？诉讼管辖有哪几种？

引导案例

陈某是甲公司的董事长，2008 年 6 月因其个人债务急需用钱，找吕某借款 5 万元，吕同意借款。2008 年 6 月 15 日，吕某与陈某签了 5 万元借款合同，未写还期。在借款人一栏，陈某填上了甲公司，签名并加盖了公司的公章，口头约定将来因为借款发生纠纷可以到吕某住所地的仲裁委员会仲裁。陈某拿到款后即偿还了个人债务。2010 年 4 月 5 日，陈某偿还了 1 万元。2013 年 2 月 12 日，吕某找陈某追要余款，才发现陈某已被公司开除，陈某以没有仲裁协议不可以仲裁、诉讼时效已过为由拒绝还款；吕某遂找甲公司要求偿还余款，甲公司以该笔借款属于陈某个人债务为由拒绝偿还。

思考：

1）该纠纷是否可以仲裁？为什么？

2）诉讼时效是否已过？为什么？

3）甲公司的理由是否成立？为什么？

第一节　仲　　裁

背景：作为独立于行政和司法之外的民商事争议解决机制，“仲裁”通过调动社会各行业专业人士裁断纠纷、化解矛盾，具有当事人自愿、简便、快捷、经济、保密等特点，深为各国政府所重视。我国于 1994 年 8 月 31 日，由第八届全国人民代表大会常务委员会第九次会议通过了《仲裁法》，自 1995 年 9 月 1 日起施行。全国人民代表大会常务委员会 2009 年 8 月 27 日做了部分修改。

关键词：仲裁的原则；仲裁协议；仲裁程序

一、仲裁的定义与基本原则

（一）仲裁的概念

仲裁，是指仲裁机构根据纠纷当事人之间自愿达成的协议，以第三者的身份对所发生的纠纷进行审理，并作出对争议各方均有约束力的裁决的解决纠纷的活动。

（二）仲裁的基本原则

1. 自愿原则

自愿原则是仲裁制度赖以存在与发展的基石，主要体现在以下几个环节。

1）以仲裁的方式解决纠纷，出于当事人双方的共同意愿。仲裁机构受理案件来源于当事人双方的共同授权，仲裁机构不能受理没有书面仲裁协议（含仲裁条款）的仲裁申请。

2）向哪个仲裁机构提请仲裁，由当事人双方协商选定。当事人在选择、约定仲裁机构时，不因当事人所在地、纠纷发生地所在何处而受到地域管辖的限制；也不因争议标的额的大小、案件的复杂程度如何而受到级别管辖的制约。

3）组成仲裁庭的仲裁员由当事人在仲裁员名册中自主选定，也可以委托仲裁委员会主任代为指定，仲裁庭的组成形式也可以由当事人约定。

4）当事人可以约定交由仲裁解决的争议事项。即当事人将哪些纠纷交付仲裁，可以由当事人自主协商确定。当事人既可以约定把因履行合同所产生的所有争议均交由仲裁解决，也可以约定将某项或某几项争议交付仲裁。对于仲裁机构来说，也应当尊重当事人的选择，对当事人在协议中没有交由自己处理的争议，则不能主动审理和裁决。

5）在开庭和裁决的程序中，当事人还可以约定审理方式、开庭形式等有关的程序事项。

2. 仲裁独立原则

仲裁的独立，指的是从仲裁机构的设置到仲裁纠纷的整个过程，都具有依法的独立性。《仲裁法》确立仲裁独立的原则，是我国仲裁制度发展完善的一个里程碑。仲裁独立主要表现在以下两个方面。

1）仲裁与行政机构脱钩。即仲裁委员会独立于行政机关，与行政机关没有隶属关系。这有利于我国的仲裁真正做到具有公正性、权威性。

2）仲裁组织体系中的仲裁协会、仲裁委员会和仲裁庭三者之间相对独立。即作为社会团体的中国仲裁协会，属于仲裁委员会的自律性组织。仲裁委员会是按地域分别设立的，相互之间无高低之分，无上下级之分，没有隶属关系，相互独立。同时仲裁庭对案件独立审理和裁决，仲裁委员会不能干预。法院对仲裁裁决虽然有着必要的监督，但并不意味着仲裁附属于法院。仲裁依法独立进行，不受行政机关、社会团体和个人的干涉。

3. 以事实为依据，以法律为准绳，公平合理解决纠纷的原则

此项原则是公正处理民事经济纠纷的根本保障，是解决当事人之间的纠纷所应当依据的基本准则。

4. 一裁终局原则

一裁终局原则即仲裁裁决作出后，当事人就同一纠纷，不能再申请仲裁或向人民法院起诉。但是裁决被人民法院依法裁定撤销或不予执行的，当事人可以重新达成仲裁协议申请仲裁，也可以向人民法院起诉。

二、《仲裁法》的适用范围

平等主体的公民、法人和其他组织之间发生的合同纠纷和其他财产纠纷，可以仲裁。与人身有关的婚姻、收养、监护、扶养、继承纠纷，以及由强制性法律规范调整的法律关系的争议、行政争议不能仲裁。

三、仲裁协议

仲裁协议包括合同中订立的仲裁条款和以其他书面方式在纠纷发生前或纠纷发生后达成的请求仲裁的协议。根据《仲裁法》的规定，仲裁必须经当事人双方的意思表示一致，而且要有书面的仲裁协议，明确的仲裁组织，仲裁机构才能受理。因此，仲裁协议必须具备 3 个方面的内容才是合法有效的：一是当事人双方必须有仲裁的意思表示；二是必须明确仲裁的事项；三是应有明确的仲裁机构。

仲裁协议对仲裁事项或仲裁委员会没有约定或约定不明确的，当事人可以补充协议；达不成补充协议的，仲裁协议无效。

有下列情形之一的，仲裁协议无效：①约定的仲裁事项超过法律规定的仲裁范围的；②无民事行为能力人或限制民事行为能力人订立的仲裁协议；③一方采取胁迫手段，迫使对方订立仲裁协议的。

仲裁协议具有以下效力：①仲裁协议中为当事人设定的一定义务，不能任意更改、终止或撤销；②合法有效的仲裁协议对双方当事人诉权的行使产生一定的限制；③仲裁协议具有排除诉讼管辖权的作用；④合同的变更、解除、终止或无效，不影响仲裁协议的效力。

当事人达成仲裁协议，一方向人民法院起诉未声明有仲裁协议，人民法院受理后，另一方在首次开庭前提交仲裁协议的，人民法院应当驳回起诉，但仲裁协议无效的除外；另一方在首次开庭前未对人民法院受理该起诉提出异议的，视为放弃仲裁协议，人民法院应当继续审理。

四、仲裁程序

1. 仲裁的申请与受理

当事人申请仲裁，应当向仲裁委员会递交仲裁协议、仲裁申请书及副本。仲裁委员会自收到仲裁申请书之日起 5 日内，决定是否受理。

2. 仲裁庭的组成

仲裁庭可以由 1 名或 3 名仲裁员组成。仲裁员有法定回避情形的，必须回避，当事人也有权提出回避申请。

3. 仲裁裁决

仲裁应当开庭进行。当事人协议不开庭的，仲裁庭可以根据仲裁申请书、答辩书及其他材料作出裁决。仲裁一般不公开进行。

当事人应当对自己的主张提供证据，并有权申请证据保全。

申请仲裁后，当事人可以自行和解。达成和解协议的，可以请求仲裁庭根据和解协议作出裁决书，也可以撤回仲裁申请。

仲裁庭在作出裁决前，可以先行调解。调解书经双方当事人签收后，即与裁决书具有同等的法律效力。

裁决按多数仲裁员的意见作出。裁决书自作出之日起发生法律效力。

4. 仲裁执行

当事人应当履行仲裁裁决。一方当事人不履行的，另一方当事人可以按照《民事诉讼法》的有关规定向人民法院申请执行。

当事人提出证据证明裁决有依法应撤销情形的，可在收到裁决书之日起 6 个月内，向仲裁委员会所在地的中级人民法院申请撤销裁决。

典型案例讨论

【案情介绍】

南方工业公司与国华机械厂签订合同，约定由国华机械厂为南方工业公司生产 10 台符合一定标准的机床；并约定南方工业公司预付货款 3 万元，机床安装使用后，如无质量问题，再支付其余货款；同时双方签订仲裁协议，约定合同履行过程中如发生纠纷，则向某仲裁委员会申请仲裁。

南方工业公司将机床安装投入生产后，加工的产品废品率大大超过合同规定标准。经检查，产生废品的原因是机床的一个重要参数不合格，国华机械厂多次派人对机床进行修理，仍不能达到合格标准。为此给南方工业公司造成 5 万元的经济损失。南方工业公司遂通知国华机械厂解除合同，要求退回机床并返还预付款，同时要求赔偿其经济损失 5 万元，国华机械厂拒绝了南方工业公司的要求。南方工业公司认为合同已经解除，仲裁协议也随之失效，于是向法院提起诉讼。法院受理后，将起诉状副本发送被告。开庭前，国华机械厂向法院提交了与南方工业公司的仲裁协议。法院裁定驳回起诉。

【问题】

根据有关法律，回答以下问题。

1）南方工业公司解除其与国华机械厂合同的做法是否合法？试说明理由。

2）南方工业公司要求退回机床，返还预付款并赔偿 5 万元经济损失是否合法？试说明理由。

3）南方工业公司认为合同解除，仲裁协议也随之失效的观点是否正确？试说明理由。

4）法院裁定驳回起诉是否合法？并说明理由。

【案例分析】

1）南方工业公司解除其与国华机械厂合同的行为合法。《合同法》规定，当事人一方延迟履行义务或者有其他违约行为致使不能实现合同目的的，当事人可以解除合同。国华机械厂虽多次派人修理机床，仍不能使交付的机床达到合格标准。因此，南方公司可以通知解除其与国华机械厂的合同。

2）南方工业公司要求退回机床、返还预付款并赔偿5万元经济损失合法。《合同法》规定，合同解除后，已经履行的，根据履行情况和合同性质，当事人可以要求恢复原状、采取其他补救措施，并有权要求赔偿损失。

3）南方工业公司认为合同解除，仲裁协议也随之失效的观点不正确。《仲裁法》规定，仲裁协议独立存在，合同的变更、解除、终止或者无效，不影响仲裁协议的效力。

4）法院裁定驳回起诉合法。《仲裁法》规定，当事人达成仲裁协议，一方向人民法院起诉未声明有仲裁协议，人民法院受理后，另一方在首次开庭前提交仲裁协议的，人民法院应当驳回起诉。

课后思考

1. 仲裁协议有哪些形式？无效仲裁协议有哪些？
2. 简述仲裁程序。
3. 仲裁机构及其性质如何？

第二节　诉　　讼

背景：民事诉讼是人民法院应当事人的请求，依据法定程序，通过行使国家审判权来解决经济纠纷的一种法律手段。它属于民事诉讼活动，适用《民事诉讼法》的有关规定。由于民事诉讼的目的是要解决当事人之间的经济纠纷，故而适用实体法。实体法适用我国国内经济法；在涉外经济案件中，也可根据我国法律的规定，适用外国法律、国际条约、国际惯例。

关键词：诉讼管辖；诉讼时效

一、诉讼的定义与提起诉讼的条件

诉讼，是指人民法院根据纠纷当事人的请求，运用审判权确认争议各方权利义务关系，解决经济纠纷的活动。

根据《民事诉讼法》的规定，当事人提起诉讼必须符合下列条件：①原告是与本案有直接利害关系的公民、法人和其他组织；②有明确的被告；③有具体的诉讼请求和事实、理由；④属于人民法院受理民事诉讼的范围和受诉人民法院管辖。

当事人起诉除了须具备《民事诉讼法》规定的有关条件外，还须具备以下条件：①当事人没有事先或事后约定由仲裁机构裁决的协议；②当事人没有就同一事实、同一诉讼标的再行向法院提起诉讼。

二、诉讼管辖

诉讼管辖，是指在人民法院系统中，各级人民法院之间以及同级人民法院之间受理第一案件的权限分工。诉讼管辖分为级别管辖、地域管辖、移送管辖、指定管辖和约定管辖。

（一）级别管辖

级别管辖是根据案件的性质、影响范围来划分上下级人民法院受理第一审经济案件的分工和权限。级别管辖是人民法院组织系统内部从纵向划分各级人民法院的管辖权限，它是划分人民法院管辖范围的基础。根据《中华人民共和国人民法院组织法》的规定，我国人民法院设四级，即基层人民法院、中级人民法院、高级人民法院、最高人民法院。

（二）地域管辖

地域管辖，是指确定同级人民法院在各自的辖区内管辖第一审民事案件的分工和权限。它是在人民法院组织系统内部，从横向确认人民法院的管辖范围，是在级别管辖的基础上确认的。地域管辖是根据各种不同民事案件的特点来确定的，一般原则是“原告就被告”，对其他特殊类型的案件，也是以当事人所在地、诉讼标的物所在地的人民法院管辖为原则的。地域管辖分为一般地域管辖和特殊地域管辖。

1）因合同纠纷提起的诉讼，由被告住所地或者合同履行地人民法院管辖。

2）因保险合同纠纷提起的诉讼，由被告住所地或者保险标的物所在地人民法院管辖。

3）因票据纠纷提起的诉讼，由票据支付地或者被告住所地人民法院管辖。

4）因铁路、公路、水上、航空运输和联合运输合同纠纷提起的诉讼，由运输始发地、目的地或者被告住所地人民法院管辖。

三、诉讼时效

（一）诉讼时效的定义

诉讼时效是指权利人不在法定期间内行使权利而失去诉讼保护的制度。

（二）诉讼时效期间的概念和种类

诉讼时效期间，是指权利人请求人民法院保护其民事权利的法定期间。《民法通则》

规定，诉讼时效期间从当事人知道或应当知道权利被侵害时起计算。但从权利被侵害之日起超过 20 年的，人民法院不予保护。诉讼时效期间可分为以下两种：①普通诉讼时效期间,《民法通则》规定，普通诉讼时效期间为 2 年；②特别诉讼时效期间，《民法通则》规定，身体受伤害要求赔偿的、出售质量不合格的商品未声明的、延付或拒付租金的、寄存财物被丢失或损毁的诉讼时效期间为 1 年。

（三）诉讼时效的中止、中断与延长

诉讼时效的中止，是指诉讼时效进行中，因发生一定的法定事由而使权利人不能行使请求权，暂时停止计算诉讼时效期间，以前经过的诉讼时效期间仍然有效，待阻碍诉讼时效进行的事由消失后，继续计算诉讼时效期间。《民法通则》规定，在诉讼时效期间的最后 6 个月内，因不可抗力或者其他障碍不能行使请求权的，诉讼时效中止。从中止诉讼时效的原因消除之日起，诉讼时效期间继续计算。

诉讼时效的中断，是指在诉讼时效进行中，因发生一定的法定事由，致使已经经过的诉讼时效期间统归无效，待诉讼时效中断的法定事由消除后，诉讼时效期间重新计算。《民法通则》规定，诉讼时效因提起诉讼、当事人一方提出要求或者同意履行义务而中断。

诉讼时效的延长，是指人民法院对已经完成的诉讼时效，根据特殊情况而予以延长。

四、审判程序

民事审判程序是《民事诉讼法》规定的，人民法院为审理民事案件、经济纠纷案件，查明事实，正确适用法律，确认当事人之间民事权利义务关系，并依法作出和宣布判决、裁定或调解书所适用的程序。根据《民事诉讼法》的规定，我国人民法院审理经济纠纷案件实行两审终审制。经济纠纷的诉讼一般包括一审程序、二审程序、执行程序 3 个阶段。不经过一审，不能进入二审程序，但并非每一案件必须经过这 3 个阶段。如果一审判决、裁定作出后，当事人不上诉或在法定期限内未上诉及一审经过调解结案，则不发生二审程序，一审判决、裁定即发生法律效力。当事人不服一审判决、裁定而上诉，则进入二审程序。二审为终审，从二审判决、裁定作出之日起，即发生法律效力。当事人不履行发生效力的判决、裁定，另一方当事人可以向法院申请强制执行。当事人对生效的判决、裁定仍不服的，可在两年内申请再审，但不影响判决、裁定的执行。

判决是指法院对民事案件依法定程序审理后对案件的实体问题依法作出的具有法律效力的结论性判定。裁定是指法院在审理民事案件的过程中对有关诉讼程序的事项作出的判定。两者都是国家行使审判权，依照法定程序作出的具有法律效力的结论性判定。两者的区别如下。

1）判决解决的是案件的实体问题，是对当事人的实体争议和请求所作出的结论；裁定是解决诉讼中的程序事项，主要是法院行使指挥、协调诉讼活动权能的体现。

2）裁定发生于诉讼的各阶段，一个案件可能有多个裁定。判决在案件审理终结时作出，一般一个案件一个判决。

3）裁定可采用书面形式，也可采用口头形式，判决只能采用书面形式。

4）除不予受理、对管辖权的异议、驳回起诉的裁定可以上诉外，其他裁定一律不准上诉，一审判决可以上诉。可以上诉的裁定，当事人有权在裁定书送达之日起 10 日内向上一级人民法院提起上诉；当事人不服第一审判决的，有权在判决书送达之日起 15 日内向上一级人民法院提起上诉。

五、执行程序

对发生法律效力的判决、裁定、调解书和其他应由人民法院执行的法律文书，当事人必须履行。一方拒绝履行的，对方当事人可以向人民法院申请执行。申请执行的期限从法律文书规定履行期间的最后一日起计算，双方或者一方当事人是公民的为 1 年，双方是法人或者其他组织的为 6 个月。

典型案例讨论

【案情介绍】

位于甲市的 A 公司与位于乙市的 B 公司合伙在丙市成立 C 公司销售电脑。在 C 公司的经营过程中，A 公司与 B 公司因利润分配问题产生纠纷。A 公司遂向甲市人民法院提起诉讼，要求由 B 公司偿付其 30 万元。甲市人民法院没有受理。之后 A 公司又向乙市人民法院提起诉讼。乙市人民法院受理后，经调查，判决由 B 公司支付 A 公司 30 万元。被告 B 公司不服，于判决书送达 10 日内向上一级人民法院提起上诉。二审法院经过审理，判决维持原判，驳回上诉。被告 B 公司仍不服，拒不执行判决，并转移账面资金。

【问题】

根据有关法律，回答以下问题。

1）在本案例中，甲市人民法院为何没有受理此案？

2）一审判决后 B 公司提出上诉的请求是否合理？试说明理由。

3）对于被告 B 公司拒不执行判决的行为应如何处理？

【案例分析】

1）按照地域管辖的原则“原告就被告”，甲市人民法院没有诉讼管辖权。

2）一审判决后 B 公司提出上诉的请求是合理的。当事人不服第一审判决的，有权在判决书送达之日起 15 日内向上一级人民法院提起上诉。

3）对于被告 B 公司拒不执行判决的行为，A 公司可以向法院申请强制执行。

课后思考

1. 简述诉讼管辖的分类。
2. 试说明诉讼时效的中止、中断与延长的适用条件。
3. 民事审判的一般程序。

创业实务操作

经济仲裁协议

甲方：（甲方的名称、住所、法定代表人姓名与职务、委托代理人姓名与职务）

乙方：（乙方的名称、住所、法定代表人姓名与职务、委托代理人姓名与职务）

上述双方当事人曾于 ××××年××月××日就××××××事签订了××××合同（合同编号为：××××××）。现双方一致确认凡因该合同引起的或与该合同有关的任何争议，均提请××××××仲裁委员会按照该会仲裁规则进行仲裁。仲裁决是终局的，对双方均有约束力。

上述合同中对争议解决方式的约定如与本协议有不一致之处，以本协议为准。

甲方：（盖章，法定代表人或委托代理人签字）

乙方：（盖章，法定代表人或委托代理人签字）

（本协议签订地点）

（签订本协议的日期）

经济纠纷起诉状

原告：（单位全称、住所地、邮政编码、电话）

法定代表人：（姓名、职务、联系地址、电话）

诉讼代理人：（姓名、职务、联系地址、电话）

被告：（姓名、联系地址、联系电话）

案由：

诉讼请求：

1. 责令被告偿还原告货款________元；
2. 责令被告向原告支付违约金_______元；
3. 责令被告承担本案的诉讼费用。

事实和理由：[这里要写明此起经济纠纷发生的时间、地点、情节（双方是否签订过书面合同）以及争执的焦点、起诉理由和法律根据]

此致

_________法院

起诉人：_________公司(公章)

_________年____月____日

附：（相关证据）

1. 起诉状副本 1 份
2. 法定代表人身份证明书 1 份
3. 授权委托书 1 份
4. 原告在银行贷款及其利率证书 1 份
5. 购销合同复印件 1 份
6. 原告营业执照复印件 1 份
7. 被告的欠据 1 份

引导案例分析

1）仲裁必须要有书面的仲裁协议。

2）诉讼时效没有过。陈某于 2003 年 4 月 5 日的部分偿还行为，造成诉讼时效的中断，诉讼时效将重新计算 2 年，即延长至 2005 年 4 月 5 日。

3）甲公司的理由不成立。陈某是甲公司的法定代表人，该笔借款是以甲公司的名义借入的，甲公司应对其法定代表人以公司名义从事的活动承担责任。

本章知识体系

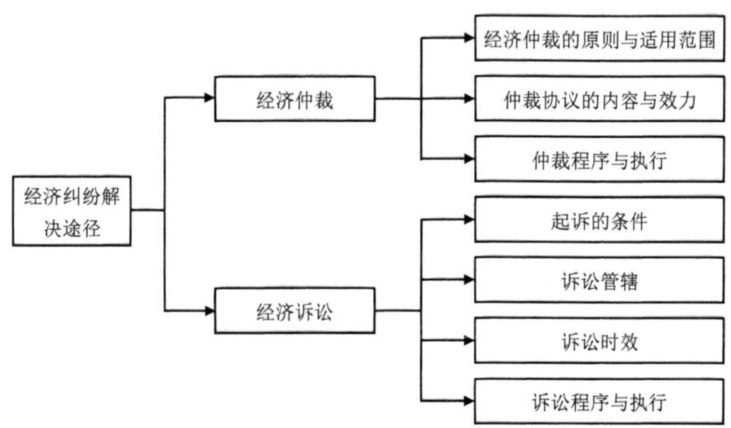

综 合 练 习

一、单项选择题

1．下列各项纠纷中，适用《仲裁法》的是（　　）。

A．张某与李某因解除婚姻关系而发生的财产分割纠纷

B．赵某与王某因财产继承而发生的纠纷

C．A 公司与 B 保险公司因保险标的理赔而发生的纠纷

D．C 公司因不服工商机关的吊销营业执照处罚而发生的争议

2．甲、乙因合同纠纷达成仲裁协议,甲选定 A 仲裁员，乙选定 B 仲裁员，另由仲裁委员会主任指定一名首席仲裁员，3 人组成仲裁庭。仲裁庭在作出裁决时产生了两种不同意见。根据《仲裁法》的规定，仲裁庭应当采取的做法是（　　）。

A．按多数仲裁员的意见作出裁决

B．按首席仲裁员的意见作出裁决

C．提请仲裁委员会作出裁决

D．提请仲裁委员会主任作出裁决

3．2000 年 5 月 10 日，甲到某商店买衣服，该商店故意隐瞒实情，将一件有隐蔽质量问题的衣服卖给了甲，甲仔细检查后未发现。6 月 7 日，甲穿该衣服上班，单位同事发现该衣服存在质量问题。甲找该商店退货，被拒绝，于是甲于 6 月 30 日向人民法院起诉了该商店。根据我国《民法通则》的规定，下述观点正确的是（　　）。

A．甲的诉讼时效期间为 2 年

B．诉讼时效期间自 2000 年 5 月 10 日开始计算

C．诉讼时效自甲向人民法院提起诉讼时中止

D．诉讼时效自甲向人民法院提起诉讼时中断

4．下列有关诉讼时效的表述，正确的是（　　）。

A．诉讼时效期间从权利人的权利被侵害之日起计算

B．权利人提起诉讼是诉讼时效中止的法定事由之一

C．只有在诉讼时效期间的最后 6 个月内发生诉讼时效中止的法定事由，才能中止时效的进行

D．诉讼时效中止的法定事由发生之后，已经经过的时效期间统归无效

5．根据我国《民事诉讼法》的规定，因票据纠纷引起的诉讼，有管辖权的人民法院是（　　）。

A．原告住所地　　　　B．背书人所在地

C．票据收款人所在地　　D．票据支付所在地

二、多项选择题

1．2000 年 4 月 1 日，A 企业与 B 银行签订一借款合同，借款期限为 1 年。如 A 企业在 2001 年 4 月 1 日借款期限届满时不能偿还借款本息，根据我国《民事诉讼法》的规定，可以引起诉讼时效中断的事由包括（　　）。

A．2001 年 6 月 1 日银行 B 对 A 企业提起诉讼

B．2001 年 5 月 10 日银行 B 向 A 企业提出偿还贷款本息的要求

C．2001 年 5 月 16 日 A 企业同意偿还借款

D．2001 年 6 月 5 日发生强烈地震

2．根据《民法通则》的有关规定，适用于诉讼时效期间为 1 年的情形有（　　）。

A．身体受到伤害要求赔偿的　　B．拒付租金的

C．拒不履行买卖合同的　　D．寄存财物丢失的

3．关于仲裁协议的效力，下列说法正确的是（　　）。

A．合同的变更、解除、终止或无效，不影响仲裁协议的效力

B．仲裁协议中为当事人设定的一定义务，不能任意更改、终止或撤销

C．在当事人双方发生协议约定的争议时，任何一方都可以向法院起诉

D．对于仲裁组织来说，仲裁协议具有排除诉讼管辖权的作用

4．甲地 A 公司和乙地 B 公司在丙地签订一份买卖合同，约定由 B 公司在丁地向 A 公司交货。后 B 公司未能按约履行合同，A 公司便向人民法院提起诉讼。根据规定，该案有管辖权的人民法院是（　　）。

A．甲地人民法院　　B．乙地人民法院

C．丙地人民法院　　D．丁地人民法院

5．张律师在谈论下列有关诉讼程序的问题时，说法正确的是（　　）。

A．我国实行两审终审制，当事人不服第一审人民法院判决和裁定的，有权向上一级人民法院提起上诉

B．第二审人民法院的判决、裁定是终审的判决、裁定

C．再审程序中，不停止原判决、裁定的执行

D．当事人申请人民法院强制执行的，只要一方当事人为公民的，申请执行的期限为 1 年

三、案例分析

北京市的甲公司与天津市的乙公司签订了一份饮水机购销合同，合同约定由乙公司去北京提货，提货时预付 50%的货款，余款在后 1 个月内付清。同时双方在合同中约定如果发生纠纷，由位于石家庄市的经济仲裁委员会进行仲裁。按照合同，乙公司在提货

时支付 50%的货款，但是之后乙公司发现该批饮水机有质量问题，遂向甲公司提出要求退货、退还预付货款并要求甲公司赔付其经济损失 5 万元，甲公司不同意，双方发生争执。甲公司一气之下，向法院起诉要求乙公司支付另 50%货款。人民法院未受理。后来，乙公司按照协议向石家庄市经济仲裁委员会申请仲裁。仲裁委员会受理后，作出裁决，要求甲公司退还已付货款并赔付乙公司经济损失 2 万元。甲不服，很长时间都未履行仲裁裁决书，乙公司便向该仲裁委员会申请强制执行，但被仲裁委员会拒绝。

思考：根据以上事实，回答以下问题。

1）双方发生争执后，甲公司向人民法院起诉，法院为何没有受理？

2）双方约定由石家庄市经济仲裁委员会进行仲裁是否合法？为什么？

3）甲公司未履行仲裁裁决书，乙公司向仲裁委员会申请强制执行，为什么会被仲裁委员会拒绝？乙公司应该如何处理？

综合练习参考答案

第　一　章

一、单项选择题

1. B　2. C　3. A　4. D　5. B

二、多项选择题

1. ABCD　2. BC　3. ABD　4. ACD　5. BD

三、案例分析

王某的签约、履约行为实际上是法律概念中的表见代理行为。表见代理是指由于被代理人的某种表现，使无过失的善意相对人有正当理由相信无代理权的行为人具有代理权，而与之订立合同或共同实施某种法律行为。对实施表见代理行为人的代理行为应当认作有效，善意相对人有权要求被代理人承担责任。本案例中，一方面，技术公司因王某持广告公司合同专用章与之签约，故有正当理由相信王某对广告公司有代理权，遂与广告公司签订合同；另一方面，技术公司在签约过程中并无过失，且是完全善意的，即它不是明知行为人没有代理权而与其签约，也不是由于疏忽大意、缺乏谨慎而轻易将无代理权人认作有代理权人。所以，王某的行为应当认作有效，倘若由此产生法律后果，自然应由广告公司承担。

第　二　章

一、单项选择题

1. C　2. B　3. A　4. A　5. A

二、多项选择题

1. CD　2. ABCD　3. BCD　4. ABCD

三、案例分析

1）本案属《反不正当竞争法》的调整范围。主体为该县经济主管部门及上海某啤酒公司。客体是啤酒的销售行为。内容是经济主管部门的权力是对辖区内经济法进行管理，义务是维护所有市场主体的合法利益；上海某公司的权利是在该区域进行合法的经济活动，义务是生产质量合格的产品。

2)《反不正当竞争法》第三十条规定：政府及其所属部门违反本法规定，限定他人购买其指定的经营者的商品、限制其他经营者正当的经营活动，或者限制商品在地区之间正常流通的，由上级机关责令其改正；情节严重的，由同级或者上级机关对直接责任人员给予行政处分。

第　三　章

一、单项选择题

1. C　2. A　3. A　4. C　5. D　6. A　7. B

二、多项选择题

1. AC　2. BCD　3. ABCD　4. CD　5. ABCD

三、案例分析

1. 根据案例，简要分析如下。

1）C 可以成为该合伙企业中的普通合伙人。根据规定，自然人、法人和其他组织可以依照《合伙企业法》的规定，在中国境内设立的普通合伙企业。因此，C 作为非法人组织，也是可以成为合伙企业中的合伙人。

2）在该合伙企业的设立中，合伙人的责任约定有误。根据我国《合伙企业法》的有关规定，普通合伙企业由普通合伙人组成，合伙人对合伙企业债务承担无限连带责任。因此，合伙协议中约定 C 对企业债务承担有限责任是不符合规定的。

3）根据法律规定，退伙人对其退伙前已发生的合伙企业债务，与其他合伙人承担连带责任，入伙人对其入伙前合伙企业的债务也承担连带责任，故债权人甲公司有权向 A、B、C、D、E 要求偿还其债务。

4）该合同应该认定为有效。根据规定，合伙企业对合伙人执行合伙企业事务以及对外代表合伙企业权利的限制，不得对抗不知情的善意第三人。乙公司不知道 B 是权利被限制的合伙人而与之签约，因此该合同是有效的。

5）E 的出质行为是无效的。根据《合伙企业法》的规定，合伙人以其在合伙企业中的财产份额出质的，须经其他合伙人一致同意；未经其他合伙人一致同意，其行为无效，由此给善意第三人造成损失的，由行为人依法承担赔偿责任。在本案中，E 只征得了 A 的同意，没有同时获得 A、B、C 的同意，因此，E 出质行为无效。

2. 根据案例，简要分析如下。

1）甲的说法不正确。根据规定，一个合伙人或者数个合伙人在执业活动中因故意或者重大过失造成合伙企业债务的，应当承担无限责任或者无限连带责任，其他合伙人以其在合伙企业中的财产份额为限承担责任。本案例中，因为重大过失造成了损失，因此应该由其承担无限责任，其他合伙人承担有限责任。

2）对于乙造成的损失，应该由全体合伙人承担无限连带责任。根据规定，合伙人在执业活动中非因故意或者重大过失造成的合伙企业债务以及合伙企业的其他债务，由全体合伙人承担无限连带责任。本案例中，乙的行为被认定为非重大过失，因此该造成的损失应该由全体合伙人承担无限连带责任。

第　四　章

一、单项选择题

1. A　2. D　3. D　4. B　5. B　6. C

二、多项选择题

1. CD　2. ACD　3. ACD　4. ABCD　5. ABCD　6. ABCD　7. AB　8. ABD

三、案例分析

1）甲公司股东如果以书面形式对利润分配方案和董事会组成人员调整方案表示一致同意，可以不召开股东会会议，直接作出决定，并由全体股东在决定文件上签名、盖章。

2）甲公司有合理根据认为股东查阅公司账簿有不正当目的，可能损害公司合法利益时，可以拒绝提供查询。王某被拒绝后，可以请求人民法院要求公司提供查询。

3）王某可以自行召集和主持股东会的条件是：董事会不能履行或者不履行召集股东会会议职责的，由监事会召集和主持；监事会不召集和主持的，代表 1/10 以上表决权的股东可以自行召集和主持。

4）甲公司股东王某不具备要求公司收购其在公司中的股权的条件。理由是：《公司法》规定，公司连续 5 年不向股东分配利润，而公司该 5 年连续盈利，并且符合《公司法》规定的分配利润条件，对股东会利润分配决议投反对票的股东可以请求公司按照合理的价格收购其股权。甲公司 2001 年 8 月设立，至 2006 年 2 月不足 5 年时间，不符合

《公司法》的规定。

5）丙公司可以单独投资设立公司，理由是：丙公司属于一人有限责任公司；《公司法》规定，一个自然人投资的一人有限责任公司不能投资设立新的一人有限责任公司，该规定没有限制法人投资的一人有限责任公司再投资一人有限责任公司。

6）不可以。理由是：对于一人有限责任公司，《公司法》规定，股东不能证明公司财产独立于股东自己的财产的，应当对公司债务承担连带责任。

7）乙公司发行可转换为股票的公司债券需要保荐人。理由是：《证券法》规定，发行人申请公开发行可转换为股票的公司债券，依法采取承销方式的，应当聘请具有保荐资格的机构担任保荐人。

8）乙公司本次发行公司债券额度最高可以为：12 000×40％=4800（万元）

9）乙公司拟在 2005 年中披露和不打算予以披露的内容不符合法律规定。理由是：《证券法》规定，上市公司的年度报告应当载明持有公司股份最多的前 10 位股东的名单和持股数额，监事的持股情况以及公司的实际控制人。

10）乙公司拟对公司章程所作的修改内容不符合法律规定。理由是：《证券法》规定，公司持有的本公司股份没有表决权。公司持有的本公司股份不得参与利润分配。

第　五　章

一、单项选择题

1. D　2. D　3. B　4. B　5. A

二、多项选择题

1. ACD　2. BC　3. BC　4. BCD　5. ABC

三、案例分析

1）在合营企业投资总额和股权比例不变的前提下，注册资本数额不符合法律规定。根据有关规定，中外合资经营企业的投资总额在 300 万美元以上至 1000 万美元的，注册资本至少应占投资总额的 1/2；其中，投资总额在 420 万美元以下的，注册资本不得低于 210 万美元。在本案例中，合营企业的投资总额为 400 万美元，其注册资本不得低于 210 万美元。按外方出资占总股本的 60%计算，其出资额为 126 万美元，按中方出资占总股本的 40%计算，其出资额为 84 万美元。

2）外方出资符合法律规定，中方以办公楼出资不符合法律规定。根据《中外合资经营企业法》的规定，合营各方认缴的出资，必须是合营者自己所有的现金、自己所有并且未设立任何担保物权的实物、工业产权、专有技术。在本案例中，中方用于出资的办公楼已经为下属企业的银行贷款提供抵押担保，因此不得用于中方的出资。

3）中方分期缴付出资的安排符合法律规定，外方分期缴付出资的安排不符合法律规定。根据《中外合资经营企业法》的规定，合营合同规定分期缴付出资的，合营各方第一期出资，不得低于各自认缴出资额的15%，并且应当在营业执照签发之日起3个月内缴清。在本案例中，外方的第一期出资占其认缴出资额的12.5%，低于15%的法定最低要求。

4）合营各方约定合营期内减少注册资本 30%的计划不符合法律规定。根据《中外合资经营企业法》的规定，合营企业在合营期限内，经批准可以减少注册资本。本案例合营各方约定合营期内减少注册资本30%后，投资总额与注册资本之间的比例不符合法律规定，所以合营各方约定合营期内减少注册资本30%的计划不符合法律规定。

第　六　章

一、单项选择题

1. D　2. A　3. B　4. A　5. B　6. B　7. B　8. D　9. D　10. B

二、多项选择题

1. ABD　2. ABCD　3. CD　4. BCD　5. BD

三、案例分析

1）乙公司暂停发货没有法律依据。根据《合同法》的规定，应当先履行债务的当事人，有确切证据证明对方经营状况严重恶化的，可以行使不安抗辩权，中止合同履行。在本案例中，乙公司并没有确切证据证明甲公司经营状况不佳，因此，乙公司不能以不安抗辩权为由暂停发货。

2）合同当事人对履行地点约定不明确，依照《合同法》有关规定仍不能确定的，标的物需要运输的，出卖人应当将标的物交付给第一承运人以运交给买受人。

3）货物灭失的损失应当由甲公司承担。根据《合同法》的规定，在买卖合同中，当事人没有约定交付地点或者约定不明确，标的物需要运输的，出卖人将标的物交付给第一承运人后，标的物毁损、灭失的风险由买受人承担。

4）首先，铁路运输部门不承担违约责任。根据《合同法》的规定，承运人对运输过程中货物的毁损、灭失承担损害赔偿责任；但承运人证明货物的毁损、灭失是因不可抗力造成的，不承担损害赔偿责任。在本案例中，因不可抗力造成货物灭失，铁路运输部门不承担违约责任。其次，乙公司可以要求铁路运输部门返还运费。根据规定，货物在运输途中因不可抗力灭失，已收取运费的，托运人可以要求返还。

5）丁公司应当承担连带保证责任。根据《合同法》的规定，保证合同未约定保证方式的，保证人承担连带保证责任。

6）丙银行不能直接要求丁公司承担保证责任。根据《物权法》的规定，被担保的债权既有物的担保又有人的担保的，债务人不履行到期债务时，债权人应当按照约定实现债权；没有约定或者约定不明确，债务人自己提供物的担保的，债权人应当先就该物的担保实现债权。在本案例中，丙银行应当优先执行主债务人甲公司的抵押，因此，丙银行不能直接要求丁公司承担保证责任。

第　七　章

一、单项选择题

1. C　2. D　3. D　4. A　5. A　6. B　7. B　8. C　9. A　10. A

二、多项选择题

1. BCD　2. ABD　3. AB　4. BCD　5. ABC

三、案例分析

1）持票人丁公司应自到期日起 10 日内向承兑人提示付款。

2）背书不得附有条件，附有条件的，所附条件不具有汇票上的效力。

3）丁公司提示付款遭拒绝后，可向 A 企业、甲公司、丙公司追索。追索权人可向偿还义务人，包括出票人、背书人、承兑人、保证人进行追索。

4）A 企业可向乙公司、甲公司、丙公司追索。汇票的出票人、背书人、承兑人和保证人对持票人承担连带责任。被追索人清偿债务后，与持票人享有同一权利。

第　八　章

一、单项选择题

1. B　2. D　3. B　4. A

二、多项选择题

1. AC　2. ABC　3. ABD　4. ABCD

三、案例分析

不会被核准。我国《证券法》第十六条规定，公开发行公司债券筹集的资金，必须用于核准的用途。第十八条规定，有下列情形之一的，不得再次公开发行公司债券：①前一次公开发行的公司债券尚未募足；②对已公开发行的公司债券或者其他债务有违约或者延迟支付本息的事实，仍处于继续状态；③违反《证券法》规定，改变公开发行公司债券所募资金的用途。

该股份有限公司前次公开发行了3000万元公司债券，改变了公开发行公司债券所募资金拟用于购置制造高清电视机生产流水线的核准用途，违反了《证券法》规定，不得再次公开发行公司债券。因此，该股份有限公司再次发行公司债券的申请将不会被核准。

第　九　章

一、单项选择题

1. B　　2. B　　3. D　　4. C

二、多项选择题

1. BC　　2. CD　　3. ABC

三、案例分析

1）商标局驳回纺织厂的商标注册申请正确。根据《商标法》的规定，商标中禁止使用县级以上的地名。

2）不应受理。因为纺织厂向工商行政管理部门提出保护的是商标专用权，而纺织厂并没有获得商标注册。法律对其商标不予保护，故工商行政管理机关对其请求不予受理。

3）纺织厂使用了《商标法》禁用的标识，工商行政管理机关有权管理其使用行为，如禁止其使用，禁止其广告宣传，封存、收缴其商标标识等。

4）不得继续使用。因为其商标本身违法。

第　十　章

一、单项选择题

1. C　2. A　3. D　4. C　5. D

二、多项选择题

1. ABC　2. ABD　3. ABD　4. BD　5. ABCD

三、案例分析

1）双方发生争执后，甲公司向人民法院起诉，法院不应受理。根据《仲裁法》的规定，当事人达成仲裁协议，一方向人民法院起诉的，人民法院不应受理。

2）双方约定由石家庄市经济仲裁委员会进行仲裁合法。向哪个仲裁机构提请仲裁，由当事人双方协商选定。当事人在选择、约定仲裁机构时，不因当事人所在地、纠纷发生地所在何处而受到地域管辖的限制，也不因争议标的额的大小、案件的复杂程度如何而受到级别管辖的制约。

3）仲裁委员会没有强制执行的权力。按照《仲裁法》的规定，一方当事人不履行的，另一方当事人可以按照《民事诉讼法》的有关规定向人民法院申请执行。因此，乙公司可以向人民法院申请强制执行。

参 考 文 献

陈新玲. 2007. 经济法概论. 北京：科学出版社.

陈新玲. 2011. 经济法. 北京：北京师范大学出版社.

吉文丽. 2010. 经济法. 北京：清华大学出版社.

李长健. 2004. 新编经济法通论. 北京：中国民主法制出版社.

曲振涛. 2010. 经济法教程. 北京：高等教育出版社.

王迁. 2007. 知识产权法. 北京：中国人民大学出版社.

杨紫煊. 2006. 经济法. 2 版. 北京：北京大学出版社，高等教育出版社.

中国注册会计师协会. 2009. 经济法. 2010 年全国会计专业技术资格考试辅导教材. 北京：中国财政经济出版社.

周波. 2007. 外商投资企业设立法务操作全程指引. 北京：法律出版社.